COURS

DE

PROCÉDURE CIVILE.

COURS
DE PROCÉDURE CIVILE

FAIT A LA
FACULTÉ DE DROIT DE GRENOBLE,

PAR M. BERRIAT-SAINT-PRIX.

Troisième édition, revue, corrigée et augmentée.

TOME II,

Contenant les Livres deux et trois de la seconde Partie, la troisième Partie, et les Tables.

A PARIS,

Chez Nève, Libraire de la Cour de cassation, Galeries du Palais de Justice, n.º 9.

1813.

LIVRE SECOND.

Des voies contre les jugemens (1).

Nous avons dit (2) qu'un jugement est considéré comme la vérité (5) ; mais on sent bien que ce n'est là qu'une fiction de droit fondée sur des considérations purement politiques (4), puisqu'il est très-possible que , soit par erreur, soit par prévention et partialité , ou faute des renseignemens ou de l'instruction nécessaires , etc., le juge donne une décision injuste. Ces considérations ont engagé les législateurs à permettre de se pourvoir contre les jugemens. Ils accordent pour cela deux sortes de moyens ou voies ; les voies ordinaires , c'est-à-dire l'opposition et l'appel , et les voies extraordinaires , ou la tierce opposition , la requète civile, la prise à partie, la cassation.

Nous traiterons de ces voies dans deux sections différentes (5) ; nous remarquerons auparavant ;

1.º Qu'en général on ne peut en employer chaque espèce qu'une seule fois dans la même cause (6) ;

---

(1) Ce livre correspond aux liv. 3 et 4, et à plusieurs articles du tit. 8, liv. 2, et 3, liv. 1, part. 1 du code.

(2) *V*. ci-dev. §. ou tit. des juges et jugemens , p. 21 et 233.

(5) Res judicata pro veritate accipitur. — **V.** *L.* 207 , *ff. reg. jur.*

(4) . . . . Ne aliter modus litium multiplicatus, summam atque inexplicabilem faciat difficultatem... — **V.** *L.* 6 , *ff. de exceptione rei jud.*

(5) La première section comprendra les voies ordinaires , la deuxième les voies extraordinaires.

(6) Ainsi l'on n'attaque qu'une fois par appel un jugement en premier ressort , et par requète civile ou par cassation un jugement en dernier ressort ; tout comme on ne peut qu'une fois s'inscrire en faux contre un acte authentique, se faire restituer pour lésion contre un engagement (v. *M. Merlin, rec. alph, mot triage.* — v. aussi *Espagne , mot appel , n.º* 66 ; *Cujas, parat., c. si sæpius , etc.*), et s'opposer à un jugement de défaut, — V. ci-apr., tit. 1, p. 560.

23 *

qu'il n'est pas permis d'en cumuler deux dans le même tems (7) ; qu'on ne doit se servir des dernières qu'au défaut des premières (8) ;

2.° Que les voies extraordinaires sont des mesures de rigueur dont il n'est permis d'user que dans les circonstances précises indiquées par la loi (9), sinon l'on s'expose à être condamné à des dommages et à des amendes considérables (10).

---

(7) Ainsi on ne peut tout-à-la-fois former opposition à un jugement et en appeler, ou l'attaquer par requête civile. — V. *c-pr.* 455, 480. — Cela est fondé sur le principe d'après lequel il ne peut exister cumulativement deux instances sur un même objet. *Quælibet controversia*, dit Pothier, *in pand.*, ad L. 6, sup., *actione unicâ peragitur, et cuilibet actioni unus finis, nempè judicatum. Quo peracto, nullus ampliùs alteri de eâdem re actioni locus est.* — *V.* aussi ci-dev., tit. des reprises d'instance, §. 1, p. 310, 311 ; et ci-apr, tit. de la requête civile, note 10.

(8) Ainsi, 1. quand on a la voie de l'opposition, on ne peut se servir ni de l'appel, ni de la tierce opposition, ni de la requête civile, ni de la cassation. — V. *d. art.* 455, 480 ; *arr. cass.* 4 *flor. ix* ; *arr. de Montpellier et Turin, février et août* 1809, *J-c-pr. iij*, 402, *et avoués, i*, 46 ; *ci-apr.*, p. 365, *note* 28a, *n.* 3 ; *et p.* 372, *note* 30, *n.* 1 (dr. anc.. v. *d. note* 30) ;

2. Quand on a celle de l'appel, on ne peut employer la requête civile, ni la tierce opposition, ni la cassation ;

3. Quand on a la requête civile, on ne peut, sur le même moyen, user de la cassation, etc. — V. *sur tous ces points, la sect.* 2, *sur-tout tit. de la requête civile, note* 10, *p.* 404, *et de la cassation, note* 1.

Nous ne parlons point ici de la prise à partie, qui est une voie d'un genre particulier. — V. *en ci-apr. le titre*, p. 418.

(9) Ainsi dans le doute, il faut prononcer contre la voie extraordinaire et en faveur de la voie ordinaire. Par ex., lorsqu'on est dans le délai utile, on peut réitérer une opposition et un appel nuls (v. *p.* 364, *note* 23, *et* 378, *note* 60), tandis qu'il n'en est pas de même du recours nul (formé avant la signification du jugement, et non précédé de consignation d'amende). — V. *M. Merlin, rec. alph., mot cassation,* §. 19 ; *arr. cass.* 11 *frim. ix, ib.* ; ci-apr., *tit. de la cassat., note* 25.

(10) C'est là une des principales différences entre les voies ordinaires et les voies extraordinaires. L'opposition mal fondée n'est assujettie, ni à une amende, ni à des dommages ; l'appel illégitime n'est puni que d'une amende très-légère ; la tierce opposition, la requête civile, la prise à partie et la cassation sont réprimées par de fortes amendes, et les trois premières presque toujours par des dommages. — V. *c-pr.* 479, 494, 516, *et les mêmes titres.*

SECTION PREMIERE.

Des voies ordinaires contre les jugemens.

TITRE I.er

De l'opposition (1).

On nomme opposition l'empêchement que met une *partie* à l'exécution d'un jugement qui la condamne (2). Quels sont les jugemens auxquels on peut s'opposer? A quel tribunal porte-t-on l'opposition? Comment et dans quel tems doit-elle se former? Quels effets produit-elle? Et quels sont les résultats de la procédure?.. Nous allons jeter un coup d'œil rapide sur ces questions.

I. *Jugemens.* En règle générale on peut s'opposer aux jugemens où l'on n'a pas été entendu (3), et par conséquent à ceux où l'on a été condamné (4) en

---

(1) Ce tit. correspond en partie aux tit. 8 et 3, liv. 2 et 1 du code.

(2) On donne aussi ce nom, 1. à l'acte par lequel on forme l'opposition; 2. à toute espèce d'empêchement apporté à un acte judiciaire ou extrajudiciaire. Telles sont les oppositions à des délivrances ou ventes de meubles ou deniers, à des scellés, nominations de tuteurs, mariages, etc.. V. *ci-apr. tit. des saisies-arrêt et revendication, scellés et avis de parens, et (pour celles des mariages), C-N.* 176.
En général tout particulier peut s'opposer à un acte qui lui est étranger, et dont l'exécution lui cause quelque préjudice. Mais les voies qu'il doit suivre varient selon la nature de l'acte. — V. *p.* 111, *note* 31, *n.* 2, *et ci-apr. note* 6.

(3) Pourvu qu'on eût le droit de s'y faire entendre.. M. Merlin conclut de là, qu'on n'a pas la faculté de s'opposer à un acte où l'on n'a pas dû être appelé, tel qu'un ancien divorce pour absence, sans nouvelles. — V. *rép., mot divorce, sect.* 4, §. 10; *et d. note* 6.

(4) Le code ne parle expressément que des jugemens de première instance, mais on n'a pas moins le droit de s'opposer aux jugemens de dernier ressort, parce que les règles d'instruction des premiers leur sont applicables. — V. *c-pr.* 470 *et le tit. suiv., ch.* 1, *inf.*, *p.* 582.
Dr. anc. L'ord. (*tit.* 35, *art.* 3) ne parlait que des jugemens en dernier ressort (on n'avait pas le dessein de permettre l'opposition aux autres...

défaut (5). — *V. Lange*, *liv.* 4, *ch.* 43; *M. Merlin*, *rép.*, *mot opposition*, §. 1 (6). — Ainsi l'opposition est un remède accordé aux défaillans (7) envers ces jugemens (*v. pour les motifs*, *leur ch.*, *p.* 273).

Mais l'on n'accorde point ce remède à l'égard des jugemens qui sont rendus, 1. en défaut après une

---

v. *pr.-verb.*, *tit.* 6, *art.* 5) : mais l'usage y avait dérogé. — V. *Jousse*, *d. art.* 3; *Pothier*, *part.* 3, *sect.* 2; *Rodier*, *tit.* 5, *art.* 5, *qu.* 3; *M. Merlin*, *rec. alph.*, *mot opposition*, §. 1.

(5) *Observations.* 1. Il résulte de la règle du texte, qu'on n'a pas le droit de s'opposer à un jugement contradictoire. — V. *Pothier*, *sup.*; *Rodier*, *d. art.* 5, *qu.* 3; *ci-apr.*, *note* 7. — C'est aussi une conséquence des règles du contrat judiciaire... V. *en l'append.*, *p.* 331.

2. Le jugement rendu après qu'un défenseur a déclaré ne pouvoir plaider, soit faute de pièces, soit parce qu'on lui a retiré ses pouvoirs, est-il contradictoire?.. — Il faut distinguer : ou les conclusions ont été, ou elles n'ont pas été respectivement prises à l'audience. Dans le premier cas, le jugement est contradictoire. Outre que cela résulte sur-tout de l'effet que doivent produire les conclusions, et qu'une révocation d'avoué non accompagnée de constitution est inutile, il serait trop facile d'éloigner la décision d'une cause, si de semblables déclarations obtenaient quelque succès. — V. *au surplus*, §. ou *tit. des avoués*, *n.* 3 et *note* 25, *des conclus.*, *n.* 3, et *des reprises*, *note* 24, *p.* 70, 222 et 313; *M. Merlin*, *rec.*, *mot inscript. de faux*, §. 4, et *addit. à id.*, *ix*, 589 (2.ᵉ *éd.*, *iij*, 39, *v*, 581; *arr.* 17 *vend.* 13, *ib.*); *rép.*, *mot opposition*, §. 3, *art.* 1, *n.* 11 et *arr. cass. cités ib.*; *autre*, 1 août 1810, *avoués*, *ij*, 204; *arr. d'Aix*, 31 mai 1808, *J-c-pr. ij*, 380; *ci-dev. p.* 354, *note* 29, *n.* 1.

Dans le second cas, le jugement est en défaut, parce que la cause n'est pas encore engagée contradictoirement. — V. *dd. autorités.*

(6) *Observations.* 1. Ainsi lorsqu'on a été *partie*, c-à-d., condamné *nommément* dans un jugement de défaut, on a la voie de *l'opposition simple*, et cela quand même on n'y a pas été appelé régulièrement.

2. Si l'on n'a été ni appelé, ni partie (ou condamné *nommément*), on a la *tierce-opposition*. — V. en ci-apr. le *tit.*, *note* 8; *Denisart et Ferrière*, *h. v.* — *Mais v. aussi tit. des avis des parens*, *in f.*

3. Quant aux décisions sur *requête*, c.-à-d., rendues sur l'exposé d'une seule partie, on a vu (*p.* 166, *note* 28) qu'on peut les attaquer. Mais par quelle voie?.. Suivant M. Pigeau, *i*, 541, on est libre d'agir sans opposition et par une simple demande, comme si elles n'existaient pas; mais on ne doit point user de la tierce opposition... Au reste (*suiv. Rodier*, *tit.* 35, *art.* 2. *qu.* 4) si l'on y forme une opposition principale, il faut la notifier à la partie elle-même.

(7) A eux seulement, de sorte que celui qui a été partie dans le jugement rendu contr'eux, ne peut profiter de leur opposition. — V. *Jousse*, *tit.* 35, *art.* 3; *arr. cass.* 2 *juin* 1806; *arr. de Paris et Limoges*, 20 *nov.* 1809 *et* 20 *févr.* 1810, *avoués*, *i*, 21 *et* 370. — Cela est conforme aux principes déjà exposés, sur-tout en la note 5 et à c-pr. 153.

première opposition (8), 2. en défaut de produire (9), 3. contradictoirement après une jonction (10). — *V. C-pr.* 22, 165, 113, 153 *in f; d. ch. des jugem. de défaut, note* 7 *et* 11 , *p.* 235 , 236 ; *et M. Faure.*

II. *Tribunal.* L'opposition se porte au tribunal même qui a rendu le jugement contre lequel elle est dirigée (11). — *Pothier, sup. ; Rodier, tit.* 14 , *art.* 5 ; *Rebuffe, de sentent. provis., art.* 3, *gl.* 9.

III. *Délai et mode.* 1. L'opposition n'est recévable que pendant huitaine (12), à compter de la

---

(8) Procédure de commerce. — *Idem.* — V. *ce tit.*, *note* 12 , *p.* 346.

Observat. 1. *Dr. anc...* Idem. — V. *Jousse, sup. et tit.* 4 , *art.* 4 ; *Rodier, tit.* 5 , *art.* 5 , *qu.* 3 ; *Pothier, sup.* ; *L.* 26 *oct.* 1790 , *tit.* 3 , *art.* 4 ; *arr. cass.* 18 *mars* 1806. — D'où l'on a tiré la maxime *rétractement sur rétractement*, ou *opposition sur opposition n'a lieu.* — V. *Rodier, ib.*

2. Mais on admet l'opposition, 1.° contre un jugement de défaut qui rejette une pièce soumise à une *vérification*, ou la tient pour reconnue... V. *ce tit.*, *note* 21 *et* 22 , *p.* 248 ; — 2.° contre un arrêt de défaut sur l'appel d'un *référé...* V. *ce tit.*, *note* 10 , *p.* 343.

(9) Parce qu'on ne peut point supposer, dans ce cas , que le défaillant n'a pas été instruit de la procédure. — V. *d. ch. des jug.*, *p.* 235 , *note* 7.

Observat. 1. Mais l'opposition est admissible dans ce même cas , si l'instruction par écrit avait lieu de plein droit. — V. *arr. cass.* 4 *mars* 1807; *M. Merlin, d. mot opposition,* §. 3 ; *ci-dev.*, *note* 29 , *p.* 554.

2. Jadis à Toulouse et Grenoble , les rapporteurs, avant de faire juger , invitaient verbalement les procureurs en retard , à remettre leur production. — V. *Rodier, tit.* 11 , *art.* 12 ; *Saint-André , tit.* 35.

(10) *Dr. anc.* — Règle contraire. — V. *Jousse, d. art.* 3 , *n.* 2.

Observations. 1. Le système actuel n'offre aucun inconvénient parce que le jugement de jonction est notifié par un huissier commis, et qu'on ne peut exécuter un jugement de défaut contre un tiers qu'après avoir constaté qu'on n'y a pas formé opposition (sur un registre tenu au greffe pour ces sortes d'actes). — V. *c-pr.* 20 , 153 , 164 , 163 ; *ci-dev. d. ch.*, *p.* 235 , *note* 10; *tarif* 29 , 90 ; *M. Faure.*

2. *Dr. anc.* On ne pouvait s'opposer à un jugement rendu après un appel à tour de rôle (*Jousse, sup.*). Mais cela fut abrogé par la loi du 24 août 1790. — V. *arr. cass.* 9 *fruct. xiij* , 4 *mars* 1807.

3. La loi ne faisant que les exceptions indiquées au texte, on peut s'opposer aux jugemens de défaut de tout genre , soit préparatoires , soit provisoires, soit définitifs, soit de reprise (v. *p.* 316) , etc. — Mais *voyez* quant à ceux, 1.° de divorce, *ci-dev. p.* 550, *note* 8; 2.° d'arbitres, *ci-apr.*, *p.* 365 ; 3.° et 4.° d'incidens de saisie immobilière et d'ordre , *ces titres, notes* 115 (*n.* 4) *et* 19, *n.* 3.

(11) Même en cas d'opposition incidente, *suiv. M. Pigeau, i,* 5.6.

(12) *Observations.* 1. Cette phrase montre , 1.° que la huitaine n'est

signification du jugement (13), si le condamné avait un avoué (14); elle l'est jusqu'à l'exécution, s'il n'en avait point. — *V. C-pr.* 157, 158. — Or, le jugement est réputé exécuté lorsqu'il y a quelque acte duquel il résulte nécessairement que l'exécution a été connue de la partie défaillante. — *V. C-proc.* 159 (15), *et M. Faure.*

---

pas franche, et que si l'on doit en exclure le jour *à quo*, il faut y comprendre le jour *ad quem*; 2.° que ce délai ne doit point être augmenté à raison des distances. — V. *ci-dev.* §. *des délais*, *notes* 11 *et* 18, *p.* 140, 142; *M. Merlin, rec.*, *mots délai et opposition*, §. 9; *Rodier, tit.* 5, *art.* 5, *qu.* 3; *arr. cass.* 5 *fév.* 1811, *Nevers*, 136.

2. *Jugemens d'appel...* Même délai. — V. *ci-dev. note* 4, *p.* 359; *arr. de Montpellier*, 28 *fév.* 1810, *avoués*, *i*, 350.

3. *Déclaration de faillite.* — V. C-com. 457; arr. de Riom et Colmar, Nevers et Sirey, 1810, sup., 69 et 202.

4. *Just. de paix.* Trois jours... Mais le juge peut proroger ce délai, ou même en *relever*, lorsqu'il sait (par lui-même, par un parent, voisin ou ami) ou que l'on prouve que le défaillant a ignoré la procédure. — V. *c-pr.* 20 *et* 21; *tarif* 21; *ci-dev. p.* 336, 337.

5. *Police d'audience...* Dix jours après le jugement. — V. *c-pr.* 91.

6. *Dr. anc.* Huitaine, comme à présent.. Ce délai est trop court (*v. obs. du p. de Grenoble, de St.-André, et du Tribunat*), aussi l'avait-on (*abusivement*) étendu jusques à trente ans... V. *arr. cass.* 25 *brum. et* 6 *therm. xj*, 3 *pluv. xij.*

(13) Faite à avoué. — *V. d. art.* 157.

(14) *Quid juris* si l'avoué a été simplement constitué par la partie, et s'il déclare à l'audience qu'il n'a reçu ni avis ni pièces; en un mot, s'il n'a fait aucun acte de son ministère? La partie doit-elle alors être considérée comme *ayant un avoué*?... NON, et par conséquent son opposition est recevable jusqu'à l'exécution, *suiv. arr. de Nîmes, Limoges, Colmar et Rennes*, 1808 et 1809, *J-c-pr.*, *i*, 385, *iij*, 128 et 367, *avoués*, *i*, 64. — Décision contraire de Turin, Bruxelles, Lyon et Limoges, 1810 à 1812, *ib.*, *ij*, 375, *iij*, 313, *iv*, 45, *v*, 308, 310. '

(15) *Exemples.* Paiement des frais du jugement, incarcération ou recommandation du condamné, vente de ses meubles saisis, notification de la saisie d'un de ses immeubles. — *V. d. art.* — Procès-verbal de carence, vente de meubles empêchée par le débiteur, ou suspendue sur sa demande. — V. *arr. de Montpellier et Paris*, 20 *août et* 23 *juin* 1810, *avoués*, *ij*, 354 *et* 142. — V. aussi autre arr. à id., 226.

Observations. 1. La déclaration du tiers-saisi, faite en vertu du jugement de défaut qui valide la saisie, n'est pas un acte de ce genre, *suiv. Turin*, 17 *janv.* 1810, *ib.*, 90. — Décision à-peu-près contraire... V. *Nîmes*, 16 *août* 1809, *Nevers*, 1812, *sup.*, 12.

2. L'exécution contre un débiteur empêche-t-elle le jugement de défaut d'être anéanti (*ci-dev. p.* 237) à l'égard de ses co-débiteurs solidaires?.. Oui, *suiv. d. arr. de Montpellier.*

3. *Procéd. de comm.* — Mêmes règles. — V. *en le tit.*, *note* 12, *p.* 346.

2. Il faut en outre, dans le premier cas (16), que l'opposition soit formée d'avoué à avoué, par une requête (17) qui contienne les moyens de l'opposant (18), ou se réfère à des moyens déjà signifiés (19). — *V. C-pr.* 160, 161 ; *tarif* 75, *in pr.* (20).

Dans le second cas (21), on *peut* la former par un acte extrajudiciaire, ou par une déclaration sur un acte d'exécution (22) ; mais il faut ensuite la réitérer dans la huitaine (23), par une requête d'avoué à

---

(16) C'est-à-dire, lorsque le défaillant *a un avoué.*

(17) Signée de l'avoué, sous peine de nullité, *suiv. arr. de Toulouse*, 2 *nov.* 1808, *Nevers*, 1809, *sup.*, 86.
Observ. 1. Si les vacances s'ouvrent avant l'expiration de la huitaine, comme on ne peut pendant ce tems présenter une requête, un simple acte devrait suffire pour l'opposition, sauf à donner la requête dans la huitaine de la rentrée. — *V. arr. du p. de Grenoble*, 29 *déc.* 1673, *Saint-André*, *tit.* 35; *M. Merlin, rec. alph.*, *mot opposition*, §. 10.
2. En Dauphiné on ne pouvait notifier les jugemens de défaut pendant les vacances. — *Régl. de id.*, 7 *sept.* 1785, *affich. du Dauph.*

(18) Les moyens signifiés après la requête n'entrent en taxe, ni dans le 1.er, ni dans le 2.e cas. — *Arg. de c-pr.* 162 *in f.* et 161 *combinés.*

(19) Même dans un acte d'appel. — *V. arr. de Bruxelles*, 7 *janv.* 1808, *J-c-pr.*, *ij*, 535. — Ou simplement plaidés en première instance, mais énoncés dans le jugement signifié. — *V. arr. de Bourges*, 14 *mars* 1809, *J-C-Nap.*, *t.* 12, *p.* 415.

(20) Si l'opposition n'est pas *formée* par requête, elle est non-recevable et si elle n'est pas faite suivant les règles précédentes, elle n'arrète pas l'exécution, et doit être rejetée, sur un simple acte, sans autre procédure. — *DD. art.* — *V. aussi arr. de Limoges*, 20 *févr.* 1810, *avoués*, *t.* 1, *p.* 270. — Il n'est pas nécessaire que la requête soit signifiée, il suffit qu'elle soit *présentée* dans la huitaine, pour que l'opposition soit formée en tems utile, *suiv.* 2 *arr. du parl. de Grenoble*, 22 *mars* 1668 *et* 20 *déc.* 1673, *Saint-André*, *tit.* 35, *art.* 3... M. Merlin, *sup.*, §. 9, soutient le contraire d'après plusieurs autorités.

(21) C'est-à-dire si le défaillant n'a pas d'avoué.

(22) Tel que commandement, saisie, arrestation. — V. *c-pr.* 162.

(23) Passé ce tems elle n'est plus recevable, et l'exécution peut être continuée sans nouvel ordre. *D. art.* 162. *V.* aussi *n.* 4 *cité infrà.*
Observ. 1. Si on ne la continue point alors, le jugement est non avenu au bout de six mois, *suiv. arr. Lyon*, *cité à p.* 323, *note* 12, *n.* 4.
2. Mais il est juste d'augmenter ce tems à raison des distances, parce que le défaillant ne peut réitérer l'opposition avant d'avoir reçu avis qu'elle a été notifiée, ce qui exige nécessairement un intervalle propor-

avoué (24). — *V. C-procéd.* 162 , *in pr. ; tarif,* 29.

IV. *Effets.* L'opposition a deux effets.

1. Elle suspend l'exécution du jugement (25). — *V. C-pr.* 159, *in f.,* 161, *in f. ; Rebuffe, sup.*

2. Elle donne à celui qui l'a formée , le droit de plaider (26), et sur le fond (27) et sur l'incident (28).

---

tionné aux distances. — **V.** *Jousse, tit.* 35, *art.* 3 , *n.* 6; *Rodier, tit.* 5, *art.* 5 , *qu.* 3 ; *arr. de Toulouse , ibid. ; arr. de Rennes , Trèves , Nimes et Colmar* , 16 *mars* 1809, 12 *janv.* , 23 *juin et* 9 *août* 1810 , *J-c-pr. iij,* 371 ; *avoués , ij ,* 345, 381. — L'arrêt de Toulouse admit même l'augmentation d'après le simple motif que la neige ayant rendu les chemins impraticables , l'opposant n'avait pu donner de bonne heure l'ordre de présenter la requête.

3. L'opposition nulle peut être réitérée dans le délai. — **V.** *arr. de Grenoble ,* 12 *mars , et cass.* 18 *avr. et* 25 *juin* 1811 , *avoués , iv ,* 3 *et* 257 (contrà, Trèves, 14 *nov.* 1810, *ib. , iij ,* 349).

(24) Cette dernière précaution est également nécessaire , lorsque la partie qui a obtenu le jugement a notifié une nouvelle constitution d'avoué , dans le cas indiqué à note 34 , p. 315. — **V.** *c-pr.* 162 , *v.* 1.

Observations. 1. L'art. 162 dit seulement qu'on *peut* former l'opposition par un acte extrajudiciaire , etc. (*ci-d. p.* 363) ; il n'exclut donc pas du droit de la former par un autre acte accompagné d'ajournement... **Et** dans ce cas , il n'est pas nécessaire de réitérer l'opposition par requête , *suiv. arr. Nimes ,* 24 *nov.* 1807 *et* 13 *juin* 1810 , *Nevers ,* 1811 , *sup.,* 16.

2. *Justice de paix.* L'opposition contient les moyens sommaires de la partie avec assignation : au surplus, elle se fait dans la même forme que la citation. — **V.** *c-pr.* 20 , *in f. ; ci-dev. p.* 336, 337.

(25) A moins qu'on ne l'ait déclaré exécutoire nonobstant opposition (par le même jugement et en cas de péril). — **V.** *c-pr.* 155, 159. — **V.** *aussi d. ch. des jugem. de déf. , p.* 237 *et note* 16, *ibid.*

(26) Mais il faut qu'il soit prêt sur-le-champ. — **V.** *Pothier , sup. ; Rodier , tit.* 5 , *art.* 5 , *qu.* 3 ; *M. Merlin , sup.,* §. 14.

Observations. 1. Cela est conforme à la maxime, que c'est toujours le réclamant qui doit se présenter. — **V.** *M. Pigeau , ij ,* 97.

2. Il fallait aussi autrefois qu'il refondît , ou en d'autres termes, payât préalablement les frais du défaut. — **V.** *L.* 15 , *c. judiciis ; Guenois sur Imbert , liv.* 1 , *ch.* 11 , *n.* 8 ; *Jousse , tit.* 5 , *art.* 3 ; *Pothier et Rodier , sup. ; Bornier , tit.* 6 , *art.* 1 ; *régl. de* 1738 , *part.* 2, *t.* 2 , *art.* 10 ; *ci-apr. , tit. de la cassation , note* 37. M. Merlin (*rép. , sup.,* §. 3 , *art.* 1) soutient que cette règle est abrogée tacitement par c-pr. 1041.

(27) Sans l'opposition le jugement aurait pu acquérir l'autorité de la chose jugée , et il n'aurait plus été permis au défaillant de contester sur la condamnation. — *Péremption de l'opposit... V. p.* 523 , *note* 12 , *n.* 5.

(28) Pour faire décider , soit préalablement , soit par le même jugement , que l'opposition est régulière et recevable.

1. Dans le cas de l'*affirmative* le jugement *reçoit l'opposition,* et statue ensuite au fond ou principal , ou bien renvoie à une autre audience pour

☞ *Opposition d'exécution.* — On nomme ainsi une opposition par laquelle on demande au tribunal chargé d'ordonner l'exécution des jugemens d'*arbitres*, la nullité d'un acte qualifié jugement arbitral. On a le droit de la former lorsque ce prétendu jugement a été rendu dans les circonstances suivantes (28*a*): défaut de compromis, ou compromis nul ou expiré ; excès de pouvoir; prononciation sur choses non demandées ; si enfin tous les arbitres n'ont pas été présens ou consultés. — *V. C-pr.* 1027 *in f.*, 1028, *et l'art. des arbitres*, *p.* 44.

---

la discussion et décision du principal... Cette discussion a pour objet d'examiner si l'opposition est *fondée*, c.-à-d., si le jugement de défaut doit être rétracté. Si l'on juge qu'elle est fondée on rétracte ce jugement, ou bien l'on décharge l'opposant des condamnations qu'il contient (excepté des frais du défaut) ; et statuant ou *faisant droit au principal*, on *déboute* l'autre plaideur de sa réclamation, ou on le déclare non-recevable dans cette réclamation, si c'est un demandeur ; ou bien on le condamne directement, si c'est un défendeur.

Nous disons excepté *des frais du défaut*, parce que il est de toute justice que le défaillant les supporte (v. *d. L.* 15 ; *Rebuffe*, *expensis*, art. 5, n. 46, *et art.* 8, *n.* 23 ; *Ferrière*, *mot dépens* ; *Guenois et Rodier*, *sup.* ; *Bézieux*, *liv.* 2, *ch.* 4 ; *arr. ib.* ; *Despeisses*, *tit.* 2, *n.* 2 ; *c-cr.* 187 ; *ci-apr. tit. de la cassat.*, *note* 37), et que le silence du code sur ce point ne nous paraît pas suffire pour autoriser une dérogation à une règle d'équité (décision contraire... v. *arr. de Rome*, 1811, *avoués*, *v*, 253).

2. Dans le cas de la *négative*, le jugement, ou *annulle* l'opposition, ou la déclare non-recevable (et condamne la partie opposante aux dépens de l'opposition), de sorte que le jugement de défaut est maintenu avec tous ses effets. — *Autre question... V.* d. tit. de la cassat., note 40.

3. L'opposition exclut l'appel, etc... V. *p.* 358, *note* 8.

(28*a*) Mais non pas dans d'autres. — **V.** *arr. de Rouen*, 24 *mai* 1810, *Nevers*, *sup.*, 127. — S'agit-il même du cas d'inobservation des formes ordinaires, indiqué à l'art. 1027. — **V.** *à ce sujet*, *arr. cass.* 17 *oct.* 1810, *Nevers*, 559, *avoués*, *iij*, 7.

Observations. 1. L'opposition et la demande en nullité peuvent se former séparément, et ont chacune l'effet de suspendre l'exécution du jugement, même rendu en dernier ressort, suivant la cour de Bruxelles, tandis que, suivant celle de Paris, l'une et l'autre, même réunies, n'ont pas cet effet. — V. *arr.* 4 *mai* 1809 *et* 14 *sept.* 1808, *Nevers*, 1810 *et* 1808, *sup.*, 57 *et* 191, *et J-c-pr.*, *t.* 5, *p.* 56.

2. On n'est pas astreint à former cette opposition dans les délais indiqués ci-dev., p. 361, *suiv. Turin*, 7 *fév.* 1810, *Nevers*, 1811, *sup.*, 27.

3. Cette voie exclut le recours. — V. *arr. cass.* 18 *déc.* 1810, *ib.*, 62.

4. La *simple opposition* n'est pas admissible contre les jugemens d'arbitres. — V. *c-pr.* 1016, *et d. p.* 44.

5. La nullité ne peut être proposée pour la première fois en appel. — V. *arr. cass.* 5 *nov.* 1811, *avoués*, *v*, 69.

TITRE II.

De l'appel (1).

Observations préliminaires.

" L'APPEL , dit Hermogénien, est l'attaque faite
„ contre un jugement, à cause de son injustice „.
— *L.* 17 *in f.*, *ff. de minoribus* (2).

Il résulte de là que l'appel est un moyen de rémédier à l'injustice (3) d'une première décision (4), en la soumettant à l'examen d'un second juge (5). C'en est un aussi de réparer les omissions ou erreurs (6)

---

(1) Ce titre correspond au liv. 3 , part. 1 du code.

(2) On nomme *appelant* celui qui forme cette *attaque* , et son adversaire *intimé*. Ce dernier mot vient d'*intimare*, dénoncer, déclarer ; et en effet l'appelant dénonce à l'intimé qu'il recourt à un autre juge , de la sentence obtenue contre lui.

(3) Que cette injustice soit relative au fond ou à la forme... Au *fond*, comme si la décision est contraire au droit ou à l'équité, accorde plus ou moins, ou autre chose que ce qu'on réclamait ; si , en un mot, le juge n'a pas fait ce qu'il devait faire (v. *Rebuffe*, *infrà*, *præf.*, *n.* 18) ; à la *forme*, comme si la décision a été rendue par un juge incompétent, ou sans observer les règles de la procédure, etc. — V. *les chap. suiv.*, *surtout p.* 390 ; *rec. alph.*, *mot appel*, §. 14 , *n.* 2.

(4) Ulpien dit : » à l'iniquité, ou à l'impéritie du juge » (v. *L.* 1 , *in pr.*, *ff. de appellat. et relat.*), ce qui n'est pas tout-à-fait exact, car l'injustice de la sentence peut provenir d'autres causes , telles que les erreurs ou omissions du juge ou même des parties , l'absence de celles-ci, etc... C'est donc fort mal-à-propos que Balde (*cité par Rebuffe*, *de appellationib.*, *præf.*, *n.* 76), enchérissant sur Ulpien, déclare que *contrà venenum judicum data est* THERIACA *appellationis*.

Ulpien , *sup.*, dit aussi que l'appel est un moyen *nécessaire*... Cependant il arrive quelquefois , ainsi qu'il l'avoue , que le jugement d'appel vaut moins que celui de première instance. Mais il suffit que ce soit un moyen de plus de s'assurer que la justice distributive sera bien administrée, pour qu'on ait dû conserver cette forme de procéder. — V. *M. Bigot-Préameneu*.

(5) D'un juge supérieur... Quant à la jurisdiction des juges d'appel de divers genres, *voyez* part. 1 , sect. 1 , ch. 2 et 3 , p. 16 , 37 , etc.

(6) *V.* Pussort, procès-verbal , tit. 16 , art. 4 ; arr. cass. 13 nivose x , et M. Albisson. — *Au reste*, *voyez également ci-apr.*, *ch.* 6 , *p.* 385.

commises par les plaideurs en première instance.

On distingue deux sortes d'appel, l'appel *principal* et l'appel *incident* : le premier est relatif à un jugement quelconque ; le second à un jugement dont on veut tirer avantage contre l'appelant dans le cours d'une instance (7).

Nous allons examiner, 1. de quoi on peut appeler ; 2. qui peut appeler ; 3. dans quel tems on doit appeler ; 4. ce qu'il faut faire pour que l'appel soit reçu et jugé ; 5. quel est l'effet de l'appel ; 6. ce qui peut être soutenu en cause d'appel ; 7. enfin, nous parlerons du jugement d'appel (8).

CHAPITRE I.er

De quoi l'on peut ou doit appeler.

Il résulte, 1.° de la définition de l'appel, qu'on ne peut appeler que d'un jugement (9).

---

(7) Ouverte sur un appel principal, *dit le nouv. Denisart, mot appel*, §. 1, *n*. 5. — On distinguait jadis quelques autres espèces d'appel, mais qui rentraient dans celles-là. On nommait, par exemple, 1. appel *verbal*, l'appel qu'on discutait à l'audience ; 2. appel par écrit ou *édictal*, celui qu'on discutait par appointement (Rebuffe, *art*. 19, *gl*. 1, réprouve cette qualification) ; 3. appel *simple*, celui qu'on dirigeait contre le fond ; 4. appel *qualifié*, celui qui était relatif à la forme, et qui comprenait, 5-7. les appels pour *incompétence, déni de renvoi et déni de justice*. — V. *Denisart, sup., §. 1 et 4, n. 3 ; Espagne, mot appel, n. 80-82.*

(8) Quant à l'histoire de l'appel, *voyez Espagne, sup., n. 2 et suiv.*

(9) *Observations.* 1. *Dr. anc.* On pouvait, pour les faire réformer, appeler d'autres espèces d'actes, tels que des nominations de tuteur, exécutions de jugemens, dénis de justice, contraintes par corps, saisies réelles et d'effets mobiliers, etc. — V. *Rebuffe, d. præf., n.* 53 *et seq. ; Expilly, pl.* 5 ; *Rodier, tit.* 25, *art.* 4, *qu.* 2 ; *M. Merlin, rec. alph., mot appel, §.* 1, *n.* 2 ; *sur-tout Espagne, n.* 78 *et suiv.* 2. *Dr. int. et act...* Règle contraire... 1.° Les lois relatives aux tribunaux d'appels ne leur attribuent que les appels de jugemens ; 2.° on ne pourrait étendre leur jurisdiction à d'autres actes, sans déroger à la règle des deux degrés. — V. *L.* 24 *août* 1790, *tit.* 4, *art.* 4 ; 3 *brum. ij, art.* 7 ; 27 *vent. viij, art.* 7 *et* 22 ; *c-pr.* 889 ; *arr. cass.* 27 *août* 1806 ; *ci-dev., p.* 16. — Il est vrai que le code autorise l'appel des ordonnances rendues par les présidens civils ou de commerce, ou par les juges commissaires en matière de référés, de brefs délais, d'enquêtes, etc. Mais on peut considérer ces ordonnances comme des espèces de jugemens. — V. *c-pr.* 809, 417, 263, 276, 405 ; *et ci-dev. p.* 343, 348 *et* 271.

2.º De l'effet attribué à ce dernier acte (10), qu'il faut nécessairement en appeler si l'on veut le faire réformer (11), à moins qu'on ne puisse l'attaquer par la voie de l'opposition (12).

3.º De la règle des deux degrés, qu'on a le droit d'appeler de toutes espèces de jugemens qui ont été ou qui devaient être (13) rendus en premier ressort.

Cette dernière maxime, quoique générale et absolue (14), reçoit exception à l'égard des jugemens qui

---

(10) C'est-à-dire, de ce qu'il est considéré comme la vérité. — V. *part.* 1, §. *des juges, p.* 21; *et ci-dev.*, *p.* 357.

(11) *Observ.* 1. *JUGEMENT NUL... Dr. rom.* Il n'était pas nécessaire d'en appeler; il suffisait d'en demander la nullité au juge devant lequel il était produit, et ce juge, quoique inférieur au juge *à quo*, pouvait la prononcer, ou bien connaître de la cause comme si ce jugement n'existait pas. — V. *LL.* 23, §. 1, *ff. de appellationib.*; 1, *ff. quæ sentent. sine appellat.*; 1, *c. sentent. et interlocut.*; *Pothier*, *ff.*, *de re judic.*, *n.* 2 *et seq.*; *M. Merlin, rép.*, mot *appel*, *sect.* 1, §. 5.

2. *Dr. français.* On a adopté depuis long-tems un système contraire, parce que les voies de nullité n'ont pas lieu en France (*ci-dev. p.* 132). — V. *Rebuffe, de sentent.*, *in f.*, par *arg. d'ord.* 1539, *art.* 90; *id.*, *de appell.*, *art.* 1, *gl.* 2, *n.* 19; *art.* 8, *gl.* 3, *n.* 32; *Imbert, liv.* 1, *ch.* 5, *n.* 3; *Despeisses, ordre jud.*, *tit.* 12, *sect.* 1, *art.* 1; *Espagne, sup.*, *n.* 69; *M. Merlin, sup.*, *et arr. cass.* 3 *flor. xiij, ib.*

Ce système n'est point en contradiction avec le principe déjà exposé (*p.* 20), que l'on ne considère comme jugement que la décision d'un tribunal formé légalement et prononçant légalement. On distingue dans tout acte la forme extérieure de la forme intérieure. Si l'acte produit a la forme extérieure d'un jugement en premier ressort, si sur-tout il a été prononcé comme tel (*v. ci-dev.*, note 29, *p.* 231; *Pothier, sup.*, *sect.* 2, *art.* 1; *M. Merlin, sup.*, *et mots jugement*, §. 1, *et nullité*, §. 7; *rec. alph.*, mot *appel*, §. 9; *arr. cass.* 14 *flor. ix*; *arr. Bruxelles*, 7 *janv.* 1808, *J-c-pr. ij*, 533), il ne peut plus être réformé que par la voie de l'appel, appel qu'on est libre alors de fonder sur la nullité... Mais si cet acte pèche par cette forme, il faut appliquer les principes du droit romain. — V. *obs.-cass.*, 174. — Et il en est de même si le prétendu jugement a été rendu par un individu sans *pouvoir* (tel qu'un arbitre après le délai du compromis). — V. *à ce sujet*, *arr. cass.* 14 *août* 1811, *J-C-N.*, *xvij*, 72; *autres* 10 *prair. v*, *et* 12 *prair. x*, *B. C.*, *et rec. alph.*, mot *arbitres*, §. 4; *ci-dev.*, *p.* 193, *note* 47 *in f.*; *Lange, liv.* 4, *ch.* 32.

3. Quelle que soit la modicité de l'objet du jugement, l'appel n'est pas moins nécessaire. — V. *L.* 20, *c. appellat. et consult.*

(12) *V.* ci-dev., tit. de l'acquiescement, note 10, in f., p. 528, et liv. 2, in pr., note 8, p. 358.

(13) *V.* ci-apr., 3.ᵉ exception, p. 371, et note 26, ibid.

(14) On a vu que la règle des deux degrés (*part.* 1, *sect.* 1, *ch.* 2, *n.* 2,

ont

ont force de chose jugée; des préparatoires; de ceux qui ont dû se rendre en dernier ressort (15); et de ceux de défaut.

1.re *Exception.* — Jugement qui a acquis l'autorité de la chose jugée (16)... Un jugement acquiert cette autorité lorsque les parties n'en ont pas appelé dans le délai légal; ou lorsqu'elles y ont acquiescé; ou lorsque leur appel est périmé (17); ou lorsqu'elles ont renoncé à en appeler. — *V. M. Bigot-Préameneu.* On a déjà traité des deuxième et troisième circons-

---

p. 16) n'admet d'exceptions que dans les cas exprimés par la loi (les exceptions suivantes sont de ce genre)... Donc la faculté d'appeler est de droit général et commun... Donc toutes les fois qu'il y a du doute, on doit soumettre un jugement à l'appel. — **V.** *arr. cass.* 14 *mess. viij*, 17 *mars* 1806; *rec. alph.*, *mot dernier ressort*, §. 1; *Rebuffe*, *art.* 8, *gl.* 2, *n.* 37; *ci-dev.*, *p.* 51, *note* 59, *et p.* 301, *note* 38.

(15) Il y a même des espèces de jugemens en dernier ressort des *juges de paix*, dont on peut appeler. — **V.** *ci-dev.*, *tit. de la péremption*, note 20, *n.* 3, *p.* 325; *ci-apr.*, *tit. de la cassation*, *note* 15a.

Observation. Un jugement ne peut être valablement rendu en partie en premier et en partie en dernier ressort. — **V.** *arr. cass.* 3 *brum.* et 5 *fruct. ij*, 24 *therm.* et 13 *fruct. viij*; M. *Merlin*, *rec. alph.*, *mot dernier ressort*, §. *xj.* — **V.** aussi *ci-dev.*, *p.* 52, *note* 62, *et sur-tout l'arr. du* 17 *fév.* 1812, *cité à note* 16, *p.* 399.

(16) *Observations.* 1. Il n'est excepté que *relativement*, c'est-à-dire, lorsqu'on oppose à l'appel qu'il y a *chose jugée*. En voici la raison : la chose jugée ne produit pas son effet de plein droit, elle forme seulement une *exception* (v. *Pothier*, *des oblig.*, *sect. de la chose jugée*, *n.* 37) qu'on est libre de faire valoir ou d'abandonner.

2. Il résulte de là qu'on n'est pas recevable à demander l'annullation d'un jugement qui a statué sur l'appel d'une sentence passée en force de chose jugée, lorsqu'on n'a pas fait valoir, avant ce jugement, l'exception de la chose jugée. — **V.** M. *Merlin*, *rép.*, *mots chose jugée*, §. 15, *et substitut. fidéicom.*, *sect.* 3, §. 7, *art.* 4; *arr. cass.* 15 *pluv. xiij*, 3 *mars* 1808, *ibid.*

3. A l'égard de quelles personnes, de quelles choses, de quelles causes peut-on user de cette exception ?... **V.** *C-N.* 1351; *Pothier*, *sup.*; M. *Merlin*, *id.*, *mot succession*, *sect.* 1, §. 2, *art.* 3; *le cours de dr. civ.*; *ci-apr.*, *tit. de la tierce-opposit.*, §. 3 et 4, *p.* 399, 401, *etc.*

4. Quoique un jugement de dernier ressort ait aussi force de chose jugée (*art.* 5, *infrà*), il peut être attaqué (par requ. civile, par ex.) tandis que la chose jugée résultant d'un acquiescement ne peut jamais l'être... **V.** *note* 14, *p.* 329.

(17) **V.** *ord.* 1667, *tit.* 27, *art.* 5; *Pothier*, *d. sect. de chose jugée.*

La loi (*d. art.* 5) dit « lorsque l'appel a été *déclaré péri* »... C'est que la péremption n'a pas lieu de plein droit. — *V. en le tit.*, *p.* 323.

tances (18) ; on parlera de la 1.re au *ch. 3, p. 375.*

A l'égard de la renonciation à l'appel, elle peut se faire avant ou après le jugement.

La faculté de renoncer d'avance à l'appel, fondée sur les lois romaines, avait été enlevée aux parties par la jurisprudence française, mais elle leur a été rendue par les lois nouvelles, et le code ne paraît point y avoir dérogé (19).

La renonciation postérieure n'étant au fond qu'un acquiescement ou un désistement, doit à plus forte raison être admise et avoir les mêmes effets.

2.e *Exception.* — Jugemens préparatoires proprement dits. — Ils diffèrent, on l'a remarqué (*tit. des jugem., p.* 227), des jugemens interlocutoires, en ce qu'ils ne préjugent pas le fond de la cause, tandis que les interlocutoires le préjugent (20) ; voici une différence non moins importante.

---

(18) *V.* tit. de l'acquiescement et de la péremption, p. 326 et 325.

(19) *V.* L. 1, §. 3, ff. à quib. appell. ; Despeisses, sup., n. 4 et 5 ; L. 24 août 1790, tit. 4, art. 6 ; arr. cass. 22 flor. viij ; M. Merlin, rec. alph., mot appel, §. 7 ; ci-apr. note 30 (jugement convenu).

Arbitrage. On peut renoncer à l'appel lors du compromis et même après. — V. c-pr. 1010, *et part. 1, art. des arbitr., p.* 44.

(20) *Observations.* 1. Cette différence est souvent fort embarrassante à saisir, parce que les préparatoires semblent quelquefois préjuger le fond, et les interlocutoires quelquefois ne pas le préjuger. — V. *obs. d'Aix et Bordeaux, art.* 447 *du proj., prat. fr., iij, 71.*

2. Les clauses *avant dire droit*, etc., par lesquelles les tribunaux caractérisent leurs jugemens préparatoires (v. *d. tit., note* 41, *p.* 233), ne font point cesser l'embarras, parce qu'il ne doit pas dépendre d'un tribunal de donner à sa décision, par un qualificatif inexact, un caractère que peuvent démentir les résultats de cette décision. — V. *arr. cass.* 24 oct. 1808, *J-c-pr. ij,* 477 ; *arr. de Grenoble (sect. réunies),* 22 *juil.* 1809, *annal. de l'Isère, et J-C-N., t.* 13, *p.* 145.

3. Le meilleur parti à prendre est donc d'examiner si en effet le jugement présenté comme préparatoire, contient ou non des dispositions qui préjugent le fond ; c'est ce que semble prescrire l'article du code où l'on fait la distinction précédente, ainsi que l'a reconnu la cour de Grenoble dans l'arr. du 22 juillet (l'auteur était un des juges)... Par exemple, le jugement qui ordonne la mise en cause d'un tiers est *interlocutoire*, si l'intervention de ce tiers peut avoir de l'influence sur le fond de la cause. — V. *d. arr. ; arr. cass.* 1 *juin* 1809 *et* 27 *juin* 1810, *J-c-pr. iij,* 376, *et avoués, ij,* 257 ; *arr. cass. cr.* 2 *août* 1810. — V. *aussi M. Merlin, rec. alph., mot appel, §.* 1 ; *arr. Colmar,* 5 *mai et* 6 *déc.* 1809, *et*

On peut appeler des jugemens interlocutoires (21)
avant le jugement définitif (22), tandis qu'il faut suivre une règle contraire pour les préparatoires (23),
et en joindre l'appel à celui du jugement définitif (24).
— *V. C-pr.* 451 (25).

3.° *Exception.* — Elle embrasse les jugemens *non
qualifiés en dernier ressort*, ou bien *mal-à-propos
qualifiés en premier ressort*, lorsqu'on avait le droit
de les rendre en dernier ressort. — *C-pr.* 453 *in f.;
C-com.* 646 (26).

---

cass., 17 *août* 1811, *J-C-N. xiij*, 228, *xvij*, 78; *avoués, i*, 265; *ci-
apr.*, *tit. des curateurs vacans, note* 4, etc.

4. Mais le jugement qui déclare régulière une enquête décisive, est définitif, et non pas préparatoire. — V. *arr. cass.* 1 *mai* 1811. — *Idem*,
celui qui sur une demande d'un compte, charge des arbitres de le faire,
parce qu'il juge ainsi que le compte est dû. — V. *arr. cass.* 28 *août* 1809.

(21) Ainsi que de ceux qui accordent une provision. — *D. art.* — Ce
n'est pas qu'ils préjugent le fond de la cause, mais ils peuvent causer un
préjudice irréparable. — V. *tit. des jugem.*, *notes* 8 *et* 9, *p.* 227. — Quant
aux jugemens interlocutoires de divorce, v. *p.* 350, *note* 8.

(22) Mais toujours dans le délai légal (*ci-apr.*, *ch.* 3). Le mot *pourra*
du code est destiné à exprimer une faculté qu'on n'avait pas précédemment (v. *ci-apr.*, *note* 26), et non pas à énoncer que l'appel des interlocutoires sera toujours admissible *avant* le jugement définitif, quelle
qu'en soit l'époque. D'ailleurs la loi sur le délai ne fait aucune exception.
— V. *d. ch.* 3, *n.* 5, *p.* 377.

(23 à 25) *Justice de paix.* — Même règle. — V. *c-pr.* 31.
Observations. 1. Cette règle importante, établie par les lois romaines,
avait été abrogée mal-à-propos par la jurisprudence française. — V.
Cujas, *observ.*, *lib.* 12, *c.* 3; *Rebuffe*, *sup.*, *art.* 8, *gl.* 3, *n.* 28; *Despeisses*, *sup.*, *n.* 3; *Espagne*, *n.* 75. — Elle a été rétablie par la loi du
3 brumaire an 2, qui, seulement, ne distinguait pas, comme le code,
entre les jugemens préparatoires proprement dits, et les interlocutoires.
— V. *d. L. art.* 6; *arr. cass.* 1 *niv. viij*, 4 *frim. x*, etc.
2. On peut appeler des jugemens *préparatoires*, quoique on les ait exécutés, même sans réserve; le délai d'appel court de la signification du jugement définitif. — V. *c-pr.* 451 *et* 31; *ci-dev.*, *p.* 350, *note* 18.
3. Mais l'appel n'est pas nécessaire quand ils ont été rétractés (v.
p. 233, *note* 40) par le jugement définitif, *suiv. M. Merlin*, *d.* §. 1.
4. Si un jugement contient deux dispositions, l'une préparatoire et
l'autre définitive, il est susceptible d'appel au moins pour la dernière disposition. — V. *arr. cass.* 23 *frim. x*, 11 *brum. xj*, 19 *vend. xij*, *au B. C.;
prat. franç.*, *iij*, 68.

(26) *Dr. interm.* La cour de cassation pouvait seule connaître des jugemens *mal-à-propos qualifiés en dernier ressort* (même lorsqu'il s'agissait d'incompétence). — V. *arr. cass.* 11 *germ.*, 2 *therm. et* 20 *fruct. x*,

Au contraire les jugemens mal-à-propos qualifiés en dernier ressort, sur-tout ceux où il est question d'incompétence (27), sont sujets à l'appel. — *V. C-pr.* 453, *in pr.*, 454; *et M. Bigot-Préameneu.*

4.e *Exception.* — On ne peut appeler des jugemens de défaut (28) pendant le délai de l'opposition (29). — *V. C-pr.* 455 (30).

---

23 *brum. xij*, etc., *par interprétat. de L.* 1 *déc.* 1790 *et* 27 *vent.* 8, *art.* 77 *et* 80; *de const. ans* 3 *et* 8. — Le code a décidé qu'ils sont sujets à l'appel. — V. *c-pr.* 453 *et M. Bigot-Préameneu.*

(27) V. *aussi ci-dev.* p. 32, *note* 56. — Mais on ne peut en appeler, même en cas d'incompétence *ratione materiæ*, que dans le délai ordinaire (ci-apr. ch. 3, p. 375). V. *arr. cass.* 25 *fév.* 1812, *Nevers*, 285.
Observations. 1. *Dr. anc...* On le pouvait, même après le délai fatal, *suiv. arr. du parl. de Grenoble*, 16 *mai* 1778, *aff. du Dauph.*
2. *Dr. interm...* Tribunal... V. *ci-devant note* 26.
3. *Jugem. de paix...* Même règle qu'au texte... V. *arr. cass.* 22 *avr.* (*B. C.*) *et* 24 *oct.* 1811, *Nevers*, 200, 509.
4. Autres règles sur les *déclinatoires et incompétences*, leurs espèces, leurs tems, mode, tribunal, etc. *Voyez* p. 29 à 34 (sur-tout celle-ci); 207 à 209; 307 et note 5, n. 3, ib.; 346 et note 15, ib.; 399, note 16; etc.

(28) Même de commerce. — V. *arr. de Colmar, Paris et Limoges*, 1808-1810, *J-c-pr.*, *iij*, 298, *Nevers*, 1810, *sup.*, 19; *avoués, iij*, 174. — Décision contraire... V. *arr. de Liége*, 20 *juill.* 1809, *Nevers, ib.*

(29) Pendant les deux délais. — V. *d. arr. de Colmar*, *et ci-dev.*, *tit.* 1, p. 361. — Mais on peut en appeler alors, s'ils sont exécutoires par provision. — *Arg. de c-pr.* 449... V. *arr. Paris* 1810, *avoués, ij*, 144.

(30) *Dr. anc.* Les lois romaines défendaient l'appel des jugemens de défaut (*L.* 1, *c. quorum appellat.*); l'ordonn. de 1667 le permit et prohiba l'opposition; la jurisprudence autorisa indifféremment l'opposition et l'appel. — V. *Jousse et Rodier*, *tit.* 14, *art.* 4 *et* 5; *arr. cass.* 12 *vend. ix*, 11 *pluv. x*; *M. Bigot-Préameneu; ci-dev.*, *tit.* 1, *note* 4, p. 359.
Observations. 1. Lorsqu'on a formé une opposition, on ne peut en abandonner la poursuite pour prendre la voie de l'appel, *suiv. un arr. de Lyon*, 14 *déc.* 1810, *avoués, iij*, 226... V. *ci-dev.* p. 358, *note* 8.
2. Peut-on appeler d'un jugement convenu!... V. *arr. opposés de Turin et Paris*, 29 *juill.* 1809, 15 *fév.* 1810, 15 *mars* 1811, *id.*, *i*, 113, *ij*, 105, *iij*, 206; *et ci-apr. tit. des avis de parens*, *note* 8.
Dr. anc... Oui, à moins qu'il n'eût été rendu sur les propres conclusions de l'appelant, *suiv. Espagne, sup.*, *n.* 61.
3. *Dr. anc.* Le jugement où l'on avait commis une *erreur de calcul* n'était pas sujet à l'appel; il suffisait de demander par un simple mémoire la réparation de l'erreur. — V. *L.* 1, §. 1, *ff. quæ sententiæ; Espagne*, *n.* 69; *Despeisses, sup.*, *n.* 23. — Cependant le parl. de Grenoble avait douté qu'on pût suivre cette méthode sans violer l'art. 1, tit. 35 de l'ordonn. (relatif aux requêtes civiles). — V. *arr.* 18 *mars* 1672, *Saint-*

Observation. — On peut si l'on veut, n'appeler que d'une partie d'un jugement, et par conséquent acquiescer à quelques-unes de ses dispositions (31) et réclamer contre les autres (32).

CHAPITRE II.

Des personnes qui peuvent appeler.

I. " On n'admet à l'appel, dit la loi 1, *in pr.*, *ff. de* „ *appellat. recip.*, que ceux qui ont intérèt à la „ chose, ou qui ont reçu un pouvoir à cet effet, ou „ qui gèrent les affaires d'autrui „ (33).

De cette loi et des lois 4 et 5, *ff. de appellat. et relat.*, on avait tiré la règle générale que toutes les personnes à qui un jugement porte préjudice, peuvent en appeler (34), lors même qu'elles n'y ont pas été parties (35).

André, ib. — V. *aussi Rodier, ib.*, *art.* 1, *qu.* 2; *C-N.* 2058; *ci-apr.*, *tit. des reddit. de comptes, in f.*

(31) Le juge d'appel ne peut pas même les discuter; il n'en est pas saisi. — V. *M. Merlin, rec.*, *mot appel*, §. 5; *ci-apr. note* 82, *p.* 583.

(32) *V.* les autorités citées à note 11, n. 2, p. 328.
Observation. On peut réclamer lors même qu'il ne s'agirait que des dépens (le droit romain était contraire). — V. *Despeisses, n.* 9; *Rebuffe*, *gl.* 2, *n.* 35; *Espagne, n.* 77.

(33) Un procureur *ad lites*, chargé de la poursuite d'une affaire jusques à jugement définitif, a qualité pour appeler. — V. *M. Merlin, rec. alph.*, *mot appel*, §. 3; *et ci-dev.*, §. *des avoués, note* 27, *p.* 71.

(34) La loi romaine accordait même ce droit aux proches parens du condamné. « Si une mère, dit la loi 1, §. 1, *sup.*, mue par un motif de » piété, appelle d'une sentence qu'elle reconnait préjudiciable à son fils, » son appel doit être reçu » (v. aussi *LL.* 35, *ff.*, et 12 *in pr.*, *c. de procurat.*; *arr. du parl. de Grenoble, dans Papon, liv.* 19, *tit.* 1, *n.* 7, *et Basset, t.* 1, *liv.* 2, *tit.* 33, *ch.* 8). Mais cela n'est point admis parmi nous. — V. *arr. de Besançon, janv.* 1808, *J-c-pr.*, *ij*, 239.
Au reste, il résulte de la règle ci-dessus exposée, que celui qui est sans intérêt ne peut appeler. — V. *Despeisses, sup.*, *n.* 16; *M. Merlin, rec. alph.*, *mot appel*, §. 2; *ci-dev.*, *tit. de l'assignat.*, *p.* 182.

(35) Et à plus forte raison les deux parties. — V. *ci-apr.*, *ch.* 3, *n.* 5, *p.* 377. — V. *aussi ci-dev.*, §. *du divorce*, *note* 11, *p.* 330.
On citait comme tiers intéressés qui pouvaient appeler, le cohéritier

Mais pour se conformer aux principes du code (*art.* 464) et à la règle des *deux degrés*, on ne doit admettre les tiers intéressés que lorsque la partie qu'ils suppléent, pour ainsi dire, avait le droit d'appeler et a appelé (36)... *V. à ce sujet M. Merlin, rec. alp., 2.*e *éd., mot appel, §. 2 ; ci-apr. 5*e *excep., p.* 388... *Mais v. aussi d. rec., mot chose jugée, §. xj, et ci-apr. p.* 398, *note* 11.

II. Les tuteurs, syndics et autres administrateurs peuvent aussi et doivent même appeler pour leurs administrés (37).

Observation. On appelle contre ceux qui ont été parties dans la cause (*v. C-pr.* 894), ou contre leurs représentans ; sauf à suppléer les formalités nécessaires, en cas de changement de qualités (38).

---

par rapport à la succession, le vendeur par rapport à l'acquisition, le légataire par rapport au testament, la caution par rapport à l'obligation principale ; — v. *L. à sententiâ, in pr. et* §. 1-3, *ff. appell. et relat.* ; — le créancier par rapport aux droits de son débiteur. — V. *C-N.* 1166 ; v. *aussi arr. cass.* 24 *fév.* 1806, *J-C-N. vj*, 366.
Rectification d'actes de l'état civil... V. *en le* §., *ci-apr., part.* 3.

(36) Quand est-ce que l'appel d'une partie profite à ses consorts !.. V. *M. Merlin, rép., mot domaine public,* §. 5. — V. *aussi arr. de Turin,* 28 *févr.* 1810, *Nevers,* 1812, *sup.,* 3.
S'il s'agit d'un objet indivisible, l'appel d'un seul des condamnés suffit pour tous, d'après les lois 1 *et* 2, *c. si unus ex plur.* (*id., Turin,* 9 *mars* 1811, *avoués, v,* 29). Mais ces lois ont été abrogées par l'usage ; on a toujours considéré parmi nous les appels comme purement personnels : c'est ce qu'attestent *Espagne, n.* 58, et les auteurs qu'il cite. — *Quid juris* à présent ! *V.* M. Merlin, sup., et rec. alph., mots nation, §. 2, et union ; M. Coffinières, d. p. 29.

(37) V. *L. si bonam* 11, *c. administrat. tut.* — Mais non pas le subrogé tuteur, *suiv. arr. de Limoges, avoués, ij,* 373 ; ni le conseil judiciaire, *suiv. arr. de Trèves,* 4 *et* 13 *avr.* 1808, *J-C-N., xj,* 322.
Le tuteur est tenu de prendre l'autorisation du conseil de famille, *suiv. un arr. de Riom,* 1806, *J-C-N. vij,* 46 (M. Pigeau, t. 1, p. 563, est d'un avis opposé). Mais le maire n'a pas besoin pour sa commune, de celle du conseil de préfecture. — V. *arr. cass.* 28 *brum. xiv ; ci-apr., tit. de l'autorisation, note* 18. — Ni les syndics d'une faillite, de celle du juge-commissaire... V. *arr. de Paris,* 23 *avr.* 1812, *avoués, v,* 351.

(38) Si, par exemple, les parties ont passé sous la puissance d'autrui... Mais on n'en a pas besoin à l'égard d'un défendeur en interdiction, parce que son appel a suspendu l'effet du jugement qui l'interdisait. — V. *c-pr.* 894 ; M. Berlier ; *ci-apr., tit. de l'interdict., notes* 1 *et* 6.

CHAPITRE III.

Du délai d'appel (39).

I. Le délai général est de trois mois, pour toute espèce de jugement. — *C-pr.* 443 *in pr.* (40).

II. Ce délai court pour les jugemens contradictoires, du jour de la signification (41) à personne ou domicile (42), et pour ceux de défaut, du jour où

---

(39) *Dr. anc.* DIX ANS ; mais ce tems pouvait être réduit ; il suffisait de notifier la sentence au condamné et de le requérir trois ans après, d'en appeler ; car il n'avait plus alors que six mois, (dix-huit, s'il n'était qu'héritier)... V. ord. 1667, *tit.* 27, *art.* 12 *et* 17. — Quelque sages que fussent ces règles, dans plusieurs pays on autorisait l'appel pendant trente ans. — V. *Espagne* , *n.* 98.

Dr. int. TROIS MOIS pour les jugemens contradictoires seulement. — V. *L.* 24 *août* 1790, *tit.* 5, *art.* 14; *arrêté* 9 *mess. iv.*

(40) *V.* aussi c-com. 645 in pr., et M. Bigot-Préameneu.

Observations. 1. *Jugem. de paix.* Même délai, à dater de la signification. — V. c-pr. 16; *tarif* 21, 27. — 2. *Déclinatoires...* Idem ; v. *ci-d.* note 27. — 3. Comment compte-t-on ces trois mois !... v. §. *des délais*, *note* 15, *p.* 141.

(41) *Observations.* 1. La signification d'un jugement a pour but de le faire connaître d'une manière certaine (v. *part.* 1, *ch. dern.*, *p.* 154) au condamné, et par une suite nécessaire, d'autoriser l'autre partie à faire exécuter ce jugement : ce n'est donc au fond qu'un acte d'exécution étranger à l'appel. — V. *arr. cass.* 1.er *août* 1808.

2. *Conséquences de ce principe.* 1.º On peut appeler d'un jugement, quoiqu'il n'ait pas été signifié (même en matière de douanes)... V. *arr. cass.* 17 *mars* 1806. — 2.º La signification n'a d'autre influence par rapport à l'appel, que d'en faire courir le délai (v. *d. arr.* 1.er *août*) et en faveur seulement de celui qui signifie... V. *d.* §. *des délais*, *note* 5, *p.* 136. — 3.º Ce n'est point au domicile élu dans la signification qu'il faut notifier l'appel... — V. *arr. de Liége*, 8 *mai* 1808, *J-c-pr. iij*, 201; M. *Merlin*, *rép.*, *mot loi*, §. 5, *n.* 9. — V. aussi *ci-dev. ch. du domicile*, *p.* 198; *ci-apr.*, *note* 68, *p.* 380; et pour une exception, *le tit. de la saisie-exécution*, *note* 6.

3. On ne peut après trente ans, appeler d'un jugement dont la signification était irrégulière (*ci-apr. note* 43), mais qui a été exécuté. — V. *arr. cass.* 14 *nov.* 1809, *Nevers*, 1810, 105; *ci-dev. tit. des jugem.*, *n.* 3 *et note* 42, *p.* 234; *ci-apr. tit. des régl. génér. d'exécution*, *n.* 6.

4. Délai pour les préparatoires... V. *ci-dev.*, *note* 25, *n.* 2, *p.* 371.

(42) Faut-il qu'elle ait été précédée d'une signification à l'avoué ?... OUI, *suiv. prat. franç.* (*J-c-pr. iij*, 199) et M. *Pigeau*, *i*, 562... NON, *suiv. arr. de Liége et Riom*, 22 *et* 27 *déc.* 1808, *ib.*, et *p.* 226, ce qui paraît plus conforme aux principes (v. *note* 41), et à la loi, puisqu'elle ne parle point de cette signification préalable.

l'opposition n'est plus recevable (43). — *V. C-pr.* 443, *in pr. et* ☆. 1 *; C-com.* 645, *in f.* (44).

Mais 1.° s'il s'agit d'un mineur non émancipé, c'est du jour de la signification à son tuteur et à son subrogé tuteur (45). — *V. C-pr.* 444, *in f.*

2.° Si le jugement a été rendu sur une pièce fausse, ou faute de représentation d'une pièce décisive retenue par l'adversaire, c'est du jour seulement où le faux a été reconnu (46) ou juridiquement constaté (47), ou que la pièce retenue a été recouvrée (48). — *V. C-pr.* 448 *; M. Bigot-Préameneu* (49*).

(43 et 44) V. *tit. de l'opposition, n.* 3, *p.* 361. — Le délai ne court que de la signification faite au défaillant, quoique il eut un avoué, *suiv. Paris et Nancy, 3 fév.* 1810 *et 9 juill.* 1811, *Nevers,* 1812, *sup., p.* 1 *et* 15.

N. B. Il court, non de la signification qu'une partie a faite (avec réserves), mais de celle qu'on lui a faite (*v. §. des délais, n.* 1 *et note* 5, *p.* 136; *rec. alph.,* 2.*e éd., i,* 130 *et* 470; *arr. cass., ib.*) et d'une signification régulière. — *V. Turin, 30 janv.* 1811, *Nevers,* 1812, *sup.* 6.

(45) Lors même que celui-ci n'était pas en cause. — *D. art. Interdit...* Même règle. — *Arg. de C-N.* 509; *M. Pigeau, sup.*

(46) C'est-à-dire, avoué par la partie qui a produit la pièce, ou par l'auteur du faux , suivant M. Pigeau, *t.* 1, *p.* 566.

(47) C'est-à-dire , suivant le même auteur, *ibid.* , à dater du jugement qui déclare l'acte faux, et non pas des actes tels que l'inscription , le rapport d'experts, etc., qui constatent la découverte du faux. Mais cette interprétation nous parait sujette à bien des difficultés. L'esprit de la législation moderne est de restreindre l'usage de l'appel à un délai très-court, dont on ne puisse excéder les limites (v. *ci-après*). Elle ne fait exception à cette règle dans les deux circonstances actuelles, que parce qu'elle présume que c'est l'ignorance du faux ou de l'existence de la pièce, qui a empêché le condamné d'appeler , et par conséquent il semble que dès qu'il est prouvé que cette ignorance a cessé, le délai d'appel doive courir, ainsi que le décidait l'art. 12, tit. 35 de l'ordonnance, où l'on a puisé l'art. 443 du code. Si le délai ne commençait à courir que du jugement sur le faux , il dépendrait du condamné de l'étendre beaucoup, puisqu'il lui suffirait de prolonger la procédure du faux incident ou du faux principal.

(48) Pourvu que le jour du recouvrement soit prouvé par écrit. — *V. d. art.* 448.

(49*) *Requête civile.* — Mêmes règles. — *V. c-pr.* 488. — Cet article les applique aussi au cas où le jugement a été obtenu par un dol personnel de la partie ; et M. Pigeau, sup., pense qu'il faudrait les étendre au délai d'appel de ce jugement. — *V. ci-apr. p.* 412 *et note* 40, *ib.*

III. Le même délai est augmenté de celui des ajournemens, pour les colons, et d'une année, pour les militaires ou agens diplomatiques employés hors de l'Empire (50*). — *V. C-pr.* 445, 446 *et* 73 (51).

IV. Les délais d'appel sont suspendus par la mort du condamné (52)... Ils reprennent leur cours après la signification faite (à son domicile) à ses héritiers (53), et après les délais d'inventaire et de délibérer (54). — *V. C-pr.* 447 (55).

V. Ces délais sont de rigueur; ils emportent la déchéance; ils courent envers toutes personnes (56), sauf le recours contre qui de droit. — *C-pr.* 444.

Néanmoins l'intimé peut appeler incidemment en tout état de cause. — *V. C-proc.* 443, *in f.* (57) ; *et*

(50*) *Requête civile.* — Mêmes règles. — V. *c-pr.* 485, 486.

(51) *V.* aussi d. ord. , tit. 27, art. 14, et M. Bigot-Préameneu.
Le délai général d'appel n'est pas augmenté pour les distances... V. *Bordeaux*, 1808, *J-c-pr.*, *ij*, 68; *ci-dev.* p. 142, *note* 18. — Mais le jour *à quo* en est exclu — V. *Bruxelles et Cassat.*, 1808, *ib.*, *i*, 334, *iij*, 58. — Ainsi que le jour *ad quem*, *suiv. Bruxelles*, *Turin* (2 arr.) *et Gênes*, 1807, 1809, 1810, *ib.*, *i*, 83, *iij*, 418, *Nevers*, 1812, *sup.*, *p.* 8. — Décision contraire... V. *Pau*, *ci-dev.* p. 139, *note* 10, *et Turin* (2 arr.), 1811, *avoués*, *v*, 297.

(52) C'est que pendant des délais si courts , il est possible que les héritiers n'aient pas acquis la connaissance du jugement.

(53) « Avec les formalités prescrites à l'art. 61 », dit *c-pr.* 447, sans doute par erreur... C'est à l'*art.* 68 qu'on aura voulu renvoyer. — V. *obs. mss. du Tribunat.* — On peut signifier aux héritiers *collectivemens* et sans désignation de noms et qualités (l'appelant peut les ignorer). — D. *art. et tar.* 29... V. aussi , *p.* 189, *note* 33, *n.* 7.

(54) Si la signification a été faite avant l'expiration de ces derniers délais. — V. *c-pr.* 447 ; *ci-apr.*, *tit. du bénéfice d'invent.*, *note* 4.

(55) *Dr. anc.* Mêmes principes, excepté pour l'étendue des délais. — V. *L. si unus* 6, *c. si pendente appellat.*; *d. ord.*, *tit.* 27, *art.* 15.

(56) Et par conséquent contre le mineur, la femme, l'interdit, les corporations, etc... *Jadis* ils étaient plus considérables pour les corporations, et ne couraient à l'égard des mineurs que de leur majorité, etc. — V. *d. tit.* 27, *art.* 16 et 17 ; *Jousse*, *ib.* ; M. *Bigot-Préameneu* ; M. *Merlin*, *rép.*, *mots curateur*, §. 1, *et appel*, *sect.* 1, §. 5.

(57) Pourvu que *ce soit dans les trois mois* de la signification à lui faite , dit un commentateur. Mais dans ce cas, outre que l'exception précédente serait tout-à-fait inutile , le mot *néanmoins* de c-pr. 443, montre

ci-devant tit. de l'acquiescement, note 10, p. 327.

VI. Quelque pressant que l'appel paraisse d'après ces décisions, on ne peut valablement l'interjetter pendant la première huitaine (58), à dater du jugement (59). Si on l'a fait alors il faut le réitérer avant l'expiration du délai général. — *V. C-pr* 449 (60).

Au reste, cette suspension d'appel prescrite pour forcer le condamné à la réflexion, ne lui est point nuisible, parce que l'exécution des jugemens (61) est suspendue pendant le même intervalle (62). — *V. C-pr.* 450 ; *M. Bigot-Préameneu ; d. tit.* 5, art. 14.

---

qu'il faut adopter un systême contraire, comme l'ont fait les cours de Paris, de Turin et de Cassation. — V. *arr. des* 25 *août* 1807, 9 *fév.*, 19 *mars et* 26 *oct.* 1808, *J-c-pr.*, *ij*, 17 *et* 423.

Observations. 1. La faculté accordée à l'intimé est-elle restreinte aux seuls chefs du jugement dont il y a déjà un appel principal ?... Oui, *suiv. un arr. de Nîmes (fort bien motivé)*, *J-c-pr.*, *iij*, 344. — Cependant il paraît que le Tribunat se fondait sur des principes bien différens lorsqu'il a proposé la disposition finale de l'art. 443, ci-dessus rapportée, et qui n'était point dans le projet.

2. L'appel incident n'est pas recevable lorsqu'on a défendu à l'appel principal ou conclu à la confirmation du jugement. — V. *arr. cass.* 31 *oct.* 1809, *Nevers*, 465, *et* 23 *janv.* 1810, *id.*, 79.

3. *Mode* de cet appel... V. *ci-apr. note* 67, *p.* 380.

(58) Excepté en matière de commerce et référé, ou que le jugement ne soit exécutoire par provision. — V. *c-pr.* 449, 809 ; *c-com.* 645.

(59) Et par conséquent le jour du jugement n'est pas compté. — **V.** *les autorités de la note* 51, *p.* 377.

(60) V. *aussi c-pr.* 809 ; *c-com.* 645 ; *L.* 24 *août, tit.* 5, art. 14 ; *L.* 21 *frim. vj* ; *arr. cass.* 1 *prair. xiij.*

Observations. 1. On peut aussi le réitérer s'il est nul, pourvu qu'on soit encore dans le délai, et cela même quand on l'a interjeté avant la signification. — V. *M. Merlin, rec. alph.*, 2.ᵉ *édit.*, *mot appel*, §. 10, *art.* 4 ; *arr. cass.* 11 *mars* 1808, *ib.* ; *id.*, *Paris*, 4 *janv.* 1812, *avoués*, *v*, 21 ; *ci-dev.*, *note* 41, *n.* 2, *p.* 375 ; *note* 9, *p.* 358.

Règle contraire pour le recours en cassation... V. *d. note* 9.

2. *Dr. anc.* On pouvait faire l'appel sur-le-champ, *à facie judicis*, ou à la barre, ou par acte au greffe. Cela fut abrogé par la jurisprudence des derniers siècles. — V. *L.* 2, *ff. de appell. et rel.* ; *Espagne*, *n.* 99 ; *nouv. Denisart*, §. 8, *n.* 6 ; *arr. cass.* 21 *therm. viij.*

(61) Non exécutoires par provision. — V. *d. art.* 450.

(62) Si l'intimé n'a pas demandé la déchéance d'un appel interjeté après les délais prescrits, et s'il a même contesté sur cet appel, le juge pourra-t-il la prononcer d'office ?. *oui*, parce qu'il s'agit ici d'une excep-

Il faut encore observer que dans certaines circonstances, les délais d'appel sont moins considérables que ceux que nous avons indiqués (63).

CHAPITRE IV.

De la procédure d'appel.

I. *Acte d'appel.* " Cet acte, dit le code (64), „ contiendra une assignation dans les délais de la „ loi, et sera signifié à personne ou domicile, sous „ peine de nullité „. — *C-pr.* 456... *V. aussi tarif* 29.

Il résulte de là que l'appel n'est pas admissible,

1. Lorsque l'acte n'en est pas accompagné d'une assignation (65) ;

---

tion péremptoire d'ordre public, *suiv. M. Merlin, rec. alph.*, *mot appel*, §. 9... V. *ci-dev.*, *tit. des except.*, note 21, *p.* 207.

(63) *Exemples...* 1.º *Cinq jours* après le jugement, en matière de récusation et de renvoi... V. *c-pr.* 392, 377. — 2.º *Huitaine* après la même époque, lorsqu'il s'agit de nullités des procédures postérieures à l'adjudication préparatoire faite sur saisie immobilière... *Id.* 756. — 3.º *Huitaine* après la signification, en matière de douanes... V. *L.* 14 *fruct. iij*, art. 6 ; *arr. cass.* 19 *frim. viij*, 17 *mars* 1806. — 4.º *Dix jours* après le même acte, s'il s'agit de difficultés sur distribution et ordre entre créanciers... V. *c-pr.* 669, 763 ; *arr. Nimes*, 27 *août* 1807, *J-c-pr.*, *i*, 180. — 5.º *Quinzaine* pour les incidens et distractions, en matière de saisie immobilière, pour les nullités des procédures antérieures à l'adjudication préparatoire, et pour les référés... V. *c-pr* 723, 730, 734, 809 ; *d.* §. *des délais*, note 10, *n.* 3, *p.* 139. — 6.º Pour les divorces par consentement, *dix jours* au plutôt et *vingt jours* au plus tard, à dater du jugement... V. *C-N.* 291. — *V.* au surplus *les titres relatifs à ces matières.*

(64) *Observations.* 1. *Dr. anc.* L'appellant était tenu de *relever* son appel dans trois mois, c'est-à-dire de citer l'intimé pour procéder sur cet appel ; faute de quoi l'intimé pouvait l'*anticiper*, c'est-à-dire le citer lui-même, et après trois mois faire déclarer son appel *désert* ou abandonné ; mais l'appellant pouvait ensuite le réitérer en refondant les dépens de la désertion. — V. *au surplus, Despeisses, sup., sect.* 2, *art.* 2 ; *Rodier, tit.* 27, *art.* 5 ; *Rebuffe, de appellat.*, *art.* 4 et 5.

2. *Dr. int. et act.* On jugea d'abord que la *désertion* était abrogée et que l'appel n'était assujetti à aucune forme particulière. — V. *arr. cass.* 15 *niv.* et 4 *fruct. xj* ; *rec. alph.*, *h. v.*, *et appel*, §. 10. — On supprima ensuite les formalités précédentes. — V. *M. Bigot-Préameneu.*

3. *Dr. act.* Anticipation... Délai trop long... V. *ci-d. p.* 193, *note* 48.

4. L'indication du *délai de la loi* suffit. — *V. p.* 191, *note* 46.

(65) Cette règle et la suivante ont été consacrées par une foule d'arrêts,

2. Lorsque l'assignation dont il est accompagné n'est pas valable (66);

3. Lorsqu'il est simplement signifié à l'avoué (67);

4. Lorsqu'il n'est pas signifié à la personne ou au domicile réel de l'intimé (68).

La loi ne dispose rien sur l'appel considéré indé-

---

qui ont par conséquent jugé que la peine de nullité se rapporte à toutes les dispositions de l'art. 456. — V. *arr. de Toulouse*, *Amiens*, *Liége*, *Montpellier*, *Turin*, *Bruxelles*, etc., 1807, etc.; *J-c-pr.*, t. 1, p. 70, 74, 80, 156, 333, 348; *avoués*, *iij*, 305, etc.

(66) Parce qu'alors c'est la même chose que s'il n'y en avait point.
Observations. 1. Ainsi elle doit contenir ou désigner, 1.° la constitution d'avoué... V. *d. arr. Liége*, *Montpellier et Turin*; *id.*, *Pau et Cass.*, 1809, *Nevers*, *id.* 319 *et* 1812, sup. 18. — 2.° Le domicile de l'appelant... V. *arr. Génes et Riom*, 1808, *J-c-pr. ij*, 369 *et iij*, 215; *ci-dev.* p. 185, *note* 21. — 3.° La date... V. *ce* §., p. 144. — 4.° etc.
2. Mais il n'est pas nécessaire qu'elle soit *libellée*, parce que la loi n'exige la communication des griefs, qui forment proprement la *libellation* en appel, que huitaine après la constitution d'avoué, et qu'on a même retranché du projet du code (sur la demande du Tribunat) un article qui prescrivait cette formalité pour l'assignation. — V. *d. arr. Liége et Montpellier*; *autre Trèves*, *J-c-pr.*, *i*, 118; *obs. de Grenoble*, *Nancy et Orléans*, *sur ce proj.*, *prat. fr.*, *iij*, 127; *arr. cass.* 15 *mai et* 4 *déc.* 1809 *et* 1 *mars* 1810, *Nevers*, 508 *et* 118; *J-C-N. xiv*, 249, etc. — Droit int... Idem... V. *arr. cass.* 4 *et* 24 *frim. et* 27 *niv. iij*.

(67) *Arg. de c-pr.* 456; *arr. Turin*, 21 *août* 1807, *J-c-pr.*, *i*, 328.
Observat. 1. L'usage contraire se pratiquait autrefois au Châtelet et dans plusieurs jurisdictions. — V. *nouv. Denisart*, §. 8, *n.* 4; *Espagne*, *n.* 99. — M. Pigeau (1.re *édit.*) avait blamé avec raison cet usage.
2. *APPEL INCIDENT*... La signification à avoué suffit... V. *arr. de Paris*, *Bruxelles*, *Cassation et Turin*, 1807, 1808 *et* 1809; *J-c-pr.*, *ij*, 423; *Nevers*, 1808, 513; *J-C-N.*, *xiv*, 362, *et xv*, 193; *ci-d.* p. 377 (formes de cette signification... v. *ci-d.* p. 154, *note* 11).
Règle contraire lorsqu'il n'y a pas d'appel principal. — V. *arr. d'Aix* 24 *mai* 1808, *J-c-pr.*, *iij*, 165.

(68) *V.* arr. de Liége, Turin, Montpellier, etc., 1808 à 1810, J-c-pr., *iij*, 201, 205, 395, *Nevers*, 1811, sup., 88; *ci-dev.* note 41, p. 375; app. du domicile, p. 198; et ci-apr. (*pour des exceptions*) tit. des saisies exécut., note 6, et immobil., note 115.
Observations. 1. L'intimation doit être communiquée au greffier, lorsqu'il s'agit de saisie immobilière. — V. *en le tit.*, *ch.* 2, *n.* 1.
2. La nullité d'une signification faite à un domicile élu est *couverte* par les actes d'exécution que l'intimé déclare faire, *nonobstant l'appel, suiv.* *d. arr. de Turin*, *J-c-pr.*, *iij*, 436.
3. Autres cas où la nullité de l'appel se *couvre*... V. p. 204, *note* 9.
4. L'appel nul à l'égard d'une partie, n'est pas validé par la signification régulière, faite à d'autres parties co-intéressées. — V. *arr. de Grenoble*, 14 *août* 1811, *J-C-N. xvij*, 303.

pendamment de l'assignation ; mais d'après la nature
et le but de cet acte (69), on peut dire qu'il doit
désigner (70), 1. l'appelant, 2. l'intimé, 3. le jugement
qu'on attaque (71). — *V. L.* 1, §. *libelli* 4, *ff. appell.
et rel. ; Rebuffe, præf., n.* 29 *et* 30.

II. *Instruction de l'appel* (72). 1. Dans la huitaine
après que l'intimé a constitué avoué, l'appelant signifie
ses griefs ; l'intimé y répond (73) dans la huitaine suivante ; l'audience est poursuivie sans autre procédure.
— *C-pr.* 462 (74).

On nomme *griefs* les injustices que le jugement
contient, suivant l'appelant.

2. Dans les matières sommaires et commerciales,

(69 et 70) Par les motifs de note 6, n. 2, §. de la rédaction, p. 132.
Il n'y a sans doute point de termes *sacramentels* (v. *M. Merlin*, rec.
alph., mot'*appel*, §. 11), mais il faut que ces désignations résultent des
termes et tournures de l'acte, autrement on ne peut dire que ce soit un
appel. — V. *d. L.* 1, §. 4; *et d.* §. *de la rédact.*, p. 130. — Par exemple, on a jugé qu'une erreur dans la date n'annulle point ; mais toutes les
circonstances de la cause constataient quel était le jugement dont on avait
voulu appeler. —, V. *arr. de Turin*, 19 *mars* 1808, *J-c-pr.*, *iij*, 203.

(71) Il n'est pas nécessaire que l'appel soit signé (et à plus forte raison,
qu'il le soit par tous les appelans)... V. *arr. Besançon et Trèves*, 24 *avr.*
1809 *et* 5 *fév.* 1810, *J-c-pr. iij*, 396 ; *avoués*, *i*, 346.
Observations. 1. On a dit (*p.* 123 *et note* 4, *et p.* 164) que l'appel
tient lieu d'une demande : c'est peut-être par ce motif qu'on a prescrit
d'y joindre une assignation.
2. *Amende.* Il faut en consigner une... V. *ci-apr.*, *note* 121, *p.* 39[.

(72) *Dr. anc.* La procédure ancienne d'appel était assez compliquée,
et les délais trop courts (v. *d. ord.*, *tit.* 11) : aussi les règles prescrites
étaient fort peu observées. — *Saint-André*, *d. tit.* — Le code a adopté
un système beaucoup plus simple.

(73) Si ces deux écrits ne sont pas signifiés dans les délais indiqués,
ils ne doivent être rejetés que quant à la taxe, puisque la loi ne rappelle
ni la forclusion, ni la nullité que prononçait l'ordonnance, et qui déjà
n'avaient plus lieu dans l'usage. — V. *d. t.* 11, *art.* 20, *et Jousse* ; *Rodier*, *art.* 12 ; *ci-dev.*, *ch. des dép.*, *note* 7, *p.* 149 ; *arr. de Turin*, 13
août 1811, *avoués*, *v*, 237.

(74) L'appelant est obligé de commencer la discussion dans la procédure d'appel, parce qu'on présume toujours que la sentence est juste
(v. §. *des juges*, *p.* 21). Par la même raison, c'est à lui à en prouver
l'injustice. — V. *Rebuffe*, *art.* 22 (*gl.* 1, *n.* 4) *et ult.*, *n.* 28.
Quant aux *moyens* proposables en appel, voyez ci-apr., ch. 6, p. 387.

de référés et de distribution de deniers saisis, ainsi que dans toutes celles où l'intimé fait défaut (75), la procédure est encore plus simple ; il suffit d'un acte qui porte la cause à l'audience. — *V. C-pr.* 463, 806 *in f. et* 669; *C-comm.* 648; *ci-dev. tit. des matières sommaires et des référés, p.* 338 *et* 343.

On voit par ces décisions que les appels sont tous portés à l'audience (76) : il n'y a pas d'exception même pour ceux des jugemens par écrit (77), mais on réserve au tribunal le droit d'ordonner au besoin une instruction du même genre (78)... *V. C-pr.* 461.

Au reste, toutes les règles propres aux tribunaux inférieurs doivent être suivies devant les tribunaux d'appel, à l'exception de celles auxquelles le livre troisième du code a dérogé, et que nous exposons dans ce titre. — *V. C-pr.* 470 (79).

---

(75) *Idem*, causes de divorce déterminé. — V. *C-Nap.* 262.

(76) S'il s'agit d'une question d'état, deux chambres sont réunies à l'audience. — V. *décr.* 30 *mars* 1808, *art.* 22 ; *ci-apr.*, *tit. de la séparation de corps, note* 7, *n.* 2.

(77) *Dr. anc.* Règle contraire. — Mais elle avait été abrogée par la loi du 3 brumaire an 2. — V. *rec. alph.*, *mot appel*, §. 13, *n.* 2.

(78) *Dr. anc.* Une ord. de Charles vij avait prescrit aux parties de remettre leurs pièces dans les trois jours qui suivraient la plaidoirie : mais ce délai était évidemment trop court; aussi ne l'observait-on point. « Hæc ordinatio, dit le bon Rebuffe, art. 19, *parum* servatur in parlamento, in quo non solum dantur tres dies, *sed tres menses, sed aliquando tres anni, et interdum TRIA LUSTRA* ».

(79) *Observations.* 1. M. Pigeau, *i*, 588, compte trois points où la procédure d'appel diffère de celle de première instance. Le premier et le second sont relatifs à la proscription des nouvelles demandes, et à la défense d'intervenir si l'on n'a pas le droit d'être tiers-opposant; le troisième à l'effet de la péremption qui est plus considérable (v. *ci-dev.*, *p.* 325)... Mais il faut bien y ajouter les règles qui concernent le mode et l'instruction de l'appel, que nous venons d'indiquer, les arrêts d'exécution et de défenses, la manière de vider les partages, les amendes et l'exécution des jugemens. — V. *les chap. suivans*, *et pour les partages*, *ci-dev.* p. 250, *note* 26, *et* p. 298, *note* 21, *n.* 1.

Au reste, nous pensons avec lui que, d'après cet article, il faut appliquer à la procédure d'appel les règles propres à l'assignation, à la constitution d'avoué, au jugement de défaut, à l'opposition, aux défenses, exceptions, instructions par écrit, voies d'instruction, incidens, etc. — V. *en ci-devant les titres*, *au liv.* 1.

CHAPITRE V.

De l'effet de l'appel.

L'APPEL a deux principaux effets : un effet *sus-pensif* et un effet *dévolutif*.

I. *Effet suspensif*. — L'appel suspend l'effet du jugement (80) qu'il attaque, et par conséquent aussitôt après l'appel, et jusques à ce que l'on y ait statué, les choses doivent demeurer dans l'état où elles étaient à l'époque du jugement; en un mot, on ne peut rien innover. — *V. C-pr.* 457 *in pr.* (81).

II. *Effet dévolutif*. — L'appel a un effet dévolutif en ce qu'il transmet au juge supérieur la connaissance de la cause (82), dont le premier juge avait été saisi jusques-là. — *V. L. un. et* 3 , *à note* 81 *; Rebuffe, art. ult., n.* 15 *; tit. de l'assignat., p.* 193.

L'appel est simplement dévolutif, lorsque le pre-

---

(80) Même interlocutoire. — *C-pr.* 457. — *Dr. anc.* — Règle contraire (*d. ord.*, *tit.* 22 , *art.* 2), mais qui n'était guères observée. — *Rodier, ib.*

(81) *V.* aussi LL. un. , pr. et §. 1, ff. nihil innov.; 3, C. appell. et cons.; 52 , pr., C. transaction.; Rebuffe , art. 16, gl. 1, n. 4 et 7; C-pr. 376, 549; Despeisses, art. 5, n. 2; arr. d'Angers , 28 juill. 1808 , J-c-pr. ij , 524; ci-d. p. 350 , note 8; ci-apr. liv. 3, sect. 2, tit. 1; surtout, arr. cass. 7 août 1811.

Observations. 1. Il résulte de cette règle , que le délai fixé par le jugement est suspendu, et ne court plus que de la signification de l'arrêt confirmatif. — *V. arr. cass.* 12 *juin* 1810; *ci-apr. note* 119, *p.* 391; et pour le délai d'enquête, *ci-dev. p.* 265 , *note* 27. — *Quid juris* en cas de *désistement* de l'appel ?... V. *ce tit.* , *note* 10 , *p.* 353.

2. Tout acte qui enfreint cette règle , est nommé un *attentat* , et doit être révoqué. C'est qu'on le regarde comme un outrage envers le premier juge. — V. *Rebuffe, ibid. ; Espagne , n.* 105.

(82) Seulement de la partie de la cause à laquelle l'appel a rapport. C'est l'appel qui *saisit* le juge supérieur; mais l'appel peut être limité à certains points de la sentence... Donc le juge d'appel n'a le droit de connaître que de ces points. C'est de là que vient la maxime « tantùm de-» volutum quantùm appellatum ». — V. *avis cons. d'état,* 12 *nov.* 1806, *in pr.* ; *M. Albisson; et ci-dev.* , *note* 51 , *p.* 375.

Nous disons que l'appel *saisit...* Il est tellement nécessaire pour attribuer une jurisdiction au tribunal supérieur, que jadis si l'acte d'appel tombait en désertion, ce tribunal ne pouvait valablement juger la cause. — V. *Despeisses, tit.* 10 , *sect.* 1, et sur-tout *ci-apr., note* 116, *p.* 392.

mier jugement est exécutoire par provision (83). — *D. art.* 457 *in pr.* (84).

Bien plus, si l'exécution provisoire n'a pas été ordonnée, quand elle pouvait l'être, l'intimé a le droit de la faire prononcer à l'audience sur un simple acte et avant le jugement d'appel. — *C-pr.* 458 (85).

Il en est de même, à plus forte raison, s'il s'agit d'un jugement qui pouvait être rendu en dernier ressort, et qu'on a omis de qualifier comme tel, ou qu'on a qualifié " en premier ressort „. — *C-proc.* 457 *in f.* — *V. ci-dev. ch.* 1, 3.ᵉ *exception, p.* 371.

Si, au contraire, le premier juge a mal-à-propos déclaré son jugement exécutoire, ou s'il l'a illégalement qualifié " en dernier ressort „, l'exécution peut être suspendue par le juge d'appel (86). — *V. C-pr.* 459 *in pr.*, 457, *v.* 1.

Cette suspension, nommée jugement ou arrêt de *défenses*, ne peut sous peine de nullité, être prononcée que dans ces seuls cas ; on exige même que ce soit à l'audience et parties appelées (87). —·*V. dd. art. et* 460 ; *C-com.* 647 (88).

---

(83) Même lorsqu'il prononce une contrainte par corps (sous caution). — V. *C-N.* 2068.

(84) Dans ce cas, quoique la connaissance de la cause appartienne au juge d'appel, le premier jugement doit avoir son effet jusqu'à ce qu'il ait été réformé ou annullé.

(85) V. *aussi §. des juges, note* 21, *n.* 2, *p.* 22. — à moins que dans le cas où cette exécution n'est que facultative, il ne l'ait pas demandée en première instance, suiv. arr. de Bruxelles, 14 *déc.* 1808, *et* 25 *juin* 1811, *J-c-pr. iij*, 133, *avoués, iv*, 300.

(86) A moins que la cause ne soit en état sur le fond, parce qu'alors la surséance est inutile. — V. *arr. d'Aix*, 1807, *J-C-N. viij*, 462.

(87 et 88) *V.* aussi d. ord., tit. 17, art. 16 et Jousse ; M. Bigot-Préameneu ; arr. de Nîmes, 5 janv. 1808, J-c-pr. ij, 386.

Observations. 1. Les parties sont appelées par une citation à bref délai. — *DD. art.* — Selon un commentateur, l'intimé n'a pas besoin d'avoué dans cette circonstance ; mais le code n'a point affranchi les assignations à bref délai, de la constitution, ni dans aucun cas, dispensé les parties de l'assistance d'avoué exigée impérieusement par l'art. 75. L'art. 76 suppose même le contraire ; et le tarif (76, 81, 148) le dispose indirectement. — V. §. *des avoués, p.* 68, *et tit. de ces assignat., p.* 348.

CHAPITRE

CHAPITRE VI.

De ce qui peut être soutenu en cause d'appel.

On ne peut, en général, former et soutenir en appel une *demande nouvelle*, c'est-à-dire, une demande qui n'a pas été soumise au premier juge.... Nous allons jeter un coup-d'œil sur les fondemens de cette règle, sur les exceptions dont elle est susceptible, sur le mode de procéder relatif à ces exceptions.

I. *Fondemens de la règle.* 1. On a vu (*p.* 366) que l'appel est une attaque dirigée contre un jugement *à raison de son injustice ;* on doit en conclure que les juges d'appel n'ont été institués que pour rémédier à cette injustice, et que par là même leurs fonctions se réduisent à examiner si le tribunal de première instance a bien ou mal jugé, *an benè an malè judicatum sit*, dit un ancien adage (89).

Mais le tribunal de première instance ne pouvait statuer que sur les demandes qui lui avaient été soumises (90)... Donc le juge d'appel n'a le droit d'examiner le bien ou le mal jugé que par rapport (91) à

---

2. S'il s'agit d'affaires de commerce (même en cas d'incompétence), la suspension ne doit pas être accordée, sous peine de nullité et de dommages; mais les cours peuvent permettre de citer extraordinairement à jour et heures fixes pour plaider sur l'appel. — V. c-com. 647.

3. L'usage des arrêts de *défenses* donnait jadis lieu à de grands abus qu'on a voulu prévenir par les précautions ci-devant exposées.

4. L'appel est toujours *suspensif* quant au paiement des frais accordés par un jugement, même exécutoire. — V. *arr. cass.* 19 *prair. vij*, *n.* 167. — Cette règle, fondée sur l'usage (v. *Espagne*, *n.* 103, *art.* 8, *qui la critique*), a été confirmée indirectement par le code, *art.* 137, puisqu'il défend d'autoriser l'exécution provisoire pour les dépens. — V. *ci-dev. art. des trib. civ.*, *note* 71, *p.* 55.

5. Quant aux jugemens de faux incident et de *divorce*, v. en les titre ou §., ci-dev. p. 259 et 550, note 8.

(89) *V.* ord. 1539, art. 31 et 128 ; Rebuffe, art. 12, gl. 1 ; Prost-de-Royer, mot *an benè*; arr. cass. 23 prair. 8 ; M. Bigot-Preameneu.

(90) *V.* part. 1, §. des juges, p. 21 ; append. des conclusions, p. 219.

(91) Soit que le mal jugé procède d'injustice, ou d'omission, ou d'erreur, etc. — V. *ci-devant*, *note* 3, *p.* 366.

ces mêmes demandes, et par une conséquence nécessaire on ne peut lui en soumettre d'autres, ou de
nouvelles demandes. — *V. C-pr.* 464, *in pr.* (92).

2. On a également vu (*page* 16) que toute cause
doit parcourir deux degrés de jurisdiction.... Donc
aussi l'on n'est pas admissible à former une nouvelle
demande en cause d'appel, puisque cette demande ne
subirait l'épreuve que d'un seul degré (93).

II. *Exceptions.* — Cette règle reçoit des exceptions
ou plutôt éprouve des modifications (94) lorsqu'il s'agit
de demandes accessoires, de moyens, de compensa-
tions, de défenses, et d'interventions.

1.re Il est permis de réclamer des *accessoires* dont
il n'était pas question en première instance, lorsqu'ils
sont une dépendance indirecte de la demande primitive (95); tels, par exemple, que des intérêts, arré-

---

(92) *V.* aussi Espagne, n. 108; L. 3 brum. ij, art. 7; arr. cass. 6
janv. 1806.

(93) La demande primitive étant constatée et déterminée par les conclusions prises en première instance, il semble que pour reconnaître si
quelqu'une des demandes formées en appel est nouvelle, il suffise d'examiner si elle s'écarte de ces conclusions. Mais cette manière d'agir serait
en opposition avec le principe d'après lequel les parties ont le droit de
rectifier, diminuer ou additionner leurs conclusions (v. *ci-dev. append.
des conclusions*, *p.* 220; *et c-pr.* 465).
Néanmoins, ce dernier principe ne doit pas être pris à la lettre, car
il serait lui-même en opposition avec la règle qui proscrit toute demande
nouvelle. Il faut l'entendre dans ce sens, qu'il est permis de modifier les
conclusions, pourvu que les objets auxquels on les restreint se trouvent
toujours compris dans ceux qui avaient été réclamés en première instance. Si, en effet, il était permis, sans réserve, d'additionner ces conclusions, il le serait aussi de former des demandes nouvelles. — V. *ci-
dev.*, *tit. de la conciliat.*, *note* 9, *p.* 175, *et d. append.*, *p.* 220; *M.
Merlin*, *rép.*, *mot sieur.*

(94) Car les exceptions ne sont qu'apparentes, ainsi qu'on va le voir.

(95) Parce qu'ils ont été compris tacitement dans l'instruction et la
décision de la demande primitive. Le juge, par exemple, en recon-
naissant, d'après l'instruction, que le demandeur était réellement créancier de la somme principale qu'il réclamait, a par-là même reconnu qu'il
avait droit aux intérêts qu'elle produirait dans la suite... Au reste, cela
est aussi fondé, 1. sur la maxime, que l'accessoire doit toujours suivre
le sort du principal. — V. *C-N.*, *liv.* 2, *tit.* 2, *et le cours de dr. civ.* —
2. Sur ce que la réclamation primitive d'un objet est censée comprendre
tous les accessoires de cet objet. — V. *d. append.*, *p.* 220; *ci-apr.*, *tit.
des liquidations*, *note* 2.

rages et loyers échus, et des dommages soufferts depuis le premier jugement (96). — *D. L. 3 brum.*, *art. 7, in f.; C-pr. 464 in f.*

2.e A plus forte raison doit-on avoir la faculté de modifier les anciens *moyens* et d'en présenter de nouveaux (97), parce que des moyens ne sont que l'appui d'une demande et non pas une demande (98).

3.e On peut aussi proposer une *compensation* (*d. art. 464 in pr.*), parce que la compensation se formant de plein droit, et même à l'insçu des débiteurs (*v. C-Nap.* 1290), ce n'est point faire une (99) nouvelle demande que de l'opposer à la partie adverse.

4.e La nouvelle demande est également admissible, lorsqu'elle n'est qu'une défense à l'action principale. — *D. art. 464 in pr.* — C'est qu'une exception (100) n'est

---

(96) Et par la même raison, les fruits échus. — V. *M. Merlin*, *rec. alph.*, *mots appel*, §. 14, *n. 8*, *et revendication*, §. 1; *et d. note 2.* — Ainsi qu'une provision alimentaire, dont le droit est d'ailleurs fondé sur un préjudice. — V. *arr. cass.* 5 *juill.* 1809, *Nevers*, 181.

(97) *Exemples :* 1. Produire une quittance. — V. *arr. de* 1583, *dans Papon*, *liv.* 9, *tit.* 11, *art.* 1. — 2 *et* 3. Attaquer comme faux un testament qu'on avait seulement prétendu nul pour imbécillité du testateur, ou un des actes sur lesquels le premier jugement a été fondé. — V. *arr. de Montpellier et Paris*, 28 *févr. et* 30 *août* 1810, *avoués*, *t.* 1 *et* 2, *p.* 275 *et* 296. — 4. Soutenir qu'on n'est pas sujet à la contrainte par corps. — V. *arr. de Bordeaux*, 9 *mars* 1809, *Nevers*, *sup.*, 250. — V. *en d'autres aux arr. cass.* 22 *pluv. x*, 17 *oct.* 1809.

(98) *V. L.* 4, c. temporib. et reparat.; proc.-verb., tit. 16, art. 4; Despeisses, tit. 12, sect. 2, art. 6, n. 1; Rodier, tit. 11, art. 26; rép., mot intervention, §. 1; arr. cass., ib.; arg. de C-N. 222 f.
Ajoutons, 1. que le plaideur en soumettant sa réclamation au juge, fait tout ce qui lui est prescrit; peu importe qu'il y joigne (excepté quand la loi l'exige, comme en cas d'assignation) ou non et qu'on lui oppose ou non, les moyens qui la soutiennent ou combattent. — V. *M. Merlin*, *ib.* (on peut fonder ceci en partie, sur l'obligation imposée au juge de suppléer les moyens de droit. — V. *tit. des jugem.*, *note* 50, *p.* 251). — 2. Qu'un des buts de l'appel est la réparation des erreurs ou omissions des parties. — V. *ci-dev.*, *p.* 366.
Mais il en serait autrement si les moyens nouveaux formaient ou comprenaient une nouvelle demande. — V. *ci-apr.*, *p.* 387.

(99) C'est plutôt proposer une exception qu'on avait omise.

(100) *V.* titre des exceptions, p. 203.
Observation. Si la partie qui réclame la cassation d'un jugement par le

point une demande , et que la défense dérivant du droit naturel , il doit être permis à une partie de l'exercer en tout tems et de la manière qu'elle le juge convenable (101).

5.ᵉ L'apparition d'une *nouvelle partie* suffit-elle pour constituer une demande nouvelle ? Oui , si cette partie n'avait aucun droit de paraître en première instance ; mais si elle eut dû y être appelée , c'est-à-dire , si elle a le droit de former une tierce-opposition (102) au jugement (103), elle peut être reçue

---

motif qu'il a statué sur une demande nouvelle , avait elle-même formé cette demande , elle est non-recevable dans son recours. — V. *M. Merlin*, *rép.* , *mot bâtard* , *sect.* 2 , §. 3 *in f.*; *ci-apr.* , *tit. de la cassat.* , *note* 21. — *V.* aussi pour d'autres questions du même genre, *ci-dev.* , *tit. de la conciliat.* , *note* 9 *in f.* , *et* 24 , *n.* 4 , *p.* 175 *et* 178.

(101) *Exemples.* 1. Lorsqu'un cohéritier demande en appel que le demandeur primitif soit tenu de prendre dans la succession des biens autres que ceux qu'il avait réclamés , ce n'est point une nouvelle demande , mais une exception à la demande primitive. — V. *arr. cass.* 23 *frim. ix* , *n.* 27.

2. Il en est de même lorsqu'un héritier légitime, qui a soutenu en première instance que le testament où on léguait l'usufruit d'un domaine était nul, produit en appel un arrêté, dont il résulte que le domaine n'appartenait pas au testateur. — V. *M. Merlin* , *rép.* , *mot testament* , *sect.* 3 , *et arr. cass.* 5 *niv. xiij* , *ibid.*

3. *Idem* , quand un créancier demande en appel la nullité de l'inscription d'un autre créancier placé avant lui par le jugement d'ordre de première instance. — V. *arr. cass.* 26 *oct.* 1808 , *J-c-pr.* , *ij* , 426.

4. *Idem* , si sur une demande en délaissement de biens à cause de la nullité d'un premier testament, l'héritier en produit, en appel, un second où il est aussi institué. — *Arr. cass.* 23 *janv.* 1810 , *Nevers* , 59.

5. *Idem* , si lorsque le premier juge a déclaré une rente hypothéquée aux créances de l'intimé, l'appelant propose une nullité contre l'inscription. — V. *id.* , 6 *juin* 1810 , *Nevers* , *p.* 275.

6,7 , *etc.* V. d'autres exempl. à J-C-N. , *t.* 11 et 12 , *p.* 135 , 159 ; *arr. cass.* 17 *oct.* 1809 , *au B. C.* ; etc.

Mais si l'on convertit en demande *en nullité* (d'une vente) , la demande en simple *rescision* formée en première instance , c'est une nouvelle demande non admissible. — V. *M. Merlin* , *rép.* , *mot nullité* , §. 9 ; *arr. cass.* 5 *nov.* 1807 , *ib.* , et à *J-c-pr.* , *i* , 210 ; *arr. de Paris* , 13 *juill.* 1810 , *avoués* , *ij* , 291.

Idem , si l'on change en demande en résiliation une demande **en nullité** de bail. — V. *arr. cass.* 8 *pluv.* 13 ; *M. Merlin* , *ibid.*

(102) *V.* en ci-apr. le tit. , *p.* 396 ; ci-dev. , ch. 2 , n. 1 , *p.* 374 ; et §. de la déclaration de jugement commun , *p.* 292.

(103) Soit au jugement de première instance , soit à celui d'appel qu'on doit rendre, *suiv. arr. de Turin* , 19 *août* 1807 , *J-c-pr.* , *ij* , 371.

intervenante en cause d'appel (104)... *V. C-pr.* 466; *M. Bigot-Préameneu; ci-apr. p.* 399, *note* 16.

III. *Mode.* — La forme à suivre pour proposer les nouvelles demandes (105) ou exceptions, se réduit à présenter de simples conclusions motivées. — *C-pr.* 465 *in pr.*

Cette dernière règle s'observe aussi lorsque les parties changent ou modifient leurs conclusions. — *D. art.* 465 *in f.* (106).

Appendix au chapitre VI.

De la retenue du fond.

Les principes exposés au chapitre sixième nous ramènent naturellement à la première conséquence que nous avons tirée de la règle des deux degrés, c'est-à-dire, au droit accordé aux juges d'appel de retenir le fond d'une cause sur laquelle le premier juge n'a pas donné une décision complète ou régulière (107).

Ce droit est fondé non-seulement sur la même rè-

---

(104) Ce droit d'intervenir est une exception à la règle des deux degrés, exception qui était déjà dans l'esprit de la loi du 3 brumaire an 2. — V. *M. Merlin*, *rép.*, *mot intervention*, §. 1.

Cette exception ne s'applique pas à un garant, quoiqu'en disent plusieurs commentateurs... 1.° La garantie n'est, il est vrai, qu'un incident, par rapport à la demande primitive; mais considérée par rapport à la discussion qui s'élève entre le garanti et le garant, elle est une demande principale. — V. *arr. cass.* 7 *mess. xij* (*autres cités ib.*), 20 *mars* 1811, *et de Paris et Nimes*, 1810, *avoués, i*, 33 *et* 216, *iij*, 262. — V. *aussi rec. alph.*, *mot trib. d'appel*, §. 2; *rép.*, *mot garantie; et ci-dev.*, *p.* 212, *note* 49. — 2.° Le demandeur primitif peut, en appel, repousser la mise en cause du garant, en soutenant que le défendeur aurait dû la proposer en première instance, puisque la loi n'accorde qu'un seul délai pour cela, et qu'elle autorise la poursuite séparée de la demande principale, si le défendeur n'a pas profité de ce délai. — *Arg. du c-pr.* 33 *et* 178; *v. d. p.* 212, *n.* 1.

(105) Telles que des demandes accessoires. — V. *n.* 2, *p.* 386, *in f.*

(106) M. Pigeau, *t.* 1, *p.* 585, pense que, comme ces demandes sont incidentes, on a le droit de répondre (par un simple acte) aux conclusions motivées où on les propose. — *Arg. de c-pr.* 335.

(107) *V.* cette règle à part. 1, sect. 1, ch. 2, p. 16 et 17.

gle (108) mais encore sur le but de l'institution de l'appel. Si en effet pour atteindre ce but, le juge supérieur doit réparer l'injustice du premier juge, il est évident qu'il faut qu'il puisse statuer lui-même sur toutes les demandes agitées devant le juge inférieur, lorsque celui-ci n'y a pas statué, ou bien y a statué irrégulièrement, puisque dans l'une et l'autre hypothèse, on peut dire à la rigueur qu'il n'a pas donné une décision juste sur le fond de la cause (109) : c'est ce qu'on énonce par cette maxime généralement admise : *le juge d'appel peut* (110) *faire ce que le premier juge aurait dû faire et n'a pas fait* (111). — *V.* arr. cass. 26 vend. viij, 22 mess. et 2 fruct. xij, 27 août 1806, 20 janv. 1808; rép., viij, 399.

Mais si une demande n'a pû être jugée en première instance, parce qu'elle n'y a pas été agitée, il est également évident que le juge d'appel ne pourra en connaître, et par conséquent retenir (112) à cet

---

(108) *Dr. interm.* Ce n'était point un *droit accordé*, mais une *obligation imposée* au juge d'appel.. V. *rép.*, *mots déni et triage*, *t.* 3 *et* 13, *p.* 510 *et* 133 ; *rec. alph.*, 2.e *éd.*, *mot appel*, §. 14, *n.* 3 *in f.* (*idem*, à présent, en matière de provision... v. *ci-d.*, *p.* 228).

Ce système était plus conforme à la règle des deux degrés, que le système actuel, parce qu'en le suivant aucune cause ne passait par plus de deux degrés, tandis que dans le système du code, elle est exposée à en parcourir trois et même quatre, dans le cas où le tribunal d'appel ne jugera pas à propos d'user du droit de retenir le fond. Mais le système du code offre aussi de grands avantages. Il peut en effet arriver que lorsque la cause est transmise au juge d'appel sur un interlocutoire, etc., l'instruction n'en ait pas été réellement complète en première instance, et dans cette circonstance, que le juge d'appel est à portée d'apprécier, il vaut mieux l'autoriser à renvoyer au premier juge que de le forcer à statuer sans les documens nécessaires.

(109) *V.* ci-dev., note 3, p. 366.

(110) Sous le droit intermédiaire, on disait *doit*. — *V.* note 108.

(111) D'après cette maxime qui n'est point contraire à la règle des deux degrés, le tribunal d'appel pourra, en réformant la sentence, procéder à l'opération qu'elle avait rejetée, par exemple faire une enquête de divorce, nommer un curateur à une hoirie vacante, etc. — *V. arr. cass.* 25 *mai* 1807 *et* 7 *févr.* 1809, *rép.*, *mot enquête*, §. 4, *et J-c-pr.*, iij, 244 ; *ci-apr. tit. des curateurs*, etc., *note* 4.

(112) *Même règle* quoique la demande ait été agitée devant le premier

égard le fond de la cause. En effet, il violerait, dans ce cas, les deux règles précédentes, puisqu'il restreindrait les deux degrés à un seul, et ferait ce que le premier juge n'avait pas dû faire. — *V. arr. cass. civ.* 29 *niv.* xj, 2 *fruct.* xij, 6 *janv.* 1806 ; *id. crim.*, 23 *mars* 1810, *p.* 82.

Au contraire on s'est conformé à ces règles et on les a maintenues, en autorisant le juge d'appel à statuer définitivement sur le fond et par un même jugement, lorsqu'il *infirme* ; 1.º un jugement définitif pour vice de forme ou *pour toute autre cause* (113) ; 2.º un

---

juge, s'il ne l'a pu juger, parce qu'il a été forcé de statuer sur une question préalable qu'il ne pouvait joindre au principal. — *V. d. arr. cass.* 29 *niv.* xj, 6 *janv.* 1806 ; *obs. cass.* 186.

Observations. 1. Il résulte de là que si le tribunal d'appel annulle le premier jugement pour incompétence, il est obligé de renvoyer la cause au tribunal qui devait former le premier degré. — *V. arr. cass.* 27 *fruct.* xj, 7 *frim.* xiij, 12 *juill.* 1809 ; *M. Merlin, rec. alph., mot appel,* §. 14, *n.* 4 ; *rép., h. v.,* §. 9, *n.* 6 ; *arr. cass., ib.* ; *d. rép., mot moulin,* §. 8, *et autres arr., ib.* — Mais voyez sur ce point la note 113.

2. *Règle contraire* si le premier juge s'est mal-à-propos déclaré incompétent (à moins que le fond de la cause n'ait pas été plaidé devant lui). — *V. d. mot moulin ; arr. cass., ib.* ; *autres,* 21 *brum.* et 11 *vent.* x, 29 *niv.* xj, *et* 27 *août* 1806, *au bull., et ib., et au mot déni de justice, n.* 5 ; *arr. Turin,* 20 *mai* 1807, *J-c-pr., i,* 219 ; *obs. cass.* 186... Si, en effet, on y a plaidé le fond, l'instruction a été complète, et le premier degré suffisamment rempli ; si on ne l'a pas plaidé, il n'y a point eu, par la même raison, de premier degré, et par conséquent le juge d'appel ne peut retenir le fond, puisqu'il priverait les parties d'un degré.

(113) D'après cette expression indéfinie on a pensé que l'art. 473 autorise le juge à retenir le fond même lorsqu'il annulle pour incompétence, s'il trouve la matière en état de recevoir une décision définitive. — V. *arr. rej. (sect. civile),* 23 *janv.* 1811, *Nevers,* 124.

On pourrait répondre : 1.º l'art. 473 n'emploie pas le mot *annulle,* mais le mot *infirme,* qui ne s'applique pas à l'anéantissement d'une décision pour cause d'incompétence, ou qui du moins autorise à présumer que la rédaction de l'article est vicieuse ; 2.º le Tribunat qui a proposé cette partie de l'art. 473, la motivait sur des principes opposés à ceux de l'arrêt du 23 janvier : il observait entr'autres, que dans le cas où le tribunal inférieur *qui* DEVAIT *juger le fond* ne l'avait pas fait, il était injuste de lui renvoyer les parties... Mais peut-on dire qu'un premier tribunal, incompétent *ratione materiæ,* ait *dû* et même *pu* juger le fond ?. 3.º La cour de cassation, dans ses observations (*art.* 186), avait adopté ces derniers principes.

N. B. On a jugé depuis, que lorsqu'en première instance, le défendeur s'est borné à soutenir l'assignation nulle, la cour, sur l'appel du jugement qui déclare l'assignation régulière, ne peut, d'après c-pr. 473, retenir le fond, sur-tout si loin de le juger définitivement, elle est obligée

jugement interlocutoire, si, dans ce dernier cas, la. matière est disposée à recevoir une décision définitive. — *V. C-pr.* 473 (114).

CHAPITRE VII.

Du jugement d'appel.

Nous traiterons, dans ce chapitre, du mode de prononciation (115) et des effets du jugement d'appel.

I. *Prononciation.* Il faut d'abord examiner quelle est la nature de l'appel.

1. Lorsque l'*appel* est nul ou non recevable, le tribunal le déclare tel, et borne là sa prononciation (116); lorsqu'il est mal fondé, le tribunal le déclare aussi, et maintient ou confirme le premier jugement, et renvoie au premier juge pour son exécution.

---

de compléter l'instruction par des interlocutoires. — **V. *arr. cass.*** 9 *oct.* 1811.

(114) *V.* aussi MM. Bigot-Préamcneu et Albisson, et dd. **arr. cass.** *Motifs de ces deux décisions.* Dans le premier cas l'instruction a été complète en première instance; et dans le deuxième, on doit aussi la supposer telle, puisqu'en ordonnant un interlocutoire on a préjugé le fond, et que d'ailleurs le tribunal d'appel a jugé que l'interlocutoire était inutile au complément de l'instruction.

(115) Quant aux règles relatives à la délibération et au partage, *voyez* tit. des jugem., ch. 1, p. 229, et de la récusat., note 21, p. 298.

(116) Parce qu'à la rigueur le juge d'appel n'est pas saisi de la cause. Rebuffe (*art.* 14, *gl.* 1, *n.* 14) cite un arrêt qui réforma un jugement du deuxième degré, où l'on avait ordonné un interrogatoire, avant de prononcer si l'appel du premier juge était recevable. — *V. aussi ci-dev.*, note 82, p. 383; *et sur-tout, tit. des exceptions, note* 13, *p.* 205.

On a observé (*d. note* 82) que c'est l'appel qui *saisit* (v. *aussi arr.* Montpellier et Cass., 28 *fév.* et 26 *mars* 1811, *B. C.*, *et avoués, iij,* 305) : voici encore des conséquences de cette règle.

1. Le juge d'appel peut, dans certains cas, connaître d'une demande connexe à celle dont il est saisi, mais non pas quand cette demande est soumise à un premier tribunal, ou même quand elle y a été jugée, s'il n'y a pas appel. — *V. M. Merlin, conclus. dans Nevers*, 1810, *p.* 250, *pour l'arr. du* 7 *juin cité ci-dev.*, *p.* 193, *note* 47.

2. Le premier juge perd le droit qu'il a de réformer ses jugemens de pure instruction (v. *ci-dev.*, *tit. des jugemens, note* 40, *p.* 233), aussitôt qu'on en a émis appel, parce que dès-lors le juge supérieur en est saisi. — *V. id.*, *anc. et nouv. rép.*, *mot nullité*, §. 7.

2. Lorsque l'appel est au contraire fondé, il faut examiner le jugement de première instance en lui-même. S'il est irrégulier en la forme et injuste au fond, on l'annulle et on statue sur la cause par un jugement nouveau; s'il est seulement irrégulier en la forme, mais juste au fond, on l'annulle encore, mais on en reproduit les dispositions dans le nouveau jugement; s'il est régulier en la forme et injuste au fond, on l'infirme et l'on substitue d'autres dispositions à celles qu'on réforme (117). — *V. M. Merlin, rec. alph., mot appel, §. 14, n. 2.* — Il faut enfin examiner s'il y a de nouvelles demandes qui soient recevables, et y statuer (118).

II. *Effets.* 1. Le jugement d'appel anéantit totalement le premier jugement, lorsqu'il l'infirme. — *V. L. 1 , §. ult. in f., ff. ad S-C. Turpyll.* (119).

---

(117) C'est ce qu'on annonce par le mot *émendant*, qui vient du latin *emendare*, corriger, et que dans le principe on prononçait *amender*. — V. *Rebuffe, sup.*, n. 2. — Si le jugement n'est injuste qu'en partie, la réformation partielle qu'on en fait est annoncée par l'expression *émendant quant à ce*, et l'on ordonne que le surplus de ce jugement *sortira son plein et entier effet*.

Style de la prononciation... *Voyez* ci-dev. note 41, p. 233 ; M. Pigeau, t. 1, p. 588 ; notre disc. sur les vices du langage judiciaire.

(118) Les anciens auteurs expriment en termes précis et énergiques tous ces modes de prononciation. « Appellatio, disent-ils, habet naturam » annullandi, *confirmandi, emendandi, dividendi, supplendi* » (ces deux derniers mots indiquent une réformation partielle, et une adjudication de nouvelles demandes). — V. *Rebuffe, sup., art. ult.*, n. 33.

Observations. 1. Le juge d'appel doit prendre pour règles les lois qui étaient en vigueur au tems de la sentence, et non les lois postérieures. — V. *nov.* 115, *cap.* 1, *in pr.*; *Rebuffe, ibid.*, n. 44; *Despeisses, d. art.* 6, n. 3-5; *Espagne, n.* 111. — Mais il peut la confirmer par d'autres motifs que ceux qu'elle exprime, et il doit même la confirmer si elle est juste, quoique les motifs en soient injustes. — V. *ci-dev., tit. des jugemens, note* 35, p. 252.

2. Il peut refuser de statuer sur l'appel jusques à ce qu'on produise une expédition régulière de la sentence; et cette expédition ne peut être délivrée régulièrement, tant qu'on n'a pas statué sur l'opposition formée aux qualités, *suiv. arr. de Colmar,* 27 *nov.* 1810, *avoués, iij,* 221... V. *d. tit., note* 37, p. 233.

(119) *Observations.* 1. Par une conséquence nécessaire, la cour impériale doit faire exécuter (entre les mêmes parties) la décision définitive, à moins qu'elle n'en charge un autre tribunal, ou qu'il ne s'agisse d'une matière dont la jurisdiction est attribuée spécialement, comme une nul-

2. Dans le cas contraire, c'est l'appel qui est anéanti, et le premier jugement reprend toute sa force à l'égard des parties (120).

3. Dans ce même cas, l'appelant est condamné à une amende. — *V. C-pr.* 471 (121).

---

lité d'emprisonnement, une expropriation forcée. — V. *c-pr.* 472, *in f.*; *M. Bigot-Préameneu*... Et pour les exceptions, *c-pr.* 794; *C-N.* 2210; *ci-apr.*, *tit. de la contrainte*, *notes* 31 *et* 47; *et de la saisie immobil.*; *avoués*, *ij*, 317 *et* 350; *arr.*, *ibid.* — V. *aussi arr. cass.* 16 *août* 1809, *Nevers*, *sup.*, 168; *ci-dev.* p. 279, *note* 27.

2. Si au contraire le premier jugement est confirmé, l'exécution appartient au juge qui l'avait rendu. — *C-pr.* 472 *in pr*... — V. *part.* 1, *sect.* 2, *ch.* 3, *n.* 8 *et note* 13, p. 116; *Loiseau*, *abus des justices*; *Despeisses*, *tit.* 11, *sect.* 3, *n.* 10. — C'est que la confirmation anéantissant l'appel rend ou plutôt laisse à ce jugement toute sa force primitive. — V. *toutefois ci-dev.*, *note* 81, *n.* 1, p. 383, *et note* 27, p. 265.

(120) Voyez une conséquence de cette règle, ci-apr., tit. de la tierce opposition, note 4, p. 396.

Il est vrai que les cours supérieures sont les seules qui, dans ce cas, usent de la formule de *mettre l'appel au néant*; mais la règle précédente n'en est pas moins conforme aux principes pour toutes espèces de jugemens en dernier ressort. En effet, les tribunaux du second ordre, lorsqu'ils *confirment*, prononcent qu'il a été *mal appelé*; donc ils rendent par-là au premier jugement, l'effet que l'appel avait seulement **suspendu**.

(121) Pour un appel de jugement, 1. de paix, *cinq francs*; 2. civil, arbitral ou de commerce, *dix francs*. — V. *c-pr.* 471, 1025.

Observations. 1. *Dr. anc.* En pays de droit écrit l'amende était d'abord à la volonté du juge. L'ord. de 1539, art. 116, décida qu'elle serait fixe, comme en pays coutumier, c.-à-d., de *soixante livres parisis*, en cas d'appel des bailliages, excepté que le parlement ne jugeât à propos de la modérer. — V. *Rebuffe*, *sup.*, *art.* 9, *gl.* 1 *et* 12.

2. L'appelant qui ne succombe pas tout-à-fait ne doit point d'amende, parce qu'il suffit qu'il obtienne gain de cause dans quelques chefs pour que le premier juge soit censé avoir mal jugé. — V. *id.*, *n.* 17, *et de litteris civil.*, *gl.* 4, *n.* 1; *M. Pigeau*, *i*, 590; *arg.* de *c-pr.* 248.

3. Il faut consigner d'avance l'amende, excepté pour les matières sommaires. — *Arg. du tarif*, 90; *lettr. des minist. de la justice et des finances*, 31 *juill.* 1808 *et* 12 *sept.* 1809, *dans Nevers*, 1809, *sup.*, p. 200; *l'instruct. sur les amendes*, *du direct. de l'enregistrem.*, *n.* 10; *et avoués*, *i*, 59. — Au reste, il suffit de consigner avant le jugement. — V. *d. instruction.*

4. *Dépens.* Il faut suivre les règles exposées *au ch. des dépens*, p. 145, *et note* 1, *n.* 7, *ib.*; *et ci-dev. note* 88, *n.* 4, p. 385.

SECTION SECONDE.

Des voies extraordinaires contre les jugemens (1).

TITRE Ier

De la tierce opposition.

On nomme *tierce opposition*, l'opposition que forme à un jugement un tiers, c'est-à-dire, un particulier qui n'a pas été appelé à ce jugement. Quelles en sont les espèces? et à quel tribunal est-elle portée? quelles personnes ont droit d'en user? et contre quels jugemens? comment et quand en use-t-on? quels en sont les effets?. Ces questions seront l'objet du présent titre (2).

§. 1. *Des espèces de tierce opposition et des tribu_naux qui en connaissent.*

Il y a deux espèces de tierce opposition; la principale et l'incidente.

La tierce opposition principale a lieu lorsqu'on s'oppose par une action directe et distincte, à un jugement. Elle est portée au tribunal quel qu'il soit, qui a rendu le jugement, parce que c'est une espèce d'intervention (3) dans l'exécution de ce jugement.

---

(1) On a vu ci-devant, livre 2, p. 357, qu'il y a quatre sortes de voies extraordinaires, la tierce opposition, la requête civile, la prise à partie, la cassation... On y a aussi exposé (*note* 10, *p.* 358) les caractères principaux de ces sortes de voies.

(2) Ce titre correspond au tit. 1, liv. 4 du code.
Le *droit ancien* n'avait établi que deux règles relativement à la tierce opposition; il a fallu presqu'entièrement créer la législation sur cette matière importante. — V. *M. Albisson.*

(3) V. en le §. ci-dev., p. 290.

— *V. C-pr.* 475 *in pr.* ; *M. Bigot-Préameneu.* — *V. aussi arr. cass.* 14 oct. 1806 (4).

La tierce opposition incidente est celle qu'un plaideur forme pendant le cours d'une instance, à un jugement dont son adversaire veut tirer avantage contre lui pendant cette même instance : elle se porte au tribunal saisi de la cause, s'il est égal ou supérieur à celui qui a rendu le jugement : dans le cas contraire, elle doit se porter à ce dernier tribunal. — *V. C-pr.* 475, *in f.*, 476 ; *et M. Bigot-Préameneu* (5).

§. 2. *Des personnes qui peuvent et des jugemens auxquels on peut s'opposer.*

D'APRÈS les notions que nous avons données des jugemens considérés en général, on conçoit que l'équité serait blessée s'ils pouvaient nuire à celui qui n'a pas été à portée d'y faire valoir ses droits ; c'est pour obvier à cet inconvénient qu'on a imaginé d'accorder au tiers, qui en souffre un préjudice réel, la faculté de se pourvoir par la tierce opposition (6). — *V. C-pr.*

---

(4) Suivant la cour de Bruxelles (*arr.* 9 *avr.* 1808 , '*J-c-pr.*, *iij*, 181), si l'on veut s'opposer à un jugement confirmé en appel, c'est au tribunal de première instance qu'il faut porter la tierce opposition, 1.° parce que le jugement en dernier ressort qui confirme, anéantissant l'appel, les parties se trouvent au même état que s'il n'y avait point eu d'appel ; 2.° parce qu'en cas de confirmation du jugement, c'est le même tribunal de première instance qui connaît de l'exécution (*ci-dev.*, *p.* 394, ***notes*** 119 *et* 120). — Mais voyez la note suivante.

(5) Si l'une ou l'autre espèce de tierce opposition est portée à un tribunal qui a statué en dernier ressort et sur l'appel d'un autre tribunal, il n'en doit pas moins connaître en premier et dernier ressort de la tierce opposition. Il est vrai que, dans ce cas, on viole un peu la règle des deux degrés ; mais en suivant une autre marche, on s'exposerait à un plus grand nombre d'inconvéniens. — V. *M. Merlin*, *rec. alph.*, *mot tierce opposition*, §. 2 ; *et rép.*, *h. v.*, §. 4. — V. *aussi arr. cass.* 21 *brum. an* 5.

(6) Même lorsque le jugement a été exécuté, cette faculté n'étant restreinte, ni par l'ordonnance, ni par le code. — V. *d. art.* 474 ; *arr. cass.* 26 *frim. iv*, 6 *pluv. vj.*

Question d'état. On a soutenu que la tierce opposition n'est pas admissible contre un jugement qui statue sur une question d'état, entr'autres, parce que l'état est indivisible ; et en conséquence, on a rejeté (*arr.*

474; *MM. Bigot-Préameneu et Albisson; Rebuffe,
de arrestis, gl.* 1 *, art.* 1.

Mais cette faculté pourrait dégénérer en licence,
nuire à des droits légitimes, et arrêter le cours d'une
procédure justement faite, ou la prolonger mal-à-propos, si l'on n'en réglait pas l'exercice, et si on ne
le réprimait pas lorsqu'il n'est point justifié par des
droits et un préjudice réels ; tels est le motif pour
lequel le tiers opposant qui succombe, est condamné
à une amende (7) et à des dommages. — *V. C-pr.*
479. — Et tel est aussi le principe sur lequel sont
fondées les décisions suivantes.

1. On a le droit d'agir par cette voie contre un
jugement où l'on n'a pas été et où l'on aurait dû être
appelé (8) ; mais non pas contre le jugement où l'on
a été appelé, soit en sa personne, soit en celle des

---

de Poitiers, 23 *juill.* 1806, *J-c-pr.*, *iij*, 1-43) la tierce opposition formée par un émigré amnistié, à un jugement rendu pendant son émigra-
tion, et qui déclarait un particulier *fils* de son épouse, contradictoirement
avec celle-ci. Mais l'arrêt a été cassé (7 *déc.* 1808, *B. C.*), sur-tout
parce que l'émigré ni sa famille n'avaient été appelés au jugement, ni
en personne ni par leurs représentans (on avait soutenu qu'il était représenté de droit par son épouse)... V. *aussi rec. alph.*, *mot religionnai-
res*, §. 2.

(7) V. *aussi ord.* 1667, *tit.* 27, *art.* 10; *Jousse et Rodier, ibid.*; *M.
Pigeau, t.* 1, *p.* 677.
Observations. 1. L'amende est de 50 fr. au moins. — *C-pr.* 479.
2. *Dr. anc...* 150 liv. pour les tierces oppositions contre les arrêts, et
75 liv., contre les sentences. — V. *ord.*, *d. art.* 10. — Le parl. de Grenoble avait fortement réclamé contre cette amende; il observait que le
premier jugement étant exécuté, il ne semblait pas juste de soumettre
l'opposant à une amende, puisqu'il ne causait aucun préjudice à son adversaire... V. *Saint-André*, *d. art.*
3. L'amende est due lorsque la tierce opposition est *rejetée*, et non pas
lorsque pour incompétence, elle est renvoyée à un autre *juge*, *suiv. arr.
de Bruxelles, à note* 4, *p.* 596. — M. Pigeau, *t.* 1, *p.* 677, paraît
embrasser un système différent, mais le premier est conforme à la maxime
odiosa sunt restringenda.

(8) *Arg. de c-pr.* 474... V. *aussi M. Merlin, rec. alph.*, *mot tierce-
opposition*, §. 3.
Quid juris si l'on a été irrégulièrement appelé, et néanmoins condamné *nommément* par défaut ?... On doit alors agir par *simple opposition* ou par *requête civile*, parce qu'on a été *partie*, et que ce sont les
voies accordées aux parties. — V. en les *tit.*, *sur-tout note* 6, *p.* 360,
et §. 1, *p.* 405.

particuliers qu'on représente (9) , soit par l'intermédiaire d'un représentant légitime agissant régulièrement (10). Dans ces cas , on doit se pourvoir par les voies ordinaires , et si elles sont épuisées , par les voies extraordinaires suivantes (11).

2. On a le droit de se servir de la tierce opposition, contre toute espèce de jugement rendu par quelque juge que ce soit. — *Arg. du d. art.* 474 (12).

---

(9) V. *d. art.* 474. — Tels sont ceux auxquels on a succédé à titre universel ou particulier, ou bien dont on est *ayant-cause* (v. *ci-après*, *note* 11) à titre de cession, subrogation, vente, etc. — V. *Rodier*, *tit.* 35, *art.* 2 ; *arr. cass.* 9 niv. iv.

On admet néanmoins à la tierce opposition, 1.° l'héritier bénéficiaire, parce qu'il ne confond point son patrimoine avec celui du défunt, *suiv.* M. *Desmasures*, *ch.* 12, *n.* 86. — 2.° L'acquéreur, cessionnaire, etc., qui est devenu *ayant-cause* avant le procès où son auteur a succombé, car il n'en est plus alors le successeur ou le représentant. — V. *L.* 11, §. *ult.*, et *L.* 29, §. 1, *ff. except. rei judic.* — Même règle s'il l'est devenu pendant le procès, pourvu que ce soit avant le jugement. — V. *arr. cass.* 8 *mai* 1810, *Sirey*, 265.

(10) Tel qu'un administrateur légitime, un tuteur, un curateur (v. *arr. cass.* 27 *brum.* 5 ; *ci-apr.*, *tit.* 2, *note* 36, *p.* 411) , un mandataire, etc.

Mais si le mandataire n'avait pas le pouvoir de plaider, le mandant aura le droit d'agir par tierce opposition. — V. *arr. cass.* 10 *août* 1807 ; M. *Merlin*, *rép.*, *sup.*, §. 2, *art.* 4.

(11) Il résulte de là que , comme le créancier est un *ayant-cause* de son débiteur, il a été représenté par lui dans les jugemens rendus contre ce même débiteur, de sorte que quand il veut (en vertu de *C.-N.* 1166) attaquer ces jugemens, il doit agir par appel ou par requête civile, à moins qu'il n'y ait eu une collusion (prouvée) entre le débiteur et la partie qui a obtenu gain de cause. — V. *arr. cass.* 12 *fruct. ix* ; M. *Merlin*, *rec. alph.*, *mot tierce opposition*, §. 1 ; *rép.*, *h. v.*, §. 3, *art.* 2 ; *arr. cass.* 15 *févr.* 1808, *ib.* ; *L.* 5, *c. pignorib. et hypoth.* ; *tot. tit.*, *ff. quæ in fraud. creditor.* ; *arr. de Paris*, 20 *mars* 1810, *avoués*, i, 285. — V. *aussi*, quant à l'exception, *ci-apr. tit. de la séparat. de biens*, in *f.*, et *c-pr.* 873. — On excepte encore en faveur des créanciers hypothécaires, le cas où leur droit d'hypothèque a été altéré par le jugement ; comme si l'on a ordonné la réintégration d'une hypothèque rayée. — V. *arr. de Turin et Paris*, 3 *mai* 1809 et 15 *avr.* 1811, *Sirey*, 1810, *sup.*, 301 ; *avoués*, iij, 283.

(12) Contre un jugement en premier ou en dernier ressort, rendu par un juge ordinaire ou d'attribution, un juge de paix ou civil, etc., car la loi ne fait aucune distinction. — V. *rép.*, *ib.*, §. 1 ; *arr. de cass. et de Colmar*, 23 *juin* 1806 et 19 *déc.* 1810, *ib.*, et *avoués*, iij, 297. — et elle n'excepte que les jugemens d'arbitres, parce qu'ils ne sont dans aucun cas opposables à des tiers. — V. *c-pr.* 1022, et *leur art.*, *p.* 44 (*dr. int...* règle contraire pour ceux des arbitres forcés... v. M. *Merlin*, *d. rec.*, §. 4, et *d. art.*, *note* 36, *p.* 46).

3. On n'a point ce droit si l'on ne souffre pas un préjudice réel du jugement (13), et par conséquent si l'on n'avait pas un intérêt direct à la cause dans laquelle il a été rendu (14).

Observez, en premier lieu, qu'on n'est point forcé d'agir par la tierce opposition contre un jugement, pour écarter l'exception de la chose jugée qui en résulte (15) ; on peut se borner à soutenir que c'est *res inter alios judicata. — Arg. dud. art.* 474 (16).

En second lieu, qu'au lieu d'user de cette voie on a le droit d'agir par action principale devant le juge compétent pour connaître en première instance de l'objet litigieux. — *V. M. Merlin, rec. alph., mot chosée jugée*, §. 11.

§. 3. *Mode et délai de la tierce opposition.*

I. *Mode.* — La tierce opposition principale et la tierce opposition incidente portée à un tribunal autre

---

(13) V. *d. art.* 474. — C'est à l'opposant à prouver ce préjudice. — V. *Rebuffe, sup., art.* 2, *gl.* 1, *n.* 7.

(14) D'après ce principe, la cour de Riom a pensé qu'un donataire n'a pas le droit d'attaquer par tierce opposition, le jugement qui interdit le donateur, entr'autres parce que le donataire n'aurait eu celui d'être appelé à la cause d'interdiction qu'autant qu'elle eût pu porter atteinte à son état personnel. — V. *arr.* 9 *janv.* 1808, *J-C-N. xij*, 311... Autre exemple... V. *ci-apr. tit. de l'interdiction, note* 11, *n.* 4.
· Il en est autrement à l'égard des membres du conseil de famille. — V. *ci-apr., tit. des avis de parens, in f.*

(15) Il résulte de là que la tierce opposition n'est pas recevable si l'on a le droit de repousser le tiers par l'exception de la chose jugée. — V. *sur ce point, M. Merlin, rec. alph., mot chose jugée,* §. 2.

(16) *V.* aussi L. 2, C. quibus res judicata; C-N. 100, 1351 ; M. Merlin, rép., sup., §. 6, et mot délit.
Observations. 1. *Quid juris* s'il s'agit d'une décision rendue sur une simple requête?... V. *ci-dev., p.* 360, *note* 6.
2. Le tiers peut intervenir en appel (v. *ce tit. p.* 389), et y être cité en déclaration de jugement commun. — V. *ce* §, *p.* 295. — S'il y a procédé sans requérir de renvoi, il ne peut appeler, parce que le juge d'appel peut statuer sur les incidens de sa compétence, et qu'un jugement ne peut être rendu, partie en premier, partie en dernier ressort. — V. *au reste arr. cass.* 17 *fév.* 1812, *Nevers*, 263 , *et ci-d. p.* 369, *note* 15.

que celui qui connaît de la cause (*v.* §. 1, *p.* 396), se forment par une assignation ordinaire (17) ; et la tierce opposition incidente portée au tribunal de la cause (*v. d.* §. 1), par une requête (18). — *Arg. de C-pr.* 475, 476; *tarif* 75; *M. Pigeau, i,* 675.

II. *Délai.* — La loi ne déterminant point le délai dans lequel on a le droit d'user de cette voie, il paraît naturel de n'assujettir ce droit qu'à la prescription ordinaire (19), prescription qui courrait du jour où le jugement a été connu de la partie (20).

§. 4. *Des effets de la tierce opposition.*

La tierce opposition produit des effets différens, suivant qu'il s'agit de la procédure, ou de l'exécution du jugement auquel on s'oppose, ou du jugement qui admet cette voie d'attaque.

I. *Procédure.* En cas de tierce opposition incidente, le tribunal peut, d'après les circonstances, surseoir à l'instance principale (21) jusqu'à ce que

---

(17) Et non pas par un acte entre avoués. — V. *arr. de Turin,* 14 *mai* 1808, *J-c-pr.,* t. 3, *p.* 410.

(18) A laquelle on peut répondre. — *Tarif* 75.
Observations. 1. Le code ne dit rien de plus sur la procédure de la tierce opposition ; mais les termes *action principale* dont il se sert pour les deux premiers cas, annoncent qu'elle doit suivre les mêmes règles que toute procédure ordinaire.
2. Est-elle sujette alors à conciliation? *oui,* disent les auteurs du praticien français, parce qu'elle est une action principale, et que la loi ne l'en exempte pas. M. Pigeau, t. 1, *p.* 675, est d'un avis opposé, attendu que la tierce opposition est une espèce d'intervention. On pourrait faire valoir en faveur du premier système, la règle générale indiquée *ci-dev., tit. de la conciliation, note* 5, *p.* 174.

(19) On a l'exemple de tierces oppositions admises au bout d'une vingtaine d'années. — V. *arr. cass.* 17 *germ. iv.*

(20) A moins que, pendant cet intervalle, la partie en faveur de laquelle le jugement avait été rendu, n'ait prescrit la chose réclamée. — V. *M. Pigeau, sup., p.* 673.

(21) Si par exemple, le jugement de la tierce opposition peut influer sur celui de l'instance principale... V. *ci-dev., p.* 212, *note* 9.
Observation. La tierce opposition a aussi l'effet de remettre les parties

cette

cette tierce opposition ait été jugée. — *V. C-pr.* 477 ; *MM. Bigot-Préameneu et Albisson.*

II. *Exécution du jugement auquel on s'oppose.* — On fait à cet égard plusieurs distinctions.

1.º Le jugement *passé en force de chose jugée*, et qui condamne à un délaissement de possession d'immeuble, est exécuté, nonobstant la tierce opposition, et sans y préjudicier. — *V. ord.*, *art.* 11 ; *Boutaric et Rodier, ib. ; C-pr.* 478, *in pr.* (22).

2.º Si le jugement a un autre objet, comme s'il s'agit d'un meuble, le tribunal a le droit, suivant les circonstances (23), de suspendre l'exécution. — *V. C-pr.* 478 *in f. ; et M. Bigot-Préameneu.*

III. Quant au *jugement qui admet* la tierce opposition, il ne doit en général rétracter le premier jugement qu'en ce qui concerne le droit et l'intérêt personnel de l'opposant. — *V. à ce sujet, arr. cass.* 23 *germ. vj*, 15 *pluv. ix*, 3 *juill.* 1810 (24).

---

et l'opposant dans le même état où ils étaient avant le jugement contre lequel on la dirige. Ainsi étaient-ils en état de première instance, on ne pourra la juger en dernier ressort. — *V. arr. cass.* 25 *pluv. ix.* — 2. Ce jugement homologuait-il un rapport d'experts !... Il n'est pas nécessaire que le jugement qui en admettant la tierce opposition, ordonne un second rapport, fasse mention de l'insuffisance du premier. — *V. rec. alph.*, 2.ᵉ *éd., mot union,* §. 2 ; *arr. cass.* 5 *avr.* 1810, *ib. ; ci-dev. tit. des expertises*, *note* 31, *p.* 280.

(22) C'est que dans cette circonstance l'opposant ne souffre aucun préjudice et ne court aucun risque.

(23) C'est-à-dire, s'il y a un risque ou un préjudice... Cette mesure sage du code prévient les difficultés qui s'élevaient dans le droit ancien sur l'effet de la tierce opposition, et dont parle Rodier, *tit.* 27, *art.* 11.

(24) Cette règle reçoit exception lorsque l'objet de la première condamnation est *indivisible*, c'est-à-dire, quand il y a impossibilité absolue d'exécuter et le premier et le second jugement, car alors il faut bien que le premier soit tout-à-fait rétracté. — *V. arr. cass.* 15 *pluv. ix*, 28 *août* 1811 ; *M. Merlin, rec. alph., sup.*, §. 2 et 3 ; *arr. cass.* 6 *fruct. x, ib. ; rép., h. v.,* §. 3... V. *aussi arr. cass.* 2 *juin, ib.* — Exemple inverse, v. *ci-dev., tit. du désistement, note* 10, *n.* 5, *p.* 333.

TITRE II.

De la requête civile (1).

LA requête civile est une voie qu'on peut prendre pour attaquer un jugement en dernier ressort, devant le tribunal même qui l'a rendu, et le faire *rétracter* (2).

On la nomme civile parce qu'on ne doit point, ainsi que dans un appel, y attaquer le jugement comme injuste et causant des griefs, mais comme étant en général le fruit de l'erreur, et parce que la réclamation doit être présentée avec *civilité* (3). — *V. Maynard, liv. 4, ch. 14; Rodier, tit. 35, art. 1, quest. 1; arr. cass. 11 vent. ix.*

Elle est fondée aussi, en général, sur ce principe qu'on ne peut considérer comme un véritable jugement celui qui a été déterminé par le dol ou l'erreur, ou qui n'a pas statué rigoureusement sur la demande, ou qui enfin n'a pas été rendu suivant les formes prescrites. — *V. Rodier et M. Bigot-Préameneu* (4).

______

(1) Ce titre correspond au tit. 2, liv. 4 du code.

(2) On dit *rétracter*, sans doute parce qu'un juge n'a pas le droit de *casser* ou *annuller* ses propres jugemens.

Despeisses trouve la méthode de la rescision par requête civile assez mal imaginée, parce que, selon lui, il est honteux de rétracter ce qu'on a une fois ordonné; maxime qu'il fonde naïvement sur plusieurs anecdotes sacrées et profanes, entr'autres sur la fameuse réponse de Pilate : *quod scripsi, scripsi.* — *V. id., ordre judiciaire, tit. 12, sect. 2, art. 1.*

(3) Rebuffe donne une autre étymologie à ce mot, mais elle n'est guères satisfaisante. — *V. ejusd. tract. de litteris civilibus, præf. n. 2.*

(4) *Observations.* 1. *Histoire.* La requête civile (*suiv.* CUJAS *ad L. un., c. de sent. præfect. præt.*) a été introduite en France à l'imitation de la faculté accordée à Rome, de présenter au préfet du prétoire, un placet pour être admis à faire réviser un jugement qui avait été le fruit de la surprise ou du dol. — *V. aussi Dolive, liv. 1, ch. 25; L. 5, c. de precibus imperatori; nov. 119, cap. 5.*

2. *Dr. anc.* Il paraît que ces dernières lois avaient aussi donné l'idée des actions anciennes en *révision, proposition d'erreur,* et *interprétation* contre les arrêts, dont on trouve le mode dans Rebuffe, *sup.*.

On distingue deux espèces de requêtes civiles, la principale et l'incidente ; par la première on attaque directement un jugement, par la seconde on l'attaque à l'occasion d'une instance dans le cours de laquelle une partie le fait valoir.

Nous allons examiner : 1. quelles personnes peuvent user de cette voie extraordinaire ; contre quels jugemens ; 3. dans quelles circonstances ; 4. pendant quel tems, suivant quelles formes et devant quel tribunal ; 5. enfin quels en sont les effets, ainsi que les règles propres au jugement qui y statue.

§. 1. *Des personnes qui peuvent user de la requête civile.*

D'après les observations précédentes, on voit que la requête civile est une voie accordée à ceux qui sont lésés par un jugement (5), et par conséquent à ceux qui ont été *parties* ou dûment appelés à ce jugement (6). — *V. C-pr.* 480 *in pr.*

Il résulte de là que cette voie n'est point ouverte

---

præf., *n.* 7, *et gl.* 2, *n.* 43 ; *Lange*, *part.* 1, *tit. ult.* ; *Rodier*, *sup.*, *qu.* 2 ; *Louet et Brodeau*, *lettre E*, *somm.* 12. Les premières furent proscrites par un arrêt de Paris, de 1455 ; les secondes par l'ord. de 1667, *art. ult.* ; les troisièmes par la déclaration du 21 avril 1671... D'où il résulte que la requête civile est actuellement le seul mode pour faire rétracter les jugemens. — *Arr. du p. de Grenoble* (*chambr. consult.*), 18 août 1672, *Saint-André*, *tit.* 35. —*V. aussi M. Merlin*, *rép.*, *mot révision* ; *et ci-apr.*, *note* 19, *p.* 406.

3. *ARBITRES.* On a contre leurs jugemens la requête civile, dans les mêmes cas et en observant les mêmes délais et formes (nous allons les exposer) que pour les juges ordinaires (*c-pr.* 1026), et sous les modifications indiquées *ci-après*, *notes* 21, 23 *et* 49, *p.* 407, 415. Quant au *tribunal* où elle se porte, v. *d. note* 49.

(5) Qui par conséquent ont *intérêt* à le faire rétracter (*arr. cass.* 16 *août* 1808) et qui n'ont plus les voies ordinaires pour cela. — *V. ci-dev.*, *p.* 160, *note* 10 ; *p.* 358, *note* 8 ; *sur-tout ci-apr. note* 54, *p.* 416.

(6) *Idem* à leurs héritiers, successeurs ou ayant-cause. — *Arg. du c-pr.* 474. — *V. aussi d. ord.*, *tit.* 35, *art.* 1 ; *Rodier*, *art.* 2 ; *MM. Bigot-Préameneu et Albisson* ; *ci-dev.*, *tit. de la tierce opposition*, *notes* 8 *et* 11, *p.* 397, 398, dont les décisions s'appliquent à l'objet ci-dessus.

Observ... On entend par *parties* ceux qui ont été condamnés nommément... V. *notes* 6, *p.* 360, *et* 8, *p.* 397.

26 *

aux tiers *non ouïs* (7) ; et qu'on en use contre les parties ou leurs représentans.

Il résulte aussi des principes exposés dans les sections précédentes, qu'on ne peut user de la requête civile qu'une seule fois dans la même cause (8) ; qu'on ne peut plus en user lorsqu'on a acquiescé au jugement (9) ; et que lorsqu'on en use il ne faut pas en même tems agir en cassation (10).

§. 2. *Des jugemens qu'on peut attaquer par requête civile.*

Les jugemens contre lesquels on a la voie de la requète civile, sont les jugemens rendus (11) en dernier ressort par les tribunaux civils, cours impériales et arbitres (12), soit contradictoirement, soit par

---

(7) C'est qu'ils ont la ressource de la tierce opposition. — V. *en le titre*, §. 2, *p.* 396.

(8) *V.* sur ce point, ci-apr., p. 405, et ci-dessous, note 12.

(9) A moins que l'acquiescement n'ait rapport qu'à quelques chefs, car alors la requête civile est recevable pour les autres. — V. *M. Merlin*, *rép.*, *mot requête civile*, §. 1 ; *ci-apr. note* 16, *p.* 405.

(10) *V.* ci-dev., tit. de l'acquiescement, p. 329 ; liv. 2, notes 6-8, p. 357, 358 ; Despeisses, n. 15 ; M. Merlin, rép., mot requête civ., §. 1 ; Rodier, art. 1, qu. 4 ; ci-apr. note 18, p. 406.
La dernière règle est fondée sur ce que la requête civile est exclusive de la cassation (v. *M. Merlin*, *rec. alph.*, *mot opposition*, §. 14), en ce sens, que lorsqu'on a un moyen de requête civile on ne peut s'en servir pour la cassation... On l'a décidé ainsi, notamment pour les 3.ᵉ, 4.ᵉ, 5.ᵉ et 8.ᵉ cas de requête civile, indiqués ci-après, §. 3, p. 406 et suiv. — V. *id.*, *ibid.*, *mots cassation*, §. 12, *vaine pâture*, §. 2, *Velléïen*, §. 1 ; *arr. cass.* 3 *frim. ix*, *ib.* ; *autres*, 26 *avr.* 1808 *et* 22 *mars* 1809, *J-c-pr.*, *iij*, 106 *et* 283 ; 5 *sept.* 1810, *B. C.* ; *ci-apr. tit. de la cassat.*, *note* 23, *n.* 2, *p.* 428 ; *d. rec.*, 2.ᵉ *édit.*, *mot étranger*, §. 4.

(11) Et par conséquent prononcés, puisque jusques-là ils n'existent pas (*ci-dev.*, *tit. des jugem.*, *note* 29, *p.* 231), et que, observe le bon Rebuffe (*gl.* 2, *n.* 8), *illud quod non est CASSARI et RUMPI non potest.*

(12) *Observat.* 1. La loi ne parle expressément que de ces tribunaux, d'où l'on conclut que la requête n'est pas admissible, 1. contre les jugemens de paix et de commerce... V. *M. Pigeau*, *i*, 599 (décision contraire pour les derniers... v. *Bruxelles*, 1812, *avoués*, *v*, 304). — 2. contre les arrêts de cassation qui rejettent un pourvoi. — V. *régl.* 1738, *part.* 1, *t.* 4, *art.* 4 ; *M. Merlin*, *rec.*, *mot requ. civ.*, §. 3 ; *arr.*

défaut (13) , pourvu qu'à l'égard de ces derniers , l'opposition ne soit plus admissible (14). — *V. C-pr.* 480, *in pr.*, *et* 1026; *d. tit.* 35 , *art.* 1 *et* 2.

D'après l'ancienne maxime *causa judicati est individua*, la rescision d'une partie d'un jugement devrait toujours *entraîner* celle des autres parties. — *V. Rodier*, *art.* 1 , *qu.* 4. — Mais il faut suivre une maxime inverse lorsque le jugement est composé de parties ou dispositions distinctes les unes des autres (15), et relatives à des questions séparées (16). — *V. C-pr.* 482; *Pothier et Rodier*, *sup.*, *et M. Albisson* (17).

On a dit (*v. p.* 404) qu'il n'est permis d'user de la voie de la requête civile qu'une seule fois dans la

---

cass. 2 *frim. x*, *ib.*; *rép.*, *même mot*, §. 3, *et mot cassation*, §. 8.
2. Mais l'on peut se pourvoir, 1.° en cassation contre l'arrêt rendu sur la requête civile.. — V. *en des exempl. au rec. alph.*, *mot inscript. de faux*, §. 4; *d. arr. cass.* 22 *mars*; *ci-dev. note* 10; *et ci-apr.*, *note* 57 , *n.* 3 , *p.* 417. — 2.° Par requête civile contre les décisions administratives contentieuses du *conseil d'état*, dans les 9.ᵉ et 10.ᵉ cas (ci-apr. p. 410). — V. *décr.* 22 *juill.* 1806, *art.* 32-36; — et contre les jugemens en matière d'enregistrement. — V. *arr. cass.* 14 *mai* 1811 , *Nevers*, 272.
3. *Dr. anc.* Id. contre les simples sentences, *suiv. Rebuffe, gl.* 2.

(13) Par *défauts* de tout genre. — V. *Rodier*, *art.* 39.

(14) *V.* à ce sujet, liv. 2, note 8 , p. 358.
Dr. anc. On n'admettait la requête civile contre les jugemens *préparatoires* et *interlocutoires* que lorsqu'ils causaient un préjudice qui, en définitive, n'était pas susceptible d'être réparé (v. p. 233 , *note* 40). Telle était la doctrine de Dolive, *liv.* 1 , *ch.* 25 , doctrine qu'il fondait sur le droit romain et la jurisprudence , et qui avait été adoptée par Bornier, *art.* 25 ; Despeisses, *sup.*, *n.* 17 ; Rodier, *art.* 1 , *qu.* 4; Pothier, *part.* 3 , *ch.* 3 , *sect.* 3 , *art.* 1 ; et M. Pigeau, 1.ʳᵉ *éd.*, *t.* 1 , *p.* 549. — Enfin, on suivait les mêmes règles à l'égard des jugemens provisoires. — V. *Rebuffe*, *gl.* 6 , *n.* 7 ; *Despeisses*, *d. n.* 17 ; *arr. de* 1544 *et* 1657 , *dd. n.* 7 *et* 17. — Le code ne donne pas de décision sur ce point , et il en était de même de l'ordonnance.

(15) Comme s'il s'agit de l'allocation de différentes créances... On suit alors la maxime *tot capita, tot sententiæ*. — V. *M. Albisson.*

(16 et 17) C'est qu'on a modifié en ce sens, depuis l'ord. de 1667 (elle ne donnait pas sur ce point , de décision claire , et le parl. de Grenoble en avait demandé une. — v. *Saint-André*, *tit.* 35 , *art.* 34), la maxime *causa judicati...* Cochin , 3.ᵉ *consult.*, fixe cette modification à un arrêt de 1685 (pour Paris). Elle eut lieu à Grenoble , en 1707 , par un arrêt inscrit au livre verd. — V. *au reste sur ce point*, *ci-dev. note* y, *p.* 401; *le texte*, *p.* 367 ; *sur-tout*, *p.* 328 , *note* 11 , *n.* 2.

même cause : l'observation de cette règle est prescrite sous peine de nullité et de dommages. — *V. C-pr.* 5o3 (18).

§. 3. *Des circonstances où il y a lieu à requête civile.*

On distingue onze cas ou circonstances, où il y a *ouverture* à requête civile (19).

1. Dol personnel. — *V. d. ord., art.* 34; *C-pr.* 480, *N.* 1 (20).

---

(18) *V.* aussi d. ord. , art. 41; Bornier et Rodier, ib. ; Pothier, sup. ; ord. de Blois, art. 146; M. Bigot-Préameneu; ci-dev. p. 404.

Ainsi l'on ne peut , sous ces peines (dont l'avoué est même passible), se pourvoir , par cette voie , soit contre le jugement déjà attaqué , soit contre celui qui a rejeté la requête civile (même pour nullité ou fins de non-recevoir), ou qui, après l'admission de la requête, a prononcé sur le fond de la contestation. — V. *dd. autorités* , *et sur-tout c-pr.* 5o3 , *et M. Pigeau*, t. 1 , p. 635. — Quant aux jugemens préparatoires, v. *ci-dev.* , note 14, p. 405.

C'est de là que vient la maxime *requête civile n'a lieu sur requête civile.* Mais . dans ce cas, le moyen de requête civile se convertit en moyen de cassation. — V. *à ce sujet* , arr. du cons. d'état, 18 avr. 1785, *aux aff. de Dauphiné.* — V. *aussi ci-apr.* , tit. 4 , note 23 , n. 3 , p. 428.

Observations. 1. Le projet de code permettait aux *mineurs* d'user une seconde fois de la requête civile, mais cela n'a pas été adopté au conseil d'état. — V. *M. Pigeau, sup.*

2. Le même auteur (*ibid.*) pense que le défendeur contre qui la requête est admise, peut se servir de cette voie contre le jugement d'admission et contre celui du rescisoire; et Rodier (*sup.*) semble être du même avis. Mais les termes *aucune partie* de l'art. 5o3 , rendent ces décisions , ou au moins la seconde, assez douteuses.

(19) L'ordonnance, *art.* 35 , dit que les jugemens « *ne* pourront être » rétractés *que* par... requête civile ». Le code, *art.* 480, dit seulement *pourront être rétractés.* M. Merlin observe à ce sujet, que la première disposition est *implicitement* renouvellée par la dernière. — V. *rép.* , *mot jugement*, §. 3, n. 4. — Cette décision . si on ne la fonde que sur un semblable motif, nous paraît susceptible de difficulté . parce qu'une disposition *facultative* . telle que celle du code, n'est pas un renouvellement d'une disposition *prohibitive* , telle que celle de l'ordonnance. Mais d'autres raisons prouvent que les jugemens en dernier ressort ne peuvent être rétractés que par requête civile . et entr'autres celle-ci : le jugement est considéré comme la vérité; une fois rendu, il ne peut être rétracté, modifié ou réformé que par les seuls fonctionnaires, et en suivant les seuls modes indiqués par la loi ; or, la loi, a l'égard des jugemens en dernier ressort . n'établit pour mode que la requête civile : donc il n'est permis de les rétracter par aucun autre mode.

(20) Rodier , *art.* 34 , qu. 1 , cherche à expliquer le mot *personnel* , en distinguant le dol en *réel* et en personnel, et appelant dol réel la lésion que

2. Violation , soit avant, soit pendant le jugement, des formes (21) prescrites sous peine de nullité , pourvu que la nullité n'ait pas été couverte. — *V. d. art.* 480 , ⍓. 2 (22).

3. Prononciation sur choses non demandées (23). — *V. dd. art.* 34 *et* 480 , ⍓. 3.

---

cause l'injustice d'un arrêt. Mais cette explication est contraire aux principes du droit , qui ne confondent point le dommage avec la cause du dommage. Le mot *personnel* a , selon toute apparence , été employé pour énoncer avec plus de précision , qu'il s'agit d'un acte propre de l'adversaire (non d'un tiers qu'il n'avait point autorisé) et d'un acte fondé sur un dol , qui aura influé sur le jugement. Au reste , quant à cette dernière condition, *voyez* Rodier , *ibid.* ; Bornier , *d. art.* ; Pothier , *sup.* ; et pour la définition du dol, ci-apr., tit. 3, p. 419.

On a considéré comme un *dol personnel* l'allégation d'un fait faux jointe à celle de la preuve de ce fait, qu'on prétendait tirer d'un acte remis sur le bureau et qui y était etranger. — V *arr. de Bruxelles*, 23 *juill.* 1810, *avoués*, ij, 539.

(21) Il faut bien distinguer la violation des formes, de la violation des lois (la violation, par exemple , de la règle des deux degrés); celle-ci est un moyen de cassation, mais non pas une ouverture de requète civile. — V. *arr. cass.* 10 *brum. xiv.* — Quant aux nullités *couvertes* , v. *leur S., part.* 1, p. 134; *celui des exceptions, note* 8, *p.* 204.

Arbitres. Cette ouverture n'est pas admise contre les jugemens *arbitraux* , lorsque les parties ont dispensé les arbitres de suivre les formes ordinaires. — V. *c-pr.* 1027, *in pr.*, conféré *avec* 1009 (il faut , dans l'art. 1027, supprimer une particule négative, qui est évidemment une faute de rédaction), *et ci-dev.*, *note* 4, *n.* 3, *p.* 403.

(22) *Dr. anc.* — L'ordonnance, *art.* 34, ne parlait que des formes en général , sans faire mention de la nullité, de sorte qu'il n'y avait guère d'arrêt qu'on ne pût attaquer par ce moyen. — V. *M. Albisson et Rodier*, *sup.*, §. 2,

(23) *Observations.* 1. *Exemples.* Si l'on adjuge le prix au lieu de la chose demandée (v. *L. ult., citée à note* 26); la maintenue au lieu de la réintégrande, et réciproquement. — V. *Bornier et Rodier, d. art.* 34.

Mais lorsque les plaideurs demandent chacun la totalité, le jugement qui accorde seulement une partie, ne prononce pas sur des choses non demandées et ne commet pas un *ultrà petita.* — V. *arr. cass.* 5 *oct.* 1808.

2. *Jugemens d'arbitres.* Cette ouverture ne leur est point non plus applicable. — V. *c-pr.* 1027, *et d. note* 4, *n.* 3, *p.* 403.

3. *Dr. anc.* L'ordonnance ajoutait , *et sur choses non contestées.* On a supprimé cette clause comme contraire aux principes du droit. — V. *M. Albisson.* — Il est vrai que prise à la lettre , elle semble faire un crime au juge, de ce qui est précisément de son devoir , c'est-a-dire, d'avoir prononcé sur une demande à laquelle on a adhéré. Mais ce n'est point ainsi qu'on l'interprétait; on l'entendait en ce sens, que le juge ne devait pas prononcer sur des choses qui n'avaient pas subi la *contestation en cause.* — V. *Rodier, sup.*, §. 3. — Quoi qu'il en soit , dès qu'elle offrait quelque obscurité, on a bien fait de la supprimer.

4. Adjudication de plus qu'il n'a été demandé (24).
— *V. dd. art.* 34 *et* 480 , ℣. 4.

5. Omission de prononcer sur un des chefs de demande (25). — *DD. art.* 34 *et* 480 , ℣. 5.

Observation. Les trois règles précédentes sont une conséquence des principes relatifs aux fonctions du juge, d'après lesquels celui-ci doit prononcer strictement et sans modification , sur les demandes des parties (26). — *V. §. des juges*, p. 21.

6. Contrariété de jugemens entre les mêmes parties (27), sur les mêmes moyens (28) et dans les mêmes tribunaux. — *V. dd. art.* 34 *et* 480 , ℣. 6.

----

(24) C'est ce qu'on nomme un *ultrà petita*. — *Exemples* : si l'on accorde, 1.° tous les dépens lorsqu'on n'a pas appelé de la sentence qui n'en adjuge qu'une partie. — V. *arr. dans Rodier, sup.*, §. 4. — 2.° Des alimens pour plus de tems qu'on n'en demandait. — V. *Patru*, 10.ᵉ *plaid.* — Mais un interlocutoire ordonné d'office, ne peut fournir le moyen d'*ultrà petita*, ni le précédent. — V. *Cochin*, 125.ᵉ *cause.* — **Autre** question. — V. *ci-apr.*, *tit.* 4, *note* 25, *n.* 2, *in f.*, *p.* 428.

(25) Il n'y a pas omission, dit Rodier, *sup.*, §. 5, si l'on ajoute, suivant l'usage, à l'arrêt, que les parties sont mises , *sur leurs autres fins*, *hors de cour*, etc. — Le parlement de Grenoble demandait que l'omission pût être réparée sur une simple requète, afin d'éviter l'instance au rescisoire. — V. *Saint-André*, *d. art.* 34.

(26) *Observations.* 1. Ils sont aussi exprimés par cet axiôme, *sententia debet esse conformis libello* (v. Bornier , art. 34; Pothier, sup.; Patru, sup. , in pr.), axiôme tiré de la loi *ut fundus* 18, *in f.*, *ff. communi divid.*, où l'on dit : *ultrà id quod in judicium deductum est excedere potestas judicis non potest*; et de la loi *ult.* , *c. fideicommissar. libertat.* , où l'on traite de fou (*nullum quidem judicem ità esse stultum putamus*) le juge qui donne une décision différente de la demande (v. *note* 23). C'est qu'en effet, dès que le juge est établi pour prononcer sur le différend des parties qui lui est soumis, il ne peut par là même prononcer sur une chose autre que celle comprise dans les réclamations (v. *ci-dev.*, *append. des conclus.*, *p.* 222). « Les conclusions du demandeur et du défendeur, observe Patru, *ibid.*, sont les deux extrémités qui bornent le pouvoir du juge , et il ne peut légitimement franchir ces limites ». 2. Les 3 , 4 et 5.ᵉ cas ne sont pas moyens de cassation… V. *note* 10.

(27 Agissant sous les mêmes rapports et qualités. — V. *Rodier*, §. 6.

(28) C'est-à-dire sur les mêmes actes, raisons et exceptions, dit Rodier, *eod.* — Mais Cochin explique mieux ces termes. « C'est-à-dire, observe-t-il (3.ᵉ *consultat.*), comme on l'interprète toujours dans ces occasions, sur le même état de cause : si depuis le premier arrêt il n'est rien survenu de nouveau qui ait pu donner lieu à une décision contraire »… Car, observe aussi M. Merlin (*rec. alph.*, *mot contrariété*), qui professe

Il faut remarquer à ce sujet, en premier lieu, que toutes ces conditions doivent concourir ensemble. — *V. Rodier*, *sup.*, §. 6.

En second lieu, que deux chambres d'un même tribunal ne doivent pas être considérées comme deux tribunaux différens. — *V. id.*, *ibid* ; *M. Merlin*, *rép.*, *mot requ. civile*, §. 11 ; *arr. du conseil*, 19 *juillet* 1790, *ibid.* (29).

En troisième lieu, qu'en admettant la requête civile contre un jugement, on doit ordonner que le premier jugement qu'il contrariait, sera exécuté. — *V. C-pr.* 501 *in f.* (30).

7. Contrariétés dans les dispositions d'un même jugement. — *V. d. art.* 34 *et* 480, №. 7 (31).

8. Omission de communication au ministère public lorsqu'elle est exigée (*v. d. art.* 34) et que le jugement condamne celui pour qui elle est exigée (32). — *V. d. art.* 480, №. 8.

---

la même doctrine, d'après Tolosan ; car si la contestation avait changé de face,... si l'on avait agité des questions nouvelles, il n'y aurait point de contrariété entre des dispositions qui seraient relatives à des demandes toutes différentes.

Exemples de contrariété, v. *arr. cass.* 16 *vent. iv*, 20 *flor. x* ; 14 *août* 1811... De non contrariété, v. *id.* 13 *therm. vj* ; *et ci-dessous*, *note* 31.

« La contrariété, dit Bornier, *art.* 34, est un vice qui blesse les arrêts » au cœur ».

(29) Ferrière, h. v., était d'un avis contraire. — Quant aux jugemens rendus par des tribunaux différens, v. *ci-apr.*, *t.* 4, §. 3, *p.* 427.

(30) Voilà une disposition nouvelle. — V. *M. Albisson.* — C'est aussi dans ce sens que Rodier, *sup.*, §. 6, interprétait l'ordonnance.

(31) Il n'est pas nécessaire que la contrariété soit *littérale* ; il suffit qu'elle se trouve en effet dans l'arrêt. — V. *Bézieux*, *liv.* 3 , *ch.* 4, §. 1 ; *arr. d'Aix*, *ib.* — En un mot, elle existe lorsque les dispositions se combattent pour ainsi dire, de telle sorte qu'elles ne puissent toutes être exécutées. — V. *arr. cass.* 4 *germ. xiij.* — Mais c'est la contrariété dans le dispositif et non dans les motifs qui forme ouverture. — V. *d. arr.* ; *M. Merlin*, *rép.*, *mot contradiction* ; *ci-dev. note* 35, *p.* 232.

Exemples de non contrariété, *voyez d. arr.* 4 germ. ; et *arr. cass.* 4 fruct. viij, 2 *sept.* 1806 ; et ci-dev., note 28, *in f.*

(32) Cette dernière condition, dont il n'était pas question dans l'ordonnance (on jugeait même dans un sens opposé. — v. *Rodier*, *sup.*, §. 8), prévient beaucoup d'embarras, et est conforme aux principes du droit

9. Jugement *sur* pièces qui depuis, ont été reconnues ou déclarées fausses. — *V. d. art.* 480, ѵ. 9 (33).

10. Production de pièces décisives retenues lors du jugement, par le fait de la partie adverse, et recouvrées depuis (34). — *V. dd. art.* 34 *et* 480, ѵ. 10.

11. Défaut de défense, ou non valable défense, dans les causes de l'état, des communes, établissemens publics et mineurs. — *V. C-pr.* 481. — *V. aussi d. ord. , art.* 35 *; arr. cass.* 21 *avr.* 1806 (35).

Il n'y a point de défense lorsqu'on a été condamné par défaut ou par forclusion : la défense n'est pas valable lorsqu'elle n'a pas été telle qu'elle eût pu ou

---

actuel. — V. *L.* 4 *germ. ij , art.* 5; *C-N.* 225, 1125; *M. Albisson; ci-dev.*, §. *du minist. public , p.* 23. — Elle tranche aussi les difficultés qui naissaient du silence de la loi (*d. art.* 34) à l'égard des mineurs. — V. *M. Merlin , rép. , mot requête civile* , §. 1. — Elle n'est plus un moyen de cassation. — V. *arr. cass. cités à note* 10, *p.* 404.

(33) Il faut , 1. que ces pièces aient servi de *base* au jugement. — V. *L. falsam* 3 , *c. si falsis; Despeisses , sup. , n.* 5; *Rodier , sup. ,* §. 9; *Bornier et Jousse , tit.* 35, *art.* 12; *Pothier , obligat. , sect. de la chose jugée , n.* 6. — 2. Que la fausseté n'ait été reconnue qu'après le jugement; condition omise dans l'ordonnance (*d. art.* 34), mais indiquée par les auteurs. — V *Pothier , eod. ; Jousse , tit.* 35, *art.* 34; *Rodier , sup. , et M. Albisson.* — Remarquons aussi que c'est le faux des pièces et non celui du jugement lui-même qui peut servir d'ouverture. — V. *arr. cass.* 11 *vent. ix.* — Autres questions... V. *ci-dev. , p.* 376.

(34) Le concours de toutes ces conditions est absolument nécessaire. — V. *Rodier , eod. ,* §. 11 ; *arr. cass.* 17 *pluv.* 12. — V. *aussi L. sub specie* 4. *c. de re judicatâ , et Pothier , eod. , art.* 3. — Le parlement de Grenoble demandait au contraire que chacune de ces conditions suffît séparément, et il assurait que cela était conforme à l'équité et à la jurisprudence. — V. *Saint-André , d. art.* 34.

Observations. 1. On a jugé que quoique la pièce retenue et recouvrée doive en définitive faire rendre un jugement semblable au premier quant à ses résultats, il ne faut pas moins rétracter celui-ci. — V. *arr. de Grenoble ,* 14 *juill.* 1779. *affich. de Dauph. , et rép. , mot requête civile ,* §. 1; *ci-apr. , note* 54, *p.* 416 (il s'agissait d'un second testament découvert, qui , d'après les règles du droit, révoquait un premier testament, mais qui donnait le même résultat, parce qu'il instituait le même héritier).

2. Si elle doit au contraire faire rendre un jugement opposé, il faut toujours attaquer le premier jugement par requête civile, et non pas se pourvoir par action nouvelle et principale. — V. *M. Merlin , ib. , mot succession , sect.* 1, §. 2, *art.* 3, *n.* 4, *et arr. cass.* 28 *juin* 1808 , *ib.*

(35) Et par conséquent des interdits. — V. *tit. de l'appel , note* 45, *p.* 376. — L'art. 35 y comprenait les ecclésiastiques.

dû être (36). — *V. proc.-verb.*, *tit.* 31, *art.* 36; *Rodier*, *art.* 35; *et M. Bigot-Préameneu* (37).

---

(36) *Observations.* 1. Si par exemple, on a omis les principaux moyens de fait et de droit, pourvu que ces moyens soient tels qu'ils eussent pu faire prendre une décision différente. — V. *Jousse*, *d. art.* 55; *pr.-verb.*, *tit.* 31, *art.* 36; M. *Merlin*, *rec. alph.*, *mot usage*, §. 5.

2. La défense *n'est pas* non plus *valable*, et il y a par conséquent lieu à requête civile, lorsque ces personnes n'ont pas été assistées de leurs administrateurs. — V. *Jousse*, *ibid.* — M. *Pigeau*, qui avait d'abord adopté cet avis (1.re *édit.*, *t.* 1, *p.* 556), a ensuite soutenu qu'il n'y a lieu qu'à la tierce opposition, parce qu'il faut avoir été *partie* pour prendre la voie de la requête civile, et que ces personnes, un mineur par exemple, ne sont pas *valablement parties* sans l'assistance de leurs administrateurs; et il cite un arrêt du parl. de Paris (1767, *dans Denisart*, *mot tierce opposit.*, *n.* 13), conforme à ce nouvel avis.

On peut répondre en faveur du premier avis : 1. le mineur est tellement considéré comme *partie* dans une cause, que s'il a été condamné sans l'assistance de son curateur, le jugement n'acquerra pas moins l'autorité de la chose jugée dans le cas où il n'en appelerait pas pendant le délai légal (v. M. *Merlin*, *rec. alph.*, *v. curateur*; *nouv. rép.*, *h. v.*, §. 1, *n.* 8), ce qui n'aurait point lieu s'il n'avait pas été *partie*, puisque l'exception de la chose jugée n'a non plus lieu qu'entre les mêmes *parties*... 2. Une autre preuve qu'on le regarde comme *partie*, c'est que son adversaire n'a pas le droit d'attaquer par requête civile les arrêts rendus au profit du mineur, en se fondant sur ce que celui-ci n'a point eu de curateur; de sorte qu'alors le mineur profite du bénéfice de ces arrêts, ce qui n'appartient qu'à une partie (v. *deux arrêts de Pau*, *ibid.*, *mot requête civile*, §. 1, *n.* 15)... 3. Un arrêt de Paris de 1777, a statué d'une manière opposée à celui de 1767, dans une cause où l'on avait fait valoir les mêmes moyens (v. *id.*, *mot tierce opposition*, §. 2, *art.* 5)... 4. Dans une discussion d'une nature semblable, M. *Merlin* suppose positivement que le mineur peut se pourvoir par requête civile (v. *id.*, *mot requête civile*, §. 1, *n.* 15)... 5. *Rodier*, *d. art.* 35, déclare que ce défaut d'assistance *est une ouverture infaillible de requête civile*, et qu'il y a une foule d'arrêts à ce sujet... 6. *Catelan* (*liv.* 9, *ch.* 2 et 3), auquel *Rodier* renvoie, rapporte un arrêt de 1680, par lequel un mineur fut *débouté* d'une demande en cassation, fondée sur le même défaut, *et renvoyé à se pourvoir par requête civile*... 7. Despeisses (*ordre judic.*, *tit.* 11, *sect.* 2, *n.* 21) cite un autre arrêt qui admit une requête civile, fondée sur le défaut d'assistance du tuteur. — V. *aussi Raviot*, *qu.* 523, *somm.* 5; M. *Merlin*, *d. rec.*, *mot curateur*, *t.* 3, *p.* 228 (il y décide que la demande du mineur non assisté de curateur, n'est pas *nulle*, qu'il n'est pas incapable *absolument* d'ester), *etc.*

3. Il y a *défense valable* si le mineur a plaidé avec des co-litigans majeurs qui ont bien fait valoir leurs moyens communs. — V. *arr.* 21 *juill.* 1695 *et* 13 *avr.* 1696, *journ. des audiences* (Albert, *mot mineurs*, *art.* 9, en note un qui est contraire), *t.* 4, *p.* 588 *et* 638; M. *Merlin*, *d. mot requ. civ.*, *n.* 15.

(37) On voit que le code ne parle point des jugemens rendus sur des consentemens désavoués, jugemens que l'ordonnance (*art.* 34, *in f.*) déclarait susceptibles de rescision par requête civile; c'est qu'on y a suppléé dans les règles relatives au désaveu. — V. *en le titre ci-devant*, *p.* 320 *et note* 19, *ib.*; *et M. Bigot-Préameneu.*

§. 4. *De la procédure de requête civile, ou des délais, formes et tribunaux.*

I. *Délais.* — En règle générale, le délai pour agir par requête civile est de trois mois (38), à dater de la signification du jugement à personne ou domicile. — *V. C-pr.* 483, *et M. Bigot-Préameneu.*

Cette règle reçoit plusieurs modifications.

1. Le délai ne court pour les mineurs, que de la signification faite après leur majorité. — *V. d. ord.*, *art.* 5 ; *C-pr.* 484 (39).

2. En cas de contrariété de jugemens, le délai ne court que de la signification du dernier. — *V. C-pr.* 489.

3 *et* 4. En cas de faux, dol ou découverte de pièces, ou de décès du condamné, ou si des militaires, agens diplomatiques et colons réclament, les délais courent, sont suspendus, reprennent leur cours, ou reçoivent une augmentation d'après les règles exposées au chapitre 3 de l'appel. — *V. C-pr.* 485-488 *et* 447 ; *et d. ch., n.°* 2 *et note* 49 *et* 50, *p.* 376, 377 (40).

---

(38) Même pour l'État, les communes et les établissemens publics. **V. M. Merlin,** *rec.*, 2.ᵉ *éd.*, *mots nation*, §. 5, *et requête civ.*, §. 1.

Dr. anc. Avant l'ordonnance, 4, 10 et 30 années, suivant les cas (v. *Rebuffe*, *gl.* 2, *n.* 41) ; depuis l'ordonn., 6 mois (v. *d. tit.* 35, *art.* 5)... Mais on pouvait dans quelques circonstances, être *relevé* du *laps* du délai (cela n'est plus admis). **V. M. Merlin,** *rép.*, *h. v.*, §. 3.

(39) Ainsi, leur condition est bien plus favorable que lorsqu'il s'agit du délai de l'appel. *Voyez-en* le titre ci-devant, p. 376 : et quant aux motifs de cette prérogative, **M. Bigot-Préameneu.**

Au défaut de signification depuis la majorité, le délai s'étendrait jusques à 30 ans. — **V. M. Merlin,** *rép.*, *mot requête civile*, §. 3, *note sur c-pr.* 484. — Mais non pas au-delà. — **V. Cochin,** 125.ᵉ *cause.*

Quid juris s'il s'agit d'un objet indivisible entre un majeur et un mineur ! Pussort (*proc.-verb.*, *tit.* 31, *art.* 5) décide indirectement que le majeur profite du délai du mineur, s'il s'agit d'une matière réelle : Rodier (*art.* 5, *qu.* 2) étend même cette décision à toutes les matières.

(40) Il n'est pas question du dol dans ce n.° 2 ; mais on conçoit que le délai doit courir du jour (constaté par écrit) où le dol a été reconnu. — V. *d. art.* 488, *et proc.-verb.*, *tit.* 31, *art.* 11. — Quant à la définition du dol, *voyez* ci-apr., *tit.* 3, §. 1, p. 419.

Observations. 1. *Dr. anc.* On avait retranché les clauses du dol, de la

II. *Formes.* — Il faut, 1. consigner deux sommes pour l'amende et les dommages auxquels le demandeur peut être condamné *(41)*. — *V. C-pr. 494 et 500, et ci-apr. §. 5.* — *V. aussi d. ord., art. 16 et 39.*

2. Obtenir de trois avocats *(42)*, une consultation approuvant la demande et énonçant les moyens d'ouverture, moyens qui seuls peuvent être discutés, soit à l'audience, soit par écrit. — *V. C-pr. 495 in f. et 499; tarif, 140.* — *V. aussi d. ord., art. 13 (43).*

---

fraude et de l'erreur de fait, pendant la discussion de l'ordonn. — V. *d. art.* 11.

2. Suivant M. Pigeau, *t.* 1, *p.* 612 *et* 613, on doit suivre les règles de l'*appel* pour le point de départ du délai des requêtes civiles relatives aux jugemens de défaut, pour la durée de celui des requêtes civiles incidentes, et pour le tems où l'on peut attaquer par *requête civile* les jugemens préparatoires et provisoires. — V. *ci-dev. tit. de l'appel, ch.* 3, *n.* 2 *et* 4, *p.* 375 *et suiv.; ch.* 1, *p.* 370, 371.

(41) 300 fr. pour amende, 150 pour dommages : la moitié s'il s'agit d'un arrêt par défaut ou forclusion, le quart si c'est un jugement de tribunal de première instance... Les causes de l'État en sont affranchies. — V. *c-pr.* 494, et *ci-dev., p.* 355, *note* 29, *n.* 7.

Dr. interm. Il en était de même de celles des pauvres (v. *LL.* 1 *août* 1793 *et* 1 *therm. vj*); mais cela a été abrogé. — V. *avis du cons. d'état,* 20 *mars* 1810.

(42) Exerçant depuis dix ans au moins dans le ressort de la cour où le jugement a été rendu. — V. *c-pr.* 495 (jadis il y avait incertitude sur ce point... v. *Rodier, d. art.* 13).

Cette consultation qu'on avait d'abord abrogée (*L.* 19 *août* 1793 ; *arr. cass.* 21 *frim. ix*), est nécessaire même pour les causes d'enregistrement, *suiv. arr. cass.* 30 *août* 1809, *Nevers,* 324. — V. *ci-dev. p.* 355.

(43) *Observations.* 1. On n'est plus admis, comme autrefois, à proposer de nouveaux moyens par ampliation. — V. *d. ord., art.* 29; *Rodier, ibid.; et M. Bigot-Préameneu.* — Mais on n'a pas renouvellé la prohibition *d'entrer* aux moyens du fond de la cause, prohibition qui n'était point observée, et dont le parlement de Grenoble avait déclaré impraticable l'observation. — V. *d. ord., art.* 37; *Rodier, Bornier et Saint-André, ibid.; proc.-verb., tit.* 31, *art.* 34; *et M. Albisson.*

2. M. Pigeau, *i*, 630, prétend que si l'on découvre de nouvelles ouvertures, on peut les proposer par un simple acte, avec une seconde consultation, et sans réitérer les requête et consignation d'amende. Il est très-difficile de concilier cette décision avec les termes des art. 495 et 499, qui, d'après l'explication de M. Bigot-Préameneu, semblent proscrire ces nouvelles ouvertures dans la même instance. Il faut d'ailleurs observer que les auteurs et la loi (*dd. art. combinés*) emploient en général ces deux mots, *ouvertures* et *moyens,* comme synonimes; de sorte que la prohibition de nouveaux *moyens* (*art.* 499) est la même chose qu'une prohibition de nouvelles ouvertures. — V. *Bornier, d. art.* 29; *Despeisses, sup., n.* 21.

Observez que faute de ces deux formes, la requête est inadmissible. — *V. dd. art.* (44).

3. Présenter la requête et la faire suivre d'une assignation. — *V. C-pr.* 483, *in pr., conféré avec* 492, *in pr. et* 494 *in pr., et tarif* 78 (45).

Cette assignation est donnée au domicile de l'avoué adverse, si la demande est formée dans les six mois du jugement, et à la partie, après ce délai (46). — *V. C-pr.* 492. — *V. aussi d. ord., art.* 6 ; *Rodier et Jousse, art.* 5 *et* 6 ; *M. Merlin, nouv. rép., mot désaveu.*

On suit les mêmes règles pour la requête civile incidente à une contestation portée à un tribunal autre que celui dont on attaque le jugement ; tandis qu'il suffit d'une requête d'avoué à avoué (47), si elle est portée au même tribunal. — *V. C-pr.* 493, *conféré avec tarif* 75. — *V. aussi M. Pigeau, t.* 1, *p.* 621, *et ci-dessous note* 45 (48).

---

(44) Il faut signifier en tête de la demande, la quittance du receveur et la consultation. — V. *dd. art.*

(45) L'art. 483 semble exiger une simple assignation ; mais en le combinant avec les autres articles cités, on ne peut l'entendre dans un sens différent, ainsi que le remarquent avec raison M. Pigeau, *t.* 1, *p.* 618, et M. Desmasures, *procéd., ch.* 12.
Dr. anc. La requête était inutile (v. *Rodier*, *art.* 16)... Il fallait un pouvoir spécial pour agir par cette voie. — V. *Despeisses, n.* 19.
D'après un arrêt cité par ce dernier auteur, *n.* 22, le demandeur devait établir par écrit tous ses moyens de requête civile.

(46) Pendant ce délai, cet avoué est constitué de droit sans nouveau pouvoir. — V. *c-pr.* 496, et §. *des avoués, p.* 68 *et note* 18, *ib.*

(47) A laquelle on peut répondre. — *Tarif* 75. — M. Pigeau, *t.* 1, *p.* 625, induit de cette décision, qu'on doit avoir la même faculté pour la requête civile principale.

(48) « Toute requête civile est communiquée au ministère public » (*c-pr.* 498) : c'est un moyen qu'on a pris pour en prévenir l'abus. — V. M. *Bigot-Préameneu ; d. ord., art.* 27 *et* 28 ; *ci-dev. p.* 23.
☞ Voilà toutes les règles que le code trace sur cette procédure. L'ordonn. décidait que la cause serait mise au rôle, ou portée à l'audience sur deux actes seulement, l'un pour plaider, l'autre pour communiquer au parquet. — V. *tit.* 35, *art.* 17 ; *Rodier, ib.* — On peut induire du silence du code, qu'il faut suivre à-peu-près les formes ordinaires des instances (v. M. *Pigeau, t.* 1, *p.* 622 *et suiv...* v. *aussi ci-apr. note*

III. *Tribunal.* — C'est toujours celui qui a rendu le jugement attaqué (49), et les mêmes juges peuvent connaître de la cause. — *V. C-proc.* 490 *et* 491 *in pr.* (50). — Il faut seulement observer qu'en cas de requête civile incidente, le tribunal saisi de la cause principale, peut, suivant les circonstances, passer outre ou surseoir (51). — *V. C-pr.* 490, 491 *in f.*

§. 5. *Des effets et du jugement de la requête civile.*

I. *Effets.* — Comme la requête civile est une mesure extraordinaire qui ne doit être permise qu'en cas de justice évidente, on a cherché à en restreindre l'usage en décidant qu'elle n'empêche point l'exécution du jugement attaqué (52). — *V. C-proc.* 497;

52*a*), et telle est sans doute la jurisprudence de la cour de cassation. Elle a jugé en effet (v. *arr. du* 30 *août, ci-dev. note* 42) que quoique on ne plaide pas dans les causes *d'enregistrement*, il n'en est pas de même en matière de requête civile, parce que la requête civile ne comporte pas le mode d'instruction sommaire établi pour ces causes. — V. *en le §., ci-dev. p.* 354.

(49) *Observations.* 1. Si ce tribunal ne subsiste plus, on s'adresse à la cour de cassation, qui en désigne un autre. — V. *M. Merlin, rép., mot requête civile, §.* 1, *n.* 8.

2. *Arbitres.* La requête civile est portée au tribunal compétent pour connaître de l'appel. — V. *leur art., p.* 44, *et c-pr.* 1026.

3. *Tribunal du rescindant...* V. ci-apr. n. 2, et note 57, n. 3, p. 417.

(50) L'ordonnance, *art.* 21-26, avait établi des règles différentes; mais, 1. l'exécution en était si difficile, qu'elles n'étaient guères observées. — V. *M. Bigot-Préamenen.* — 2. Elles avaient été modifiées par la loi du 18 février 1791, et ensuite rétablies tacitement par celle du 27 ventôse viij. — V. *arr. cass.* 1.er *nivôse vij,* 18 *thermidor xij; M. Merlin, rec. alph., mot requête civile, §.* 8.

(51) C'est-à-dire, suivant que le jugement de la requête peut ou non influer sur celui du principal. — V. *ci-devant, division des demandes incidentes, note* 9, *p.* 242.

(52) On ne peut obtenir de défenses contre cette exécution, et le demandeur doit même, pour que sa requête soit reçue, justifier du délaissement d'héritage auquel il a été condamné. — V. *c-pr.* 497; *d. ord., art.* 19; *Bornier et Rodier, ib.* — Si la condamnation a un objet purement personnel, c'est à celui qui l'a obtenue à faire ses diligences pour l'exécution. — *Obs. mss. du Tribunat.*

M. Bigot-Préameneu. — *V. aussi d. ord.*, *art.* 18; *Bornier et Rodier*, *ibid*; *Rebuffe*, *sup.*, *gl.* 3, *n.* 3; *Despeisses*, *ordre judic.*, *tit* 11, *sect.* 3, *n.* 6.

II. *Jugement.* — Il admet ou rejette la requête civile.

Premier cas... Admission. — Le premier jugement est rétracté, et les parties sont remises au même état où elles étaient avant ce jugement. — *V. d. ord.*, *art.* 33; *C-pr.* 501 *in pr.* (52*a*).

Par une conséquence nécessaire, le rescisoire (53) doit être de nouveau discuté, et il doit l'être quoique ce soit le même tribunal qui en connaisse (*v. C-pr.* 502), et lors même qu'il ne s'agirait que d'une pure question de droit (54), parce que le rescindant et le rescisoire ne peuvent jamais être cumulés. — *V. d. art.* 33; *Bornier et Rodier*, *ibid.*

(52*a*) On a conclu de cette décision, qu'il faut porter la cause à l'audience par un simple acte d'avoué à avoué, et non pas assigner les parties à leur domicile, puisqu'elles s'étaient présentées par avoués avant le jugement rétracté, et que d'ailleurs les avoués sont tenus pendant une année, d'occuper sur l'exécution. — V. *arr. de Toulouse*, 29 *nov.* 1808, *Nevers*, 1809, *sup.*, 113.

(53) Le *rescindant* est la restitution envers un jugement contre lequel on s'est pourvu; le *rescisoire* est l'exécution du rescindant, c'est-à-dire l'examen et la décision du fond de la cause... Quelques auteurs emploient les mêmes termes lorsqu'il s'agit de la rescision d'autres actes, mais mal-à-propos, ainsi que l'observe CUJAS (*parat.*, *c. inoff. testam.*), parce qu'on y statue en vertu d'une seule action et par un seul jugement, tandis que dans la requête civile il en faut deux.

(54) Ce sont les termes qu'emploie l'ordonnance, afin de montrer que quand même le jugement du rescisoire devrait être absolument semblable au premier jugement, il n'en faut pas moins rétracter ou rescinder ce dernier, s'il est vicieux en la forme... Il résulte aussi des règles précédentes, que l'injustice du premier jugement ne doit pas le faire rétracter s'il est régulier, c'est-à-dire, s'il n'offre aucune ouverture de requête civile. La première règle, dont l'arrêt de Grenoble cité à la note 34, p. 410, a fait une application frappante, a été introduite pour mieux assurer l'observation des formes, la seconde pour garantir aux jugemens le respect qui leur est dû.

Il ne faut pas néanmoins dissimuler, 1.° que la première règle se concilie difficilement avec le principe général, « point d'intérêt, point » d'action ». — V. *ci-dev.*, *note* 5, *p.* 403; *introduct.*, *note* 10, *p.* 160; *tit. de l'assignat*, *p.* 182.

2.° Que la maxime d'où elles sont tirées (le rescindant et le rescisoire ne peuvent être cumulés) avait éprouvé de fortes objections. Le parlement

Par

Par une seconde conséquence, en admettant la requête civile, on ordonne de restituer les consignations, ainsi que les objets perçus en vertu du premier
jugement (55). — *V. C-pr.* 501, *in pr.*

Deuxième cas... Rejet. — 1. Le jugement qu'on
attaquait est maintenu de droit.

2. Le demandeur est condamné aux amendes (56)
et dommages consignés, et même à de plus amples
dommages, s'il y a lieu. — *V. C-pr.* 494 *et* 500 (57).

---

de Grenoble entr'autres, qui en suivait anciennement une différente,
l'avait combattue comme inutile et ruineuse. — *Saint-André, art.* 16,
19 *et* 37.

(55) **Les amendes et dommages consignés; les dépens payés...** Si c'est
un arrêt préparatoire qui est rétracté, on restituera les dépens faits depuis
cet arrêt inclusivement ; quant aux dépens antérieurs on y statuera par le
jugement du rescisoire, parce que jusques-là on n'a point prononcé qui
les devait. — V. *Rodier, art.* 33, *qu.* 3.
Troisième conséquence... *Contrariété de jugemens...* Le premier doit
être exécuté. — V. *ci-dev.*, §. 3, *n.* 6, *p.* 408, 409.

(56) **Mais non pas,** 1.° si le rejet n'est que partiel. — V. *Rebuffe,*
sup., *gl.* 4, *n.*° 1; *Rodier, art.* 39, *qu.* 2; *et ci-devant, tit. de l'appel,*
note 121, *p.* 394. — 2.° Si le demandeur a acquiescé au premier jugement, ou s'est désisté de la requête. — V. *Rebuffe, gl.* 6, *et arrêt de*
1542, *ibid.* — 3.° S'il n'a pas présenté la requête. — *Arr. cass.* 28 octobre 1808, *J-c-pr.*, *t.* 3, *p.* 127.

(57) *Observations.* 1. Quant au style de la prononciation dans les deux
cas, *voyez* M. Pigeau, t. 1, p. 632, 633; et ci-devant, titres des jugemens, note 41, p. 233, et de l'appel, note 117, p. 393.
2. A l'égard des règles à suivre pour le jugement de la requête civile,
ce sont les mêmes qui étaient en vigueur au tems du jugement que l'on
attaque. — V. *nov.* 115, *cap.* 1, *in pr.*; *Despeisses, sup.*, *n.* 12; *ci-dev.*,
tit. de l'appel, *note* 118, *n.* 1, *p.* 394.
3. *Quid juris*, si l'arrêt qui rejette la requête est cassé, et si la cour
à qui l'on a en conséquence renvoyé le rescindant, admet la requête ?
Ce sera à cette dernière cour qu'il faudra porter le rescisoire. — V. *arr.*
cass. 3 *août* 1809, *Nevers, sup.*, 131.

TITRE III.

De la prise à partie (1).

On nomme *prise à partie*, une réclamation formée contre un juge à raison des dommages qu'il occasionne à un plaideur, soit en refusant de statuer, soit en statuant avec prévarication sur sa cause. C'est qu'alors le juge semble se mettre à la place de l'autre partie et s'en constituer le défenseur (2).

Nous allons indiquer dans quels cas il y a lieu à la prise à partie, et quelles en sont les formes, ainsi que les règles propres au jugement qui y statue.

§. 1. *Des cas de prise à partie.*

Il y a quatre cas principaux où les *juges* (3) peuvent être pris à partie.

______

(1) Ce titre correspond au tit. 3, liv. 4 du code.

(2) *Litem suam facit*, dit la loi romaine. — V. *inst. de obligation. quæ quasi ex delicto, et Vinnius, in h. t.*
La prise à partie est une voie extraordinaire, une mesure de rigueur, dont il ne faut permettre l'usage que dans les seuls cas et en suivant toutes les formes prescrites par la loi (v. *M. Albisson, et ci-devant, liv.* 2, *p.* 358); d'autant plus que si l'on prend en considération les peines attachées aux fonctions du juge, et les risques qu'il court, à chaque instant, de s'attirer la haine du plaideur malheureux, sans en être dédommagé par la reconnaissance de celui à qui il a donné gain de cause, cette mesure doit sembler presque toujours odieuse. — *Voyez* les réflexions de nos compatriotes, MM. Robin-de-Mozas et Savoie-de-Rollin, dans des causes de prises à partie, aux affiches de Dauphiné, 1783 et 1784, et au répert., mot prise à partie, §. 1 et 3.
Histoire. — *V.* Rodier, tit. 25, art. 1; le répertoire, *sup.*; l'esprit des lois, liv. 28, ch. 27 et 28.

(3) C'est le seul terme employé par la loi. — V. *c-pr.* 505, *in pr.*; *ord. de* 1667, *tit.* 25. — Néanmoins on doit en étendre le sens aux procureurs impériaux, et il n'est pas besoin d'autorisation du Gouvernement pour agir contr'eux par la voie de la prise à partie. — V. *Rodier, ib., art.* 2, *qu.* 2; *arr. cass.* 18 *flor. xij*; *arg. de c-cr.* 483, 486; *M. Merlin, répert., mot prise à partie, §.* 3.
Si la prise à partie est fondée sur un jugement, peut-on ne la diriger que contre un des juges qui y ont concouru?... M. Robin-de-Mozas (v. *note* 2) établit très-bien la négative.

1. Dol, fraude ou concussion (4), commis pendant l'instruction ou lors du jugement. — *V. C-pr.* 505 *in pr. et* ₦. 1 *; ord. de Blois*, *art.* 147 *in f.*

On entend, en général, par *dol*, toute espèce d'artifice employé pour tromper. — *V. L.* 1, §. 2, *in pr.*, *ff. de dolo malo* (5)... Dans l'hypothèse actuelle, on dit qu'il y a dol de la part du juge, lorsqu'il paraît évidemment que c'est par faveur, ou par haine, ou par cupidité qu'il a rendu sa décision. — *L.* 15, §. *judex* 1, *ff. de judiciis* (6).

2. Prise à partie prononcée expressément par la loi (7). — *V. d. art.* 505, ₦. 2.

3. Responsabilité prononcée par la loi, sous peine de dommages (8). — *V. d. art.* 505, ₦. 3.

---

(4) *Dr. interméd.* — Au lieu de la concussion, on disait : « prévari-
» cation commise par inimitié personnelle ». — V. *c-brum.* 565.

(5) La faute grossière est assimilée au dol. — *L.* 226, *ff. verb. signif.* — En conséquence, on a admis la prise à partie contre un juge coupable d'une semblable faute. — V. *arr. cass.* 23 *juillet* 1806, *au nouv. répert. sup.*, §. 1, *n.* 5. — Quant à la résistance à une récusation fondée, v. *arr. cité ci-apr.*, *note* 14, *p.* 421.

(6) Ainsi cette explication de la loi romaine comprend dans le *dol*, le cas de concussion, énoncé au code de procéd., et ceux de la haine et faveur dont parle le code pénal (*art.* 83), en ces termes. « Le juge ou administrateur qui se décide par faveur pour une partie, ou par inimitié contre elle, est coupable de forfaiture, et puni de la dégradation civique ».

(7) M. Pigeau, *t.* 1, *p.* 681, observe qu'on n'en trouve aucun exemple dans le code. L'ordonnance était plus sévère. Elle prononçait la prise à partie en cas d'évocation illégale (*tit.* 6, *art.* 2) et dans d'autres circonstances (Rodier, *sup.*, en cite les articles) ; et l'on s'était vivement plaint de cette rigueur pendant les conférences... M. Savoie-de-Rollin (v. *note* 2, *p.* 415) en parle aussi.
En matière *criminelle*, la loi admet la prise à partie contre le juge d'instruction, s'il n'observe pas plusieurs des formes prescrites pour les dépositions des témoins... Contre le président et le greffier du tribunal de police, s'ils omettent de signer le jugement... Contre le procureur général s'il porte à la cour impériale une accusation non admise suivant les formes légales. — V. *c-cr.* 74-77 ; 164 ; 271.

(8) *Exemples.* Si le juge de paix laisse périmer une instance par sa faute, et s'il fait trop tôt la levée du scellé. — V. *c-pr.* 15 *et* 928 ; ci-dev. *tit. de la péremption*, *note* 19, *p.* 525 ; *et ci-apr. tit. du scellé*, *note* 24. — Si un juge prononce la contrainte par corps hors les cas déterminés par la loi. — V. *en ci-apr. le tit.*, *note* 3, *et C-N.* 2063.

27 *

4. Déni de justice. — *V. d. tit.* 25 , *art.* 2 ; *C-pr.* 5o5 , *ѵ.* 4.

Il y a déni de justice, en premier lieu, lorsque le juge refuse de juger sous prétexte du silence, de l'obscurité ou de l'insuffisance de la loi (9). — *V. C-N.* 4 ; *ci-dev.*, §. *des juges*, *note* 16, *p.* 21.

En second lieu, quand il néglige de juger une cause en état, et à son tour (10). — *V. C-pr.* 5o6 ; *d. ord.*, *art.* 2 ; *Jousse*, *ibid*, *n.* 4.

En troisième lieu, quand il refuse de répondre des requêtes (11). — *V. d. art.* 5o6.

Le déni de justice est constaté par deux réquisitions (12) faites au juge en la personne du greffier. — *V. C-pr.* 5o7 ; *tarif* 29 ; *d. ord.*, *art.* 2 *et* 3 (13).

---

(9) Mais il peut refuser de juger lorsqu'il n'est compétent que par le consentement que donnent les parties à la *prorogation* de sa jurisdiction. — V. *MM. Merlin et Daniels*, *rapport.*, *h. v.*; *arr. cass.* 11 *mars* 1807 , *ibid.*; *ci-dev.*, *art. de la compétence*, *p.* 35.

(10) A l'égard, 1.° des affaires en état, *voyez tit. des reprises*, n. 3 , p. 315; 2.° des tours de rôles , *voyez* décr. 3o mars 18o8, art. 66-70.

Observat. 1. D*e anc.* Lorsque la discontinuation des poursuites d'une instance provient du fait du juge, par ex., d'un commissaire qui a négligé pendant trois ans de rapporter un procès, il n'y a pas moins péremption (v. *ce tit.*, *note* 8, *n.* 3 *p.* 322) parce qu'on peut l'actionner en déni de justice, *suiv. Lange, liv.* 1, *ch.* 24. — Mais il paraît que cette règle ne s'appliquait jadis qu'aux juges inférieurs, attendu qu'on ne pouvait faire des sommations en déni de justice aux juges souverains. — V. *Raviot*, *qu.* 545, *n.* 41-45. — V. *aussi obs.-cavs.* 106. — En serait-il de même à présent, qu'aucun juge (*ci-apr. note* 14) n'est exempt de la prise à partie ?...

2. On considérait aussi autrefois comme un déni de justice le refus fait par un juge d'autoriser l'ouverture des portes d'un débiteur, au moment d'une saisie-exécution. — V. *arr. du conseil*, 6 *août* 1668, *dans Jousse, tit.* 55, *art.* 5; *et ci-après tit. de cette saisie*, §. 5 , *n.* 1.

(11) Cette disposition n'était pas dans l'ordonnance. — V. *M. Bigot-Préameneu.*

(12) Jadis des *sommations*... On a trouvé que le mot *réquisition* se concilie davantage avec le respect dû au juge. — V. *id.*

Il en faut deux, parce qu'on ne peut reprocher de la négligence et de la mauvaise volonté au juge, tant que les parties ne manifestent pas le désir de voir statuer sur leur cause. — V. *Rodier*, *art.* 4, *et Bornier*, *art.* 3.

(13) On les fait de trois jours en trois jours, si c'est à des juges de

Après ces deux réquisitions, le juge peut être pris à partie (14). — *C-pr.* 5.8.

§. 2. *Procédure et jugement de la prise à partie.*

I. *Procédure.* — Il faut d'abord que la prise à partie soit permise (15) sur une requète signée (16), et, en outre, appuyée des pièces justificatives (17), sous peine de nullité. — *V. C-pr.* 510, 511.

Si la requête est rejetée, la partie est condamnée à une amende et à des dommages. — *V. C-pr.* 513 (18).

Si la requète est admise, elle est signifiée au juge.

---

paix ou de commerce, et de huitaine en huitaine, si c'est à d'autres juges... Tout huissier est tenu de les notifier, sous peine d'interdiction. — V. *dd. art.*

(14) L'on n'excepte point, comme autrefois, les juges supérieurs. — V. *Jousse, art* 4; *arr. du cons. d'état,* 1.ᵉʳ *sept.* 1733, *au tom.* 19 *du rec. de Giroud; MM. Bigot-Préameneu et Merlin, sup.,* §. 3.

Observations. 1. On voit que la loi n'a pas compris dans les causes de prise à partie, la résistance mal fondée du juge à une récusation. — V. *arr. cass.* 13 *nov.* 1809, *et ci-dev. tit. de la récusation, note* 38, *p.* 301.

2. Quant à l'appel pour déni de justice, *voyez* ci-dev., tit. de l'appel, notes 7 et 9, p. 367.

3. A l'égard du *tribunal* qui connaît des prises à partie, *voyez* ci-dev., art. des cours impériales, p. 60, et M. Bigot-Préameneu.

(15) Expressément... On doit même indiquer le magistrat qui en est l'objet. — V. *M. Merlin, nouv. rép., sup.,* §. 2; *deux arrêts du parlement de Paris, ibid.*

Il n'est pas besoin de conciliation, mais bien de communication au ministère public. — V. *c-pr.* 49, *v.* 7; 83, *v.* 5; *ci-dev.,* §. *ou tit. du minist. public et de la conciliat., p.* 23, *note* 26, *et p.* 176, *note* 16.

(16) Par la partie ou son procureur spécial, et où l'on ne doit point employer de termes injurieux envers le juge, sous peine d'amende contre le demandeur, et d'injonctions ou suspension contre son avoué. — V. *c-pr.* 511, 512.

(17) S'il y en a. — V. *c-pr.* 511. — D'où l'on conclut qu'en cas de dol, par exemple, on n'est pas forcé d'en produire, parce que la preuve du dol ne peut ordinairement se faire que par témoins. — V. *M. Pigeau, t.* 1, *p.* 683.

On a vu au n.° 4, p. 420, les actes qui doivent précéder la requête, en cas de *déni* de justice.

(18) Elle doit être rejetée, lorsque, dénuée de vraisemblance, elle ne paraît elle-même que le fruit de la passion et du ressentiment. — V. *M. Bigot-Préameneu.*

(422)

Celui-ci est tenu, 1. de fournir ses défenses (19);
2. de s'abstenir de la cause, et même (20) de toutes
les causes que le demandeur ou ses proches ont
devant le tribunal (21) dont il est membre, sous peine
de nullité des jugemens (22). — *V. C-pr.* 514; *tarif* 29.

II. *Jugement.* Lorsque la requête a été admise,
la prise à partie est portée à l'audience (23), et devant une autre chambre que celle qui a statué sur la
requête (24). — *V. C-pr.* 515.

Si, en définitive, le demandeur succombe, il est
aussi condamné à une amende et à des dommages.
— *V. C-pr.* 516.

S'il obtient gain de cause, on conçoit que c'est le
juge qui doit être condamné à des dommages envers
lui. — *V. d. tit.* 25, *art.* 4 (25).

---

(19) Signification dans trois jours... Défenses dans la huitaine (elles
sont fournies par requête, à laquelle on peut répondre). — **V.** *c-pr.* 514;
tarif 75.

(20) Jusques au jugement définitif de la prise à partie. — *C-pr.* 514.

(21) Ses proches, c'est-à-dire, ses parens en ligne directe, ou son
conjoint. — **V.** *c-pr.* 514.

(22) On n'a point adopté la règle ancienne qui l'autorisait à juger la
cause, si les parties y consentaient. — **V.** *d. ord.*, *art.* 5; *et M. Bigot-
Préamencu.*

(23) Sur un simple acte. — **V.** *c-pr.* 515.

(24) S'il n'y a qu'une chambre, on la porte à la cour la plus voisine.
— **V.** *d. art.* 515.

(25) *V.* aussi arr. cass. cité au ch. des dépens, note 8, p. 149; et **M.**
Merlin, rec. alph., 2.ᵉ édit., mot tribunal d'appel, §. 6.
Observations. 1. Le juge est condamné aux dommages qu'il a causés par
sa faute... Mais on ne peut prescrire aucune règle à cet égard; la cour
doit se décider d'après les circonstances, et même s'il y a délit, renvoyer le juge aux tribunaux criminels. — **V.** *c-crim.*, *liv.* 2, *tit.* 4, *ch.*
3, *sect.* 2. — L'arrêt cité, note 5, p. 419, condamna le juge à 6000 fr.
de dommages.
2. Quels sont les effets de l'arrêt qui déclare valable la prise à partie
contre un juge, sur le jugement où il a pris part?... V. *M. Pigeau*, 1, 688.

TITRE IV.

De la cassation.

LA cassation est en général l'action d'anéantir un acte quelconque, et en particulier celle d'annuller un jugement non susceptible d'être rétracté ou réformé. Prise dans ce sens spécial, elle est la dernière des voies extraordinaires par lesquelles on peut attaquer les jugemens (1)... Quelles sont les personnes qui peuvent en user et contre quels jugemens ; dans quels cas ; suivant quel mode ; et quels sont les résultats de la procédure et de la décision ?... Voilà ce que nous rechercherons en peu de mots.

§. 1. *Des personnes qui peuvent agir en cassation.*

ON distingue deux sortes de personnes qui peuvent demander la cassation d'un jugement ; les parties et le procureur général à la cour de cassation.

I. *Parties.* Les personnes qui ont été parties dans un jugement peuvent seules en demander la cassation ; les tiers doivent agir par tierce opposition (2).

Mais il faut que ces parties aient intérêt à la cassation (3), et qu'elles n'aient pas acquiescé au juge-

---

(1) *V.* à ce sujet, liv. 2, in pr., p. 357, 358 et notes, ibid.

Observations. 1. Ajoutons à ce que nous y avons dit, « que le recours en cassation étant une voie extraordinaire, on ne peut la prendre qu'au défaut des recours ordinaires que la loi accorde... Et elle doit être restreinte plutôt qu'étendue ». — *M. Merlin, rép., mot cassation*, §. 3, n. 8 ; et *rec. alph.*, 2.e éd., *h. v.*, §. 19. — C'est pour cela qu'on ne peut recourir d'un jugement de défaut, tant que la voie d'opposition est ouverte. — V. *ci-apr.*, §. 2, 2.e *except., p.* 425.

2. *Tribunal... V.* art. de la cour de cassat. , p. 60.

(2) *V.* arr. cass. 21 brum. , 9 et 4 vent. 11 ; M. Merlin, rec. alph. , mot tierce opposition, §. 4 ; rép. , mot cassation , §. 4.

Les *avoués* peuvent-ils recourir ?. V. *leur* §. , note 27, p. 71.

(3) *V.* répert. , ibid. , §. 4 ; ci-dev. , tit. de l'appel, ch. 2, p. 373.

ment (4) , ou qu'elles n'en aient pas déjà recouru (5).

II. *Procureur général.* Ce magistrat peut attaquer

1.º en tout tems , les jugemens de tout genre (6) qui contiennent un excès de pouvoir (7).

2.º Après le délai légal (8) , les jugemens en dernier ressort , tant pour excès de pouvoir que pour contravention aux lois. — *V. d. L.*, art. 88 ; *M. Merlin, d. mot cassation,* §. 4, *n.* 1 (9).

---

(4) V. *c-pr.* 241 ; *arr. cass.* 3 *fruct. xiij* , *au d.* §. 4 ; *autre* , 18 *mars* 1807 ; *autres* , *ci-dev. tit. de l'acquiescem.* , *notes* 10 *et* 14, *p.* 327.

Nullités de saisie immobilière... *V. en le tit.* , *note* 116, *n.* 1.

(5) Qu'elles n'aient pas , par exemple , formé un *pourvoi* (rejeté) , ou une *demande* en cassation (après l'admission du pourvoi). — *V. régl.* 1758, *part.* 2 , *tit.* 1 , *art.* 39 ; *M. Merlin* , *rec. alph.* , *mots requête civile* , §. 3 , *et contrariété de jug.* ; *ci-dev.* , *p.* 357 *et* 358 , *et notes ib.* ; *p.* 404, *note* 12 ; *p.* 326 *et suiv.*

Cette règle reçoit exception , 1.º lorsqu'on ne s'est pourvu que contre une partie d'un jugement , et qu'on s'est réservé d'attaquer les autres (pourvu qu'on soit encore dans le délai utile). — *V. arr. cass.* 22 *brum. xiij* ; *M. Merlin, rec. alph.* , *mot triage* , §. 3. — 2.º Lorsque les pourvoi ou recours rejetés avaient été faits par une personne qui ne représentait pas rigoureusement le second demandeur. Ainsi le rejet du recours fait par le créancier comme exerçant les droits de son débiteur , n'empêche pas ce dernier de recourir. — *V. M. Merlin* , *d. mot cassation* , §. 8, *n.º* 3 ; *arr. cass.* 15 *avr.* 1806, *ib.*

(6) Même rendus en premier ressort ; même un simple acte du premier juge... Mais il n'agit , dans ce cas , que d'après des ordres du Gouvernement et pour l'intérêt de la loi. — *V. autorités de la note* 7.

(7) *V. sur tous ces points* , *L.* 27 *vent. viij* , *art.* 80 *et* 88 ; *M. Merlin* , *mots cassat.* , §. 3 , *main-morte* , §. 5 *in f.* ; *arr. cass.* 6 *prair. x* , *ib.* ; *rec.* , 2.ᵉ *éd.* , *mots excès et vente* , §. 8 ; *M. Henrion* , 2.ᵉ *éd.* , *ch.* 9.

(8) C'est-à-dire , lorsque les parties n'ont pas recouru.

Observations. 1. INTÉRÊT DE LA LOI... Le jugement ne peut alors être cassé que dans *l'intérêt de la loi* , c.-à-d. , pour en maintenir l'observation : il conserve sa force à l'égard des parties ; il les oblige en un mot comme une transaction. — *V. d. L.* 27 *vent.* , *art.* 88 ; *arr. cass.* 16 *therm. xj* ; *M. Merlin* , *rec. alph.* , *mot tierce opposition* , §. 5.

2. Il en est de même lorsque le pourvoi des parties n'est pas recevable. — *V. arr. cass.* 11 *juin* 1810.

3. Le droit de casser dans *l'intérêt de la loi* n'appartient qu'à la cour de cassation. — *V. arr. cass. crim.* 13 *avr.* 1809.

(9) Les autres procureurs impériaux n'ont le droit de se pourvoir contre les décisions de leurs compagnies , que quand ils y ont agi comme *parties* , pour l'ordre public. — *V. d.* §. 4 ; *réquisitoire et arr. cass.* 3 *nov.* 1806, *id.* , *mot chambre des avoués* ; *ci-dev.* , §. *du ministère public* , *n.* 3 , *p.* 25 ; *ci-apr.* , *note* 29, *p.* 430.

§. 2. *Des jugemens dont on peut demander la cassation.*

Ce sont les jugemens en dernier ressort (10) rendus en matière civile, par les tribunaux de tout genre, sauf les exceptions suivantes.

Exceptions... 1.re Les sentences arbitrales ordinaires... On ne peut recourir que des jugemens qui ont statué sur l'appel ou la requête civile relatifs à ces sentences. — *V. C-pr.* 1028 ; *rép.*, *sup.*, §. 3, *n.* 6 ; *arr. cass.* 16 *prair.* 13, *ib.* ; *ci-dev. p.* 44, *note* 50.

2.e Les jugemens de défaut, pendant le délai de l'opposition. — *V. d. rép.*, *ibid.*, *n.* 8 (11).

3.e Les jugemens préparatoires proprement dits (12), pendant l'instance et avant le jugement définitif (13).

4.e Les jugemens des tribunaux de paix... On ne peut en recourir que pour incompétence ou excès de pouvoir. — *V. d. L.* 27 *vent.*, *art.* 77 (13a).

---

(10) Non ceux en premier ressort, excepté dans le cas de la note 6, p. 424. — V. *arr.* 6 *prair. x, cité à note* 7, *d. p.* 42 .

Observations. 1. Mais peut-on recourir d'un jugement en premier ressort dont on n'a pas appelé dans le délai légal, et qui en conséquence a acquis l'autorité d'un jugement en dernier ressort (v. *tit de l'appel*, *p.* 369)?... On a décidé que lorsque ce jugement ne contient, ni excès de pouvoir, ni délit commis par les juges, il n'est pas susceptible de recours, même dans l'intérêt de la loi. — V. *d. arr.* 6 *prair.*

2. Jugemens de requête civile et d'enregistrement... V. *ci-dev.*, *p.* 405, *note* 12, *n.* 2, *et p.* 406, *note* 18.

(11) V. *aussi arr. cass.* 28 *niv. viij*, 1 *frim. xij et* 10 *frim. xiij, au d. n.* 8 ; *régl. de* 1738, *part.* 1, *t.* 4, *art.* 5 ; *ci-dev.*, *liv.* 2, *p.* 357 *et* 358, *et les notes.* — Mais on peut en recourir après le délai. — *DD. autorités.*

(12 et 13) V. *L.* 2 *brum. iv, art.* 14, *conféré avec c-pr.* 451. — Mais on peut en recourir si le tribunal était incompétent *ratione materiæ.* — V. *M. Merlin, rec. alph.*, *mot tribunal de commerce*, §. 5.

Peut-on à présent recourir des *interlocutoires*?. *Oui*, *suiv. arr. cass.* 21 *mars et* 16 *mai* 1809, *au nouv. rép.*, *t.* 13, *p.* 581... *Non* (à moins qu'ils ne causent un préjudice irréparable en définitive), *suiv. M. Merlin. rec. alph.*, 2.e *édit.*, *mots interlocutoire*, §. 5, *et préparatoire*; *arr. cass.* 12 *avr. et* 17 *mai* 1810, *ibid.*, *et Sirey*, 1810, *p.* 274.

(13a) S'il n'y a excès de pouvoir qu'en ce que le juge de paix a statué en dernier ressort dans une cause où il ne pouvait statuer qu'en premier ressort (*ci-apr. note* 20, *n.* 2), il y a lieu à l'appel et non pas au recours, *suiv. arr. cass.* 5 *fév.* 1810 (*par arg. de c-pr.* 453), *Nevers*, 162 ; *avoués*, *i*, 226 ; *ci-dev.*, *tit. de l'appel*, *ch.* 1, *p.* 372.

(426)

§. 5. *Des cas ou circonstances où il y a lieu à cassation.*

Il y a trois principaux cas où un jugement est susceptible de cassation, ou, en d'autres termes, il y a trois principales *ouvertures* (14) de cassation.

1. Contravention expresse à la loi (15).

Il y a contravention, etc., lorsque la disposition (16) " d'un jugement se trouve en opposition „ formelle avec la disposition textuelle (17) d'une „ loi „. — *V. avis cons. d'état*, 31 *janv.* 1806 (18).

2. Excès de pouvoir. — *V. d. L.* 27 *vent.*, *art.* 80, 88; *M. Merlin*, *rép.*, *mot cassation*, §. 2.

Il y a excès de pouvoir dans un jugement lorsque „ le juge est sorti du cercle de ses attributions et a

---

(14) C'est-à-dire, trois cas où la voie de la cassation est *ouverte.*

(15) V. *L.* 20 *avr.* 1810, *art.* 7; 1 *déc.* 1790, *art.* 3; 27 *vent.* 8, *art.* 76; *const. an* 8, *art.* 66; *ci-dev.*, *tit.* 2, *note* 21, *p.* 407.
Observations. 1. Il n'en est pas de même d'une contravention à une décision consacrée par la jurisprudence et par l'usage, car ce ne sont pas des lois (v. *M. Merlin*, *rép.*, *mot péremption*, §. 1; *rec. alph.*, *mots arrêt de réglem.*, *séparation*, §. 2, *testament conjonctif*, §. 2)... Mais bien d'une contravention aux lois romaines (pour les procès anciens des pays de droit écrit) non abrogées par l'usage. — *V. d. rép.*, *mot cassation*, §. 2; *notre cours sur les prélim. du droit*, *ch.* 3, *n.* 3.
2. Quant aux procès nouveaux de ces pays, il faut consulter le droit romain comme *raison écrite*, mais on n'y est pas forcé, et par conséquent sa violation ne donne point ouverture à cassation. — *V. M. Merlin*, *à J-C-N.*, *t.* 13, *p.* 287.

(16) Non pas les motifs. — *V. M. Merlin*, *rec. alph.*, *mot propres*; *arr. cass.* 4 *germ.* xiij; *et ci-dev.*, *tit. des jugem.*, *note* 35, *p.* 232.

(17) Et non pas encore avec les motifs de la loi. — *V. id.*, *rec. alph.*, *mot notaire*, §. 5; *et d. cours des prélimin.*, *ch.* 4, *note* 29.

(18) D'où il résulte qu'une application trop scrupuleuse de la loi ne saurait être un moyen de cassation (v. *d. avis*; *d. rec.*, *mot révocat. de donation*)... Non plus qu'un défaut d'extension de son texte, même par identité de raison. — *V. M. Merlin*, *à la J-C-N.*, xiv, 452; *id.*, *rec. alph.*, 2.ᵉ *édit.*, *mot testament*, §. 15, *t.* 5, *p.* 273.
Mais. 1. une contravention *indirecte* à la loi renferme quelquefois une contravention *expresse*, et donne ainsi lieu à la cassation. — *V. à ce sujet*, *M. Merlin*, *rép.*, *mot substitut. fidéicom.*, *sect.* 8.
2. Il en est de même d'une *fausse application* de la loi, puisqu'elle est au fond une contravention expresse; aussi les arrêts de cassation sont-ils très-souvent fondés sur ce motif.

„ fait ce que la loi lui défend ou ne lui permet
„ pas (19) „. — *V. M. Merlin, rép., mot excès ; et
rec. alph., mot question d'état,* §. 1.

Par conséquent cette ouverture de cassation embrasse tout-à-la-fois, et l'incompétence (20), et l'excès
de pouvoir proprement dit (21).

3. Contrariété de jugemens (22) rendus entre les
mêmes parties par des tribunaux différens. — *V. C-pr.*
504 (23).

-----

(19) Comme la jurisdiction vient entièrement de la loi, il est clair que
dans l'une et l'autre circonstance, il y a excès de pouvoir.

(20 et 21) *Observations.* 1. Il n'est pas moins clair que le juge qui
commet une incompétence, commet par là même un excès de pouvoir,
puisqu'il statue sur des différends dont il n'a pas le droit de connaître...
D'après cela on peut distinguer deux sortes d'excès de pouvoir, l'incompétence et l'excès de pouvoir proprement dit.

2. Il y a excès de pouvoir *proprement dit*, lorsque dans les causes de
sa compétence, le juge a statué au-delà des valeurs où la loi restreignait
sa jurisdiction de dernier ressort; ou bien a créé des nullités et admis des
des fins de non-recevoir qui ne sont pas établies par la loi. — V. *M.
Merlin*, *réquis.*, *rép.*, *mot discipline; arr. cass.* 5 déc. 1806, *ib.*; *id.*,
mot divorce, sect. 4, §. 9; *arr. cass.* 24 *juill.* 1806 (*sect. réunies*) *et
autres, ib.*, *et au B. C.*, 13 *therm. viij*, 21 *brum. ix*, 21 *pluv. x*... V.
aussi ci-d. note 13a, *p.* 425; *M. Henrion*, 2.ᵉ *éd.*, *ch.* 9.

3. *Nullités.* Mais les nullités commises, soit par le tribunal dans le
1.ᵉʳ jugement, soit par le défendeur à la cassation, ne peuvent, non
plus que les fins de non-recevoir qui devaient l'exclure, servir de moyens
de cassation à son adversaire, si ce dernier n'en a pas argumenté en
cause d'appel; à moins qu'elles ne tiennent tellement à l'ordre public,
qu'il ne soit pas permis d'y renoncer. — V. *M. Merlin*, *rec. alph.*, *mot
nullité*, §. 3; *arr. cass.*, *ibid.*; *rép.*, *mots renonciation à success.*, §.
3, *substitut. fidéicom.*, *sect.* 7, §. 3, *art.* 4, *testament*, *sect.* 2, §. 3,
art. 8, *et divorce*, *sect.* 4, §. 9; *et ci-dev.*, *tit. de la récusat.*, *note*
27, *p.* 300; *arr. cass.* 1 août 1810.

4. A plus forte raison, une partie ne peut-elle faire valoir comme
moyens de cassation, les nullités qui résultent de son propre fait (ou de
celui des fonctionnaires agissant à sa demande), fussent-elles d'ordre
public : cela est incontestable. — V. *à ce sujet*, *L.* 4 *germ. ij*, *art.* 4; *id.*,
d. rép., *mot cassation*, §. 2; *rec. alph.*, *mots nullité*, *rente*, §. 19, *section*, §. 2, *trib. d'appel*, §. 5; *ci-dev.*, *note* 100, *p.* 387.

(22) Les *observ.* du *tit.* 2, *not.* 28-31, *p.* 408, s'appliquent à ce cas.

(23) *Observations.* 1. *Violation de contrat.* Comme les conventions sont
la *loi* des parties contractantes (*L.* 1, §. 6, *ff. depositi*; 23, *ff. reg. j.*;
C-N. 1134), on a jugé long-tems que la violation d'un contrat était un
moyen de cassation; mais on a abandonné cette jurisprudence après la
loi du 16 sept. 1807 (relative aux 2.ᵉ et 5.ᵉ recours. — v. *part.* 1, *p.*
61). — V. *M. Merlin*, *rép.*, *t.* 7, *in f.*; *t.* 13, *p.* 538; *sur-tout mot
société*, *sect.* 2, §. 3, *art.* 2 (où est une exception); *arr. cass.* 2 *fév.*

§. 4. *De la procédure de cassation.*

Nous avons à considérer dans cette procédure, l'acte par lequel elle s'ouvre, et ceux qui en composent ou complètent l'instruction.

1808, *ibid.*; *d. rec. alph.*, 2.ᵉ *éd.*, *iij*, 592, *et iv*, 51 *et* 606.

2. *Violation des formes.* On a vu (*tit.* 2, *p.* 407) que la violation des formes de procédure prescrites sous peine de nullité, est un moyen de requête civile depuis l'ord. de 1667. Les lois *des* 1 *déc.* 1790, *art.* 3, *et* 4 *germ.* 2, *art.* 2 *et* 3, en ont fait un moyen de cassation, de sorte que cette violation a fourni dès-lors deux sortes de voies extraordinaires contre les jugemens. — V. *M. Merlin*, *d. rec.*, *mot chose jugée*, §. 2, *et arr. cass. ib.* — Mais en doit-il être de même depuis que le code (480 — v. *d. p.* 407) a placé spécialement cette violation au nombre des ouvertures de requêtes civiles !... Un arrêt de cassation du 26 avril 1808 (*Sirey*, *p.* 322; *J-c-pr.*, *iij*, 106) a décidé la négative, ce qui est conforme à la maxime, qu'entre deux voies de procédure il faut toujours préférer la plus simple (v. *ci-dev. p.* 357, 358 *et les notes*; *et p.* 404, *note* 10); et M. Pigeau, *i*, 638 *et* 639, atteste que tel était l'usage du conseil d'état, et que tel est celui de la cour de cassation... Selon deux autres arrêts (19 *juill.* 1809, *Nevers*, *sup.*, 135, *et* 18 *juin* 1810, *au B. C.*), 1.º si la nullité a été proposée avant le jugement attaqué, et s'il y a statué, on peut agir en cassation; s'il n'y a pas statué, il faut d'abord user de la requête civile... 2.º l'*ultrà petita* devient moyen de cassation, quand la loi s'opposait à la condamnation, lors même qu'il y eût été conclu... Enfin M. Merlin déclare qu'il y a également lieu à cassation quand les formes violées sont essentiellement constitutives des jugemens. — V. *d. rec.*, 2.ᵉ *éd.*, *iij*, 494 (N. B. Le décr. du 17 déc. 1811, *art.* 124, sur l'organisation du pays de Berg, met en général la violation des formes au nombre des ouvertures de cassation).

3. Selon M. Pigeau, *p.* 643, 1.º lorsque cette ouverture ne peut plus servir pour la requête civile (si par ex., on a été *débouté* d'une 1.ʳᵉ requête civile. — v. *p.* 406 *et note* 18, *ib.*), on a le droit de s'en servir pour une demande en cassation; 2.º il en est de même quand la forme violée n'est pas prescrite sous peine de nullité :... il est vrai que cette dernière décision paraît une conséquence de la règle relative à la 1.ʳᵉ ouverture, puisqu'il s'agit d'une contravention à la loi; néanmoins le système contraire résulte de la loi du 4 germ. *sup.*, et est attesté par M. Merlin, *rép.*, *mot cassation*, §. 2.

4. Quelques auteurs admettent des ouvertures autres que les trois exposées ci-dessus (outre la violation des formes); mais toutes celles qu'ils ajoutent y sont indirectement comprises.

5. *Faits.* Il résulte de ce qu'on a exposé dans ce §., que la cassation ne peut être prononcée pour une erreur ou une injustice commise dans le jugement qu'on attaque; et que cette voie (comme celle de la requête civile) diffère de la voie de l'appel, en ce qu'elle n'a pas pour but l'examen du *bien* ou du *mal jugé au fond*, du moins lorsqu'il ne s'agit pas de contravention à la loi. Par une conséquence nécessaire, on doit y tenir pour constans les *faits* de la cause, reconnus comme tels par le même jugement, et les admettre avec le caractère et l'influence qu'il leur a donnés... (toutefois cette dernière règle est sujette à une exception. — v. *sur ce*

I. *Pourvoi.* — L'acte par lequel on recourt (24) d'un jugement se nomme *pourvoi.*

Le pourvoi doit être précédé d'une consignation d'amende (25) , à moins que ce ne soit un indigent , ou bien l'état, qui réclame. — *V. LL. 2 brum. iv*, *art.* 17 ; 14 *brum. an* 5 , *art.* 1 *et* 2 (26).

Il faut le faire absolument (27) dans trois mois après la signification du jugement attaqué. — *I L. 2 brum. , art.* 15 ; 1 *déc.* 1790 , *art.* 14 ; *C-N.* 263 (28).

---

point , **M. Barris** , *un rép.* , *mot fait* , §. 7 *et* 8). — On doit par exemple tenir pour constant qu'une partie a acquiescé, lorsque le jugement attaqué déclare que son acquiescement résulte de ces faits. — V. *arr. cass.* 12 *avr.* 1810 , *avoués* , *i* , 166.

(24) Sens du mot *recours...* voyez introduct., note 57, p. 172.

(25) Faute de quoi il n'est pas recevable (cette exception est d'ordre public). — V. *d. art.* 17 ; *M. Merlin* , *rép.* , *mots viduité et cassation* , §. 5 , *n.* 12 ; et pour une autre question , *ci-dev.* , p. 358 . *note* 9. — Bien plus , si par ce motif un arrêt de cassation l'a déclaré non-recevable , on ne peut pas se faire restituer contre l'arrêt en rapportant la quittance d'une consignation même antérieure. — V. *d. n.* 12 ; *arr.* 29 *mess.* 8 , *ib.*
Observations. 1. On n'encourt pas la déchéance par cela seul qu'on a omis de joindre à la requête en cassation , la quittance d'une consignation antérieure , pourvu qu'on la produise avant l'arrêt qui statue sur la demande. — V. *d. n.* 12 ; *arr. cass.* 6 *fructid. viij* , *ibid.*
2. Il faut autant de consignations qu'il y a de demandeurs , dont les intérêts sont différens. — V. *id.* , *ibid.* ; *et arr. ibid.* ; *autre* , 30 *avr.* 1810 , *au B. C.* , *n.* 20. — L'amende est de 150 fr. pour les jugemens contradictoires , et de 75 fr. pour ceux de défaut. — V. *réglem.* , *tit.* 4 , *art.* 5 ; *d. L.* 14 *brum.* , *art.* 1.
3. *Dr. anc.* — Il fallait aussi produire une consultation de deux anciens avocats... Cela a été abrogé. — V. *L.* 19 *août* 1795.

(26) Le réglement (*tit.* 4 *et* 6 , *art.* 19 *et* 2) exempte aussi les demandes en cassation pour appel mal-a-propos reçu et pour contrariété... Quant au certificat d'indigence , v. *d. L.* 14 *brum.* , *art.* 2.

(27) Autre exception d'ordre public. — V. *rec. alph.* , *mot appel* , §. 9.

(28) Trois mois *francs* pour toutes sortes de personnes domiciliées en France. — V. *d. L.* 1 *déc.* , *art.* 18 ; *L.* 1 *frim. ij* , *art.* 1. — Pour les jugemens rendus en Corse, six mois. — V. *L.* 11 *févr.* 1795. — Pour les absens et colons d'Amérique, une année; pour ceux qui demeurent au-delà du Cap de bonne-espérance, deux années, etc. — V. *au surplus d. tit.* 4 , *art.* 11-15.
Observat. 1. En cas de mort du condamné le délai court de la signification aux héritiers (v. *d. tit.* , *art.* 14) .. Mais comme le délai accordé par cet article est égal au délai général ancien, c.-à-d., est de six mois, il semble qu'à présent on devrait le réduire à trois mois.
2. Le délai ne court qu'autant que la signification est régulière... Et

Il se fait par une requète (29) déposée au greffe, où l'on joint la copie du jugement qu'on attaque, et où l'on énonce les moyens de cassation (30)... La première section de la cour (celle des requêtes) y statue sans communication au défendeur... Si la requête est rejetée (31), le jugement est maintenu. — *V. d. L. 1 déc., art. 5 et 7; 27 vent. 8, art. 60; 2 brum., art. 16; d. régl., tit. 4, art. 1-5, 32, 39.*

Le pourvoi n'a point d'effet suspensif (32).

II. *Instruction.* — Si le pourvoi est admis, la première section autorise en même tems à assigner (33) devant la deuxième (la section civile), le défendeur; il faut, dans trois mois, lui notifier l'arrêt d'admis-

---

il n'est pas besoin de permission pour la nouvelle signification aux héritiers. — V. *M. Merlin*, rép., *mot cassation*, §. 5, *n.* 10, *et* §. 6, *n.* 7; *deux arr. cassat., ibid.; et 25 juin* 1810, *B. C.*
3. Quand est-elle nulle ?... V. *id., d. rec.,* 2.ᵉ *éd., iij*, 384.

(29) Les procureurs impériaux (v. *note* 9, *p.* 424) peuvent se borner à un simple acte à leur greffe, transmis dans le délai fatal, à celui de cassation. — V. *M. Merlin, d.* §. 5, *n.* 12.

(30) Le défaut d'énonciation des moyens (c'est une nullité) peut être réparé par une requête d'ampliation présentée dans le délai fatal. — V. *id., n.* 3; *d. rec., h. v.,* §. 20... v. *aussi id.,* 2.ᵉ *édit., iij*, 95.
Mais une requête en cassation reçue au greffe, ne peut être annullée par le motif qu'on a omis d'y énoncer la jonction des pièces, qui, dans le fait, y étaient annexées. — V. *id., d.* §. 5, *n.* 9; *et d.* §. 20.

(31) On la rejette lorsque le pourvoi est irrégulier, tardif, non recevable, ou bien *évidemment* mal fondé.

(32) V. *d. tit.* 4, *art.* 29; *d. L.* 1 *déc., art.* 16; *rép., mot cassat.*, §. 6, *n.* 5; *arr. cass.* 23 *août* 1810, *avoués, ij*, 272.
Observations. 1. Cette règle reçoit exception quant aux arrêts de divorce déterminé, et à certains jugemens de faux. — V. *C-N.* 263; *c-pr.* 241; *ci-dev., p.* 259 *et note* 53; *p.* 350, *note* 8.
2. On n'est pas obligé de cautionner pour l'exécution du jugement, à moins qu'il ne s'agisse de recevoir de l'argent dans une caisse publique. — V. *d. n.* 5; *arr. cass. ib.; L.* 16 *juill.* 1793.

(33) Il n'est pas nécessaire d'observer dans l'assignation toutes les formes que nous avons indiquées (v. *ce tit., p.* 185) pour cette espèce d'acte, parce que la signification de l'arrêt d'admission emporte sommation de se présenter et d'y satisfaire. — V. *d. régl., part.* 2, *tit.* 1, *art.* 6; *arr. cass.* 2 *nov.* 1807, *J-c-pr., i*, 200. — Ainsi l'omission du domicile réel du demandeur ne l'annulle pas. — V. *arr. cass.* 10 *avr.* 1811, *Nevers*, 204; *avoués, iij*, 270. — Mais bien les irrégularités de la remise, v. *entr'autres, arr.* 4 *nov.,* à *note* 33, *n.* 4, *p.* 188; *arr. cass.* 25 *mars* 1812, *Nevers*, 326.

sion (34); et l'on n'est reçu à instruire la cause qu'en déposant la notification en original. — *V. d. L.* 1 *déc. et* 2 *brum.*, *art.* 7 *et* 16; *d. régl.*, *art.* 3o.

L'instruction se fait par simples requêtes ou mémoires déposés au greffe. L'arrêt est rendu sur le rapport public d'un des juges, après lequel on entend les plaidoiries des parties, et, en toutes causes, les conclusions du procureur général. — *V. dd. L.* 2 *brum.*, *art.* 16-21, *et* 27 *vent.*, *art.* 89 (35).

§. 5. *De l'arrêt de cassation.*

La section civile (36) *rejète* la demande, ou *casse* le jugement (37).

Dans le premier cas, elle condamne le demandeur à des amendes envers l'état et le défendeur.

Dans le second cas, elle fait restituer l'amende consignée. — *V. d. régl.*, *part.* 1, *tit.* 4, *art.* 55-38.

On peut casser, ou la procédure, ou le jugement. Si c'est la procédure, elle est recommencée devant le tribunal que la section charge de la connaissance

---

(34) *Observat.* 1. Ce délai n'est pas suspendu par la mort (v. note 28), *suiv. M. Merlin, d. rec.*, 2.ᵉ *édit.*, i, 188.

2. L'omission du nom de l'avoué dans la notification est suppléée par la signature indiquée dans la copie de la requête en cassation. — V. *arr. cass.* 8 *vent. xiij, au d. rép., mot constitution.*

3. L'omission ou la nullité de cette notification *entraine* la déchéance du pourvoi. — V. *arr. cass.* 7 *août* 1809.

4. Mais la déchéance ne profite point aux parties à qui l'on a notifié en tems utile. — V. *rec. alph.*, *sup.*, §. 22; *arr. cass. ib.*

(35) *Autres régles de la procédure...* v. d. réglem., part. 2; d. L. 2 brum., art. 18-21; ci-dev., p. 314, note 25, n. 2.

Si l'on y propose une inscription de faux, la cour peut l'admettre, mais elle en renvoie l'instruction à un tribunal égal à celui dont on attaque l'arrêt. — V. *d. part.* 2, *tit.* 10, *art.* 4; *rép., mot inscription de faux*, §. 7; *ci-dev., tit. du faux*, p. 252, 259.

(36) Nous avons parlé au §. 4, p. 430, des arrêts de la *section des requêtes*, c'est-à-dire de ceux qui sont relatifs au pourvoi.

(37) Si l'arrêt de la section civile est en défaut, on peut se faire restituer contre cet arrêt (en refondant les frais), et ensuite plaider sur la cassation. — V. *d. régl., part.* 2, *tit.* 2 *art.* 8 *et suiv.*; *et sur-tout M. Merlin, rec. alph.*, 2.ᵉ *édit., mot forclusion*, §. 5.

du fond (38), à partir du premier acte cassé : si c'est le jugement (39), l'affaire y est portée, sans nouvelle procédure, à l'audience ; et l'on ne peut même y plaider sur un point réglé par un premier jugement (40). — *V. d. I. 1 déc., art. 20 et 24 ; et 2 brum. iv, art. 24 ; M. Merlin, d. rec. alph., mot rente foncière, §. 11 (41).*

---

(38) La clause de renvoi pour le *fond* n'est que de pur style... Elle ne signifie qu'un renvoi... Il est même arrivé qu'on l'a employée, quoique l'on ne cassât que pour incompétence. — V. *M. Merlin, rec. alph., mot biens nationaux*, §. 1. — Quant à l'indication du tribunal à qui l'on renvoie, v. *ci-dev., p.* 60. — Mais on n'ordonne pas de renvoi quand il n'y a point d'action ou qu'elle est éteinte (v. *arr. cass.* 17 *juin* 1807 ; *id. crim., 29 fruct. x et 22 vend. xj*), et en général quand le fond est de telle nature, qu'il est jugé par l'arrêt même qui casse le jugement attaqué, comme si ce *fond* consiste dans une question de compétence. — V. *d. rec.,* 2.° *éd., mot contrariété*, §. 2.

(39) Si un second jugement est cassé pour contrariété avec un premier jugement, la cour de cassation doit-elle ordonner elle-même l'exécution de celui-ci ?... M. Merlin soutient l'affirmative et atteste qu'un arrêt du 29 mars 1809 (*Nevers, sup.,* 64) n'est pas contraire à cet avis, comme on l'avait prétendu. — V. *d. mot contrariété*, §. 2.

(40 et 41) Si un jugement contradictoire a *débouté* d'une opposition à un jugement de défaut, on peut se borner à attaquer le jugement contradictoire, parce que s'il est cassé, on sera renvoyé pour statuer sur l'opposition. Il ne suffirait pas au contraire de se pourvoir contre le jugement de défaut, parce que le jugement contradictoire subsisterait (v. *M. Merlin, d. rec., mots inscript. de faux*, §. 1, *et cassat.*, §. 8 ; *arr. cass.* 22 *therm. ix, ib.*)... A moins que celui-ci n'ait rejeté l'opposition que pour un défaut de forme et sans toucher au fond. — V. *au reste arr. cass.* 25 *juin* 1811, et *M. Denevers, sur id.*, 414.

Observations. 1. En général, la cassation d'un jugement *entraîne* celle des jugemens postérieurs auxquels il a servi de base. — V. *arr. cass.* 28 *br. xiv*, 14 *mai et 5 juin* 1810, 4 *mars et 9 oct.* 1811 ; *d. rec., mot frais préjudiciaux*, §. 1 ; *arr. cass.* 22 *th. x, ib.* ; *rép., sup.*, §. 7 *in f.*

2. Après une cassation on peut, devant le tribunal du renvoi, 1.° rétracter les conclusions prises devant celui dont le jugement est cassé. — V. *id., ibid.* — 2.° Reproduire les moyens non rejetés dans le dispositif de l'arrêt de cassation, quoique réprouvés dans les motifs. — V. *id., ibid*; *et mot récollement.* — 3.° Quant à la conciliation, v. *en le tit., note* 16, *ci-dev. p.* 176.

3. A l'égard 1.° des second et troisième recours, fondés sur les mêmes moyens, v. *p.* 61... 2.° Des liquidat. de dépens, v. *note* 12, *p.* 442.

LIVRE

LIVRE TROISIÈME.

De l'exécution des jugemens et actes (1).

Introduction.

L'EXÉCUTION est l'action d'accomplir les dispositions d'un acte, tel qu'un jugement, une obligation... Elle est volontaire ou forcée.... Nous allons jeter un coup-d'œil général sur la nature et les modes de l'une et de l'autre (2).

I. L'exécution est *volontaire* lorsque le condamné ou obligé accomplit de plein gré toutes les dispositions du jugement ou acte, et que son adversaire ou créancier adhère à ce qu'il fait dans cet objet.

Si ces deux particuliers ont la libre disposition de leurs droits, il n'est besoin de suivre pour l'exécution, aucune autre règle que celle de leur volonté. Mais comme il est possible que le premier ne fasse pas régulièrement ou complètement la chose à laquelle il est soumis, ou que le second se refuse mal-à-propos à des actes qui remplissent tout ce qu'exigent le jugement ou l'obligation, ou enfin que leur situation oblige de constater légalement ce qu'ils font tous les

---

(1) Ce livre correspond au liv. 5, part. 1 du code... Nous avons ajouté le mot *actes* à l'intitulé du même livre, parce qu'on y donne aussi les règles de l'exécution des actes.

(2) *Observat.* 1. Lange (*liv.* 4, *ch.* 58) la divise assez exactement en exécution *avec connaissance*, et exécution *sans connaissance de cause.* Dans la première (elle correspond en partie à notre exécution volontaire), le juge intervient directement : dans la deuxième (c'est notre exécution forcée), il n'intervient qu'indirectement.

2. *Dr. anc.* La législation ancienne sur l'exécution des jugemens et actes était fort incomplète. On ne trouve, en effet, dans l'ordonnance de 1667, aucune règle sur plusieurs espèces d'exécutions, dont on s'est occupé dans le code, telles que les saisies-arrêts, les saisies de rentes, les saisies immobilières, etc., non plus que sur les distributions et ordres, etc. — V. *au surplus*, *M. Réal.*

3. *Droit romain.* Modes d'exécution... *V.* Loiseau, liv. 3, ch. 1, n. 10, ch. 6, n. 27, et liv. 4, ch. 1, n. 4.

28

deux en vertu de ces actes : on a tracé la marche qu'ils avaient à suivre alors ; et tel est le but des règles relatives, 1.º aux réceptions de cautions, prestations de serment, redditions de comptes et liquidations de dommages, fruits et dépens (3) ; 2.º aux offres réelles, consignations et cessions de biens (4).

II. L'exécution *forcée* est celle qui a lieu malgré l'une des parties.... Elle se fait sur la personne ou sur les biens du débiteur ou condamné (4*a**).

Elle se fait sur la personne, par le moyen de la contrainte par corps ou emprisonnement (5).

Elle se fait sur les biens, par le moyen de la saisie, ou action de prendre réellement les biens, ou de les faire retenir par le détenteur (6).

La saisie a pour objet de procurer au saisissant le paiement de ce qui lui est dû (7)... Elle se divise en plusieurs espèces, suivant qu'elle a rapport aux meubles ou aux immeubles.

1.º L'exécution se fait sur les *meubles* en les saisissant, soit lorsqu'ils sont entre les mains d'un tiers ou du débiteur, soit lorsqu'ils sont encore attachés au

----

(3) *V.* c-pr., part. 1, liv. 5, et ci-après, sect. 1, p. 436.

(4) V. *c-pr., part.* 2, *tit.* 1 *et* 12... Comme les offres et la cession (*ci-apr., part.* 3) ont souvent lieu sans avoir été déterminées par un jugement, on a cru devoir les ranger dans la classe des procédures extrajudiciaires. Au surplus, les actes rangés dans celle des exécutions volontaires se rapportent aussi à l'exécution forcée, quand ils sont faits malgré l'une des parties... Tels sont les mêmes offres réelles et la consignation, lorsque le créancier refuse de recevoir son paiement... Ainsi l'exécution forcée peut concerner la partie qui a obtenu gain de cause, tout comme celle qui a été condamnée.

(4*a**) On peut user en même-tems de ces deux modes, et par conséquent saisir, et la personne, et les biens, soit meubles, soit immeubles, soit créances. — V. arr. *Colmar,* 14 *juin* 1811, *avoués, iv,* 246; *ord. de Moulins, art.* 48; *Bornier, tit.* 34, *art.* 13; *ci-apr., tit. de la contrainte.*

(5) V. *C-N., liv.* 3, *tit.* 16; *c-pr., liv.* 5, *tit.* 15; *ci-après, sect.* 2.

(6) *Dr. rom.* Même mode... V. *Pothier, ff., reg. j., n.* 615-618.

(7) Ou de lui faire recouvrer un bien qui lui appartient, et on la nomme alors *saisie-revendication.* — V. *son tit., ci-apr., part.* 3.

sol (8). C'est ce qui se pratique par le moyen des saisies-arrêts, saisies-exécutions, saisies-brandons et saisies de rentes (9).

Les meubles saisis sont, ou de l'argent monnayé, et alors le créancier est acquitté immédiatement ; ou des meubles proprement dits, et dans ce cas, il les fait vendre pour se payer sur le prix (*ci-apr. sect.* 2).

S'il y a plusieurs créanciers, et si l'argent saisi ou le produit des ventes ne suffit pas à leur paiement, on en fait la distribution proportionnelle entre tous (10).

2.º L'exécution sur les *immeubles* se fait également en les saisissant. On en exproprie le débiteur, on les vend par le moyen d'enchères publiques, et le prix s'en distribue entre les créanciers. Tel est le but de l'expropriation forcée, ou *saisie-immobilière* (11).

D'après ces observations nous diviserons ce livre en deux sections, dont la première traitera de l'exécution volontaire, et la seconde de l'exécution forcée des jugemens et actes (12).

---

(8) Mais séparables, comme des fruits non recueillis.

(9) *V.* 6-pr., liv. 5, tit. 7-10; ci-apr., sect. 2. — Les *saisies gagerie* et *foraine* peuvent se rapporter à cette classe; mais comme elles sont quelquefois des mesures purement conservatoires, on les a rangées dans celle des procédures extrajudiciaires. — V. *ci-apr.*, *part.* 3, *liv.* 1.

(10) *V.* d. liv. 5, tit. 11; et d. sect. 2.

(11) *V.* C-Nap., liv. 3, tit. 19; d. liv. 5, tit. 12 à 14; d. sect. 2.

(12) Cette division paraît naturelle, parce que les divers modes d'exécution forcée sont sujets à des règles générales (*celles du tit.* 6, *liv.* 5, *exposées ci-apr.*, *d. sect.* 2, *p.* 450). Au reste, elle ne produit presque point de déplacement dans l'ordre des titres.

☞ Il y a quelques modes d'exécution dont il n'est pas question dans le code, tels que les suivans.

1. *Discussion* du débiteur principal et des cautions... V. *à ce sujet*, arr. de *Turin, Limoges et Cassation*, *J-C-N. xiv*, 376, 580, *et xv*, 60.

2. *Expropriation* pour cause d'utilité publique... — V. *à ce sujet*, *C-N.* 545; *L.* 8 *mars et décr.* 18 *août* 1810.

3. *Ejection de meubles*, lorsque le condamné refuse d'évacuer une maison... V. *à ce sujet*, arr. de *Colmar*, 7 *juill.* 1809, *avoués*, t. 1, *p.* 57; *Rodier*, tit. 27, art. 1, qu. 5.

SECTION PREMIÈRE.

De l'exécution volontaire des jugemens et actes (1).

TITRE I.er

Des réceptions de caution (2).

Les mots *réception de caution* indiquent, et l'action de présenter, et celle d'accepter une caution (3).

On distingue trois sortes de cautions ; la conventionnelle, la légale et la judiciaire (4). C'est pour la réception de celle-ci que le code a tracé les règles dont nous allons exposer la substance (5).

____

(1) Quant à la nature de cette exécution, *voyez* ci-dev. introduction, n. 1, p. 433.

(2) Ce titre correspond au tit. 1, liv. 5 du code... Les règles en ont été tirées de l'ordonn. de 1667 (*tit.* 28), sous quelques modifications (v. *M. Réal*) dont l'expérience a montré l'utilité, et que nous indiquerons. — V. *notes* 6 *et* 7 , *p.* 437.

(3) Le cautionnement est un acte par lequel un particulier qu'on nomme *caution*, se soumet ou est soumis envers un autre à remplir l'obligation d'un tiers, si ce dernier ne la remplit pas lui-même. — V. *C-Nap.* 2011. — Il résulte de là que la caution doit être *recevable*, c'est-à-dire, capable de remplir ou d'être forcée à remplir cette obligation. — V. *à ce sujet, ainsi que pour les autres règles du cautionnement, C-N.* 2018 *et suiv.; le cours de dr. civ.; Rodier, tit.* 28.

(4) Il y a encore les cautions du jugé (*ci-dev.*, *liv.* 1 , *p.* 210) et juratoire (*ci-apr.* , *note* 5 , *n.* 4 , *p.* 437); mais elles se rapportent aux deux dernières classes.

(5) C'est ce qui résulte de la rédaction de l'art. 517.
Quid juris pour les autres ?... 1. *Caution conventionnelle.* Si la convention détermine le mode de réception, il faut s'y conformer (*arg. du C-Nap.* 1134), et en cas de refus de l'une des parties, l'assigner pour la faire contraindre à l'exécution de ce mode... Si elle ne le détermine pas, il semble qu'on puisse d'abord demander extrajudiciairement que la caution soit reçue à l'amiable, et ensuite, dans le même cas de refus, observer les formes propres à la caution judiciaire, puisqu'en général les formes de procédure ont été imaginées pour mettre les particuliers à l'a-

1. Dans un délai déterminé (6), on dépose au greffe les titres de solvabilité de la caution (7); on notifie le dépôt et l'on présente la caution par acte, à la partie elle-même (8). — *V. C-pr.* 517, 518; *tarif* 29, 71, 91.

2. La caution est acceptée ou contestée.

Elle est acceptée, soit expressément par un simple

---

bri des dangers que leur font courir la négligence, la mauvaise volonté ou la mauvaise foi de ceux avec qui ils ont quelque relation d'intérêt.

2. *Caution légale.* On doit, à plus forte raison, suivre cette dernière marche pour la caution légale, parce qu'étant exigée par la loi, elle a plus d'affinité que la précédente, avec la caution judiciaire.

Quant aux cas où il faut une caution légale, *voyez* c-pr. 17, 542, 852, 992, etc.; C-Nap. 601, 771, 1518, 1613, etc.

3. *Caution de l'héritier bénéficiaire...* Mêmes formes... V. c-pr. 995; *ci-apr. tit.* du bénéf. d'inventaire, n. 3; *sur-tout M. Pigeau, ij*, 636.

4. *Caution juratoire.* C'est celle qu'on se borne à exiger d'un usufruitier pauvre. Comme elle peut être assimilée à un serment, il est naturel qu'elle soit prêtée d'après les formes du serment. — V. C-N. 603. — V. aussi *Rodier, tit.* 15, *art.* 10; *et ci-apr.* p. 459.

A Grenoble, on se contentait de cette caution pour l'exécution provisoire des jugemens rendus en faveur des personnes indigentes, *suiv. arr.* 6 avr. 1675 (*chambr. consult.*), *Saint-André, tit.* 21.

(6) *Par le jugement...* On y fixe aussi le délai d'acceptation ou de contestation. — V. c-pr. 517.

Observations. 1. S'il s'agit d'un sur-enchérisseur ou d'un héritier bénéficiaire, le délai est fixé à trois jours par l'assignation ou l'acte extrajudiciaire où l'on demande le cautionnement. — V. c-pr. 832, 992; *ci-apr.*, *tit.* de la surenchère, *note* 4, *et du bénéf. d'inv.*, n. 3. — S'il s'agit de matières de commerce, il l'est à jour et heures fixes, par une sommation accompagnée d'assignation. — V. c-pr. 440, *conféré avec tarif*, 29. — Le délai de l'héritier bénéficiaire est augmenté pour la distance qui sépare son domicile et le siège du tribunal. — V. c-pr. 993.

2. *Dr. anc.* L'ordonnance ne fixait point de délai (v. *M. Réal*), mais elle exigeait l'indication du juge devant lequel la caution serait reçue. — V. d. *tit.* 28, *art.* 1.

(7) *Commerce.* On peut n'en pas exiger d'un négociant, parce qu'à cet égard il n'a souvent d'autres preuves à offrir que le crédit dont il jouit. — V. c-pr. 440 et 518, *in f.*; C-N. 2019; *Jousse, art.* 3; *M. Perrin*; *obs. mss. du Tribunat.*

Dr. anc. — La caution n'était obligée d'établir sa solvabilité qu'en cas de contestation, et les pièces étaient communiquées sur simple récépissé. — V. d. *tit.* 28, *art.* 3.

(8) L'acte ou l'exploit doivent contenir sommation de paraître à l'audience pour voir prononcer sur l'admission en cas de contestation; cela résulte de l'ensemble du tit. 1.er du code, et est décidé expressément pour les matières de commerce. — V. c-pr. 440; *tarif* 29 et 21.

Au reste, après cet acte ou exploit, la partie ou son avoué ont le droit

acte (9), soit tacitement par le silence de la partie pendant ce délai. — *V. C-pr.* 519, *in pr.*, 517, 441; *tarif* 71. — Elle est contestée aussi par un simple acte, et la difficulté se juge comme en matière sommaire (10). — *V. C-pr.* 517, 519, 521; *tarif* 71.

3. La caution acceptée ou admise fait sa soumission au greffe (11). Cette soumission est exécutoire, par elle-même (12). — *V. C-pr.* 522, 519, *in f.*; *tarif* 91... *V. aussi d. tit.* 28, *art* 2 *et* 4.

---

de prendre au greffe la communication des titres déposés. — V. *c-pr.* 519; *tarif* 91.

(9) Fait par avoué. — *Arg. de tarif*, 71.

(10) *V.* en ci-dev. le titre, note 7, p. 339. — Le jugement qui y statue est exécutoire nonobstant appel. — V. *c-pr.* 521.
N. B. C'est à celui qui présente la caution, qu'il appartient de prouver qu'elle est recevable; jusques là son adversaire n'est pas obligé de prouver qu'elle est non-recevable. — V. *Bornier*, *tit.* 28, *art.* 3.
Commerce. Si l'appellant conteste la caution, l'on statue (au jour indiqué dans la sommation. — *Ci-dev.*, *note* 6) par un jugement exécutoire nonobstant opposition ou appel. — V. *c-pr.* 441.

(11) Avec l'assistance d'un avoué. — *Arg. de tarif*, 91.

(12) *Observations.* 1. Ainsi la caution peut être forcée sans jugement, même au moyen de la contrainte par corps (s'il y a lieu), à remplir ses obligations. — V. *c-pr.* 519, *in f.*
2. Mais quand y a-t-il *lieu?* La caution est-elle contraignable par corps lorsqu'elle ne s'est pas soumise à la contrainte?... *Voyez* au sujet de cette question controversée, proc.-verb. du C-Nap., in-4.°, t. 3, p. 357 et suiv.; C-N. 2040, 2060; Rodier, tit. 28, art. 2; M. Desmasures, ch. 13, n. 93; M. de Malleville, d. art. 2060; M. Pigeau, t. 2, p. 296; *obs. mss. du Tribunat*, art. 514.
3. Au reste, sa soumission la rend, à cet égard, justiciable du tribunal où elle l'a faite, *suiv. les autorités que cite Jousse, ib.*, art. 2.
4. Quant aux *certificateurs* des cautions, c'est-à-dire à ceux qui en attestent la solvabilité, v. *Lange. liv.* 4, *ch.* 34.
5. *Justice de paix.* Lorsque le juge de paix déclare son jugement exécutoire sous caution, cette caution doit être présentée à son greffe, après avoir appelé la partie adverse, au moyen d'une sommation. — *Arg. de c-pr.*, 17, *et de tarif*, 21, *combinés.*

TITRE II.

Des prestations de serment (1).

On désigne ainsi l'action de faire un serment (2).

Le jugement qui ordonne le serment énonce les faits sur lesquels il sera prêté (3). — *C-pr.* 120. — *V. Despeisses, tit.* 10, *sect.* 4, *art.* 3, *n.*° 7.

Le serment est prêté par la partie *en personne* (4), devant un juge ou un tribunal, et après y avoir appelé son adversaire (5). — *V. C-pr.* 121 (6).

(1) Il n'y a point de titre correspondant dans le code ; il nous a paru utile d'en faire un.

(2) Le serment est une affirmation solennelle de la vérité ou de la fausseté d'un fait allégué. Il est déféré pour en faire dépendre la décision d'un différend, ou déterminer le montant d'une condamnation, ou compléter une preuve (v. *C-N.* 1357 *et suiv.*) ; et on l'exige des tiers appelés à une procédure également pour une preuve, une opération, etc., ou chargés d'une conservation de biens, etc. — V. *les tit. des enquêtes, expertises et scellés.*

(3) Il faut que ces faits soient pertinens (v. *d. titre des enquêtes*, §. 1, *p.* 262)... Il suffit qu'ils soient rappelés dans les questions de fait... Enfin l'omission de les énoncer n'est pas une nullité. — V. *sur tous ces points, arr. de Turin,* 20 *févr.* 1808, *J-c-pr.*, *t.* 2, *p.* 10.

(4) A l'audience ; et en cas d'empêchement légitime et dûment constaté, chez la partie. — V. *d. art.* 121 ; *Despeisses, sup.*, *n.* 1.

(5 et 6) Par acte d'avoué à avoué, ou au défaut d'avoué, par exploit, avec indication du jour. — V. *c-pr.* 121 ; *tarif* 29, 70. — Jadis cela n'était pas nécessaire, suivant *Despeisses*, *sup.*, *n.* 11.
Observations. 1. Le serment n'est pas nul, quoique il ne soit prêté que devant l'avoué, *suiv. Aix*, 21 *mai* 1811, *J-C-N. xvij*, 100.
2. *Mode de prestation.* L'usage était jadis que les catholiques, en faisant leur affirmation, missent les mains sur l'évangile, et que les protestans levassent la main vers le ciel, comme pour prendre Dieu à témoin de leur sincérité ; enfin, que les religieux et prêtres missent la main sur leur poitrine. —V. *Despeisses, n.* 4, *et sect.* 2, *art.* 3, *n.* 21. — Mais depuis long-tems on s'en tenait à ces deux derniers modes. — V. *les autorités suivantes.*
3. Les personnes, telles que les juifs et les quakers, qui professent un culte où l'on n'admet point ces mêmes modes, sont tenues de prêter serment en observant celui de leur culte. — V. *L.* 5, §. 1, *ff. jurejur.* ; *arr. de Colmar, Nancy, Bordeaux et Cassation,* 1782, 1808-1810, *J-C-N.*, *viij*, 501, *xj*, 478, *xv*, 22 ; *Nevers*, 1810, 226, 570 ; *rép.*, *h. v.*, §. 3 (décision contraire... v. *arr. Turin* 1809, *J-C-N. xiij*, 105).
4. Le serment prêté selon un autre mode que le mode ordinaire ou que

TITRE III.

Des liquidations (1).

La liquidation est l'action d'apprécier des objets dont la quantité ou la valeur ne sont pas encore déterminées... Elle a sur-tout pour objet des dommages, fruits et dépens adjugés à une partie (2).

§. 1. *Des liquidations de dommages-intérêts* (3).

La liquidation des dommages est faite par le juge-

---

celui qu'a désigné le juge, est nul. — **V.** *Despeisses*, *art.* 3, *n.* 9.

5. *Questions diverses...* **V.** ci-dev. p. 87, note 87; p. 178, note 24, n. 3; p. 220, note 14; p. 326, note 4, n. 2; arr. de Turin, 1808, 1809, J.-c-pr. ij, 375, J.-C-N. xiv., 74; sur-tout rec. alph., 2.ᵉ éd., iv, 613, h. v., §. 2.

6. *Caution juratoire...* **V.** ci-dev., p. 437, note 5, n. 4.

(1) Ce titre correspond aux tit. 2, 3 et 5, liv. 5 du code, que nous avons réunis à cause de leur connexité.

(2) Quoique un propriétaire se soit borné à réclamer simplement la restitution de son bien, il n'est pas moins censé, en définitive, avoir demandé, *ab origine litis*, tout ce qu'il aurait eu si la chose lui eût été remise au moment où l'instance s'est engagée. — **V.** *L.* 20, *ff. rei vindicat.* — De ce principe, et de la l. 25, §. 8, *in f., ff. ædilit. edicto,* on conclut que les dommages accessoires à la restitution doivent être accordés par le juge *ex officio*, à compter du commencement du procès. — **V.** *M. Merlin*, *rép., mot revendication; rec. alph., h. v.,* §. 1; *arr. cass.* 13 *niv. xij, ib.;* ci-dev., tit. de l'appel, note 95, p. 386.

Les mêmes règles s'appliquent aux fruits perçus pendant l'instance (les fruits perçus avant doivent être demandés). — *D. rec., mot fruits,* §. 3; *arg. ex L.* 15, *ff. usur. et fruct.* — Rebuffe (*appellat., art. ult., gl.* 1) soutient que ces règles ne peuvent être suivies en appel, où il faut toujours une réclamation expresse... Mais *v. d. note* 95.

(3) On entend, en général, par *dommages-intérêts*, le bénéfice dont on a été privé, ou la perte qu'on a éprouvée à raison d'un fait relatif à une contestation, ou de la contestation elle-même. — **V.** *C-Nap.* 1149. — **V.** *aussi L.* 13, *ff. ratam rem; Cujas. observat., lib.* 9, *cap.* 31; *Cambolas, liv.* 1, *ch.* 19; *Bornier et Jousse. tit.* 32, *art.* 1.

Il y a une foule de cas où la loi les adjuge positivement. — **V.** *c-pr.* 15, 71, 107, 128, 132, 137, 244, 516. *etc.; C-N.* 179, 555, 554, 772, 1305, 1768, *etc.; Rebuffe, de expensis, art.* 3 et 4; *Lange, liv.* 4, *ch.* 36. — Et elle permet d'adjuger les dépens pour en tenir lieu. — **V.** *c-pr.* 137; ci-dev. p. 55, note 71; p. 279, note 30, n. 1.

ment, si cela est possible. — *V. C-pr.* 128, *in pr.*; 523 *in pr.* (4).

Dans le cas contraire, celui qui les a obtenus en notifie (5) la déclaration ou évaluation, et communique les pièces (6).... Son adversaire fait ensuite sa *contre-déclaration* (7), c'est-à-dire des offres de la somme à laquelle il évalue les dommages (8). Le tribunal sanctionne enfin et avec dépens, celle des deux déclarations qui est juste et bien vérifiée (9). — *V. C-pr.* 523-525.

---

(4) Voilà le principe général (déjà consacré par les ord. de 1539 et de Blois, art. 88 et 89, et 145) : les décisions du tit. 2, liv. 5, qu'on va analyser, ne sont relatives qu'à l'exception... Elles ont été puisées presque entièrement dans l'ord. de 1667, tit. 32. — V. *M. Réal.*

(5) A l'avoué du défendeur, s'il y a un avoué. — *D. art.* 523. — L'ordonnance, *ibid.*, *art.* 4, décide que cet avoué peut occuper, sans nouveau pouvoir, sur la liquidation ; et il paraît par le procès-verbal, tit. 29, art. 2, que cette constitution tacite était indéfinie... Aujourd'hui on pourrait l'admettre en considérant la liquidation comme une exécution du jugement (v. *c-pr.* 1038, *et part.* 1, §. *des avoués*, *p.* 71), mais il faudrait la restreindre à une année (v. *d. art.* 1038), ce qui, d'ailleurs, préviendrait les inconvéniens graves attachés à une constitution de l'espèce précédente.

(6) Sur le récépissé de l'avoué ou par la voie du greffe. — *Id.; tarif* 91. — L'avoué du demandeur rédige la déclaration par articles. — V. *tarif* 141.

(7) Par acte d'avoué, et huitaine après les délais des productions par écrit. — V. *c-pr.* 97, 98, 524; *tarif* 71; *tit. des rapports*, *p.* 225.

(8) Cette évaluation se fait par des apostilles que l'avoué met sur les articles de la déclaration. — V. *tarif* 142.

(9) A l'audience, sur un simple acte. — V. *c-pr.* 524.
Quid juris si le défendeur n'a pas d'avoué ! L'ordonnance ni le code ne statuent point sur cette difficulté, quoique le premier président de Lamoignon eût fait sentir la nécessité de la prévenir (v. *d. tit.* 29). Mais il est naturel de substituer à l'acte d'avoué, un ajournement au défendeur pour voir homologuer la déclaration.
Observations. 1. Le défendeur n'obtient ses dépens que du jour des offres. — V. *c-pr.* 525 ; *d. tit.* 32, *art.* 3. — Jusques alors il est censé débiteur; et depuis, le demandeur n'a pas dû continuer la contestation, parce qu'on lui offrait tout ce qu'il avait droit de réclamer.
2. La cour de Grenoble demandait que le tribunal renvoyât à des experts lorsqu'il ne pourrait évaluer exactement les dommages sur les déclarations... Quoique le code ne s'en soit point expliqué, cette mesure est légitime, puisqu'elle est conforme aux règles relatives au pouvoir du juge (v. *ci-d. p.* 166.. *mais v. aussi p.* 279, *note* 30, *n.* 1).
3. On peut les liquider en appel... V. *ci-dev. p.* 117, *note* 13, *n.* 5.

§. 2. *Des liquidations de fruits.*

CELUI qui est condamné à restituer des fruits, en rend un compte, et fait juger ce compte d'après les règles exposées au titre suivant. — *V. C-pr.* 526 (10).

La restitution des fruits de la dernière année se fait en nature si cela est possible, et celle des **autres** années en argent, d'après une évaluation (11).

§. 3. *Des liquidations de dépens.*

IL faut distinguer les dépens faits en matières sommaires, des dépens faits en matières ordinaires.

I. *Matières sommaires.* Les dépens en sont liquidés par le jugement de la cause (12), sur un état de la partie qui les a obtenus. — *V. C-pr.* 543 ; *décr.* 16 *fév.* 1807, *n.* 2241, *art.* 1 (13).

II. *Matières ordinaires.* La liquidation de leurs dépens peut n'être pas insérée dans le jugement (14),

---

(10) L'ordonnance (*ibid.*, *art.* 2-5) fixait un autre mode dont l'expérience a montré les inconvéniens. — *V. M. Réal.*
Questions diverses... V. notes 63, n. 1, p. 55 ; note 2, p. 440.

(11) Elle se fait sur les mercuriales du marché le plus voisin (par expertise, s'il n'y en a pas), en prenant en considération les saisons et les prix communs de chaque année. — *V. c-pr.* 129. — *V. aussi Jousse*, *art.* 1, *et tit.* 53, *art.* 2 ; *ci-dev. p.* 281, *note* 3.
N. B. Les mercuriales sont des registres tenus dans les mairies, et où l'on note le prix des *gros fruits*, c'est-à-dire des principaux grains. — *V. d. ord.*, *tit.* 30, *art.* 6-8 ; *Bornier et Rodier, ibid.* ; *Lange*, *ch.* 35.

(12) Il en est de même des dépens faits, 1. sur les difficultés pour collocation d'ordre ; 2. dans les causes de cassation. — *V. c-pr.* 762, 766 ; *M. Merlin, rép., mot dépens*, *n.* 4. — Dans celles du conseil d'état, en matière de contentieux, on suit sous quelques modifications le réglement de 1738. — *V. décr.* 22 *juill.* 1806, *art.* 41, *etc., et d. n.* 4.

(13) Cet état est remis, dans le jour, par l'avoué au greffier qui tient la plume à l'audience. — *D. art.* 1. — Par conséquent il n'est pas nécessaire que la taxe soit prononcée et contenue dans une expédition délivrée sur le champ ; il suffit qu'elle soit énoncée dans la minute. — *V. arr. cass.* 2 *mai* 1810, *avoués*, 1, 315.
A l'égard, 1.° de l'opposition, *v. ci-apr. note* 17 ; 2.° des matières sommaires, *v. en le tit.*, *p.* 338.

(14) Ainsi, le jugement peut être *levé* avant la liquidation. — *V. art.*

et être seulement comprise dans un *exécutoire* délivré par le greffier (15)... C'est un des juges de la cause qui la fait, sur un semblable état (16).

L'adversaire peut y former une opposition (17), sur laquelle on statue sommairement, et même en dernier ressort (18), si l'on n'a pas appelé du jugement du fond (19). — *V. d. décr.*, *art.* 2-6 *et C-pr.* 544.

---

2. — Il en est de même si c'est le condamné qui le veut *lever ;* et il en a le droit si l'autre partie, après une sommation qu'il lui en aura faite, et après trois jours, a négligé ce soin. — V. *id.*, *art.* 7 *et* 8.

(15) Il n'en est pas besoin si la taxe a été comprise dans l'expédition du jugement. — V. *art.* 2-6. — Il résulte de là que l'éxécutoire n'est pas une condamnation, mais un acte simplement destiné à assurer l'exécution du jugement, en réglant la quotité des frais. — *Décis. du Grand-Juge*, 16 *févr.* 1809, *J-c-pr.*, *iij*, 562.

(16) Article par article, en marge de l'état, et il met (avec paraphe) le *taxé* sur chaque pièce justificative, et le total au bas de l'état. — V. *art.* 2-5. — Cet état est dressé par l'avoué. — V. *tarif du d. décr.*, *in f.*
Lorsque l'avoué est décédé après le jugement, on doit assigner son client en constitution de nouvel avoué pour voir taxer ; et en cas de défaut, on peut valablement taxer sans arrêt ni nouvelle assignation, *suiv.* *arr. du p. de Grenoble*, *Saint-André*, *tit.* 51.

(17) *Peut...* Même celui qui obtient et signifie l'exécutoire, *suiv. arr.* *d'Ajaccio*, 12 *sept.* 1811, *avoués*, *v*, 111.
Opposition... Soit à l'exécutoire, soit au chef du jugement qui est relatif à la liquidation... Et on doit la faire dans les trois jours de la signification, avec citation (*id.*, *art.* 6), passé quoi elle est non-recevable, même en matière sommaire, *suiv. arr. cass.* 28 *mars* 1810, *Nevers*, 210. — Mais on a huitaine, s'il s'agit d'une ordonnance d'un juge sur une taxe d'experts, *suiv. arr. cass.* 2 *avr.* 1810.

(18) A la chambre du conseil, sur plaidoirie et avec assistance d'avoué. — V. *tarif du d. décr.*, *in f.*

(19) Ou au moins de quelques dispositions. — *D. art.* 6. — Cette règle est contraire à celle des deux degrés, dans le cas où les dépens d'une cause de premier et dernier ressort, excédent 1000 fr.; mais elle est fondée sur les principes de l'abréviation des procédures et de l'économie des frais. — V. *part.* 1, *ch. de l'esprit des lois*, *p.* 127.
A l'égard, 1. des parties qui doivent les dépens, *voyez ibid.*, ch. des dépens, *p.* 145...; 2. des règles du droit ancien sur les taxés, *voyez* ordonnance de 1667, tit. 51, et Rodier, *ibid...*; 3. de l'exécution provisoire, *voyez* tit. de l'appel, note 88, n. 1, *p.* 585...; 4. de la distraction des dépens, *voyez le §. des avoués*, note 22, n. 2, *p.* 69.

TITRE IV.

Des redditions de comptes (1).

On nomme *reddition de compte* l'exposition de ce qu'un administrateur a fait pour remplir son mandat, soit exprès, soit tacite.

Tout administrateur doit rendre compte ; c'est une obligation qui lui est imposée par le droit et l'équité. — *V. C-N.* 1993 ; *L. si quis* 2 , *ff. negotior. gestor.* — En conséquence s'il ne l'accomplit pas, il doit y être forcé par un jugement (2).

Bien plus, s'il ne rend pas son compte dans le délai fixé (3), il peut y être contraint (4) par saisie et vente de ses biens et même par corps. — *V. C-pr.* 530, 534 *in f.; d. ord.*, *art.* 8 ; *M. Favard* (5).

---

(1) Ce titre correspond au tit. 4, liv. 5 du code... Les dispositions de celui-ci ont été prises dans l'ordonnance, *tit.* 29, mais avec diverses corrections, simplifications et améliorations (v. *M. Réal*), que nous indiquerons en partie. — V. *notes* 2 , 4, 7 , 9 , 19, 25.

(2) L'ordonnance , *art. 3 et* 4, fixait pour les instances en reddition de compte , une procédure plus abrégée que celle des autres instances. — V. *Rodier , ibid.* — Le code ne décide rien à cet égard , d'où il résulte que la procédure devra être ordinaire ou sommaire , suivant la nature de la cause. — V. *ci-dev.*, *tit. des matières sommaires* , p. 338.

A l'égard du *tribunal* auquel on soumet , soit cette instance , soit celle du compte , on fait plusieurs distinctions que nous avons exposées (v. *ci-dev. part.* 1 , *p.* 115 , *n.* 3 *et notes* 8 *et* 9, *ib.* ; *tit. de l'appel* , *note* 119 , *p.* 393) , et sur lesquelles l'ordonnance , *art.* 2 , était muette , ce qui donnait lieu à des difficultés de compétence. — V. *à ce sujet , rép.* , *mot compte* , §. 1 *et* 2 ; *Rodier et Jousse* , *d. art.* 2.

(3) Par le même jugement. — V. *c-pr.* 530.

(4 et 5) Jusques à une somme arbitrée par le tribunal (disposition omise dans l'ordonnance)... On s'en rapporte également à la sagesse du tribunal pour la prononciation de la contrainte. — V. *c-pr.* 534; *Bornier et Rodier , art.* 8 ; *M. Favard.*

Observations. 1. *Dr. anc.* — C'est aussi par une conséquence de la règle du texte , que tout administrateur était réputé comptable , même après l'arrêté de compte , s'il n'en avait pas acquitté le reliquat. — V. *d. ord.* , *art.* 1; *Bornier , ibid.*

2. Le comptable se nomme le rendant compte et l'administré l'oyant-compte , et par abréviation le *rendant* et l'*oyant* (vieux participe d'*ouïr*).

Nous allons exposer les règles principales relatives au mode, à la présentation, à la discussion et au jugement du compte.

§. 1. *Du mode ou de la dresse du compte.*

Comme le but principal d'une administration est la perception des recettes et le paiement des dépenses, il suffit d'énoncer dans un compte les actes de gestion relatifs à ces deux objets, sauf à prouver ou justifier par les pièces dont on les appuie (6), que ces actes ont été valablement faits (7).

D'après ces observations, on voit qu'un compte doit contenir deux parties ou chapitres, et qu'il peut en avoir trois. Les deux premiers chapitres indiquent les recettes et dépenses *effectives* (8), et sont ter-

---

(6) La recette se justifie par les inventaires des biens, actes de ventes, etc.; la dépense, par des quittances (*mais voyez ci-apr.*, *note* 11); la reprise, par les actes qui constatent les *diligences* du comptable, relativement aux objets à recouvrer.

Les pièces *justificatives* sont mises en ordre, cotées (v. *ci-apr.*, *tit. de l'inventaire*, *note* 7) et paraphées par l'avoué du rendant. On lui passe pour ce travail, une vacation par 50 pièces. — V. *c-pr.* 532 ; *tarif* 92.

Les quittances d'ouvriers, fournisseurs, maîtres de pension, etc., ne sont pas soumises à l'enregistrement. — V. *c-pr.* 537 ; *M. Favard.*

(7) On peut aussi en donner une preuve sommaire dans le *préambule* ou exposition générale de ce qui a donné lieu à la gestion... Il est vrai que l'étendue en est bien restreinte par la loi, puisqu'elle la fixe à six rôles, en y comprenant la mention des actes qui ont commis le comptable ou ordonné le compte. — V. *c-pr.* 531 ; *tarif* 75 ; *d. ord.*, *art.* 6. — L'ordonnance permettait de transcrire ces actes dans le compte, ce qui occasionnait des frais inutiles. — V. *d. art.*; *Rodier, ibid.*; *les observ. des cours de Grenoble et Rennes, prat. fr.*, *iv*, 37.

(8) On comprend dans le deuxième chapitre ce qu'on nomme les dépenses *communes*, c'est-à-dire celles du voyage fait pour le compte (s'il est nécessaire), de la *dresse*, présentation et affirmation du compte...; dépenses qui doivent être à la charge de l'administré. — V. *c-pr.* 531 et 532, *conférés avec tarif* 75 ; *et d. tit.* 29, *art.* 18, *et Bornier et Rodier, ibid.* — On induit de cette règle, que le commissaire doit, à la fin du procès-verbal, taxer les frais du compte. — V. *M. Pigeau, t.* 2, *p.* 371, 372.

Suivant un commentateur, les dépenses *communes* sont celles qui intéressent les deux parties; tout comptable est tenu de présenter son compte à ses frais; la dresse du compte n'est point comprise dans les dépenses communes, etc... Tout cela est absolument contraire, soit aux principes

minés par une balance de ces recettes et dépenses (9) ; le troisième énonce les objets à recouvrer. — *V. C-pr.* 533. — *V. aussi d. ord.*, art. 7 (10).

§. 2. *De la présentation du compte.*

1. Le compte est présenté et affirmé (11) par le rendant en personne devant un juge commissaire (12), les oyans présens ou appelés. — *V. C-pr.* 530, 534 *in pr.; d. ord.*, art. 8 (13).

Si la recette excède la dépense, l'oyant peut dès lors se faire payer l'excédent. — *V. C-pr.* 535 (14).

2. Le compte est signifié et les pièces justificati-

---

du droit (v. *L.* 17 , *ff. tutelœ et rat.*) ; soit aux textes précédens , interprétés , ainsi qu'on doit le faire , par le tarif ou les lois anciennes; soit aux décisions des auteurs cités , etc.

(9) *Dr. anc.* — On comprenait dans le premier chapitre la recette qu'on avait dû faire , et par conséquent la recette qui n'avait pas été faite , comme la recette effective. — V. *Rodier* , *d.* art. 7 ; *Ferrière, des tutelles, part.* 4 , *sect.* 15. — C'était une véritable superfétation, puisque la recette non faite était rapportée dans le troisième chapitre , nommé chapitre de *reprise.*

(10) V. *aussi décr.* 30 *nov.* 1809 , *art.* 82.
Le compte est rédigé en forme de grosse (on n'en fait qu'une). — *Arg. du tarif* 75. — On doit y distinguer les dépenses et recettes de diverses années ou natures, etc. — V. *Rodier*, *sup.*

(11) C'est-à-dire que le rendant assure que son compte est vrai... On exige cette précaution , parce qu'il y a des dépenses telles que les menus frais de voyage , etc. , qu'on ne peut établir par des pièces justificatives et pour lesquelles il faut par conséquent se contenter de l'affirmation du comptable (pourvu qu'elles soient spécifiées , raisonnables et vraisemblables)... *In his quœ sunt modicœ quantitatis sufficit juramentum rationem reddentis*, dit Dumoulin. — V. *au surplus, id.*, *in consuet.*, *tit.* 1 , *des fiefs*, §. 9 , *gl.* 6 , *n.* 27-29; *et arg. de tarif* 38.

(12) Nommé par le jugement qui ordonne le compte. — V. *c-pr.* 530.

(13) Cela se fait au jour indiqué par une ordonnance que rend le commissaire , sur une requête , et qui est signifiée aux oyans avec sommation , soit par acte d'avoué , soit à personne ou domicile , s'ils n'ont point d'avoué. — V. *c-pr.* 554; *tarif* 29, 70, 76.

(14) Sans approbation du compte , et au moyen d'un exécutoire délivré par le commissaire. — V. *d. art.*; *tarif* 92 ; *et M. Réal.*
Cette disposition , puisée dans l'ordonnance, *art.* 7 , est fondée sur ce qu'il n'est pas à présumer que le comptable se déclare ainsi débiteur s'il ne l'est pas réellement.

ves sont communiquées aux avoués des oyans (15) et des créanciers qui ont pu intervenir (16). — *V. C-pr.* 536, 529 *in pr.*

§. 3. *Des débats du compte.*

Le compte doit ensuite être débattu, c'est-à-dire, discuté par les parties devant le commissaire. — *V. C-pr.* 538 *in pr.* (17).

Les parties se présentent ou ne se présentent pas pour procéder à cette discussion.

I. *Parties présentes.* Si les parties se présentent, le commissaire ouvre un procès-verbal, l'oyant fournit ses débats, et le rendant ses soutenemens (18);

---

(15) *Observations.* 1. On a déjà vu (*part.* 1, §. *des avoués*, *p.* 63, *note* 17) que si les oyans, qui ont le même intérêt, choisissent des avoués différens, c'est à leurs frais ; en conséquence, on ne communique qu'à l'avoué le plus ancien. — V. *c-pr.* 536; *d. ord.*, *art.* 11.

2. Les oyans ont un même intérêt lorsqu'ils ont des avantages ou inconvéniens semblables à réclamer ou éviter (v. *tit. de l'assignat.*, *art.* 1, *p.* 182) : tels sont des mineurs cohéritiers par portions égales, des mêmes biens..., d'où l'on peut facilement induire quels sont ceux dont l'intérêt est différent. — V. *au surplus*, *Rodier*, *d. art.* 11 ; *et ci-apr.*, *tit. du scellé*, *note* 39.

3. Quant aux créanciers, on ne leur fait également qu'une seule communication, et au plus ancien de leurs avoués. — *D. art.* 536. — 1.° On a voulu prévenir les dépenses considérables que ces communications occasionnaient ; 2.° par rapport au compte, les créanciers n'ont, au fond, qu'un même intérêt.

4. Au reste les pièces communiquées doivent être rendues, sous diverses peines, dans un délai que fixe le commissaire. — V. *c-pr.* 536, 107.

5. Si l'oyant n'a pas d'avoué le compte doit lui être signifié, à personne. — *Arg. de c-pr.* 534. — V. *aussi d. ord.*, *art.* 9; *Rodier*, *ibid.* — Mais doit-on aussi lui communiquer les pièces à *personne*, ainsi que le prétend Rodier !. Ni l'ordonnance, ni le code ne prescrivent une telle mesure, qui offrirait d'ailleurs trop d'inconvéniens. Nous pensons qu'il suffit alors de communiquer par la voie du greffe. — V. *ci-dev.*, §. *de la communication des pièces*, *p.* 216.

(16) Ils le peuvent pour empêcher que le compte ne soit rendu en fraude de leurs droits, en augmentant la recette, dans le cas où le rendant est leur débiteur; et la dépense, si c'est l'oyant (v. *p.* 290).

(17) Aux jour et heure qu'il indique. — V. *d. art.*

(18) Les *débats*, c'est-à-dire, les objections contre les articles du compte... Les *soutenemens*, ou les réponses à ces objections.

(448)

le commissaire tâche de les concilier. En cas de doute ou de difficulté dans cette discussion, on insère avec brièveté les débats et soutenemens au procès-verbal (19). — *V. ibid. ; et MM. Réal et Favard.*

Pendant cette même discussion, ou les parties s'accordent, ou elles ne s'accordent pas.

Si elles s'accordent, tout est terminé, sans qu'il soit besoin de jugement (20).

Si elles ne s'accordent pas, le commissaire ordonne et fait un rapport à une audience indiquée (21). — *V. C-pr.* 539. — Et il le fait lors même que l'oyant ne paraît pas à cette audience. — *V. C-pr.* 542 *in pr.*

II. *Partie absente.* Lorsqu'une des parties (22) ne se présente pas aux débats, l'affaire est portée à l'audience sur un simple acte. — *V. C-pr.* 538, *in f.*

---

(19) **C'est** sur-tout dans l'institution de cette conférence que le mode nouveau l'emporte sur la discussion par *écritures* et mémoires signifiés, établie par l'ord., *tit.* 29, *art.* 14, etc... V. *Jousse et Rodier, ib...* Le commissaire, en raison de son caractère et de juge délégué et de conciliateur, fera sans peine, abandonner les débats et soutenemens mal fondés (v. *M. Réal*), tandis qu'autrefois on n'en omettait aucun (quelque peu intéressant qu'en fût l'objet) dans ces mêmes écritures. On s'y croyait même obligé, en matière de tutelle, parce qu'on voulait empêcher que le mineur ne s'autorisât de quelque omission pour soutenir que le compte n'avait pas été suffisamment discuté, et qu'il avait ainsi le droit de faire casser la transaction par laquelle il avait pu le terminer (v. *notre cours de dr. civ., tit. de la tutelle, ch. des comptes*). On ne conçoit point comment les rédacteurs de l'ord. avaient pu consacrer en quelque sorte une telle méthode, et proscrire celle de la conférence devant le juge (*art.* 14 *et* 15) : aussi le parl. de Grenoble avait-il fortement réclamé contre ces articles (*Saint-André, art.* 23).

(20) Cela résulte indirectement du code (*arg. de* 539, *et obs. mss. du Tribunat, relut*) et directement des principes du droit. Si en effet les parties sont majeures, elles sont libres de transiger ; et s'il s'agit d'un compte de tutelle, elles le peuvent dix jours après qu'on a remis au mineur, devenu majeur, le compte et les pièces justificatives. — V. *C-N.* 2045, 472. — Or, il est difficile que ce délai ne se soit pas écoulé avant la clôture des débats. — V. *au reste, C-N.* 488, 819 ; *d. ord., art.* 22 ; *Jousse et Rodier, ib.*

(21) Par son ordonnance, et où les parties sont tenues de se trouver sans sommation. — *C-pr.* 539.

(22) L'art. 538 dit *si les parties :* mais cela doit s'entendre aussi du cas où une seule des parties ne se présente pas. Outre qu'il donne, sans distinction de l'une ou de l'autre des parties, la faculté de se pourvoir

§. 4.

§. 4. *Du jugement du compte.*

On *alloue* dans ce jugement les articles justifiés (23) ; on y insère le calcul des recettes et dépenses, et on y fixe le *reliquat* précis (24). — *V. C-pr.* 542, *in pr.*, 540 ; *d. ord.*, art. 20.

Ce jugement termine toute contestation. S'il y a des erreurs, omissions, faux ou doubles emplois, les parties peuvent seulement réclamer par une autre demande devant les mêmes juges (25). — *V. C-pr.* 541.

à l'audience, il faudrait que, dans le cas contraire , il eût exigé que l'on recommencerait la procédure (*id.*, *obs. mss. du Tribunat*)... La cour de Grenoble avait demandé qu'on s'expliquât sur ce point.

(23) L'art. 542 ne le décide que pour le cas où l'oyant fait défaut à l'audience, mais il est clair qu'il en doit être de même pour celui où il se présente... C'est d'ailleurs ce qui se pratiquait jadis. — V. *Rodier*, *art.* 20. — *Allouer*, c'est accorder , approuver un article d'un compte , le *passer*, soit en recette , soit en dépense.

(24) C'est-à-dire, ce qui reste entre les mains du comptable, la somme dont il est débiteur... D'où l'on peut conclure qu'il faut aussi y fixer son *avance*, c'est-à-dire , la somme dont il est créancier, et que Rodier , *sup.*, appelle mal-à-propos le *débet*.

Si l'oyant a fait défaut, le comptable consigne ou bien garde , sauf caution , et sans intérêts , le reliquat ; il est même dispensé de la caution s'il s'agit d'un compte de tutelle. — V. *c-pr.* 542. — La privation des intérêts est la peine de la contumace de l'oyant... La dispense de la caution est accordée au tuteur, parce qu'à raison de ce qu'il est ascendant, ou bien choisi par les proches du mineur , il mérite plus de confiance que tout autre comptable.

(25) C'est encore une innovation heureuse (v. *M. Favard*) ; car, quoique l'ordonnance , art. 21, proscrivît comme le code , art. 541, les révisions de compte , elle autorisait à appeler du jugement dans les cas d'erreurs, etc. — V. *aussi L.* 1 , c. *errore calculi* ; *ci-dev.* p. 372, *note* 30.

Observations. 1. M. Pigeau , *t.* 2 , *p.* 580 , dit que la demande relative aux erreurs, etc. , ne peut se former pour celles qu'on a relevées lors du compte, et sur lesquelles le jugement a statué , et qu'il faut alors se pourvoir par les voies de droit contre le jugement... M. Merlin *tient* au contraire en général (*rép.*, *mot jugement*, §. 3 , *n.* 5), que l'art. 541 est une exception à la règle qui défend au juge de se réformer.

2. Comptes des deniers publics... On y suit des règles particulières..., et les révisions y sont admises. — V. *à ce sujet*, *d. rép.*, *mot comptable* ; *LL.* 23 août 1793, 16 sept. 1807, *n.* 2792, *art* 14.

3. Privilèges sur les comptables... V. tit. de la distribut., note 34.

SECTION SECONDE.

De l'exécution forcée (1).

TITRE I.er

Règles générales sur l'exécution forcée (2).

LES jugemens et actes sont exécutoires dans toute l'étendue de l'Empire, sans permission particulière (3), pourvu qu'ils soient accompagnés ou suivis des formalités ci-après indiquées. — *V. C-pr.* 547 ; *L.* 25 *vent. xj*, *art.* 19, 25 ; *ci-d.* §. *des notaires*, *p.* 86.

I. Il faut qu'ils aient le même préambule que les lois et qu'ils soient terminés par un mandement de

---

(1) Quant à la nature générale et aux divers modes de cette exécution, *voyez ci-dev.*, introduction, n.º 2, p. 434, et les titres suivans, dont le premier a pour objet les règles communes à tous ces modes... Nous aurions pu diviser cette section en deux parties, l'une relative à l'exécution sur la personne, et l'autre à l'exécution sur les biens ; et subdiviser celle-ci en exécution sur les meubles et exécution sur les immeubles ; mais le nombre des titres qu'elle contient est trop peu considérable pour que ces subdivisions fussent de quelque utilité.

(2) Ce titre correspond au tit. 6 (liv. 5 du code), qui a été tiré presque en entier de l'ordonnance, tit. 27. — V. *M. Réal.* — Il contient les règles communes à toutes les espèces d'exécutions : les règles particulières seront exposées dans les titres suivans.

(3) Par eux-mêmes, sur la simple représentation des expéditions (v. *ci-apr.*, *note* 4, p. 451), sans qu'il faille obtenir des *visas* ou *paréatis*, même lorsque l'exécution se fait hors du ressort des fonctionnaires qui ont rendu les jugemens ou passé les actes. — V. *les autorités ci-dessus.* — C'est ce qu'on nomme une exécution *parée* (terme *écorché* du latin, dit Loiseau, *garantie des rentes*, *ch.* 12, où il explique l'origine de cette exécution, quant aux actes).

Observations. 1. Les *paréatis* étaient des lettres de la grande chancellerie ou de celles des parlemens ; les *visas* étaient des espèces de certificats (suivis de permissions) du juge des lieux d'exécution, sur l'authenticité d'un jugement d'un tribunal éloigné. Les uns ou les autres étaient jadis nécessaires pour exécuter une sentence ou arrêt hors du ressort des juges qui les avaient rendus. — V. *Ferrière*, *hh. vv.* ; *Despeisses*, *ordre judic.*, *tit.* 11, *sect.* 3, *n.* 8 ; *Rodier*, *d. tit.* 27, *art.* 6. — Cette jurisprudence vicieuse fut ensuite abrogée tacitement par les lois intermédiaires. — V. *arr. cass.* 8 août 1808.

2. A plus forte raison n'est-il plus permis, à moins que la loi ne l'au-

l'Empereur (4)... Il faut de plus, s'ils ont été rendus ou passés à l'étranger, et s'il n'y a point d'exception dans les lois politiques ou traités, il faut qu'ils soient déclarés exécutoires par des tribunaux français (5). — *V. C-pr.* 146, 545, 546; *C-N.* 2123, 2128; *S-C.* 28 *flor.* 12, *art.* 141; *M. Favard; d. §. des notair.*

torise, de surseoir par des arrêts de défenses, ou de toute autre manière, l'exécution des jugemens et actes. — *V. ci-dev.*, *tit. de l'appel, de la tierce opposition et de la requête civile, p.* 384, 401 *et* 415; *et pour une exception, ci-apr. note* 13, *n.* 3, *p.* 453.

3. A l'égard de la légalisation des actes, de l'ordonnance d'exécution des jugemens arbitraux, et de l'effet suspensif de l'appel, quant aux dépens, *voyez ci-dev.*, §. *ou tit. des notaires, p.* 87; *des arbitres, p.* 43; *de l'appel, note* 88, *n.* 4, *p.* 385.

4. En général, nul ne peut être contraint sur sa personne et sur ses biens qu'en vertu d'un titre que la justice a rendu exécutoire (ou que la loi déclare tel). — *V. M. Merlin, rec.*, 2.º *édit., mot amende,* §. 2 *in f.*

(4) Cette forme s'applique aux expéditions, car c'est sur les expéditions que les jugemens sont exécutés (*v. c-pr.* 146, 545, 844, 854; *Despeisses, n.* 19; *ci-apr. part.* 3, §. *de l'expédit. des actes, n.* 1 *et* 2, *et note* 10, *ib.*); et même à une ordonnance exécutoire d'un juge, *suiv. arr. Montpellier*, 19 *juin* 1807, *J-c-pr., i,* 148.

Observations. 1. Les jugemens ne peuvent pas, comme les *référés* (*v. en le tit.*, *p.* 343) être exécutés sur la *minute*. — V. *arr. de Paris et Montpellier*, 27 *juin et* 18 *déc.* 1810, *avoués, ij,* 144; *iv,* 24.

2. On était jadis dans l'usage de permettre l'exécution sur la *copie notifiée d'une expédition.* — *Arr. du parl. de Grenoble,* 29 *août* 1674 (*chambres consult.*), *Saint-André, tit.* 35.

3. Les actes *administratifs* sont exécutoires par eux-mêmes (*v. avis cons. d'état,* 24 *mars* 1812), quoiqu'ils n'aient pas la forme précédente. — *V. obs. d'Orléans, prat. fr., art.* 545; *ci-dev. p.* 93. — *V. toutefois arr. de Bruxelles,* 13 *fév.* 1811, *avoués, iv,* 40.

(5) La déclaration d'exécution n'est pas une pure formalité comme celle de la légalisation. Le français est admis en France, à débattre de nouveau l'action jugée à l'étranger, lors même que c'est lui qui l'avait commencée à l'étranger, ou qu'il y avait été condamné sur une demande reconventionnelle. — *Arg. de l'ord. de* 1629, *art.* 21; *v. Despeisses, sup., n.* 13; *arr. cass.* 18 *pluv. xij; M. Merlin, rec. alph., mot jugement,* §. 14; *rép., h. v.,* §. 6, 8 *et* 9, *et mot réunion; arr. cass.* 7 *janv.* 1806 *et* 29 *mars* 1809, *ibid.; avis cons. d'état,* 4 *juin* 1806.

Observations. 1. En conséquence de cette règle, lorsqu'on lui demande l'exécution d'un jugement étranger, le tribunal français prononce par *jugement nouveau,* parce qu'il n'y a encore rien de jugé aux yeux de la loi, et que la requête en permission d'exécuter équivaut à une action nouvelle. — V. *id., rép., d.* §. 8.

2. Mais cette règle ne s'applique qu'aux jugemens étrangers rendus entre un français et un étranger, et non pas, 1.º aux jugemens rendus entre deux étrangers. — V. *d. arr.* 7 *janv., ib.* — 2.º aux sentences arbitrales, *suiv. arr. de Paris,* 16 *déc.* 1809, *Nevers,* 1810, *sup.,* 35.

3. *Caution du jugé...* V. en le §., *p.* 210, *et note* 44, *p.* 211.

II. Les jugemens doivent être signifiés à l'avoué, sous peine de nullité (6), et en outre, lorsqu'ils portent des condamnations (7), à la partie, avec mention de la signification faite à l'avoué. Au défaut d'avoué, il suffit de signifier à la partie, en indiquant le décès ou la cessation de fonctions de l'avoué. — *V. C-pr.* 147, 148; *ci-dev. p.* 65, 2.º (8).

III. Il arrive quelquefois que la simple signification suffit pour rendre un jugement exécutoire contre des personnes qui n'y ont pas été parties (9); mais lorsque ces personnes n'ont pas intérêt à la cause (10), il faut produire de plus un certificat de la signification, et un autre de la non existence

---

(6) *Dr. anc.* Idem. — V. *d. ord.*, art. 2. — Cette signification est indispensable, parce que l'avoué peut savoir et reconnaître beaucoup mieux que sa partie, si le jugement est légal, si l'expédition est régulière, etc., et lui donner en conséquence avis des mesures qu'elle a le droit de prendre par rapport à l'exécution. — V. *Rodier, ibid.*

(7) Soit provisoires, soit définitives. — V. *c-pr.* 147; *et ci-dev., tit. des jugemens, p.* 227.
Il n'est pas besoin de signifier à la partie un jugement de pure instruction, dont l'exécution concerne son avoué.

(8) *Observations.* 1. *Délais.* — La plupart des délais, tels que ceux d'appel, requête civile, etc., courent de la signification à la partie. — V. *arr. cass.* 4 *flor. ix; part.* 1, §. *des délais, n.* 1, *p.* 136, *et des règles générales, n.* 7, *p.* 154; *etc.*
2. A l'égard de la suspension d'exécution pendant les délais d'opposition et de grace, et pendant l'appel, *voyez d.* §. *des délais, p.* 143; *ch. des jugem. de défaut, note* 19, *p.* 237; *tit. de l'opposition, n.* 4, *p.* 364, *et de l'appel, note* 81, *p.* 383.
3. Si le jugement ne porte point de délai, il est exécutoire aussitôt après la signification. Outre que cela résulte de l'exécution *parée* qu'on attribue au jugement (v. *ci-dev., note* 3, *p.* 450), la loi romaine qui accordait un délai de quatre mois aux condamnés en matière personnelle, n'a pas été reçue en France. — V. *L.* 2, *c. usur. rei jud.*; *Rebuff., præf. const. reg.*, §. 5, *n.* 90; *Despeisses, sect.* 2, *n.* 23.
4. *Signification.* Un commandement où l'on joint la copie du jugement en vertu duquel il se fait, équivaut à la signification de ce jugement. — V. *M. Merlin, rec. alph., mot signification; et ci-dev., note* 11, *n.* 1, *p.* 154.

(9) Telles que des garantis formels. — V. *ci-dev. leur* §., *p.* 215.

(10) Lorsque ce sont des *tiers*, comme des sequestres, conservateurs d'hypothèques, tiers saisis, et que le jugement ordonne quelque chose à faire par eux ou à leur charge. — V. *c-pr.* 548, 550.

d'appel ou d'opposition (11). — *V. C-pr.* 548, 550 ; *C-N.* 2157 ; *M. Réal ; arr. de Paris*, 14 mai 1808, *J-C-pr.*, t. 2, p. 296.

IV. On ne peut faire une saisie mobilière ou immobilière, qu'en vertu d'un titre exécutoire (12) et pour des choses liquides et certaines (13). — *V. C-pr.* 551, *in pr.* ; *C-N.* 2213, *in pr.*

Si la chose due et exigible n'est pas de l'argent monnayé, il faut après la saisie et avant de continuer

---

(11) Le premier est délivré par l'avoué, le deuxième par le greffier, d'après les registres d'opposition ou d'appel. — V. c-pr. 548, 549, 163, 164 ; *tarif* 90 ; ci-dev., tit. de l'opposit., note 10, p. 561. — Le premier contient la date de la signification faite au *domicile* de la partie condamnée. — *D. art.* 548.

Observations. 1. A quel domicile ! S'il s'agit d'un créancier inscrit, par exemple, est-ce à son domicile *réel*, ou au domicile *élu* dans son inscription, qu'il faut signifier le jugement qui en ordonne la radiation ! c'est au domicile réel. — V. *décis. des Minist. de la just. et des financ.*, 21 juin et 5 juill. 1808, *Sirey*, 1810, *sup.*, 499 : *ci-apr.*, tit. 7, note 14.

2. *Sur* ces certificats, les tiers sont tenus de satisfaire au jugement (v. *d. art.* 550), même sans attendre l'expiration des délais d'opposition et d'appel, *suiv. M. Pigeau*, t. 2, p. 400, *et M. Coffinière*, avoués, *iij*, 253.

(12) *Exception.* Pour une saisie-arrêt, il suffit d'un titre privé ou d'une permission. — V. c-pr. 557, *et ci-apr. tit.* 2, p. 457 *et note* 5, *ib*,

(13) *Observations.* 1. La dette est *certaine* lorsqu'elle n'est subordonnée à aucune condition suspensive ou qu'elle ne dépend que d'une condition résolutoire. — V. *C-N.* 1181, 1183, 2213 ; *Jousse, tit.* 33, *art.* 2 ; *et surtout M. Tarrible, nouv. rép., mot expropriation.*

2. La dette est *liquide* lorsque la *somme* à payer est déterminée par le titre, *dit M. Tarrible, ibid.* — Il entend sans doute par *somme*, nonseulement un certain nombre d'espèces monnayées, mais encore une certaine quantité d'autres *espèces* qu'on détermine au poids, à la mesure, etc., telles que des grains, etc., autrement il faudrait admettre une contradiction entre les deux dispositions de l'art. 551. La première en effet, ne permet de saisir que pour choses liquides, et la seconde le permet pour dettes qui ne consistent pas en argent, sauf à les apprécier après la saisie. Donc la première a dû comprendre dans les choses liquides les *espèces* dont on vient de parler... D'ailleurs, 1. l'ordonn. de 1667, qui sert naturellement d'interprétation au code, ajoute (*tit.* 33, *art.* 2) au mot *liquides*, ceux-ci, *en deniers ou en espèces*; 2. l'ord. de 1539 (*art.* 76), où la précédente a puisé cette règle, permettait de saisir, sans appréciation « de moissons, de grains, *ou autres espèces* dues »... — V. *aussi Bornier et Rodier*, art. 2 ; *Lamoignon, pr.-verb., tit.* 19, *art.* 2 ; *cout. de Paris*, art. 166.

3. Si la dette n'est pas *liquide* l'acte n'est pas exécutoire, et on peut en conséquence surseoir à l'exécution, même en référé. — V. *arr. d'Agen et Cass.*, 16 janv. et 27 déc. 1810, avoués, *ij*, 41, *J-C-N. xv*, 433.

les poursuites, la faire apprécier (14). — *V. C-pr.*
551 *in f. ; C-N.* 2213 ; *M. Favard ; et M. Tarrible,*
au nouv. rép., mot expropriation (15).

Observez, 1. qu'un titre exécutoire contre une personne l'est aussi contre son héritier, mais qu'il faut,
pour en poursuivre l'exécution contre l'héritier, le lui
avoir signifié huit jours auparavant (15a). — *V. C-N.*
877. — *V. aussi d. ord., art.* 15 ; *Rodier, art.* 17 ;
ci-apr., tit. de la contrainte, note 4.

2. Que le cessionnaire d'un semblable titre est
aussi tenu à la notification préalable de son transport (16). — *V. C-N.* 2214, 1690.

3. Que celui qui a obtenu un jugement contre une
commune, est obligé, pour l'exécution, de s'adresser
à l'autorité administrative. — *V. ci-apr., tit. de l'autorisation,* §. 2 *et note* 17, *ibid.*

V. Tout acte d'exécution (17) doit être précédé d'un

---

(14) *Exceptions.* Il faut faire cette appréciation *avant* la saisie-arrêt et
la contrainte par corps. — V. *c-pr.* 559, 552, *et les tit. de la saisie-arrêt,*
§. 1, *p.* 460 ; *et de la contrainte, in pr.*

(15) Ainsi, lorsque le titre ne contient que des espèces non appréciées,
telles que des grains en certaine quantité (v. *note* 13), la saisie immobilière sera valable, mais l'adjudication (définitive) de l'immeuble saisi
n'est permise qu'après l'appréciation. — V. *M. Tarrible, ibid. ; v. aussi*
d. ord., tit. 33, *art.* 2 ; *Rodier, ibid. ; ci-dev., tit. des liquidat.,* §. 2,
p. 442 ; *et ci-apr., tit. de cette saisie, note* 13.
Il en est autrement quant à l'adjudication préparatoire : on n'y peut
surseoir sous ce prétexte, *suiv. arr. de Colmar,* 14 *juin* 1811, *avoués,*
iv, 246.

(15a) Sinon les actes d'exécution, tels que le commandement et la procédure de saisie immobilière, sont nuls, *suiv. un arr. de Bruxelles,* 10
mai 1810, *avoués, ij,* 384, *et Nevers,* 1811, *sup.,* 8.

(16) Et à plus forte raison du titre originaire... Ce titre, le transport
et la notification doivent être faits par actes authentiques. — V. *M. Tarrible, id., mot saisie immobilière,* §. 5 ; *arr. de Bruxelles,* 15 *nov.* 1809,
Sirey, 1810, *sup., p.* 283 ; *ci-apr., titre de cette saisie, note* 16. — Tant
qu'il n'y a pas notification, le créancier primitif n'est pas dessaisi, et il
continue d'avoir le droit d'*exécuter* le débiteur. — V. *arr. Besançon,* 17
déc. 1808, *J-c-pr., t.* 3, *p.* 322.
Au reste, pour la saisie immobilière, il faut observer encore certains
préalables. — V. *en le titre.*

(17) Du moins les actes de saisie et contrainte.

(455)

commandement ou avertissement de payer (18), fait au débiteur quelque tems à l'avance (19). — *V. C-pr.* 583, 626, 636, 673, 674, 780, 819 ; *ci-dev., sect. des procéd. spécial.,* §. 2, *p.* 352 ; *et ci-apr. les tit. des saisies.*

Il doit aussi être accompagné d'une élection de domicile dans le lieu de l'exécution (20). — *V. C-pr.* 559, 584, 634, 821, 825, 830, *et les mêmes titres.*

Enfin, il faut annoncer par des affiches, et souvent dans des journaux, la vente des biens, dont il est suivi (21). — *V. C-pr.* 617, 629, 645, 646, 683, 684, *et les dd. titres.*

---

(18) Excepté dans les saisies-arrêts, foraine et revendication, et quelquefois dans la saisie-gagerie ; mais alors (sauf pour la saisie-arrêt) il faut avoir la permission du juge. — *V. c-pr.* 557, 819, 822, 826 ; *et les tit. de ces saisies.*

(19) Un jour avant les saisies mobilières et la contrainte ; trente jours avant la saisie immobilière. — V. *dd. autorit.*

(20) Lorsque le créancier n'y demeure pas. — V. *dd. art.*
Observations. 1. Cette mesure est prescrite afin que le débiteur ou condamné puisse notifier rapidement des actes propres à prévenir l'exécution, ou au moins à en empêcher la consommation.
2. Dans les saisies de rentes et immobilières, l'élection se fait au lieu des ventes, et dans la contrainte par corps, au lieu de la détention. — V. *en les tit. et c-pr.* 637, 673 *et suiv.*, 783. — Mais on peut dire qu'à la rigueur ce sont des lieux d'exécution...
3. *Dr. anc.* Cette élection était aussi exigée dans toutes les saisies ; mais dans l'usage on en restreignait la durée à 24 heures, parce qu'on avait éprouvé qu'il était fort difficile de trouver dans les villages, des personnes auxquelles les saisissans pussent confier leurs intérêts... Passé ce tems, l'élection était faite chez le procureur du saisissant. — V. *Rodier, tit.* 33, *art.* 1 ; *observat. de la cour de Metz, prat. franç., art.* 584. — Cet usage parait avoir été fondé sur le même article 1.er, parce qu'il donne le choix d'élire le domicile dans le village, *ou* la ville la plus proche. On ne peut disconvenir que la règle du code ne soit moins avantageuse.

(21) Cela se pratique aussi pour des procédures qui peuvent intéresser des tiers ou des mineurs, telles que les séparations, les ventes judiciaires, etc. — V. *en les tit.* — V. *aussi c-com.* 512.
Observations. 1. Lorsque la loi ordonne que l'apposition de ces affiches, soit constatée par écrit, on ne peut la prouver par témoins. — V. *arr. cass.* 10 *déc.* 1810, *Nevers,* 1811, *p.* 46.
2. Les quittances des prix des ventes mobilières peuvent être mises à la suite des procès-verbaux de ces ventes, mais il faut alors les rédiger en forme authentique. — V. *à ce sujet avis du cons. d'état,* 21 *oct.* 1809, *n.* 4775.

VI. L'exécution peut se faire pendant trente années. — *V. L. 6, §. 3, ff. de re judicatâ; Despeisses, sup., sect. 3, n. 9; Faber, C., lib. 7, tit. 13, def. 12; arr., ibid.; rép., mot exécution, in f.* (22).

VII. Il faut, autant qu'il est possible, y procéder avec douceur et avec les ménagemens que prescrivent l'humanité et la décence (23).

---

(22) *V.* aussi tit. des jugem. et de l'appel. not. 42 et 41, p. 234 et 375. *Dr. anc.* D'après les autorités citées par Despeisses, *sup.*, l'exécution était surannée au bout d'un an. Lorsqu'il y avait *surannation*, il fallait obtenir des lettres de chancellerie, ou la permission des juges pour pouvoir exécuter. — *V.* aussi *Ferrière, h. v.; Loiseau, offices, liv. 2, ch. 4, n. 45 et suiv.; Bézieux, liv. 3, ch. 12, §. 3.* — Mais cet usage absurde (v. *Loiseau, ib.*) est abrogé tacitement par la loi du 30 *vent. xij, art. 7*, et par *C-N. 2262.* — *V. M. Merlin, d. mot exécution.*

(23) Cette règle, fondée sur la maxime *odia sunt restringenda* (v. notre cours sur les prélimin. du droit, ch. 3, n.° 1), est adoptée par presque tous les auteurs de procédure, consacrée par plusieurs arrêts, et enfin conforme à l'esprit de notre législation constitutionnelle et pénale. — **V.** *const. an 3 et 8, art. 232 et 82; c-pén. 186; c-crim. 410; arr. cass. crim. 20 vend. xij; notre cours de droit crim.; Jousse, Rodier et Bornier, tit. 33, art. 16 et 19; Papon, liv. 18, tit. 5, art. 27; Automne sur Imbert, liv. 1, ch. 4, n. 6; les arr. qu'ils citent; L. 33 in pr., ff. de usuris, etc.*

Observations. 1. Les commandemens et saisies ont l'effet d'interrompre la prescription. — **V.** *C-N.* 2244; *ci-apr. tit. 7, note 19.* — Autre effet, v. *ci-apr., tit. de l'ordre, note 37, n. 4.*

2. Les saisies sont le principe d'une nouvelle procédure. — **V.** *part. 1, ch. des lois, p. 123; ci-apr., tit. 2, note 17, p. 460.*

3. Les officiers d'exécution doivent être respectés. — **V.** *c-pr.* 555, 600, 785; *part. 1 . §. des huissiers, p. 75.*

4. *Cumulation d'exécution... V.* ci-dev. p. 434, note 4a.

5. *Cas sur cas,* c.-à-d., saisie sur saisie, ne vaut. — **V.** *Imbert, liv. 1, ch. 16, n. 12; ci-apr. tit. de la saisie immob., note 33, et de la saisie-exécution, p. 476 et note 48, ib.*

6. A l'égard, 1.° des tribunaux qui peuvent déclarer les jugemens exécutoires par provision, v. *d. part. 1, p. 50, 54 et 58; tit. de l'appel, ch. 5, n. 2, et note 88, p. 384.* — 2.° De ceux qui connaissent de l'exécution des jugemens, v. *d. part. 1, p. 116, n. 8; tit. des référés, p. 342; de l'appel, note 119, p. 393.* — 3.° Des pouvoirs ou mandats dont ont besoin les officiers qui en sont chargés, v. *c-pr.* 556; *d. §. des huissiers, p. 74.*

TITRE II.

De la saisie-arrêt ou opposition (1).

LA saisie-arrêt ou saisie-opposition (2) est un acte par lequel un créancier (*le saisissant*) oblige un étranger (*le tiers-saisi*) de conserver les sommes ou meubles du débiteur (*le saisi*) qui se trouvent entre ses mains, jusques à ce que le juge en ait déterminé la destination.

Quelles choses peut-on saisir (3) et suivant quelles formes ? Que doivent faire ensuite le saisissant et le tiers-saisi ? Quels sont les résultats de la saisie ?... Ces questions sont l'objet du présent titre.

Remarquons auparavant, 1. que pour pouvoir saisir, il faut avoir un titre, soit authentique, soit privé (4); ou bien obtenir la permission du juge, soit du débiteur, soit du tiers-saisi. — *V. C-pr.* 557, 558 (5).

---

(1) Ce titre correspond au tit. 7, liv. 5 du code.
Histoire. Le même tit. 7 forme à-peu-près un droit nouveau sur cette institution importante, car l'ordonnance n'en parle point, et la jurisprudence et les usages offraient des variations, de l'incertitude, et sur-tout bien des abus (on en indiquera quelques-uns). — *V. M. Réal, et ci-apr.,* notes 5, 17, 21, 23 *et* 29. — Elle était connue à Toulouse sous le nom de *banniment* ; à Grenoble sous celui d'*arrestation* ; en Flandre, sous celui de *clain* ; etc... Quant à ses *règles*, v. Rodier, instruction placée avant le tit. 33. — V. aussi *Gui-Pape, qu.* 568.

(2) Ces deux termes sont synonimes... Le droit de former une *opposition* (par ex., sur un cautionnement) comprend celui de faire une saisie-arrêt. — *V. arr. cass.* 11 *juin* 1811. — Le nom de *saisie-arrêt* vient de ce qu'on fait *arrêter* ou rester chez le tiers-saisi les meubles ou deniers du débiteur.

(3) C.-à-d. *saisir-arrêter...* Pour abréger on omettra le dernier mot.

(4) *V.* tit. 1, note 12, p. 453... Néanmoins une demande judiciaire, sur-tout *contestée*, n'est pas un titre suffisant pour la saisie... V. *arr. de Paris,* 9 *mai* 1812, *avoués, v,* 38.

(5) Cette permission, qu'on demande par requête, ne doit être accordée qu'à ceux qui ont un droit certain et évident (v. *dd. art.; tarif* 77 ; *MM. Réal et Favard*)..., et l'huissier est tenu de justifier de leur existence. — V. *part.* 1, §. *des huissiers, p.* 75; *et c-pr.* 562... — Par ces

2. Qu'on peut saisir entre les mains de quelque personne que ce soit. — *Arg. de C-pr.* 557 *et* 561 (6).

§. 1. *Des choses saisissables et du mode de la saisie.*

I. *Choses.* — On a le droit de saisir toutes espèces de choses, excepté les suivantes. — *Arg. de C-pr.* 580-581.

1. Les choses déclarées insaisissables par la loi (7). — *C-pr.* 581, ɴ. 1.

2. Les pensions et les traitemens publics, si ce n'est pour la portion déterminée par les lois et décrets. — *C-pr.* 580 (8).

---

moyens on prévient les saisies sans cause, ou frauduleuses, ou de créanciers supposés, qui étaient jadis si fréquentes. — V. *M. Réal.*

Saisies, 1.º sur les communes, *voyez* tit. 1, n. 3, p. 454. — 2.º Pour contributions directes, *voyez* ci-apr., note 32, n. 3, p. 465.

(6) *Exceptions de droit ou de forme.* 1. On ne peut, pour une créance sur l'état, saisir entre les mains d'un de ses receveurs ou débiteurs. — *Arg. de L.* 22 *août* 1791, *tit.* 12, *art.* 9; *arr. cass.* 16 *therm.* x; *M. Merlin, rec. alph., mot nation,* §. 4; *rép., mot saisie-arrêt.* §. 4.

2. Si le tiers-saisi demeure hors du continent français, on exige, par exception aux règles des ajournemens, que l'acte soit fait à personne ou domicile. — V. *c-pr.* 560, 639; *ci-dev., tit. de l'assignat., art.* 3, *p.* 190. — Ce dernier mode est préférable (Rodier, *tit.* 2, *art.* 7, en convient). D'après le premier, qui était jadis usité (v. *ibid.*), il était fort possible que le tiers-saisi payât au débiteur, après la saisie et avant d'en avoir connaissance.

3. Si c'est un caissier public, il faut suivre les formes spéciales tracées par le *c-pr.* 561 et 569, et développées dans les décrets *des* 13 *pluv. et* 28 *flor. xiij et* 18 *août* 1807. — *V.* ci-apr. notes 13, 21, 24, 28.

4. Saisie sur soi-même... V. *ci-apr., note* 32, *n.* 2, *p.* 465.

(7) Par exemple, les lits et habillemens, et les traitemens des ecclésiastiques. — V. *c-pr.* 592; *arrêté* 18 *niv. xj, et sur-tout le tit. suivant.*

(8) V. aussi LL. 19 pluv. iij et 21 vent. ix.

On ne peut saisir que le cinquième des traitemens des fonctionnaires et employés civils, inférieurs à 1000 fr. — A l'égard des traitemens supérieurs, v. *d. L.* 21 *vent.*; *rép., mot appointemens.*

Observations. 1. Quant aux traitemens des militaires, le cinquième en est aussi réservé à leurs créanciers. — V. *d. L.* 19 *pluv.*

2. Les pensions dues par l'état sont en général insaisissables, parce que depuis qu'on l'a décidé par la déclaration du 7 janvier 1779, il n'y a eu aucune loi qui ait autorisé à en saisir une quotité. — V. *M. Merlin, id., mot pensions.* — V. *aussi arrêté* 7 *therm.* x; *avis cons. d'état,* 2 *fév.* 1808, *n.* 3069.

3. Néanmoins on peut retenir pour alimens de leur famille, jusques

3. Les provisions alimentaires adjugées par justice. — *C. pr.* 581 , ɴ. 2 (9).

4 *et* 5. Les dons ou legs de choses disponibles, déclarées insaisissables ou d'alimens , même non déclarés insaisissables. — *V. id.*, ɴ. 3 (10).

II. *Mode.* — La saisie, on l'a dit, est faite en vertu d'un titre, ou d'une permission (11).

Dans le premier cas, elle contient l'énonciation

---

au tiers des pensions des militaires. — V. *au surplus*, *avis cons. d'état*, 11 *janv.* 1808 , *n.* 2937.

4. Les revenus des majorats ne sont saisissables que pour certaines portions et dans de certaines circonstances. — V. *décr.* 1.ᵉʳ *mars* 1808 , *art.* 51 *et* 52, *n.* 3207.

5. Quant aux saisies des cautionnemens et intérêts de cautionnemens des fonctionnaires, *voyez* avis cons. d'état, 12 août 1807 , n. 2661.

(9) **A moins qu'on ne les saisisse pour cause d'alimens.** — V. *c-pr.* 582 , *in pr.* — C'est que les fournitures d'alimens méritent la même faveur et sont représentatives des provisions.

Dr. anc. — On rapporte plusieurs arrêts qui ont déclaré saisissables les gages des domestiques. — V. *Denisart*, *mot saisie-arrêt*, n. 28-30.

Lange , *liv.* 4, *ch.* 38 , pense qu'on peut saisir entre les mains d'un dépositaire les titres et papiers du déposant.

(10) **A moins que la créance pour laquelle on fait la poursuite ne soit** postérieure à l'acte de donation ou à l'ouverture du legs ; et il faut alors que le juge autorise (sur requête) la saisie et en détermine l'étendue. — *c-pr.* 582, *in f.*; *C-N.* 1981 ; *tarif* 77 ; *M. Favard.*

Observations. 1. Les créanciers antérieurs ne peuvent saisir ces dons , parce qu'ils n'avaient pu compter qu'ils leur serviraient de gage , et que le donateur est libre de mettre des conditions à ses libéralités... Mais ils ont le droit de saisir les dons de choses indisponibles , ou faits à titre onéreux. — V. *M. Favard.*

2. Le même auteur ajoute que les dons indiqués aux n.ᵒˢ 4 et 5 sont saisissables pour alimens. Le code ne le décide pas d'une manière positive, mais cela est conforme aux principes du droit et de l'équité.

3. La cour de Turin a jugé que le mot *alimens*, du ɴ. 3 ci-dessus, n'est point sacramentel; que s'il résulte de la disposition, qu'on a voulu faire le don pour alimens, cela suffit pour qu'il soit insaisissable. — V. *arr.* 3 *déc.* 1808 , *J-c-pr. iij*, 424.

4. *Lettres de change et billets à ordre.* On ne peut en saisir la valeur entre les mains du débiteur, qu'en cas de perte de ces effets, ou de faillite du porteur. — V. *c-com.* 144, 145, 149 , 187; *arr. du parl. de Grenoble* , 9 *mai* 1781 , *aux affich. du Dauphiné* ; *arr. de Bruxelles*, 10 *mai* 1808 , *J-c-pr. ij*, 208.

5. *Les intérêts dans une société* sont susceptibles de saisie. — V. *arr. de Paris* , 2 *mai* 1811 , *avoués, iij*, 335.

(11) V. *ci-dev.*, *p.* 457. — Sans commandement préalable. — V. *tit.* 1, *note* 18, *p.* 455; *arr. Montpellier*, 5 août 1807, *J-c-pr.*, *i*, 143.

du titre et de la somme (12) pour laquelle on la fait (13) ; dans le second, la copie de l'ordonnance (14), où doit être également l'énonciation de la somme , ainsi qu'une évaluation provisoire de la créance si elle n'est pas liquide. Dans l'un et l'autre cas le saisissant élit domicile au lieu qu'habite le tiers-saisi (15)... Toutes ces formes sont prescrites sous peine de nullité. — *V. C-pr.* 559 ; *tarif* 29.

§. 2. *Marche tracée aux saisissant et tiers-saisi.*

I. *Saisissant.* — Il doit ; 1 et 2, dans le délai ci-après indiqué, dénoncer la saisie au débiteur saisi, et l'assigner (16*) en validité de cet acte. — *V. C-pr.* 563 *in f.*, 565 *in pr.* ; *tarif* 29 (17).

———————————————

(12 et 13) *Observations.* 1. Indépendamment des formes communes à tous les exploits (*ci-dev.*, p. 76). — *Arg. du d. décr.* 18 *août*, *art.* 1.

2. *Dr. anc.* On y suivait les formes des saisies exécutions, sauf celle de l'assistance des témoins — *V. Rodier, sup.*

3. *Saisie sur un caissier.* Il faut de plus (à peine de nullité) la lui faire viser , et donner la copie ou l'extrait en forme du titre. — *D. décr.* 18 *août. art.* 2 et 5 ; *c-pr.* 561. — *Les saisies sur les receveurs d'enregistrement doivent encore être notifiées à leurs directeurs , et à Paris, au secrétaire de la régie.* — *V. décr.* 13 *pluv.* et 28 *flor. xiij.*

(14) Obtenue sur requête. — *V. ci-dev. note* 5 , *p.* 457.

(15) *V.* tit. 1 , n. 4 et 5, p. 453 et suiv., et les notes, *ibid.*

(16*) Sous peine de nullité de la saisie. — *V. c-pr.* 565 , *in pr.* — Il n'y a point de conciliation. — *V. c-pr.* 566 ; *M. Pigeau, ij,* 56.

(17) Devant le tribunal du saisi... Même règle , si ce dernier forme une demande en *main-levée* (v. *c-pr.* 567 ; *ci-dev. p.* 119, *n.* 18 ; *arr. de Paris,* 30 *mars* 1810 , *avoués, i,* 181) ; c'est-à-dire une demande tendant à faire considérer la saisie comme non avenue, et par conséquent à lui rendre le droit d'exiger sa propre créance, du tiers-saisi. Cette demande peut être fondée sur la nullité de la saisie , le défaut de droit du saisissant, etc.. Elle n'est pas susceptible d'être décidée (même par provision) en référé. — *V. d. arr.; autre de id.,* 3 oct. 1810 , *ibid., iij,* 149 ; *et de Turin,* 15 *juill.* 1809 , *Sirey,* 1810 , *sup.,* 279. — Ni sommairement. — *V. ci-dev. p.* 339, *note* 7, *in f.*

Dr. anc. — Si la saisie était faite en vertu d'un jugement, on assignait devant le tribunal qui l'avait rendu, sinon devant celui qui avait autorisé la saisie..., et dans quelques provinces c'était toujours devant celui-ci, de sorte que la saisie y était attributive de jurisdiction. — *V. Rodier, sup.; M. Merlin, nouv. répert., mot clain,* §. 2. — Cette prérogative,

3. Dans le même délai, dénoncer la demande en validité au tiers-saisi... Jusques-là, celui-ci n'est tenu à aucune déclaration (18), et il peut payer au débiteur. — *V. C-pr.* 564 *in f.*, 565 *in f.; tar.* 29 (19).

Le délai précédent est de huitaine (20) : il court pour les deux premières formalités, à dater de la saisie, et pour la troisième, à dater de la demande en validité. — *V. C-pr.* 563, 564 *in pr.*

4. Le saisissant assigne le tiers-saisi (21) en déclaration de sa dette. — *V. C-pr.* 568; *tarif* 29.

---

donnée à la saisie, est abrogée, comme on vient de le dire, savoir : dans le cas de l'action en validité (la saisie fut-elle faite en vertu d'un jugement d'un tribunal étranger au débiteur), parce qu'on a considéré la saisie comme une *instance nouvelle* (v. *d. part.* 1, *ch. des lois*, p. 123) : et dans le cas de l'action en main-levée, parce qu'on a pensé que le véritable demandeur était toujours le saisissant. — V. *M. Réal*, et *M. Merlin, ibid.; et d, p.* 123.

(18) Nouveau moyen de prévenir des fraudes. — V. *M. Réal.*

(19) Il ne suit point de là que le tiers-saisi puisse payer valablement pendant le délai accordé pour la dénonciation. En effet, la loi, après avoir indiqué ce délai, ajoute aussitôt, *art.* 565, que *faute de dénonciation* les paiemens seront valables, d'où il est permis d'induire par argument *à contrario sensu*, que lorsqu'il y a dénonciation, du moins pendant le délai, les paiemens antérieurs sont illégitimes. Au surplus, et cela doit trancher toute difficulté, en admettant un système opposé, la saisie serait presque toujours illusoire. — V. *encore sur ce point, ci-apr.*, §. 3 *et note* 31, *p.* 464.

Mais si ce délai s'est écoulé sans dénonciation, les paiemens faits, même depuis la saisie, sont valables. — *Arg. de c-pr.* 565. — V. *M. Pigeau, ij,* 58, *et prat. franç., d. art.*

(20) Outre un jour pour 3 myriamètres de distance entre les domiciles du tiers-saisi et du saisissant, et un jour pour semblable distance entre ceux du saisissant et du saisi. — V. *c-pr.* 563, *conféré avec* 641; *part.* 1, §. *des délais, n.* 4, *p.* 141.

Mais il faut observer que le délai ci-dessus (de huitaine) n'est pas franc. — V. *arr. de Turin, au d.* §., *p.* 139, *note* 10, *n.* 1.

(21) Devant le tribunal de la saisie (et sans conciliation), sauf au tiers à demander le renvoi à son tribunal, si sa déclaration est contestée. — V. *c-pr.* 570; *d. part.* 1, *sect.* 2, *ch.* 3, *n.* 18, *p.* 119; *Denisart, sup., n.* 21; *Jousse, tit.* 33, *art.* 2... *Mais v. aussi ci-après, note* 23, *n.* 2. — C'est que dans la première hypothèse il n'est qu'un simple assistant dans la cause, tandis que dans la seconde il devient partie... Au reste, il forme sa demande par une requête, à laquelle on peut répondre. — V. *tarif* 73.

Mais le saisissant ne peut assigner en déclaration « s'il n'y a titre au- » thentique *ou* jugement » qui valide la saisie. — V. *c-pr.* 568. — C'est

II. *Tiers-saisi.* Il doit, 1. faire et affirmer en personne (22) sa déclaration. Il y énonce les causes et le montant de la dette; les paiemens à compte; l'acte ou les causes de la libération; toutes les saisies-arrêts formées entre ses mains. — *V. C-pr.* 571, *in pr.*, 573; *M. Réal* (23).

2. Joindre à la déclaration un état des effets mobiliers saisis et les pièces justificatives de la déclaration. — *V. C-pr.* 573, 574 *in pr.; tarif* 92.

---

encore un moyen de prévenir des fraudes. — V. *M. Réal.*

Observations. 1. La conjonction alternative *ou* de l'art. 568, annonce évidemment que lorsque la saisie est faite en vertu d'un titre authentique, on peut assigner en déclaration, quoiqu'on n'ait pas encore obtenu un jugement de validité (ce qui n'empêche pas qu'on n'ait également dû assigner le débiteur en validité. — v. *ci-dev.*, *note* 16). On pourrait, en vertu d'un semblable titre et sans jugement, faire vendre des meubles par la voie de la saisie-exécution; à plus forte raison n'est-il point nécessaire d'obtenir un jugement pour citer en déclaration un tiers-saisi. Mais il n'en est pas de même lorsque la saisie-arrêt est faite en vertu d'un titre privé ou d'une simple permission; il faut un jugement pour constater que le saisissant a des droits légitimes.

2. *Tiers-saisis, caissiers publics.* On ne les assigne point en déclaration, il suffit de leur demander (cela se fait par avoué) un certificat qui en tient lieu. — V. *c-pr.* 569; *tar.* 91; *et d. décr.* 18 *août*, art. 6 et 7.

(22) Ou par procureur spécial... Au greffe (et par avoué), s'il est sur les lieux; sinon devant son juge de paix, sans avoir besoin alors de la réitérer au greffe. — V. 571, *in f.*, 572; *tarif*, 70, 92.

Un commentateur demande si l'affirmation ne doit pas être accompagnée d'un *serment*... Il est clair que *non*, puisqu'elle peut être faite par procureur, et qu'il faut toujours prêter le serment en personne. — V. *c-pr.* 121, *et ci-dev.*, *tit. du serment*, *p.* 439.

(23) D'après ces mots *les saisies*, de *c-pr.* 573, il semble qu'il faille réitérer la déclaration à chaque saisie; mais ce serait un acte inutile; il suffit de notifier aux nouveaux saisissans, le dépôt au greffe (*ci-apr. p.* 463, *n.* 3); la loi par ces mots, n'a voulu sans doute parler que du cas où il n'y a point encore eu de déclaration sur les saisies antérieures. — V. *M. Pigeau, ij*, 70.

Au reste jadis, afin de retarder le paiement, il ne dénonçait les saisies que les unes après les autres. — V. *M. Réal.*

Observations. 1. Il résulte indirectement des textes ci-dessus, que le tiers-saisi est tenu à une déclaration, lors même qu'il se croit libéré. Or, on conçoit qu'il peut l'être légitimement sans avoir de quittance définitive. Tel est le cas où étant devenu créancier du débiteur saisi, il s'est opéré une compensation de leurs dettes respectives, compensation qui rend inutile la saisie-arrêt postérieure à l'époque où elle s'est opérée. — V. *arr. cass.* 14 *août* 1809, *J-C-N. xiij*, 309, *et Nevers*, 1809, 343. — V. *aussi ci-apr.*, *notes* 31 *et* 32, *p.* 464 *et* 465.

2. La déclaration où le tiers se borne à affirmer qu'il n'est point débi-

3. Déposer tout cela au greffe et notifier le dépôt, avec constitution d'avoué. — *V. C-pr.* 574 *inf.; tarif* 70.

4. Dénoncer les saisies subséquentes à l'avoué du premier saisissant. — *V. C-pr.* 575 (24).

Si le tiers-saisi ne fait pas la déclaration, ou les justifications précédentes (25), il est déclaré débiteur pur et simple des *causes* (26) de la saisie. — *V. C-pr.* 577, *conféré avec* 573 *in f.*

Si sa déclaration n'est pas contestée (27), il n'est fait aucune autre procédure, ni de sa part, ni contre lui. — *C-pr.* 576.

---

teur, n'est pas suffisante, et il ne peut alors demander son renvoi devant son juge (*ci-dev.*, *note* 21), sauf à lui à compléter la déclaration en appel, *suiv. Paris*, 12 *mars* 1811, *avoués*, *iij*, 330... Mais v. *note* 25.

(24) Par un acte où est un extrait contenant les noms et domiciles des saisissans, et les causes des saisies. — *D. art.; tarif* 70.

· Les *caissiers* fournissent les extraits précédens lorsqu'on les leur demande. — V. *d. décr.* 18 *août*, *art.* 8.

M. Pigeau, *t.* 2, *p.* 67, pense, avec raison, que le tiers doit aussi notifier les transports de sa dette, qui lui ont été communiqués. — V. *ci-dev.*, *tit.* 1, *et note* 16, *ib.*, *p.* 454.

(25) L'art. 577 dit les *justifications ordonnées ci-dessus*, d'où il semble résulter que le défaut de dénonciation expose le tiers à la même peine , parce que la dénonciation est indiquée dans un article précédent (573), et qu'elle est d'ailleurs aussi utile que les autres formalités.

Il n'est pas à tems de faire ces justifications en appel, *suiv. arr. de Paris*, 16 *mai* 1810, *avoués*, *ij*, 27... Mais v. *ci-dev. note* 23.

(26) C'est-à-dire de toutes les sommes pour lesquelles on a fait la saisie. — V. *aussi d. arr.* 16 *mai*.

(27) On a le droit de la contester si elle n'est pas exacte, ou suffisamment justifiée , et de le forcer par conséquent à représenter les sommes ou effets dont il a prétendu mal-à-propos n'être pas détenteur ; c'est ce qui résulte évidemment des décisions précédentes.

Observations. 1. *Dr. anc.* Si le tiers n'établissait que par des quittances privées les paiemens qu'il prétendait avoir faits au débiteur , et si au moment de la saisie il n'avait pas protesté de ces paiemens, on considérait à Toulouse et à Aix, ces quittances comme suspectes d'antidate. — V. *Rodier*, *sup.*; *observ. d'Aix*, *prat. fr.* , *art.* 572.

2. On prenait à Aix et à Grenoble une précaution qui prévenait souvent de semblables difficultés, et qu'on aurait peut-être dû consacrer dans le code, ainsi que l'avaient demandé les cours d'appel de ces villes. Au moment de l'arrestation, l'huissier interpellait le tiers de déclarer ces paiemens et d'en représenter les quittances , et dans ce cas il les paraphait. On sent qu'aujourd'hui il n'est pas difficile au tiers de s'accorder avec le saisi pendant le délai indiqué précédemment, pour supposer des paiemens et diminuer ou même anéantir le gage du saisissant. Au reste ,

§. 3. *Des résultats de la saisie.*

1. Sɪ la saisie est déclarée valable, on ordonne que le tiers-saisi remette au saisissant les deniers arrêtés (28), ou que les effets soient vendus pour le faire payer sur le prix. S'il y a plusieurs créanciers, et si ces deniers ou le prix de ces effets ne suffisent pas à leur paiement, on en fait entr'eux la distribution, au marc le franc (29). — *V. C-pr.* 579; *d. décr.* 18 *août, art.* 9; *et ci-apr. tit.* 6, *p.* 490 (30).

2. La saisie, même avant le jugement de validité a encore un effet remarquable, celui de conserver les droits du saisissant. En conséquence, non-seulement le tiers-saisi ne peut, ainsi qu'on l'a vu, se libérer à son préjudice (31); mais il n'a pas le droit de

---

par là même que la fraude n'est pas difficile, on devra la présumer plus aisément que dans le système proposé; suspecter, par exemple, les paiemens sous seing-privé faits par anticipation, les remises de dettes, etc.

(28) Cela s'induit par argumentation du décr. du 18 août, art. 9.
Observations. 1. Il faut par conséquent qu'on détermine d'abord la somme que le tiers reste devoir au saisi… D'où il résulte également que si la dette du tiers est le sujet d'une instance entre le saisi et lui, on est obligé d'attendre que cette instance soit jugée, et le saisissant peut intervenir dans cette même instance pour empêcher qu'on ne nuise à ses droits (par collusion entre le tiers et le saisi), soit en retardant la décision, soit en diminuant la créance qu'il a arrêtée.
2. Il faut aussi qu'on adjuge au tiers-saisi ses frais, lorsqu'il n'a pas contesté. L'équité l'exige, et on peut d'ailleurs fonder cette décision sur c-pr. 662. — *V. obs. d'Agen, prat. fr., art.* 579.
3. Quand le jugement est-il exécutoire contre lui?.. *V. p.* 453, *note* 11.

(29 et 30) *Observations.* 1. *Dr. anc.* Le premier saisissant avait au contraire un privilège sur les autres. — V. *Vedel sur Catelan, liv.* 6, *ch.* 28; *plus. arrêts, ibid.; Rodier, sup.; M. Merlin, rép., mot clain*, §. 2; *ci-apr., tit.* 3, *notes* 55 *et* 77, *p.* 477 *et* 480.
2. Les saisies-arrêts n'avaient de l'effet dans certaines provinces que pendant une année. A Paris (*suiv. Denisart, h. v., n.* 18 *et* 34), elles duraient trente ans, à moins qu'elles ne continssent une assignation au tiers, en déclaration, car alors le défaut de poursuites pendant trois ans les faisait tomber en péremption.

(31) S'il paye au débiteur saisi (c'est-à-dire à son propre créancier) les créanciers saisissans ou opposans pourront le faire payer une seconde fois; sauf à lui à exercer son recours, à raison du deuxième paiement, contre le débiteur saisi. — *V. C-N.* 1242; *ci-dev.,* §. 2, *n.* 4, *et note* 27, *p.* 463; *et la note suivante.*

compenser

(465)

compenser avec sa dette la créance qu'il a acquise
sur le débiteur saisi, postérieurement à la saisie. —
V. C-N. 1242, 1298 (32).

Observations. 1. Le tiers-saisi ne peut non plus rendre le dépôt arrêté
entre ses mains. — V. *C-N.* 1944.

2. On a jugé que quoique il n'ait pas le droit de faire des offres réelles,
il est cependant libre de consigner la somme arrêtée..., et que s'il ne
consigne pas, les intérêts courent à sa charge. — V. *arr. de Bruxelles,*
9 *août* 1809, *J-C-N.*, *xiv*, 351.

3. *Quid juris* si avant le paiement mais après le jugement de validité,
le débiteur saisi tombe en déconfiture ? à qui le tiers devra-t-il payer ? on
a jugé que c'est au saisissant et non point à la masse des créanciers,
parce que ce jugement a produit une novation. — *Arg. ex L.* 3, *in pr.*,
C. usuris rei jud.; arr. du parl. de Grenoble, août 1680 *et avril* 1699.

(32) *Observations.* 1. Mais si la compensation a eu lieu auparavant
(entre deux dettes liquides et exigibles), la saisie-arrêt postérieure ne
peut être utile. — V. *arr. cass.* 14 *août* 1809.

2. *Saisie ou opposition sur soi-même.* — Lorsqu'un particulier a une
créance non *liquide* (telle qu'un reliquat d'un compte que doit lui rendre
son administrateur) sur un autre particulier qui est son créancier pour
choses liquides, il ne peut compenser sa créance avec celle-ci. — V. *C-
N.* 1291. — On a voulu lui en donner les moyens à Paris, en imaginant
une espèce de saisie ou opposition que ce premier créancier forme sur
lui-même, et au moyen de laquelle il retient entre ses mains la dette
liquide, jusques au moment où sa créance non *liquide* sera liquidée, et
où il pourra par conséquent l'opposer en compensation. — V. *M. Pigeau,* t. 2, *p.* 73; *M. Coffinières, avoués, iij,* 232; *arr. de Bruxelles,*
20 *déc.* 1810, *d. p.* 232.

Il nous semble que dans l'état actuel de notre législation, il est douteux que cette manière de procéder soit légitime... 1. Elle n'était point
autorisée par les lois anciennes; il eût donc été nécessaire que le code
la consacrât positivement, et il garde le silence à cet égard. Cela était
d'autant plus nécessaire, qu'elle renferme une dérogation tacite à la loi,
puisqu'elle prive un créancier du droit que la loi lui accorde, de demander et recevoir sans retard le paiement d'une créance liquide et exigible...
2. Le code, *art.* 1041, abroge expressément tous les usages anciens en
matière de procédure... 3. L'orateur du conseil d'état (*M. Réal*) a déclaré que le mode d'exécution par la voie de la saisie-arrêt, a été ramené
par le code à toute sa simplicité et au *seul but* de son institution; ce qui
annonce qu'on ne doit pas en faire un emploi étranger aux circonstances
indiquées par le code... 4. Le code, *art.* 557, dit qu'un créancier *peut*
saisir entre les mains d'*un tiers*, ce qui appartient à *son débiteur*...,
termes qui excluent une saisie faite par un particulier sur *lui-même*, de
ce qui appartient à *son créancier*... 5. Le code civil, *art.* 1298, décide
que « celui qui, étant débiteur, est devenu créancier depuis la saisie-arrêt
» faite par un *tiers* entre ses mains, ne peut, au préjudice du saisissant,
» opposer la compensation »; ce qui confirme la même disposition et for-
tifie la même conséquence, etc.

3. *Saisie pour contributions directes...* La saisie-arrêt n'est pas nécessaire à l'égard des débiteurs des redevables de ces contributions; il suffit
de leur faire une simple demande. — V. *L.* 12 *nov.* 1808, *art.* 2; *M.
Merlin, rép., mot saisie pour contributions.*

TITRE III.

De la saisie-exécution (1).

La saisie-exécution est un acte par lequel on fait prendre et confier à un tiers, des effets mobiliers d'un débiteur, pour être conservés et ensuite vendus au profit du saisissant et de ceux qui y ont droit.

Le but de cette espèce d'exécution est donc le paiement du créancier, au moyen d'une vente. Mais dans l'emploi de cette mesure rigoureuse, il faut aussi prendre en considération les intérêts du débiteur, parce qu'il peut n'être que malheureux. En conséquence, 1.° les formalités antérieures à la vente doivent être faites pendant un intervalle de tems, et assez court pour que le créancier recouvre promptement ce qui lui est dû, et assez long pour que le débiteur puisse chercher les moyens de la prévenir; 2.° Si la vente a lieu il faut qu'elle soit accompagnée d'une grande publicité afin que grâce à la concurrence des acheteurs, on puisse retirer toute la valeur des meubles; et en même tems de formalités si simples et si peu coûteuses, que presque tout le prix puisse servir à la libération du débiteur... Tels sont les principes des décisions de détail que nous allons exposer. — *V. M. Réal.*

Nous avons dit en vertu de quoi l'on peut saisir (*v. tit.* 1, *n.* 4, *p.* 453); nous indiquerons ce qu'il faut faire avant la saisie, les choses saisissables et insaisissables, comment se fait la saisie, les précau-

---

(1) Ce titre correspond au tit. 8, liv. 5 du code.

Histoire. Les dispositions du tit. 8 ont été tirées presque en entier de l'ordonnance, *tit.* 33 *et* 19, et de quelques déclarations, arrêts de réglement, ou actes de notoriété. — V. *M. Réal;* et *M. Merlin, rép.,* mot *saisie-exécution,* §. 2.

Les mots *saisie* et *exécution* sont presque synonimes. Néanmoins le premier désigne la saisie sans enlèvement, et le second la saisie avec enlèvement. — V. *Jousse, d. tit.* 33, *art.* 1; *ci-apr. note* 26, *p.* 472.

K

tions à prendre lors de cet acte, les obstacles qu'il peut éprouver, et le résultat qu'il peut avoir, c'est-à-dire la vente et les règles qui y sont propres.

§. 1. *De la formalité qui précède la saisie.*

Un jour *au moins* (2) avant la saisie, il faut faire au débiteur (3) un *commandement* de payer, où l'on notifie le titre (4), et où l'on élit domicile jusqu'à la fin de la poursuite (*v. p.* 455, *note* 20), dans la commune de l'exécution (5). Le débiteur peut faire à ce domicile toutes espèces de significations (6). — *V. C-pr.* 583, 584; *C-com.* 191, 198; *tarif* 29.

---

(2) Un commentateur et M. Pigeau, ij, 114, prétendent que la saisie-brandon diffère de la saisie-exécution, en ce que le commandement n'en peut être fait que la *surveille*, tandis que dans celle-ci il peut l'être la *veille*. M. Pigeau se fonde sur ce que, pour la première, l'art. 626 dit qu'il y aura *un jour d'intervalle* entre le commandement, etc.; et pour la saisie-exécution, qu'il aura lieu *un jour avant la saisie...* Lors même que le code n'aurait employé que cette dernière expression, on devrait décider le contraire, parce qu'un acte n'a lieu *un jour avant* un autre, que quand un jour s'est écoulé avant celui où le second acte est fait, et par conséquent le premier ne peut être fait au plutôt que la surveille (v. *ci-dev. p.* 137, *note* 6). A plus forte raison ne doit-on pas balancer à le décider d'après les termes *fait AU MOINS un jour*, de l'art. 583, car il n'y aurait jamais plus d'un jour si le commandement était notifié la veille.

(3) A la personne ou au domicile. — V. *c-pr.* 583.

(4) S'il n'a pas déjà été notifié. — *Id.* — S'il l'a été, M. Pigeau, *t.* 2, *p.* 77, pense avec raison que l'huissier doit l'énoncer, pour justifier de l'acte qui l'autorise à agir.

(5) Si le créancier n'y demeure pas. — V. *c-pr.* 584. — L'omission de l'élection n'est point une nullité, sur-tout quand on l'a réparée dans la saisie, *suiv. arr. de Colmar*, 4 *juill.* 1810, *avoués*, *ij*, 306.

(6) « Même d'offres réelles et d'appel ». — *C-pr.* 584. — Ainsi jugé en 1808-1811, pour *l'appel*, même lorsque le commandement est dans la signification du jugement. — V. *arr. de Bruxelles, Paris, Cassation, Montpellier et Rouen, J-c-pr.*, ij, 373, iij, 63 (*sur-tout conclus. de M. Cayer, ib.*), *avoués*, *t.* 1, 2, 3, *p.* 66, 212, 59, 217. — Règle contraire s'il n'y a pas de commandement, ou si d'après la condamnation ce commandement ne peut conduire à la saisie-exécution ou à la contrainte. — V. *arr. Montpellier et Limoges*, 25 *juill.* 1810 et 24 *avr.* 1812, *avoués, ij*, 59, v, 362; *arr. cass.* 28 *août* 1811. Au reste, 1.º cette faculté n'est accordée qu'au saisi. — V. *arr. Paris*, 26 *juin* 1811, *avoués, iv*, 19. — 2.º Il n'est pas besoin de réitérer

§. 2. *Des choses saisissables et insaisissables.*

ON peut saisir toutes espèces d'effets mobiliers, à l'exception seulement des effets que désigne la loi (*arg. de C-pr.* 592, *in pr.*), et qu'on peut distinguer en deux classes, savoir les effets insaisissables absolument et les effets insaisissables relativement (7).

I. *Choses insaisissables absolument.* — 1. Le coucher nécessaire (8) du saisi, et ceux de ses enfans vivant avec lui. — *V. C-pr.* 592, ϰ. 2, *et* 593.

2. Les habits dont le saisi est vêtu et couvert. — *V. d.* ϰ. 2 (9)... *V. aussi d. ord.*, *art.* 14.

II. *Choses insaisissables relativement.* — 1. " Les objets que la loi déclare immeubles par destination „. (10). — *V. C-pr.* 592, ϰ. 1; *C-N.* 524, 525.

---

cet appel à la personne ou au domicile réel. — **V.** *arr. cass.* 16 *juill.* 1811.

2. À l'égard des significations d'*offres réelles*, l'art. 584 est une exception aux règles générales. En effet, ces offres doivent être faites au créancier ou au mandataire qu'il a chargé de recevoir, et signifiées à son domicile ou au domicile élu par la convention. — **V.** *C-Nap.* 1258, ϰ. 1 *et* 6. — Or, la personne chez qui un saisissant quelconque élit domicile n'a pas de pouvoir pour exiger, et ce domicile n'est pas celui qu'on a choisi par la convention... Il résulte de ces observations qu'on ne pourrait faire des offres aux domiciles élus pour les autres saisies, parce que la loi ne les autorise expressément que dans celle-ci.

(7) C.-à-d., dont les uns ne peuvent être saisis pour aucune cause, et les autres que pour un petit nombre de causes... Ces espèces de privilèges sont fondés sur l'humanité, la décence, la sûreté publique, la protection due à l'agriculture, aux sciences et arts, et à l'industrie, etc. (**v.** *aussi L.* 6 *et* 7, *ff. pignor. et hyp.*).

(8) C.-à-d., les parties du lit qui sont nécessaires au repos, telles que les bois, couvertures, matelas (*deux matelas*, suiv. M. Pigeau, ij, 80), traversins, lits de plumes... ; et l'on peut par conséquent saisir celles qui ne sont que de pur luxe, telles que des ciels de lits, dômes, rideaux, etc. — V. *Jousse*, *art.* 14.

(9) On y comprend même le manteau dont le saisi est couvert. — **V.** *proc.-verbal*, *tit.* 19, *art.* 14; *Jousse et Rodier*, *sup.*

(10) Tels sont les termes du ϰ. 1. Les objets de ce genre sont ceux « que le *propriétaire* d'un fonds y a placés pour le service ou l'exploita-» tion de ce fonds ». — *C-N.* 524. — Néanmoins M. Pigeau, ij, 79, soutient que les objets placés par le *fermier* sont également insaisissables : il se fonde, 1. sur ce que l'ordonnance et d'autres lois anciennes (v. *Bornier*, *art.* 16) déclaraient tels ces sortes d'objets, sans distinguer s'ils

2 *et* 3. Les livres de la profession du saisi et les machines et instrumens de sciences et d'arts (11), qu'il choisira, jusques à la valeur de 300 fr. (12). — *C-pr.* 590, ꝟ. 3 *et* 4.

4. L'équipement militaire suivant l'ordonnance et le grade. — ꝟ. 5 (13).

---

appartenaient au maître ou au fermier ; 2. sur ce que le projet du code renouvellait ces dispositions sans faire non plus aucune distinction ; 3. sur ce que , d'après M. Réal , le code a voulu étendre les dispositions du droit ancien sur les objets insaisissables, plutôt que les restreindre... Ces motifs sont fort puissans , et si la loi offrait quelque ambiguité , ils devraient servir à l'interpréter ; mais elle est si claire, qu'il n'est pas possible d'adopter le système de M. Pigeau , jusques à ce qu'elle s'en soit expliqué... D'ailleurs il convient lui-même, que quoique les effets scellés à plâtre , etc. (tels que boisages , glaces...), soient immeubles par destination (v. *C-N.* 525) , on peut cependant les saisir contre le locataire. Cette exception à son propre système , prouve qu'il n'est pas bien sûr que la loi ait eu l'intention de le consacrer. En effet , pour justifier ce système il est obligé de soutenir que , par les termes ci-dessus, du ꝟ. 1 , « on n'a pas voulu dire que ces *objets* ne seraient insaisissables que quand ils seraient immeubles par destination , mais seulement que tous ceux que le code civil désigne comme susceptibles d'être immeubles par destination , seraient insaisissables ». Si cela était , il faudrait décider que les effets scellés à plâtre , etc. par le locataire , sont insaisissables, comme les bestiaux , etc. du fermier...

Au reste, 1.º quant à ces bestiaux , v. *ci-apr. note* 16. — 2.º Si le code déclare insaisissables par le mode actuel les meubles devenus immeubles par destination , c'est qu'ils doivent être saisis avec l'immeuble auquel ils sont attachés. — V. *ci-apr. tit.* 7, *p.* 506. — 3.º Le cheval et la charrette d'un brasseur ne sont point des meubles de ce genre , *suiv. Bruxelles* , 22 *juin* 1807, *J-C-N.* , *x*, 189. — Id., le fonds d'une pharmacie , *suiv. Turin* , 18 *sept.* 1811 , *id.* , *xviij*, 310.

(11) Qui servent à l'enseignement , pratique ou exercice des sciences et arts. — *D. art.*

(12) S'il y a difficulté sur l'évaluation , il est naturel d'appeler des gens de l'art. — V. *Rodier* , *art.* 15. — On ne pouvait même autrefois vendre des livres saisis , qu'après les avoir fait inventorier par un libraire. — V. *Jousse* , *art.* 13.

L'ord. , *art.* 16 , ne déclarait insaisissables que les livres d'un ecclésiastique ; cependant le parlement d'Aix avait déja accordé une prérogative à-peu-près semblable pour ceux des avocats. — V. *Rodier* , *ib.*

(13) L'équipement est tout-à-fait insaisissable , *suiv. M. Favard* ; cependant le code ne déclare tel que le coucher et les habits ; et d'après l'ord. de 1629 , art. 195, l'équipement pouvait être saisi par le vendeur (v. *aussi Despeisses* , *des exécut.* , *tit.* 2 , *sect.* 2 , *n.* 6 ; *Bornier* , *art.* 14). Mais l'avis de M. Favard est conforme à la loi du 10 juillet 1791 , tit. 5 , art. 63 , qu'on peut regarder comme spéciale en cette matière.

5. Les outils nécessaires à la profession et à l'occu-pation personnelle d'un artisan. — *V. ⅋. 6 (14).*

6. Les farines et menues denrées (15) nécessaires à la consommation du saisi et de sa famille pendant un mois. — ⅋. 7.

7. Une vache, ou trois brebis, ou deux chèvres (16) à son choix, avec ce qui est nécessaire pour leur entretien (17) pendant le même tems. — *V. ⅋. 8.*

Les objets de la deuxième classe peuvent être saisis pour les causes suivantes.

1. Prix ou prêt du prix de la fabrication, vente, réparation (18) de ces objets ; 2. et 3. fermages et moissons des terres (19), et loyers des manufactures

---

(14) On peut donc saisir ceux qui leur appartiennent, mais qui servent à leurs ouvriers.

(15) Telles que pain, volaille, gibier…, suivant des lettres-patentes de 1634, citées par *Despeisses, sup., n. 6.*

(16) L'ordonnance (*sup.*) et le projet de code (615) exceptaient la vache *et* l'un des deux derniers objets… Cette exception est fondée sur ce que ces animaux servent à la subsistance des pauvres, puisque l'ordonnance disait *pour soutenir leur vie*… Dela Rodier concluait qu'elle devait s'étendre aux chevaux et autres animaux employés dans le même but, par un indigent qui n'a ni vaches, ni brebis, ni chèvres. Par malheur le code n'autorise pas une semblable extension.

Observations. 1. Si le saisi a donné ces animaux à *cheptel*, ils deviennent saisissables, parce que n'étant point habituellement dans sa maison, ils ne lui offrent pas une ressource pour sa subsistance. — V. *Rodier, sup.,* art. 16 ; *M. Merlin, rép., mot cheptel,* §. 1, *n.* 7 ; *arr. cass.* 1 *therm. xj, ibid.* — Mais ils ne sont alors saisissables qu'après qu'on a partagé le cheptel avec le preneur.

2. Si, après avoir saisi les bestiaux insaisissables avec d'autres effets, on se départ de l'exécution quant à ces bestiaux, la saisie est bonne pour les autres objets, *suiv. deux arr. du parl. de Pau, au rép., mot saisie-exécution,* §. 1, *n.* 10.

(17) C'est-à-dire, les pailles, fourrages et grains nécessaires à leur nourriture et litière. — *D. ⅋. 8.*

(18) Le code ne parle pas expressément du *prix de réparation*, mais il est bien évident que cela est sous-entendu, dès qu'il autorise à saisir pour le simple *prêt* de ce prix.

(19) Cette disposition a été puisée littéralement dans l'art. 16 de l'ordonnance, au sujet duquel Rodier observe que les *fermages* sont les prix des fermes en argent, et les *moissons* leur prix en grains. Mais ce dernier nom nous paraît désigner aussi les créances des ouvriers qui ont fait

et usines auxquelles ils servent ; 4. et 5. alimens et loyers personnels du saisi. — *V. C-pr.* 593 (20).

§. 3. *Des formes de la saisie* (21).

La saisie se fait avec l'assistance de deux témoins (22) par un procès-verbal où l'on observe les formes des exploits (23). — *V. C-pr.* 585 *in f.*, 586 *in pr.* ; *d. tit.* 33, *art.* 3. — Ce procès-verbal doit en outre contenir (24) :

1. Si l'exécution est faite en la demeure du saisi, un itératif commandement de payer. — *V. C-pr.* 586 *in f.*

2. La désignation détaillée (25) des objets saisis ;

---

les récoltes, et pour lesquelles la loi leur donne un privilège spécial — *V. aussi Lange*, *liv.* 4, *ch.* 38 ; *ci-dev. art. des actions*, *note* 14, *p.* 104.

(20) *V. aussi Jousse*, *art.* 14 *et* 16, *n.* 16. — On voit que pour quelques-unes de ces créances, telles que celles des loyers, on peut saisir tous les objets de la 2.ᵉ classe ; que pour d'autres, telles que les moissons, on ne peut saisir que quelques-uns de ces objets.
Observations. 1. Les vaisseaux prêts à faire voile sont aussi insaisissables relativement. — *V. à ce sujet*, *c-com.* 215.
2. *Contributions...* Objets insaisissables... *V. p.* 353, *note* 22.

(21) Les textes qui les déterminent ne prononçant aucune nullité, la cour de Limoges (*par arg. de c-pr.* 1030, *ci-dev.* §. *des nullités*, *p.* 131) a décidé en 1809, que l'omission des professions et demeures des témoins n'annulle pas la saisie ; mais elle a condamné l'huissier à une amende et aux frais de l'exécution et du procès qu'elle avait occasionné. En admettant ce système il faudrait aussi appliquer la règle relative à l'omission des formes essentielles d'un acte. — *V. d. p.* 131, *note* 6.
Dr. anc. Toutes les formes de la saisie et de la vente étaient prescrites, sous peine de nullité et dommages. — *V. d. tit.* 33, *art.* 19.

(22) Le saisissant ne peut y être présent. — V. *c-pr.* 585, *in f.* — Cette règle, dont on pressent les sages motifs, a été puisée dans l'ordonnance de Moulins, *art.* 32, où l'on permet au saisissant d'envoyer quelqu'un à sa place, mais sans suite et sans armes, pour désigner les lieux et les personnes. Il paraît naturel d'autoriser encore de semblables mesures et avec de semblables restrictions.

(23) Telles que celles des date, remise, immatricule, désignation des parties. — V. *au reste*, *ci-dev.*, §. *des huissiers*, *n.* 3, *p.* 76.

(24) Quant aux frais de ce procès-verbal, v. *tarif* 31.

(25) Par le *menu* et en détail. — V. *ord.*, *art.* 6 ; *Bornier, id.*

l'indication des pièces , poinçons et poids de l'argenterie , ainsi que du nombre et de la qualité des espèces monnayées. — *V. C-pr.* 588-590 , *in pr.*

3. L'indication du jour de la vente. — *C-pr.* 595.

Ce procès-verbal est rédigé sans *déplacer* , c'est-à-dire , *uno contextu* (26). Il est signé par le gardien (27), et on lui en laisse une copie. — *V. C-pr.* 599.

Une autre copie (28) est remise sur-le-champ au saisi , si l'exécution est faite à son domicile (29) : si elle est faite ailleurs et en son absence , la copie lui

---

(26) Ces termes *sans déplacer* ne peuvent être entendus dans un sens plus naturel. Un commentateur prétend , au contraire , qu'ils signifient qu'on ne *déplacera* point les meubles , c'est-à-dire , qu'il faut les laisser chez le saisi. Mais outre que rien dans le texte n'autorise une semblable interprétation , les meilleurs auteurs attestent que les objets saisis ont dû être et ont toujours été déplacés toutes les fois que le sequestre l'a requis ou que le saisi n'a pu fournir sur-le-champ un sequestre recevable ; un huissier a même été puni pour avoir négligé ce soin. — V. *Imbert et Guenois* , *liv.* 1 , *ch.* 4 , *n.* 1 ; *arr. de Paris* , *de* 1590 , *ib.* ; *Lange* , *d. ch.* 38 ; *Rodier* , *t.* 19 , *art.* 7 , 14 *et* 15 , *et t.* 33 , *art.* 4 , *etc.* — La raison montre d'ailleurs , que sans un tel droit , personne ne voudrait se rendre responsable d'objets qu'on ne pourrait pas surveiller immédiatement , à moins de s'établir chez le saisi , et par conséquent de s'exposer à des altercations et à des dangers. — V. *ci-apr.* , *tit. de la saisie-gagerie* , *note* 6 ; *et ci-dev.* , *note* 1 , *p.* 466.

(27) Sur l'orignal et la copie , sinon l'on en fait mention. — *C-pr.* 599. — La copie doit lui être remise , même lorsqu'il se charge volontairement des effets. — V. *Jousse* , *art.* 7.

(28) Souscrite par les signataires de l'original. — *C-pr.* 601.

(29) Si le saisi est absent , c'est au maire ou adjoint , ou au magistrat (il la vise) , qui a fait ouvrir les portes. — *D. art.* 601.
Observations. 1. M. Pigeau , *ij* , 93 , dit que d'après cet article , il y a deux cas d'absence : 1. absence avec portes fermées , et alors il faut donner la copie au maire ou magistrat ; 2. absence avec ouverture de portes , et il faut la donner à un parent ou serviteur , conformément à *c-pr.* 68. Cette dernière mesure peut être utile dans le deuxième cas , mais nous ne croyons pas qu'elle dispense de la première. La loi ne fait aucune distinction. Elle décide expressément , qu'en cas d'absence , « copie sera » remise au maire ou adjoint , ou *au* magistrat , etc. ». La répétition de la particule *au* , pour ce fonctionnaire , après l'avoir omise pour l'adjoint , semble même annoncer que ce n'est point parce qu'ils ont pu assister à l'ouverture des portes , mais à raison de leur qualité d'officiers municipaux , qu'on doit remettre la copie aux maire ou adjoint.
2. Il faut donner une copie à chacun des débiteurs , même solidaires , afin qu'ils sachent si on les a saisis , et ce qu'on a saisi. — V. *Rodier et Jousse* , *art.* 7.

est notifiée dans le jour (30). — *V. C-pr.* 601 , 602 ; *in pr.; tarif* 29 *; d. tit.* 33 , *art.* 7 *et* 8.

§. 4. *Des précautions à prendre pendant la saisie.*

L_E droit indique diverses précautions qu'il faut ou qu'on peut prendre dans les quatre circonstances suivantes :

1.re *Circonstance.* — S'il n'y a point d'effets saisissables chez le débiteur , on dresse un procès-verbal de *carence* (31).

2.e *Circonstance.* — S'il y a des espèces monnayées, elles doivent être désignées et remises au bureau des consignations, ou à un dépositaire du choix des parties et des opposans. — *C-pr.* 500 *; tar.* 33.

3.e *Circonstance.* — Lorsqu'on saisit des animaux et ustenciles agricoles , le juge de paix peut sur la demande du saisissant, le propriétaire et le saisi appelés , établir un gérent pour l'exploitation. — *V. C-pr.* 594 , *et M. Réal.*

4.e *Circonstance...* SEQUESTRE (32). — Les autres effets doivent être confiés (33) à un sequestre ou gardien, dont nous allons indiquer les qualités , droits et devoirs et durée de fonctions.

1.º Il doit être *recevable* et solvable , et choisi par la partie, sinon par l'huissier (34). — *V. C-pr.* 596, 597.

---

(30) Outre un jour par trois myriamètres. — *C-pr.* 602.

(31) C'est-à-dire, un procès-verbal où l'on constate *l'absence* de ces effets (*carence* vient de *carere* , manquer). Il est vrai que le code ne rappelle pas cette formalité , mais elle semble indispensable (ne fût-ce que pour constater le transport de l'huissier et des témoins , et en recouvrer les frais) : elle est prescrite d'ailleurs en matière de scellés (*v. en ci-apr. le tit.* , note 3 *; c-pr.* 92 ; *M. Grenier*) et d'amendes forestières , et elle était usitée jadis. — *V. décr.* 2 *févr.* 1811 , *art.* 2 *; Ferrière et le rép.* , *mot carence; Jousse* , *tit.* 33 , *art.* 6.

(32 et 33) On nomme *sequestre* , et le gardien , et le contrat relatif à sa charge , contrat que l'on appelle aussi *sequestration.*
Déplacement des effets... *V. ci-dev.* , *note* 26 *, p.* 472.

(34) Par l'huissier, lorsque le sequestre n'est pas recevable et ne se charge pas volontairement et sur-le-champ , des effets. — *DD. art.*

Le saisissant, son conjoint, ses parens et alliés jusqu'au sixième degré et ses domestiques ne peuvent être gardiens ; mais ceux du saisi, ainsi que le saisi lui-même, peuvent l'être, de leur consentement et de celui du saisissant. — *V. C-pr.* 598 (35) ; *d. ord., tit.* 19, *art.* 13 *et* 14 ; *Jousse et Rodier, ibid.*

2.º Le gardien est un dépositaire judiciaire. Il doit conserver les effets saisis, en bon père de famille, et les représenter, soit au commissaire de la vente, soit aux intéressés (36)... Il ne peut, ni s'en servir, ni les louer ou prêter (37), et il est tenu de compter de leur profits et produits... Mais il a le droit de demander un salaire. — *V. C-pr.* 603, 604 ; *C-N.* 1960 à 1963, 1930, 1936 ; *tarif* 34 (38).

3.º Les fonctions du gardien cessent par la remise des effets dans les cas précédens, ou bien lorsqu'il obtient sa décharge. Or, il peut réclamer cette décharge (39), en premier lieu, sur-le-champ, si la vente n'est pas faite au jour indiqué (40) ; en second

---

(35) *Exception... V.* ci-apr., tit. de la saisie-gagerie, note 8.

La sequestration étant une espèce de fonction publique, il semble que ceux qui y sont nommés ne devraient avoir le droit de s'en dispenser, que pour des excuses légitimes sur lesquelles le juge statuerait ; d'autant plus que si l'on est libre de la refuser sans motifs, il arrivera souvent que la saisie sera inutile. — *V. d. ord.*, *tit.* 19, *art.* 6 *et* 15 ; *Jousse et Rodier, ibid.* — Mais comme le code n'a pas reproduit les dispositions de l'ord. sur ce point, M. Merlin (*rép., mot sequestre*, §. 2, *n.* 4, *par arg. de c-pr.* 1041) pense qu'elles sont abrogées.

(36) D'après leur consentement unanime. — V. *C-N.* 1960.

(37) Sous peine de privation des frais de garde, et de dommages, pour lesquels il est contraignable par corps (il en est de même pour le compte des produits). — V. *c-pr.* 603, 604.

(38) *V.* aussi L. 1, §. 23 et 24, et L. 29, §. 1, ff. depositi ; *d. ord.*, tit. 35, art. 9 et 10 ; Bornier, Jousse et Rodier, ibid. ; et le cours de dr. civ.

Le salaire du gardien ne court que de la notification de la saisie au débiteur, lorsqu'elle est faite hors de son domicile. — V. *c-pr.* 602 *et ci-dev.*, *p.* 472. — Quant à la quotité de ce salaire, v. *tarif* 34.

(39) Par une assignation au saisissant et au saisi, en référé devant le juge du lieu de la saisie. — V. *c-pr.* 606 ; *tarif* 29 ; *ci-dev. p.* 542.

(40) A moins qu'elle n'ait été empêchée par un obstacle. — *C-pr.* 605.

lieu, deux mois après la saisie, si la vente a été retardée par un obstacle. S'il l'obtient, on récole (41) les
effets, parties appelées ; il remet la copie de la saisie
au nouveau gardien (42), et celui-ci se charge des
effets sur le récolement. — *V. C-pr.* 605-607 ; *tar.*
35 ; *d. ord., tit.* 19, *art.* 20-22 ; *Rodier, ibid.*

§. 5. *Des obstacles à la saisie ou à la vente.*

1. Lorsque les portes des appartemens ou des
meubles sont fermées (43), l'huissier y établit un
gardien, et ensuite, sur sa réquisition (44), l'ouverture en est faite en présence du juge de paix, sinon
de l'agent de police (45), qui apposent les scellés
sur les papiers qu'on découvre. — *V. C-pr.* 587, 591 ;

---

(41) C'est-à-dire, que l'on compare les effets qu'il représente, à ceux
qui ont été décrits dans la saisie.

Observations. 1. En règle générale, les *récolemens* ne contiennent de
détails qu'à l'égard des objets en *déficit*, ou qu'on avait omis dans la saisie.
— V. *c-pr.* 606, 611, 612, 616 ; *tarif* 35-37. — Celui dont il est question ci-dessus se fait sans témoins, et l'on en donne une copie à l'ancien
gardien. — *Tarif* 35. — Les parties y sont appelées par sommation. —
Arg. de tarif 29, *qui le décide pour le saisi.*

2. Doit-on aussi en donner une copie aux parties ? M. Pigeau. *ij*, 97,
se fondant sur ce que le code et le tarif ne le disent point, prononce la
négative pour le cas où elles ont été présentes, et penche pour l'affirmative (*par arg. de C-N.* 1259, *v.* 4), si elles ont fait défaut. Mais d'après
la maxime *paria non esse et non significari, etc.* (v. part. 2, p. 169 ; et
part. 1, ch. dern., p. 154) , il faut décider en général que la notification
est nécessaire toutes les fois que la loi n'en dispense pas, et que par conséquent la copie est due dans les deux cas précédens. D'ailleurs le tarif
le suppose, puisqu'après avoir parlé, *art.* 35, de la copie du gardien, il
détermine une taxe pour *chacune des copies* à donner, d'où il résulte
qu'il ne se borne pas à prescrire celle-là.

(42) Le saisissant peut le faire nommer. — *C-pr.* 605.

(43) Soit que le saisi refuse d'ouvrir, ou qu'il soit absent... *C-pr.* 591.

(44) Le gardien empêche la soustraction des meubles... ; l'huissier se
rend tout de suite et sans assignation auprès du juge, etc. — V. *c-pr.*
587. — V. *aussi tit. de la prise à partie, note* 10, *n.* 2, *p.* 420.

(45) C'est-à-dire, le commissaire de police, et au défaut de commissaire le maire, et au défaut de celui-ci l'adjoint. Ces fonctionnaires ne
dressent point de procès-verbal, mais signent celui de l'huissier. — V.
c-pr. 587.

tarif 33 *et* 6 *; d. tit.* 32*, art.* 5*, et Jousse* (46).

2. Si le saisi fait quelque réclamation, on ne s'y arrête point (47), sauf à y faire statuer en référé. *C-pr.* 607. — *V. aussi Jousse, art.* 3.

3. S'il y a déjà une saisie, l'huissier en récole les effets (48) sur le procès-verbal du gardien, saisit ceux qui ont été omis (49), et interpelle le premier saisissant de vendre les uns et les autres (50) dans la huitaine... ; ce récolement vaut opposition sur le prix de la vente. — *V. C-pr.* 611.

---

(46) Suivant M. Pigeau, t. 2, p. 83, il faut, dans ce dernier cas, dresser un procès-verbal séparé.

(47) *On passe outre*, dit la loi ; c'est-à-dire que l'on continue la saisie. Mais le débiteur peut empêcher de la terminer, si pendant qu'on y procéde, il obtient sur référé une ordonnance de sursis, car la loi ne défend pas de se pourvoir pendant les opérations.

Observations. 1. On pressent les motifs sur lesquels le saisi peut fonder ses réclamations ou oppositions ; 1.° Extinction de la dette, par paiement, prescription, etc. ; exceptions tirées de la non-échéance du terme, du défaut de qualité du créancier, etc... ; 2.° nullité ou irrégularité du titre exécutoire ou du commandement, etc.

2. Si sa réclamation est admise pour un des premiers moyens, la saisie, disent Rodier et Jousse, *art.* 12, conserve son effet à l'égard des opposans, parce qu'une saisie est commune à tous les créanciers qui ont agi. Il n'en est pas de même si le débiteur l'a fait annuller pour défaut de forme, parce qu'étant réduite *ad non esse*, elle ne peut produire aucun effet. M. Pigeau prétend au contraire que dans ce dernier cas elle subsiste pour les opposans, parce que le code, *art.* 796, maintient en faveur des recommandataires, les incarcérations annullées pour vices de formes. Mais, 1.° une exception à une règle générale (la règle *quod nullum est*, etc.) ne peut être étendue d'un cas à un autre, sans une disposition précise de la loi ; 2.° dès que le législateur a jugé nécessaire de faire une exception positive dans une circonstance, on doit (par arg. *à contrario sensu*) penser qu'il n'a pas voulu la faire dans les autres ; 3.° s'il maintient en faveur des recommandataires, un emprisonnement nul, c'est que les recommandations doivent être faites avec les mêmes formes que les emprisonnemens (*ci-apr., tit.* 9, §. 3), tandis que les oppositions ne sont pas assujéties à celles de la saisie.

3 et 4. *Demande en nullité...* M. Pigeau, *ib.*, *t.* 2, *p.* 103, 102, pense avec raison que dans l'année du jugement elle peut être formée par requête, et passé ce tems, par exploit. — Quant au *tribunal* qui en connaît, v. *ci-dev. part.* 1, *p.* 119, *n.* 18.

(48) Il ne peut les saisir de nouveau. V. *c-pr.* 611 ; *ci-d. p.* 456 ; *n.* 5.

(49) Il est naturel et sur-tout moins coûteux de les confier au même gardien, ainsi que le proposait la cour d'Agen, *prat. fr.*, *iv*, 200.

(50) L'interpellation se fait dans ce procès-verbal. — V. *tarif* 36.

4. Les créanciers du saisi (51) ne peuvent former opposition que sur ce prix. Leur opposition, sous peine de nullité (52), est motivée et signifiée au saisissant et au commissaire de la vente (53). On n'en discute les causes que lors de la distribution du prix; jusques-là les opposans ne peuvent poursuivre que le saisi (54), et pour obtenir une condamnation. — *V. C-pr.* 609, 610; *tarif* 29; *M. Réal* (55).

Mais lorsque la vente n'a pas eu lieu dans le délai légal, les opposans munis de titres exécutoires, ont le droit (56), de faire procéder au récolement (57) et à la vente des effets. — *V. C-pr.* 612.

5. La vente peut être arrêtée par une opposition du propriétaire (58) des effets saisis. Cette opposition est formée par un exploit qu'il signifie au gardien et dénonce au saisissant et au saisi, qui contient, sous peine de nullité, une assignation libellée (59), et où il

---

(51) Pour quelque cause que ce soit, même pour loyers. — *C-pr.* 609.

(52) Et s'il y a lieu, de dommages contre l'huissier. — *C-pr.* 609.

(53) Avec élection de domicile au lieu de la saisie, si les opposans n'y sont pas domiciliés. — V. *d. art.* 609.

(54) On ne peut également les poursuivre. — V. *c-pr.* 610.

(55) Ce système est bien préférable à celui de l'ancienne jurisprudence. Chacun des créanciers (souvent des créanciers imaginaires agissant à l'instigation du saisi) formait une opposition à la vente; il fallait autant de procédures et de jugemens qu'il y avait d'oppositions; les frais s'accumulaient; la vente était retardée; les effets dépérissaient; enfin, le prix en était souvent absorbé par les dépens, et néanmoins toutes les parties avaient intérêt à ce que la vente fût faite avec rapidité et avec peu de frais, comme on l'a déjà remarqué. — V. *ci-dev.*, *p.* 466 ; *M. Réal; Jousse, tit.* 33, *art.* 12.

D'ailleurs, les créanciers privilégiés ne souffrent point du nouveau système, puisqu'ils exercent leurs privilèges sur le prix. — V. *ci-après, note* 77, *n.* 4, *p.* 480, *et tit.* 6; *Jousse, ibid.*

(56) Après une sommation au saisissant, et sans former une demande en subrogation. — V. *c-pr.* 612; *tarif* 29.

(57) Sur la copie de la saisie que le gardien leur représente. — V. *id.*

(58) Soit en totalité, soit en partie des effets. — V. *c-pr.* 608.

(59) Elle n'est pas donnée au gardien. — *Tarif* 29.

établit sa propriété. Il y est statué sommairement (60).
— *V. C-pr.* 608 ; *tarif* 29.

6. Enfin, les obstacles illégitimes apportés à l'établissement du gardien, et les soustractions d'effets saisis sont poursuivis criminellement. — *V. C-pr.* 600.

§. 6. *Du résultat de la saisie, et sur-tout de la vente des meubles.*

1. La vente est fixée (61) à huit jours au moins, après la notification de la saisie au débiteur (62) : si elle est retardée, il faut de nouveau (63) l'y appeler (64). — *V. C-pr.* 602, 613, 614; *d. tit.* 33, *art.* 12.

On doit choisir un jour de marché (65), ou un dimanche, et le lieu du plus prochain marché, ou celui que le tribunal juge le plus avantageux (66). — *V. C-pr.* 617, *in pr.*; *d. tit.* 33, *art.* 11 ; *Bornier, ibid.; Rodier*, *art.* 12.

2. La vente est annoncée un jour à l'avance, par plusieurs affiches (67) dont l'huissier constate l'appo-

---

(60) Par le tribunal du lieu d'exécution. L'opposant mal fondé peut être condamné à des dommages. — V. *d. art.* 608.
S'il s'agit d'une saisie pour contributions, v. *liv.* 1, *p.* 353, *note* 22.

(61) On a dit que la saisie en indique le jour. — V. §. 3, *p.* 472.

(62) On exige cet intervalle pour que le débiteur puisse se procurer des ressources ou bien se pourvoir en nullité, et ses créanciers par opposition. — V. *Jousse et Rodier*, *art.* 12; *ci-dev. p.* 466.

(63 et 64) Par une sommation (*tarif* 29); avec un jour d'intervalle, outre l'augmentation pour la distance entre son domicile et le lieu de la vente. — V. *c-pr.* 614. — Mais les opposans ne sont pas appelés. — V. *c-pr.* 615. — C'est que les affiches suffisent pour les instruire.

(65) Et vendre à l'heure du marché. — V. *c-pr.* 617.

(66) Sur une requête. — V. *tarif* 76.
La vente est précédée d'un récolement (v. *c-pr.* 616; *ci-dev.*, *note* 41, *p.* 475) fait en présence de témoins. On n'en donne pas de copie. — V. *tarif* 57. — Quant aux frais de transport des meubles et d'impression, v. *id.* 38; *Jousse*, *tit.* 33, *art.* 11.

(67) Une au lieu des effets, une à la mairie, une au marché du pays, ou au plus voisin s'il n'y en a pas, une à la justice de paix, et une

sition (68), et par la voie des journaux (69). S'il
s'agit de meubles fort importans (70), ou très-précieux,
tels que de la vaisselle et des joyaux (71), les publications sont réitérées, et ces derniers objets ne peuvent
être vendus au-dessous de leur valeur réelle ou de
l'estimation. — *V. C-pr.* 617-621 (72).

3. La vente est faite (73) à l'enchère, et l'on revend sur-le-champ à la folle enchère de l'acquéreur
qui ne paye pas. — *V. C-pr.* 624 (74).

---

cinquième au lieu de la vente, s'il est différent de celui des effets ou du
marché. On y indique l'instant et le lieu de la vente, et en abrégé, la
nature des effets. — V. *c-pr.* 617 , 618.

(68) Par un exploit (on y joint une affiche) dont on ne donne point
de copie. — V. *c-pr.* 616 ; *tarif* 39.

(69) Dans les villes où il y en a. — V. *c-pr.* 617 ; *tarif* 39.

(70) Tels que des vaisseaux ou usines mobiles. — V. *à ce sujet* , *c-pr.*
620; et pour les règles particulières de la saisie et vente des *navires* ,
c-com. 197-215 ; *nouv. rép.* , *h. v.* , *et mot trib. de commerce.*

(71) Qui valent plus de 300 francs. — *C-pr.* 621.
Il faut aussi en faire trois expositions , soit au marché (à trois marchés
différens, *suiv. l'ord.* , *art.* 15), soit à l'endroit où se trouvent les joyaux,
etc. , sauf l'exception indiquée *ci-dessous* , *note* 72. — *D. art.* ; *tar.* 41 ;
M. Réal.
Observations. 1. *Joyaux.* C'est tout ce qui sert à la parure des femmes
et est désigné avec détails dans la *L.* 25, §. 10 in pr., ff. de auro, *suiv.*
Bornier , *d. art.* 13. Mais dans nos mœurs cette expression a un sens
plus étendu , quoique assez vague. Au reste s'il s'élève quelques difficultés
à ce sujet , on a la voie du référé pour les faire résoudre.
2. *Dr. anc.* On regardait aussi comme meubles *précieux* , les carrosses
et harnais, et dans certains pays , les vins. — V. *Jousse* , *art.* 13.

(72) *V.* aussi tarif 39-41 ; C-N. 531 ; M. Réal; d. tit. 33 , art. 13.
On fait trois publications , à trois jours consécutifs... La vente peut être
passée le jour de la dernière (*arg. du tar.* 41). Mais les insertions aux
journaux en tiennent lieu (comme des expositions de note 71) dans les
villes où il y en a. — V. *c-pr.* 620, 621 ; *tar.* 41.

(73) Par l'huissier...; à Paris, par un commissaire priseur. — V. *c-*
pr. 625 ; *tar.* 39 ; *L.* 27 *vent. ix.*

(74) *V.* aussi d. tit. 33 , art. 17 ; Rodier, ibid.
Observat. L'adjudication est faite en payant comptant , dit l'art. 624
(et l'ord., art. 17 , s'exprime à-peu-près de même). Cependant des huissiers délivrent souvent des meubles sans avoir été payés , et ils se bornent
à noter, en marge du verbal, que le prix est dû. Ils s'exposent beaucoup.
Leur note étant de leur propre fait, ne leur donnerait aucune action

On désigne au procès-verbal les adjudicataires, **et** l'on constate la présence ou l'absence du saisi (75). — — *V. C-pr.* 625, 623 ; *d. tit.* 33 , *art.* 18.

L'huissier ou le commissaire ne peut enchérir. — *Arg. du C-pr.* 625, *in f.*, *et du C·N.* 1596 ; *Jousse, tit.* 33 , *art.* 18. — Il est personnellement responsa-sable du prix. — *D. art.* 625 (76).

4. On ne doit vendre que la partie des meubles qui suffit au paiement des créances et des frais. — *V. C-pr.* 622 (77).

5. Enfin, si le prix est insuffisant on en fait la distribution. — *V. ci-apr.*, *tit.* 6, *p.* 490.

---

contre un adjudicataire de mauvaise foi , parce que la possession des meubles vaut titre, que cette manière d'agir est contraire aux dispositions de la loi, et qu'ils sont responsables du prix. — **V.** *au surplus* *C-N.* 2279 ; *Jousse et Rodier* , *art.* 17 ; *ci-dessus le texte.*

(75) Sans nommer un officier pour le représenter. — *Tar.* 40.

(76) Il ne peut rien recevoir de plus , sous peine de concussion (*D. art.*), soit directement , soit indirectement. — *D. tit.* 33 , *art.* 18.
Le tarif , *art.* 42 , semble exiger que ce prix soit consigné, puisqu'il alloue pour cela une vacation à l'huissier.

(77) Par conséquent, 1.° le commissaire doit cesser la vente aussitôt que le produit atteint le montant des créances et frais. — V. *M. Desmazures* , *ch.* 14 , §. 2 , *n.* 105. — 2.° Si le prix de la vente est plus considérable , le commissaire, après avoir satisfait (sur-le-champ) les créanciers et retenu les frais réguliers et taxés, est obligé de remettre l'excédent au saisi, à moins qu'il n'y ait opposition. — V. *d. ord.* , *tit.* 33 , *art.* 20 ; *Jousse et Rodier* , *ib.* — Quittance de ce prix, v. *p.* 455, *note* 21.
Observations. 1. Les frais sont taxés par le juge sur la minute du procès-verbal de vente. — V. *tarif* 42 ; *d. tit.* 33 , *art.* 21. — Quant à ces frais, *v. tarif* 37-42.
2. Le commissaire doit rendre compte aux parties , du produit et des frais de la vente , des déductions pour transport d'effets, etc. — V. *M. Pigeau* , *ij* , 113.
3. S'il ne se présentait aucun enchérisseur, on pouvait jadis délivrer aux créanciers les effets saisis , sauf à les estimer pour les imputer sur leur créance. — *L.* 15 , §. 3 , *ff. rc judic.* ; *Jousse et Rodier* , *art.* 17.
4. Le premier saisissant n'a plus de privilège comme autrefois. — V. *arr. Bruxelles* , 11 *déc.* 1806, *J-C-N. viij* , 190 ; *ci-dev. tit.* 2 , *note* 29 , *p.* 464. — Pour constater ce privilège, on exigeait que l'huissier indiquat si la saisie avait été faite avant ou après midi. — V. *d. ord.*, *tit.* 32 , *art.* 4 ; *Rodier* , *ibid.*

TITRE

TITRE IV.

De la saisie-brandon (1).

La saisie-brandon (2) est un acte par lequel on confie à un tiers, la garde des fruits non recueillis d'un débiteur (3), fruits qu'on fait ensuite vendre au profit de son créancier saisissant.

(1) Ce titre correspond au tit. 9, liv. 5 du code, où l'on a tracé des règles fixes pour cette institution utile, mais uniquement fondée sur des usages incertains et variables. — V. *le répert.*, *mot saisie-brandon*; et *M. Favard.*

(2) Ce nom vient de celui d'une marque (un faisceau de paille, un morceau de linge, etc.) à l'aide de laquelle on indiquait dans plusieurs provinces, la partie du fonds où étaient les fruits saisis. — V. *M. Henrion, au rép., ib.; et sur-tout Loiseau, liv. 3, ch. 1, n. 24, etc.* — Le code ne prescrit point d'en placer de semblables.

(3) *Observat.* 1. Ainsi, cette saisie a pour objet tous les fruits *pendans par racines*, comme la rubrique du titre l'annonce. Avant que le code en eût consacré l'institution, il s'était élevé des difficultés sérieuses sur la question de savoir si l'on pouvait faire une saisie mobilière de ces sortes de fruits, parce que le code civil (520) les avait déclarés immeubles sans distinction, et avait décidé (*art.* 2204.. *idem, L.* 11 *brum. vij, n.* 2137, *art.* 6) qu'on pouvait en poursuivre l'expropriation, et parce que l'expropriation ne se poursuit que par la voie de la saisie immobilière. On reconnut bientôt que dans le système de l'art. 520, les fruits d'un fonds ne sont censés en faire partie que lorsqu'ils sont compris dans le transport de la propriété ou de l'usufruit, ou dans la saisie du corps immobilier où ils sont attachés; que par conséquent rien ne s'opposait a ce qu'ils fussent vendus ou saisis à part et sans fraude, et indépendamment du fonds même; qu'entendu dans ce sens, l'art. 6 était en parfaite concordance avec C-Nap. 520... V. *arr. cass.* 29 *vend. xiv . rép., mot fruits, n.* 2. — D'après cette interprétation, l'on décida aussi que l'inscription hypothecaire prise sur un fonds ne donnait pas le droit de saisir les bois taillis de ce fonds, dont le propriétaire avait vendu la coupe à un tiers. — V. *arr. de Bourges, maintenu en cass. le* 26 *janv.* 1809, *ib., mot taillis.*
Le titre actuel du C-proc., en autorisant la saisie des fruits attachés au sol, a depuis, consacré indirectement cette jurisprudence; et elle n'est point en contradiction avec les *art.* 688 *et suiv.*, d'après lesquels les fruits échus après la dénonciation de la saisie immobilière (v. *ce tit., p.* 513, *n.* 3), sont immobilisés et distribués suivant le rang des hypothèques, parce que les mêmes textes supposent que les fruits pendans ont été compris dans la saisie, et qu'ils en constituent sequestre judiciaire, le saisi propriétaire du fonds.
2. Il résulte de la rubrique du même titre, et par argument *à contrario sensu*, que les fruits détachés, quoique existant encore sur le sol, ne

On suit pour la saisie-brandon les mêmes règles que pour la saisie-exécution, sous les modifications suivantes. — *V. C-pr.* 634 (4), *et le tit. précédent.*

1. Elle ne peut se faire (5*) que dans les six semaines qui précèdent l'époque ordinaire de la maturité des fruits (6). — *C-pr.* 626.

2. Elle contient la désignation de chacune des pièces où sont les fruits saisis, et de la nature de ces fruits. — *C-pr.* 627.

---

sont pas saisissables par la voie de la saisie-brandon ; on doit donc agir sur ces fruits comme sur tous les autres meubles, par la voie de la saisie-exécution... M. Pigeau, ij, 115, observe à cet égard et avec raison, qu'il faut nommer un gérent pour ces fruits, comme dans le cas indiqué à *l'art.* 594, *et ci-dev.*, *tit.* 3, *n.* 3, *p.* 473.

(4) Cet article étant placé après ceux où l'on détermine les formes de la vente, semble, au premier apperçu, ne se rapporter qu'à ces mêmes formes. Mais en y faisant attention, on voit qu'il se rapporte à toutes les dispositions du titre, ou autrement il faudrait décider qu'on ne serait assujetti à aucune forme dans la plupart des points à l'égard desquels il n'en prescrit pas ; que par exemple, il ne serait pas nécessaire de donner une copie au saisi, d'observer les règles ordinaires des exploits, etc. (v. *c-pr.* 601, 586, 611, 600, 603, *etc.*), quoiqu'assurément cela soit indispensable dans tout acte d'exécution.
Observations. 1. *Titres* en vertu desquels on peut faire cette saisie... *Voyez* ci-dev., *tit.* 1, *n.* 4, *p.* 453.
2. *Tribunal* qui connaît des difficultés... Ce doit être celui de la situation... *Arg. de c-pr.* 628, 629.

(5*) Elle est précédée d'un commandement, comme la saisie-exécution. — V. *c-pr.* 626 ; *tarif* 29 ; *et ci-dev.*, *tit.* 3, *note* 2, *p.* 467.

(6) C'est qu'on ne peut guères, avant six semaines, évaluer approximativement les fruits ; et par conséquent faite auparavant, la saisie serait peu utile, et néanmoins fort coûteuse, à cause des frais de garde. — V. M. *Favard.*
Observations. 1. La disposition précédente ne fait point courir au créancier le risque d'être frustré du gage qu'il comptait trouver, au moins dans les *grains* pendans par racine, parce que les lois en défendent la vente tant qu'ils sont en *vert*, sous peine de nullité et même de confiscation, excepté qu'elle ne soit faite par suite de tutelle, changement de fermier, saisies et baux judiciaires. — V. *déclar.* 22 *juin* 1694 ; *L.* 6 et 23 *mess. iij* ; M. *Merlin*, *rép.*, *mot vente*, §. 1, *art.* 1, *n.* 6. — Nous disons au moins dans les *grains*, parce que les ventes des autres fruits ne sont pas prohibées (*d. L.* 23 *mess.*, *in f.*), ainsi que l'annonce, sans doute par erreur, M. *Pigeau*, ij, 116.
2. Il résulte de là que l'acheteur authentique de fruits susceptibles de vente doit en conserver la propriété malgré une saisie-brandon postérieure à son achat. — V. *arr. Paris*, 5 *therm.* 12, *prat. fr.*, *iv*, 248.
3. *Dr. anc.* Le tems de la saisie variait suivant les usages et les localités. — V. *Jousse*, *tit.* 33, *art.* 1 ; M. *Desmasures*, *ch.* 14, §. 3.

3. Elle se fait sans assistance de témoins. — *Tarif* 43.

4. On la notifie au maire du lieu (7), ainsi qu'au gardien, s'il n'est pas présent (8). — *V. C-pr.* 628 *in pr.; tarif* 29, 44.

5. C'est le garde-champêtre qui est établi gardien. — *V. d. art.* 628 (9).

6. La vente est annoncée, huitaine au moins à l'avance, par plusieurs affiches. — *V. C-proc.* 629-631, 619 (10).

7. Elle peut être faite (11) sur les lieux, ou sur la place, ou sur le marché (12). — *V. C-pr.* 633.

---

(7) Si les biens sont situés sur plusieurs communes, la notification se fait au maire du chef-lieu d'exploitation, ou de la commune qui contient la plus grande partie des biens. — V. *c-pr.* 628, *in pr.* — On la fait également au débiteur, comme dans la saisie-exécution. — V. *tarif* 44.

(8) *Quid juris* s'il est présent ?. Quoiqu'on n'ait pas dit dans l'art. 628 qu'on lui donnera une copie de la saisie, comme le demandait la cour de Dijon, il ne faut pas moins le décider, soit parce que cela est conforme à la raison et aux principes (v. *ci-dev.*, *p.* 169, *n.* 5; *p.* 475, *note* 41); soit parce que le code l'exige dans le même cas pour la saisie-exécution (v. *p.* 472), dont les formes, ainsi qu'on vient de le voir, sont applicables à la saisie-brandon.

(9) S'il n'est pas une personne prohibée. — *Ibid.* — C'est aussi un autre particulier qu'on choisit dans le cas de la note 7 (car il ne faut alors qu'un seul gardien... v. *ibid.*); sur-tout parce que cet employé ne pourrait exercer ses fonctions sur le territoire d'une commune autre que la sienne. — Quant au *salaire* de ces gardiens, v. *tarif* 45.

(10) Une à la maison du saisi, une à la maison-commune, une au marché, une à la justice de paix... Elles désignent l'instant de la vente, les parties, la mesure des terres, la nature et le lieu des fruits... L'apposition en est constatée par exploit. — V. *au reste, dd. art.*

(11) Un dimanche, ou un jour de marché, comme celle de la saisie-exécution. — V. *c-pr.* 632.

(12) Sur la place de la commune où est la plus grande partie des fruits... Au défaut de marché, sur le marché le plus voisin. — V. *c-pr.* 633.

Quant à la *distribution du prix*, elle se fait comme celle des saisies précédentes. — V. *c-pr.* 635, *et ci-apr.*, *tit.* 6, *p.* 490.

TITRE V.

De la saisie des rentes constituées (1).

Les rentes constituées (2) sont des meubles (*v.* C-Nap. 529, *in f.*), mais des meubles qui, à raison de leur importance, se rapprochent beaucoup des immeubles. D'après cette considération on a jugé convenable d'en assujétir la saisie à des règles qui eussent des rapports, et avec celles des saisies-arrêts, et avec celles des saisies-immobilières (3). — *V. M. Réal.* — Les premières concernent les formalités de la vente... Les secondes, les formalités qui précèdent la vente... Cette division sera celle du présent titre (4*).

(1) Ce titre correspond au tit. 10, liv. 5 du code.
Histoire. La législation établie dans ce titre est encore presqu'entièrement nouvelle. Comme jadis on plaçait les rentes constituées au rang des immeubles, on les saisissait par la voie ruineuse du décret. — **V.** *ci-apr.*, *tit.* 7 , *p.* 499. — Quelques rentes réputées meubles, telles que les rentes dues par l'État, étaient, il est vrai, soumises à un mode d'exécution plus simple, mais il y avait une grande incertitude, une grande variation dans l'application du même mode. — **V. M.** *Réal et M. Favard.*

(2) Tel est le nom que l'on donne à l'intérêt d'un capital remboursable à la volonté seulement de l'emprunteur, et appelé *constitution de rente.* Le contrat se désigne aussi quelquefois par ce dernier terme, et l'intérêt par celui d'*arrérages.* — **V.** *C-Nap.* 1909, 2277, *et le cours de dr. civ.*

(3) On pressent que ces considérations sont la base des décisions de détail ci-après exposées : d'où il est permis de conclure qu'en cas de doute on pourra interpréter les articles qui les contiennent par ceux des saisies-arrêt ou immobilière auxquels elles ont rapport.
Observation. Les formes exposées dans le titre actuel sont nécessaires lorsqu'on veut saisir et faire vendre le corps même de la rente, c'est-à-dire, le droit de la percevoir à l'avenir, à la place du débiteur. Si l'on veut seulement saisir les intérêts ou arrérages qu'elle produit, on peut se borner à une saisie-arrêt. — **V.** *M. Desmasures*, ch. 14, §. 4.

(4*) Il faut se rappeler que la saisie des rentes ne peut avoir lieu qu'en vertu d'un titre authentique et exécutoire. — **V.** c-pr. 636, *in pr.*, *et* 551 ; *et ci-dev.*, *tit.* 1, *n.* 4, *p.* 453.

§. 1. *Des formes antérieures à la vente.*

On en distingue plusieurs sortes, le commandement, la saisie et les mesures préparatoires de la vente.

I. *Commandement.* — Il doit être signifié avec le titre (5), un jour au moins avant la saisie, au condamné ou à l'obligé (6). — *V. C-pr.* 656 *in f.*, 583 ; *tarif* 29.

II. *Saisie.* — Elle est faite entre les mains du débiteur de la rente (7)... On y insère, sous peine de nullité (8), 1. une énonciation du titre, de la quotité et du capital de la rente (9), et du titre du saisissant ; 2. une désignation du saisi (10) ; 3. une élection de domicile chez un avoué du tribunal où l'on poursuit la vente (11) ; 4. une assignation (12) au

---

(5) Si le titre n'a pas été notifié. — *D. art.* 636.

(6) A personne ou domicile. — *D. art.* 636.

(7) C'est-à-dire de celui qui doit la rente au débiteur du saisissant.

(8) Outre les formes ordinaires des exploits. — V. *c-pr.* 637.

(9) Les cours de Rouen et de Douai ont réclamé contre cette énonciation du titre de la rente, parce qu'il est possible que le saisissant n'en connaisse point la date, ni le lieu où on l'a passé. Mais le mot *énonciation* de la loi étant par lui-même assez vague, il semble qu'il n'y aurait point de l'irrégularité si le saisissant se bornait à une autre désignation, qui fût d'ailleurs suffisante pour faire connaître le titre.

M. Pigeau, *t.* 2, *p.* 126, propose de faire, dans ce cas, une saisie-arrêt entre les mains du débiteur de la rente, afin d'obtenir, par sa déclaration, les désignations dont on vient de parler.

La *quotité* est la somme de la rente, c'est-à-dire, les arrérages ou intérêts dûs chaque année, soit en argent, soit en autres espèces.

(10) C'est-à-dire, ses nom, profession et demeure. — *D. art.* 637.

(11) M. Pigeau, *t.* 2, *p.* 127, prétend que cette élection vaut constitution d'avoué ; mais l'art. 637 ne le décide pas, et cela est contraire aux arrêts *cités au* §. *des avoués, note* 16, *n.* 5, *p.* 67.

(12) Devant le même tribunal. — *V. dd. art.*
Si ce tiers demeure hors du continent français, la saisie n'est pas moins faite à personne ou domicile, sauf à l'assigner dans les délais ordinaires (ceux qu'indique c-pr. 73). — *V. c-pr.* 639, 560.

tiers-saisi, en déclaration. — *V. C-pr.* 637 ; *tarif* 46.

Cet acte vaut saisie-arrêt des arrérages de la rente échus ou à écheoir, jusqu'à la distribution. — *V. C-pr.* 640.

Le tiers-saisi doit, pour sa déclaration, se conformer aux règles des saisies-arrêts (13) ; sinon il peut être condamné, selon les cas, ou à servir la rente, ou à des dommages. — *V. C-pr.* 638 (14), *et M. Réal.*

III. *Mesures préparatoires.* — Une dénonciation de la saisie, et une notification du jour de la première publication, faites au débiteur saisi, dans les trois jours (15), sous peine de nullité. — *V. C-pr.* 641 ; *tarif* 29, 46 (16).

Ces formalités remplies, les arrérages saisis sont remis au créancier. S'ils ne lui suffisent pas, il n'a d'autre ressource que celle de faire vendre la rente (17). — *V. M. Favard.*

---

(13) Ainsi, il indiquera ce qu'il doit, ce qu'il a payé, etc., les oppositions qu'on lui a notifiées, etc. — V. *c-pr.* 638, *renvoyant à* 573, 575, *etc. ; et ci-dev.*, *tit.* 2, §. 2, *n.* 2, *p.* 462.

(14) A la *servir* (c'est-à-dire, à la payer) s'il n'a pas justifié de sa libération... A des *dommages*, si son silence ou sa négligence en ont occasionné ; si, par exemple, ils ont donné lieu à des actes inutiles de procédure. — V. *id.* — Mais les termes, *selon les cas*, annoncent que la loi s'en remet sur ce point à la prudence du juge.

(15) A dater de la saisie, outre l'augmentation pour les distances, indiquée au d. tit. 2, note 20, p. 461. — V. *c-pr.* 641, 563.

(16) Lorsque le tiers-saisi demeure hors du continent français, ce délai ne court que « *de l'échéance de la citation au SAISI* »... *C-pr.* 642.
Observation. C'est *de la citation au TIERS-SAISI* qu'on aura voulu parler. M. Pigeau (*ij*, 128 *in f.*) l'a démontré jusques à l'évidence, sur-tout parce que avant la dénonciation l'on ne doit (d'après le code) donner aucune citation au saisi... Il faut néanmoins convenir qu'en révisant le code on a pu très-facilement être induit à faire une correction au projet, parce qu'il offrait une ambiguité assez étrange. « Lorsque le *dé-» biteur* sera domicilié, etc., y disait-on (*art.* 680), le délai ne courra » que du jour de l'échéance de la citation au *débiteur* » (des commentateurs qui n'avaient pas remarqué l'omission du code, ont expliqué l'art. 6\|2 d'une façon assez singulière).

(17) Parce que celui (le tiers-saisi) qui en doit le capital, n'est pas tenu de le rembourser.

§. 2. *Des formes de la vente.*

REMISE au greffe d'un cahier des charges (18*) de la vente, affiches d'extraits de ce cahier, trois publications et deux adjudications (à l'audience), l'une préparatoire et l'autre définitive (19) : voilà en quoi consistent les formes de la vente, dont nous allons exposer les règles de détail.

Nous remarquerons auparavant, 1. que la poursuite de la procédure appartient au saisissant qui a dénoncé le premier. — *V. C-pr.* 653 (20).

2. Que le saisi qui veut proposer des moyens de nullité contre les formalités antérieures à l'adjudication préparatoire, doit le faire avant cette adjudication (21). — *V. C-pr.* 654.

I. *Cahier des charges.* — On le remet au greffe (22), dans la quinzaine de la dénonciation... Il contient, outre les énonciations et désignations faites dans la saisie (23), celles de l'avoué du poursuivant, et de l'inscription, si l'on en a pris une pour la rente (24),

---

(18*) On nomme ainsi un mémoire ou acte qui contient les conditions de la vente, l'indication des parties et des choses vendues...; en un mot, tout ce dont il est nécessaire d'informer l'acquéreur.

(19) Toutes ces opérations sont faites par avoué. — *Arg. du tarif* 128.

(20) En cas de concurrence, au plus ancien créancier, et à égalité de rang, au plus ancien avoué. — *Ibid.* — Cette règle est commune à la saisie immobilière. — V. *c-pr.* 719.

(21) Règle également commune à la même saisie. — V. *ce tit.*, *ch.* 2, *n.* 3, *p.* 550, *et c-pr.* 733. — Après cette adjudication, le saisi ne peut attaquer que les procédures postérieures. — V. *c-pr.* 654.

(22) Du tribunal du débiteur saisi. — V. *c-pr.* 643.

(23) Nous entendons par-là les noms, professions et demeures des saisissant, saisi et tiers-saisi; la nature et la quotité de la rente, celle du capital, la date et l'indication du titre où on l'a constituée (*c-pr.* 643). C'est que tout cela est déjà dans la saisie. — V. *p.* 485, *n.* 2.

(24) C'est-à-dire, si le débiteur saisi, en faisant la constitution chez le tiers-saisi, s'est réservé une hypothèque et a ensuite pris une inscription sur les biens de ce dernier, pour assurer le service de la rente. Cette

(488)

les conditions de l'adjudication (25) et une mise à prix.
— *V. C-pr.* 643, *in pr.*

II. *Annonces.* Huitaine auparavant, un extrait (26)
de ce cahier est placé dans l'auditoire (27), affiché
dans plusieurs lieux (28), et inséré dans les journaux (29); et ces deux dernières mesures sont répétées trois jours avant la dernière publication (30).
— *V. C-pr.* 644-646, 650.

III. *Publications et adjudications.* 1. La première
publication du cahier des charges se fait (31) lors de

énonciation est essentielle, parce que l'inscription, en procurant l'avantage dont on vient de parler, augmente la valeur vénale de la rente.

(25) Par exemple, si le prix sera payé comptant, ou avec terme, ou
si une partie restera en réserve entre les mains de l'acquéreur, pour faire
face à quelque dette éventuelle du saisi, etc.

(26) Il contient les indications précédentes. — V. *c-pr.* 644.

(27) Du tribunal où se poursuit la vente... Le greffier le place dans un
tableau. — V. *id.*

(28) Aux maisons du saisi, du tiers-saisi et du tribunal, et sur la principale place du lieu de la vente. — V. *c-pr.* 645.

(29) Dans celui du même lieu; s'il n'y en a pas, dans un de ceux du
département. — V. *c-pr.* 646.

(30) D'après l'art. 647, on doit observer pour ces affiches et annonces,
ce qui est prescrit au titre de la saisie immobilière. Or, 1. les art. 683
et 685 du même titre décident qu'elles sont constatées par des certificats
de l'imprimeur et actes de l'huissier (v. *dd. art.*; *et ci-apr.*, *tit.* 7, *ch.* 1,
art. 5, *p.* 517) : voilà donc une première forme à suivre.
2. Suivant M. Pigeau, *t.* 2, *p.* 131, il faut aussi (par argument des
art. 703, 704, 687 et 717 de ce titre) faire mention dans ces affiches,
des adjudications préparatoire et définitive, sauf à en garnir à la main les
jours, lorsqu'on les connaîtra; les faire viser par les maires, et les notifier au saisi, sous peine de *nullité.*
Il nous semble que, même en admettant la nécessité de ces formes, il
serait difficile d'attacher à l'omission la peine de nullité... 1. L'art. 717
attache la nullité à des inobservations de formes prescrites pour la saisie
immobilière, quoique la loi ne la prononce pas pour des formes semblables, prescrites pour la saisie des rentes, telles que l'insertion de l'extrait au tableau de l'auditoire (v. *ci-dessus*, *n.* 2, *et c-pr.* 644, 682,
717); d'où il résulte qu'on n'a pas jugé ces formes aussi importantes
dans l'une que dans l'autre saisie... 2. L'art. 647 dit bien qu'on observera ce qui est prescrit au titre de la saisie immobilière, etc., mais il
n'ajoute pas que ce sera sous peine de nullité; et il faut que toute nullité soit *formellement* prononcée par la loi. — V. *c-pr.* 1030.

(31) A l'audience... La loi, *art.* 643, *in f.*, l'indique à la fin de la

la remise ; la seconde a lieu huitaine après et peut être suivie de l'adjudication préparatoire (32) ; la troisième, au jour indiqué par la précédente ou par le tribunal. — *V. C-pr.* 643 *in f.*, 648, 649 *in pr.*

2. L'adjudication définitive se fait lors de la troisième publication, au plus offrant (33), sauf la revente à la folle enchère. Elle est prononcée dans un jugement qui contient la copie du cahier des charges. — *V. C-pr.* 649 *in f.*, 652, 714, 737 (34).

L'adjudication passée, on revient aux formes des saisies mobilières, et le prix est distribué par contribution. — *V. C-pr.* 655 ; *MM. Réal et Favard* (35) ; *et le titre suivant.*

---

phrase où elle parle de la remise du cahier au greffe, et sans disposition d'où il puisse résulter que ces deux opérations doivent être séparées par un intervalle. Par conséquent il est permis de faire cette publication le jour même de la remise.

(32) La rente, *dit l'art.* 648, « pourra, lors de cette publication, être » adjugée, sauf le *délai* qui sera prescrit par le tribunal », c'est-à-dire sans doute, qu'en adjugeant il fixera un délai pendant lequel des tiers seront admis à proposer une sur-enchère. Cette adjudication faite *sauf le délai*, n'est donc au fond qu'une adjudication *préparatoire* (v. *ci-apr.*, *tit.* 7, *ch.* 1, *p.* 520) , et la loi elle-même paraît évidemment la considérer comme telle, puisqu'aussitôt après, *art.* 649, elle dit qu'à la troisième publication l'adjudication *définitive* sera faite au plus offrant, etc...
Au reste, le mot *pourra* montre que cette adjudication préparatoire n'est pas indispensable.

(33) Sur des enchères d'avoués. — *V. leur* §., *note* 13, *p.* 66 ; *c-pr.* 651.
Les auteurs du praticien français, *art.* 652, et M. Pigeau, *p.* 135, 138, disent qu'il n'est besoin ni de feux, ni de bougies. Ce qui paraît certain, c'est que l'omission de cette méthode utile ne serait point une nullité.

(34) Quant aux règles de détail relatives à la folle enchère, à la rédaction du jugement et à l'*acquit* des conditions et du prix, on doit observer celles de la saisie immobilière. — *V. c-pr.* 652, *et pour ces règles, ci-apr.*, *tit.* 7, *ch.* 1, *art.* 6, §. 2, *p.* 521 *et suiv.*

(35) S'il y a des créanciers hypothécaires antérieurs à la loi du 11 brumaire an 7, qui a déclaré que les rentes n'étaient plus passibles d'hypothèques, le prix leur est distribué suivant l'ordre des hypothèques (et ensuite aux autres par contribution). — *V. dd. autorit.* — C'est que la loi ne peut avoir d'effet rétroactif.
Observations. 1. *Incidens.* Le code ne fait mention que de deux des incidens qui peuvent s'élever pendant la procédure de la saisie des rentes ; savoir, les incidens relatifs au droit de poursuite et à la proposition des nullités. — *V. ci-dev.*, §. 2, *in pr.*, *p.* 487. — M. Pigeau en compte

TITRE VI.

De la distribution par contribution (1).

La distribution par contribution est l'action de diviser des biens entre des créanciers et à proportion de l'étendue de leurs créances (2)... Elle est fondée

---

cependant jusques à quatorze (ce sont les mêmes incidens que l'on a à craindre pendant la saisie immobilière). Il propose ensuite pour les instruire et juger, des règles puisées dans celles de la même saisie. — V. *id.*, *t.* 2, *p.* 148 *et suiv.*; *et ci-apr.*, *tit.* 7, *ch.* 2, *p.* 527.

2. *Rentes viagères.* Suivant le même auteur, *p.* 122, on a le droit de faire saisir et *vendre* une rente viagère. Cette opinion nous paraît susceptible de difficulté. On peut objecter entr'autres, que si la loi eût voulu étendre à ces rentes le mode d'exécution propre aux rentes constituées, il suffisait d'un mot pour l'exprimer; que s'il est vrai que la rente viagère soit en général *dans les biens* du débiteur, et doive par conséquent servir de gage à ses créanciers (*arg. de C-N.* 2092), elle ne devient réellement son bien qu'à mesure qu'il continue d'exister, s'il est permis de s'exprimer ainsi, car le capital en est pour toujours perdu pour lui (v. *C-Nap.* 1978). Delà, il semble qu'on puisse dire que le créancier n'a une action que sur le revenu de ce capital, et à mesure que ce revenu devient exigible, et que par-là même il n'a d'autre mode de l'*exécuter* que la saisie-exécution ou la saisie-arrêt. D'ailleurs, vu l'incertitude de la durée d'une rente viagère, l'adjudication du capital fictif, qui est censé la produire, n'en procurerait, selon toute apparence, qu'un prix fort modique; de sorte que le créancier ne retirerait qu'un avantage bien léger en comparaison du préjudice qu'éprouverait le débiteur; et si la loi a voulu conserver les droits de l'un, elle n'a point eu l'intention de lui sacrifier tout-à-fait les intérêts de l'autre.

(1) Ce titre correspond au tit. 11, liv. 5 du code.

(2) Si par exemple la somme qu'ont produit les biens du débiteur est la moitié de la somme totale des créances, on donnera à chaque créancier la moitié de la sienne... On dit distribution par *contribution*, parce qu'en cas d'insuffisance, chacun des créanciers *contribue* à la perte commune.

Histoire. L'ordonnance n'avait rien prescrit pour cette partie importante de la procédure : des réglemens et usages différens suivant les provinces, et une jurisprudence incertaine et variable, voilà les seuls guides qu'offrait à cet égard le droit ancien. Le mode suivi au Châtelet de Paris, était le meilleur de tous, et en conséquence on l'a adopté dans le code ; et cependant, comme il était encore assez imparfait pour que les frais d'une contribution où les créanciers étaient un peu nombreux et où il s'en rencontrait de privilégiés, absorbassent quelquefois la somme à distribuer, on y a fait des changemens et des améliorations. — V. *MM. Réal et Favard.*

sur un principe général établi par les lois, savoir, que les biens du débiteur sont le gage commun de ses créanciers. — *V. C-N.* 2092, 2093 *in pr.* — *V. aussi L.* 20, §. 1, *ff. de pignorat. act.* (3).

Mais il faut observer, 1.° qu'on déroge à ce principe en faveur des créanciers privilégiés et hypothécaires, et qu'en conséquence on les paye avant tous les autres et sans réduction (4). — *V. C-Nap.* 2093, *in f.*, 2094. — 2.° Que les hypothèques et plusieurs des privilèges ne sont assis que sur les immeubles ; 3.° que le mode d'exécution et de paiement sur les immeubles différant de celui des meubles, il a fallu imaginer un mode particulier (on le nomme *ordre*) pour la division du prix des immeubles entre les créanciers. — *V. ci apr. tit.* 8.

Il résulte de ces remarques, 1. que la distribution proprement dite (5) se fait également entre tous les créanciers, si l'on en excepte quelques privilégiés

---

(3) Elles paraissent avoir fondé ce principe, entr'autres sur les observations suivantes :

1. Lorsqu'un particulier prête de l'argent, il compte pour son remboursement, moins sur la garantie que lui offre la bonne foi de l'emprunteur que sur celle que présentent les biens de celui-ci, parce qu'il est infiniment plus facile de saisir des biens que de contraindre une personne à faire quelque chose : *plus cautionis in re est quàm in personâ*, dit la loi 25, ff. reg. jur.

2. Les créanciers ont tous le même droit à ces biens, parce que, si l'on excepte les privilégiés et hypothécaires (v. *ci-av.*, *note*), aucun d'eux n'a dû compter sur une garantie plus forte, ou n'a rendu au fond un plus grand service que ses co-créanciers ; ou du moins parce qu'il serait impossible, sauf la même exception, d'apprécier exactement chacun de leurs services.

(4) La préférence accordée aux privilégiés est fondée sur la nature du service qu'ils ont rendu, service qui a conservé ou augmenté la valeur du gage commun, ou a procuré un nouveau gage sur lequel les autres créanciers n'avaient pas dû compter, ou a permis de satisfaire à des devoirs sacrés prescrits par la religion, la morale, l'humanité, la décence, le bien de la société, etc.

Celle des hypothécaires est fondée sur le droit accordé par le débiteur ; droit attaché à sa qualité de maître, et dont les autres créanciers ne peuvent se plaindre, parce qu'il leur était libre de s'en procurer un semblable.

(5) Pour abréger, nous supprimons les mots *par contribution...*

spéciaux (6) ; 2. qu'elle a pour objet les meubles ou plutôt les sommes qu'on a tirées des meubles (7) du débiteur, et par conséquent celles qu'on a retenues ou obtenues par les procédures des saisies-arrêts, exécution, brandon et de rentes (8). — *V. C-pr.* 656, *in pr.*, 579, 610, 635, 655 ; *Jousse, tit.* 33, *art.* 20.

Comment et entre quelles personnes se fait la distribution, et quels en sont les résultats ?... Voilà ce que nous allons examiner.

§. 1. *Des modes de la distribution.*

On distingue deux sortes de modes pour la distribution, le mode amiable et le mode judiciaire.

Tout ce que nous avons à observer relativement au mode *amiable*, c'est qu'il est préféré à l'autre mode ; que les créanciers et le saisi sont tenus (9) de l'essayer dans le délai d'un mois (10), et que s'ils ne s'ac-

---

(6) Il y a quelques privilèges établis sur les meubles ; mais les hypothèques n'étant assises que sur les immeubles, ne donnent aucun droit de préférence relativement aux meubles. — V. *C-N.* 2102, 2118, 2119; *c-pr.* 778, *et ci-apr. tit. de l'ordre*, art. 2, §. 1 *et note* 31.

(7) Parce que toute créance a, en dernière analyse, pour objet une somme d'argent, et que par conséquent le créancier qui veut se procurer la somme destinée à éteindre sa créance, est obligé de faire vendre les meubles, gages de cette créance. — V. *M. Tarrible, nouv. rép., mot privilèges, sect.* 3, §. 1, *n.* 2.

Il est inutile d'observer que la distribution n'est pas nécessaire lorsque les deniers suffisent au paiement des créances et des frais (v. *c-pr.* 656, *in pr.*), puisqu'alors personne n'a rien à réclamer.

(8) Parce que ces exécutions ne portent que sur des meubles (*autres cas... v. tit. de l'ordre,* note 31, *et du bénéf. d'inventaire, n.* 2).

Mais on fait une exception à la règle ci-dessus, lorsqu'il y a des hypothèques anciennes sur des rentes saisies. — V. *tit.* 5, *note* 35, *p.* 489.

(9) Quoique cette disposition soit *facultative*, on l'a exprimé en termes *impératifs*, afin que les juges et les parties fussent bien convaincus que l'intention du législateur était qu'on essayât par tous les moyens possibles de s'accorder. — V. *M. Réal.*

(10) M. Pigeau observe judicieusement, *t.* 2, *p.* 165, que ce délai ne doit courir que du jour où le saisi et les créanciers ont pu apprendre quelle est la somme à distribuer; savoir, en cas de saisies-arrêts et de rentes, du jour où l'on a signifié le dernier jugement qui fixe la dette du tiers-saisi, ou qui adjuge la rente; et en cas de saisies-exécutions et bran-

cordent pas, le commissaire de la vente en consigne le prix dans les huit jours suivans, à la charge des oppositions (11), et sous déduction des frais de cette vente (12). — *V. C-proc.* 656, 657; *tarif* 42; *M. Réal* (13).

Quant au mode *judiciaire*, qui est la suite du désaccord des créanciers (14), et qui a lieu après la consignation, la loi en indique la marche ordinaire, ainsi que les mesures à prendre en cas de difficultés.

Marche ordinaire. 1. Le saisissant ou la partie la plus diligente (15) poursuit la distribution. — *V. C-pr.* 658.

---

dons, du jour où le commissaire a rendu compte du produit et des frais de la vente. — V. *en ci-dev. les titres.*

(11) C'est-à-dire sous la condition que le consignataire ne remettra point le prix au saisi ni à ses créanciers, tant que les oppositions faites sur ce prix *entre les mains* du saisissant ou du commissaire (v. *c-pr.* 660), subsisteront; et qu'il ne le remettra qu'aux particuliers désignés par le jugement qui aura statué sur les oppositions. — V. *aussi d. ord.*, *tit.* 33, *art.* 20; *Jousse, ibid.*

(12) D'après la taxe qu'en aura fait le juge sur le procès-verbal, et qui sera mentionnée dans les expéditions. — V. *c-pr.* 657. — Cet art. dit *déduction faite...* donc le commissaire peut retenir les frais et n'est pas obligé de les réclamer comme le prétend un commentateur... C'est aussi ce qu'on pratiquait jadis. — V. *Jousse, sup.*

(13) Quant à la manière de constater leur accord amiable, il est clair qu'elle dépend entièrement de leur volonté... Ils ont en outre le droit de contraindre le dépositaire à leur délivrer les deniers, conformément à cet accord.

(14) Il suffit qu'un seul ait résisté à l'ordre amiable, parce que, pendant la procédure de distribution, on peut découvrir et faire rejeter de fausses créances, et obtenir par là peut-être un remboursement total. — V. *M. Pigeau, t.* 2, *p.* 166.

Jadis il fallait au moins trois opposans pour qu'il y eût lieu à une instance en distribution, et que le commissaire fût obligé de consigner les deniers; encore dans l'usage les gardait-il presque toujours. — V. *Jousse, tit.* 33, *art.* 20.

(15) C'est celle qui requiert la première la nomination du commissaire... On fait la réquisition par une note que l'avoué porte au greffe sur un registre destiné aux contributions. Si plusieurs avoués se présentent en même tems, le président du tribunal décide sans procès-verbal (nonobstant opposition ou appel), quelle réquisition on doit recevoir. — V. *c-pr.* 658; *tarif* 95, 130; *ci-dev. part.* 1, *art. des tribun. civils*, *et ch. de l'esprit des lois, notes* 7 et 11, *p.* 56 et 129.

Observations. 1. *Quid juris* si le poursuivant néglige de faire les actes

2. Un juge est commis par le président pour la diriger, et il ouvre à cet effet un procès-verbal. — *V. C pr. id. et* 663 ; *tarif* 95.

3. On interpelle (16) les créanciers de produire, et le saisi de prendre communication des productions et de les contredire (17). — *V. C·pr.* 659.

La production doit être faite entre les mains du juge, dans un mois au plus (18). On y joint une demande en collocation, avec constitution d'avoué (19). — *V. C pr.* 660.

4. La production faite ou le mois expiré, le com-

---

de procédure nécessaires à la distribution !... Jadis, un des opposans pouvait demander et obtenir à l'audience de lui être subrogé. — *V. Jousse, tit.* 33, *art.* 20. — Il est naturel de suivre encore le même mode, qui est autorisé expressément pour l'ordre. — *V. c-pr.* 779, *et ci-apr., tit. de l'ordre, note* 5.

2. La réquisition précédente équivaut à une demande. — *V. ci-dev., ch. des lois, p.* 123 *et note* 4, *ib.*

3. Quel est le tribunal qui connaît de la distribution ? il est naturel que ce soit celui où l'instance de la saisie qui y donne lieu est pendante, puisque la distribution en est le résultat, et tel paraît être aussi l'avis de Jousse, *ibid., art.* 12, *n.°* 4... Mais il peut arriver qu'il y ait deux saisies faites contre le même débiteur, et poursuivies devant deux tribunaux différens. Dans ce cas, il faudra réunir les deux procédures et continuer la distribution où elle a été le plutôt introduite (sur-tout lorsque le débiteur et le poursuivant sont domiciliés dans le même ressort). — *V. arr. cass.* 23 *août* 1809, *Nevers,* 163 ; *et ci-d., art. de la compétence, n.* 4, *règle* 4.*e, p.* 35.

(16) Après les délais d'un mois et de huitaine, ci-devant indiqués... Mais on obtient d'abord sur requète une ordonnance du commissaire, en vertu de laquelle on fait la sommation, par acte d'avoué, ou par exploit au défaut d'avoué. — *V. c-pr.* 659, *et tarif* 29 *et* 96 (*combinés ensemble*), 131 *et* 132. — Et on doit la faire à tous les opposans. — *V. note* 11, *p.* 493.

(17) Parce qu'il a intérèt de ne laisser admettre à la distribution que ses véritables créanciers, et seulement pour les sommes qu'il leur doit.

(18) A dater de la sommation, et sous peine de forclusion. — *V. c-pr.* 660. — Cette peine est fort rigoureuse, mais la loi la prononce clairement. — *V. aussi c-pr.* 778 ; *arr. Paris,* 1 *juin* 1809 *et* 15 *août* 1811, *J-c-pr. iij,* 350, *avoués, iv,* 220. — Au reste si à raison de cette forclusion, qui aura écarté quelque créancier de la distribution, la somme à distribuer n'était pas absorbée par les produisans et les frais, les non produisans viendraient en concours sur l'excédent.

(19) Cela se fait par un acte d'avoué, qui n'est point signifié. — *V. tarif* 97.

missaire dresse (20) l'état de distribution (21). Le poursuivant dénonce la clôture du procès verbal aux produisans et au saisi , et les requiert (22) d'en prendre communication et de contredire dans la quinzaine (23). S'ils ne le font pas , ils sont forclos de droit (24). — *V. C-pr.* 663, 664 , *in pr.*

5. S'il n'y a pas de contestation (25), le commissaire ferme son procès-verbal , arrête la distribution et ordonne de délivrer aux créanciers des mandemens pour le paiement de ce qui leu₁ est accordé (26). — *V. C-pr.* 665.

Difficultés. ɪ. On statue sur les difficultés à l'au-dience , d'après le rapport du commissaire (27) , et en présence seulement des créanciers qui contestent (28), du saisi et de l'avoué le plus ancien des opposans (29). — *V. C-pr.* 666-668.

---

(20) C'est-à-dire qu'on peut dresser l'état avant l'expiration du mois , si les productions sont faites. — V. *c-pr.* 663.

(21) Ensuite du procès-verbal et sur les pièces produites. — 663.

(22) Par acte d'avoué , ou par exploit au défaut d'avoué. — V. *c-pr.* 663 , 755, *et tarif* 99, 29, 134.

(23) Sur le procès-verbal. Ce procès-verbal n'est point levé ni signifié, et il n'est enregistré que lorsqu'on délivre aux créanciers les mandemens. — V. *c-pr.* 663 , 755, *et tarif* 99 , 134 , 135.

(24) C'est-à-dire sans sommation ni jugement. — V. *c-pr.* 664. — V. *aussi , sur ce point , le* §. *des nullités , note* 9, *p.* 132.

(25) S'il n'y a pas lieu à contestation , on ne fait aucun *dire.* — V. *c-pr.* 664 , *in f.*

(26) Le greffier les leur délivre à condition qu'ils affirmeront devant lui (avec l'assistance de leur avoué) la sincérité de leurs créances… Les mandemens ou ordonnances contiennent *collectivement* la totalité du procès-verbal , dont on ne doit point délivrer séparément une expédition complète. — V. *c-pr.* 665, 571 ; *tarif* 101 , 137.

(27) Et les conclusions du ministère public , en vertu d'un simple acte de la partie la plus diligente , et sans autre procédure. — *C-pr.* 666.

(28) C'est-à-dire , de celui qui attaque une allocation , et de celui dont l'allocation est attaquée. — V. *c-pr.* 667.

(29) Le concours des autres parties est inutile , celles-là suffisant pour

2. S'il y a appel, on n'intime que les mêmes personnes, et l'on statue comme en matière sommaire. — *V. C pr.* 669 (30).

3. Le délai d'appel expiré (31) ou l'arrêt signifié (32), le procès-verbal est clos comme ci-devant, et huitaine après, les mandemens sont délivrés. — *V. C-pr.* 670, 671, 665.

§. 2. *Des créanciers à qui l'on distribue, et des résultats de la distribution.*

I. *Créanciers.* — La distribution, nous l'avons dit, est faite par contribution entre tous les créanciers qui n'ont pas de privilège.

Les créanciers qui ont un privilège sont ceux indiqués par les articles 2101 et 2102 du code Napoléon (33), et le code de procédure y ajoute ceux qui ont avancé les frais de la poursuite. — *V. C-proc.* 662 (34). — *V. aussi C pr.* 657 ; *C-comm.* 558. —

---

veiller aux intérêts de toutes. — *V. aussi Jousse, tit.* 33, *art.* 12.

Quid juris si le client de l'ancien avoué est sans intérêt (un privilégié par exemple), ou bien a le même intérêt que le créancier contesté ? M. Pigeau, *p.* 184, décide avec raison qu'on doit alors appeler l'avoué le plus ancien après celui-là.

(30) Cet appel est signifié à avoué, et contient assignation et griefs. — *V. c-pr.* 669, 763; *et tit. de l'appel, ch.* 4, *p.* 381.

(31) Dix jours, à dater de la signification du jugement à avoué (*v. c-pr.* 669, 765; *d. tit., ch.* 3, *note* 63, *p.* 379; *et tit. de l'ordre, note* 19); même lorsque les sommes proviennent en partie d'immeubles. — *V. arr. de Lyon,* 2 *janv.* 1811, *avoués, iij,* 243. — On a prescrit un délai fort court, afin que l'incident retarde peu le paiement des créanciers non contestés. — *V. M. Desmasures, ch.* 14, §. 5.

(32) Au domicile de l'avoué. — *V. c-pr.* 670.

Les *dépens* des contestations sont taxés comme ceux des autres causes, suivant leur nature sommaire ou ordinaire. — *V. tarif* 101, *in f.*

(33) Le premier indique les privilèges généraux, le second les privilèges spéciaux sur les meubles. — *V. au reste, le cours de droit civil.*

(34) *Observations.* 1. Cet article est ainsi conçu : « les frais de poursuite seront prélevés, par privilège, avant *toute* créance, *autre* que » celle pour loyers dus au propriétaire ». En prenant cette disposition à la lettre, il semble que le propriétaire doive passer absolument avant

Mais

Mais il les place après le propriétaire créancier de loyers. — *V. id.*

Ils forment leur réclamation dans la demande en collocation. Le propriétaire peut même faire statuer préliminairement, et en référé devant le commissaire,

---

tous les autres privilégiés. Mais il serait impossible d'adopter une semblable décision, sans détruire tous les principes établis dans les art. 2101 et 2102 déjà cités. Il paraît que celle de l'art. 662, qui n'existait point dans le projet (*art.* 656), n'a été insérée dans le code de procédure que par forme d'exception, et pour montrer que quand on fait une distribution du prix de meubles arrêtés par des saisies, la créance du propriétaire est préférable aux frais de poursuite, parce que le propriétaire a le droit de saisir les meubles soumis à son privilège (v. *ci-apr. le tit. de la saisie-gagerie*), sans attendre une distribution.

2. Les diverses lois relatives aux privilèges établis sur les meubles, ont laissé subsister plusieurs difficultés sérieuses, parce qu'elles n'ont point indiqué l'ordre général de ces privilèges, en cas qu'ils concourent tous ensemble. On peut consulter, à ce sujet, M. Tarrible, qui a parfaitement développé la nature des privilèges (v. *nouv. rép., h. v.*). Nous nous bornerons à citer un projet de distribution qu'il propose, et où l'on prendra une idée de la méthode à suivre en pareille circonstance.

« Supposons, pour présenter une application de ces principes, qu'un fermier soit décédé, ne laissant dans sa succession que des attelages de charrue, et qu'il s'élève dans cette succession un concours simultané de réclamations pour frais funéraires, pour frais de justice, pour frais de la dernière maladie, pour gages de domestiques, pour fournitures de subsistances, pour arrérages de fermages, pour pansemens de chevaux malades, pour prix de chevaux vendus et non payés, et pour remboursemens d'un prêt fourni sur un cheval donné en gage : l'ordre de préférence devra être réglé de la manière suivante : — 1.º les frais de justice; — 2.º la contribution mobilière; — 3.º les frais funéraires; — 4.º les frais de la dernière maladie; — 5.º le salaire des gens de service (v. *ci-d., ch. des actions', note* 14, *n.* 1', *p.* 104); — 6.º les fournitures de subsistances; — 7.º les frais de pansemens pour la conservation des chevaux; — 8.º le prêteur sur le cheval donné en gage, sans qu'il y ait eu revendication de la part du propriétaire de la ferme, dans le délai prescrit; — 9.º le vendeur des chevaux, en supposant qu'il ait donné connaissance au propriétaire de la ferme qu'ils n'appartenaient pas au fermier; — 10.º le propriétaire de la ferme ».

Il faut ajouter aux privilèges indiqués dans cet exemple, ceux que le même auteur cite plus bas (*sect.* 2, §. 2, *et sect.* 3, §. 1). 1. Privilège de la contribution foncière...; lorsqu'il s'agit des fruits des immeubles, il se place entre les frais de justice et les frais funéraires. 2 et 3. Privilèges du trésor public pour créances sur les comptables, et pour frais criminels dûs par les condamnés... Ils passent après tous les privilèges généraux et spéciaux. — V. *LL.* 5 *sept.* 1807 *et* 12 *nov.* 1808; *avis cons. d'état,* 25 *févr.* 1808; *c-pén.* 54; *arr. cass.* 6 *juin* 1809.

Quant aux privilèges des remplaçans des curés, v. *décr.* 17 *nov.* 1811, *art.* 14.

3. *Frais de justice...* M. Tarrible les définit très-bien (*d.* §. 1), ceux qui sont faits pour scellé, inventaire, saisie, poursuites et ventes des

le saisi et le plus ancien avoué appelés (35) , sur le privilège de ses loyers. — *V. C-pr.* 660 *in f.* , 661 *; tarif* 97 , 98 *; ci-devant tit. des référés, note* 3 , *n.* 5 , *p.* 342.

II. *Résultats.* — 1. Les sommes admises en distribution cessent de produire des intéréts lors de la clôture du procès-verbal (36), ou de la signification du jugement, ou en cas d'appel , quinzaine après celle de l'arrêt (37). — *V. C-pr.* 672.

2. Les créanciers satisfaits donnent main-levée de leurs oppositions , et remettent même leurs titres, si leurs créances sont entièrement acquittées. — *V. M. Pigeau* , *t.* 2 , *p.* 188.

---

objets affectés aux créances, ordre et distribution de deniers , et, en un mot , tous ceux qui ont pour objet la conservation du gage et sa couversion en une somme liquide susceptible de distribution ; en observant qu'ils ne comprennent nullement les frais qui, quoique exposés en justice , ont un objet différent.

4. *Intercts.* — *V.* ci-apr. , tit. de l'ordre , note 37 , n. 3.

5. *Concours* des créanciers hypothécaires et chirographaires sur les meubles... V. *c-com.* 539-543 ; *M. Merlin, nouv. rép. , mot ordre, S.* 5 *et* 6.

6. *Privilèges* et *distribution* en matière de commerce... V. *c-com.* 191 , 193 . 196 . 214, 323 , 437 , 513 , 520, 533 , 535 , 537 , *etc.*

7. *Privilèges* qui s'étendent sur les meubles et les immeubles... V. *ci-apr. tit. de l'ordre , note* 30 , *n.* 2 , *p.* 542.

(35) Par acte d'avoué , et par exploit , au défaut d'avoué... Le commissaire peut statuer même en défaut. — V. *tarif* 97 , 98 , 29.

(36) S'il n'y a pas eu de contestation. — V. *c-pr.* 672.

(37) Cette disposition ôte toute incertitude sur l'étendue précise de chaque créance , et empêche que le débiteur ne soit lésé par les créanciers qui négligent de retirer les sommes pour lesquelles ils sont colloqués. — V. *M. Favard.*

TITRE VII.

De la saisie immobilière (1).

La saisie immobilière est un acte par lequel on fait prendre et conserver les immeubles d'un débiteur pour les faire vendre au profit de ses créanciers (2).

Le résultat de cette exécution étant l'expropriation de l'espèce de biens la plus précieuse, on a dû l'as-

---

(1) Ce titre correspond aux titres 12 et 13, liv. 5 du code, que nous avons réunis, parce qu'ils sont relatifs à la même matière, la saisie et les incidens sur la saisie.

(2) *Coup-d'œil sur l'histoire des divers modes d'exécution hypothécaire usités en France et principalement en Dauphiné.*
Il y avait jadis en Dauphiné quatre modes principaux d'exécution, en vertu d'un droit d'hypothèque, le décret, l'action en délaissement, la subhastation, et l'exposition d'après l'édit de 1771. Dans d'autres provinces, on se servait de la collocation, ou action de donner au créancier des immeubles du débiteur, après une estimation; de l'adjudication à la barre, etc.
1. *Décret.* Le créancier demandait le paiement de sa dette, faisait vendre l'effet soumis à l'hypothèque, pour être payé à son rang sur le prix. Les règles de procédure auxquelles on était assujéti pour parvenir à ce dernier but, avaient été tracées par l'ordonnance de 1539, art. 76 et suiv, et par l'édit de 1551, connu sous le nom d'édit des *criées*; mais la plupart étaient tombées en désuétude, ou observées d'une manière différente par les tribunaux. Quoi qu'il en soit, il est bien certain que ce mode d'exécution occasionnait des actes innombrables, et en général fort coûteux; qu'il était si difficile d'en terminer les opérations compliquées, qu'on a l'exemple de décrets qui ont duré plus d'un siècle; qu'en un mot, le résultat ordinaire qu'il produisait, était la ruine du débiteur, et souvent celle des créanciers. — V. *MM. Réal et Grenier.* — Quant à ces opérations ou actes, *voyez* Ferrière et le répertoire, mot *saisies réelles*, et sur-tout Rodier, instruction mise à la fin du titre 33 de l'ordonnance de 1667.
2. *Action en délaissement.* D'après ce mode, très-usité en Dauphiné, le créancier qui ne voulait pas faire vendre, agissait en vertu de l'action hypothécaire. Il demandait au débiteur le délaissement de tels biens qu'il désignait, pour en jouir à titre de gage et hypothèque, les fruits non comptés jusques à son parfait paiement: et les fruits, dans ce cas, tenaient lieu des intérêts du principal, quoiqu'ils lui fussent presque toujours supérieurs.
Si le même créancier n'était pas satisfait de cette jouissance, il pouvait actionner les tiers-possesseurs d'autres immeubles de son débiteur (après avoir préalablement discuté les biens libres de ce dernier) en délaissement de ces immeubles, et en offrant de leur payer leurs créances

sujétir à des formes plus solennelles que celles des saisies mobilières; à des formes qui assurassent tout-à-la-fois les intérèts du créancier et ceux du débiteur, du possesseur et des autres ayant droits. — *V. MM. Réal et Grenier.*

---

antérieures ou privilégiées aux siennes, si mieux ils n'aimaient le payer lui-mème; et dans ce cas, il leur délaissait.

Ceux qui étaient obligés de délaisser les fonds par eux possédés, devaient restituer les fruits qu'ils avaient perçus, et alors on leur tenait compte des intérêts de leurs créances. — Quant aux inconvéniens de cette manière de procéder, dont les frais étaient incalculables, v. *Royer-Desgranges, instruct. hypothéc.*, §. 4. — Elle est tacitement supprimée par le code... V. arr. Riom, 1810, *J-C-N. xviij*, 172.

3. *Subhastation.* On nommait ainsi en Dauphiné, une adjudication des biens du débiteur, faite à l'enchère, d'après un mode très-simple. Mais elle avait deux inconvéniens infiniment graves, l'un de dépouiller le débiteur pour des sommes le plus souvent fort inférieures à la valeur des immeubles; le deuxième de ne pas purger les hypothèques.

. Le créancier, en vertu d'une permission, saisissait les immeubles du débiteur, les mettait a l'enchère dans trois criées, appelées *encans;* on adjugeait lors du troisième et presque toujours au créancier, parce qu'on ne prenait aucune précaution pour donner de la publicité à la vente; qu'entr'autres, les deux premiers encans ne se passaient jamais, suivant un adage vulgaire, que *sous la cheminée.* Le créancier obtenait ensuite une sentence appelée *d'interposition de décret*, qui validait les encans et l'autorisait a se mettre en possession. Après la mise en possession, le créancier devenait propriétaire incommutable de l'immeuble adjugé; le débiteur pouvait seulement en demander le rachat dans le délai de quatre mois, après la mise en possession. — *Ord. du parl. de Grenoble, de* 1547, *art.* 68-73.

Le créancier ne pouvait prendre en immeubles du débiteur, plus du double de sa créance en principal et accessoires (*d. ord., art.* 72), si l'on en avait fait l'observation au *troisième* encan. — *Expilly, ch.* 39 *et* 42. — Les pupilles et mineurs pouvaient être restitués contre la vente, s'ils réclamaient dans les dix ans de leur majorité; s'il y avait lésion prouvée... — *Expilly, ch.* 150; *Basset, tom.* 1; *liv.* 4, *tit.* 12, *ch.* 6.

4. *Édit de* 1771. — Il introduisit un nouveau mode, non pas d'exécuter, mais de purger les hypothèques. D'après ses dispositions, tout acquéreur d'immeubles purgeait les hypothèques à l'égard des créanciers du vendeur qui n'avaient pas formé opposition à la vente deux mois après qu'elle avait été affichée au bailliage ou à la sénéchaussée du ressort. L'acquéreur était seulement tenu de payer le prix porté par l'acte, aux créanciers opposans, suivant l'ordre qu'on faisait de leurs créances ou privilèges.

5. *Loi du* 11 *brumaire an* 7, n.° 2138. — Elle eut pour but de rémédier aux inconvéniens attachés aux méthodes précédentes, et afin d'atteindre ce but, elle changea presqu'entièrement le système de poursuite sur les biens; mais celui qu'elle introduisit offrit un inconvénient d'un genre opposé; la procédure en était si rapide, que les intérêts du débiteur, et les droits des tiers étaient souvent sacrifiés... On a cherché à éviter les uns et les autres de ces inconvéniens dans le mode établi par le code, et dont nous allons exposer les règles principales.

Ces formes seront le sujet du chapitre premier de ce titre : dans le second, nous traiterons des incidens qui peuvent survenir pendant la poursuite (3).

CHAPITRE I.er

Des formes de la saisie immobilière (4).

LES formes de la saisie immobilière peuvent se ranger en trois classes, suivant qu'elles sont relatives à la saisie elle-même, à la mise en vente, et à la vente ou adjudication des objets saisis : chacune de ces classes sera le sujet d'un article particulier (5). Nous examinerons auparavant quelles personnes ont le droit de saisir ; contre quelles personnes, en vertu de quoi et sur quelles choses elles peuvent exercer ce droit (6).

---

(3) Nous avons beaucoup fait usage de plusieurs articles excellens que M. Tarrible, autrefois tribun, aujourd'hui maitre des comptes, a insérés dans le nouveau répertoire, sous les mots *saisie immobilière*, *inscription*, *expropriation*, *privilèges*, *tiers détenteur* et *transcription*. Nous nous bornerons à citer son nom, ces mots, et les divers paragraphes de ces mots où nous avons puisé les décisions dont nous donnerons l'analyse.

Quant aux difficultés qu'offrait la loi à faire sur cette matière importante, *voyez M. Grenier, in pr.*

(4) Ce chapitre correspond au tit. 12, liv. 5 du code.

(5) Quelque solennelles que soient les formes établies par la loi, pour la saisie, toutes n'ont pas le même degré d'importance et n'exigent pas par conséquent qu'on les développe avec le même soin dans un cours élémentaire. Néanmoins il y en a qu'il est nécessaire de désigner d'une manière positive, parce que le code en a prescrit l'observation sous peine de nullité. — V. *c-pr.* 717 ; *M. Réal.* — Nous les indiquerons donc ; mais afin d'éviter des répétitions fastidieuses, nous nous contenterons de joindre à la citation des articles où elles sont tracées, le mot *nullité* ou la lettre *N.* Si nous citons plusieurs articles à la fois, le signe se rapportera à tous ceux dont il ne sera séparé que par des virgules.

(6) Pour abréger, nous emploierons simplement les mots *saisir* et *saisie*, sans ajouter immobilièrement, immobilière.

On voit que ce chapitre sera divisé en cinq articles, savoir : 1. saisissant et saisi ; 2. actes en vertu desquels on peut saisir ; 3. choses saisissables ; 4. mise en vente ; 5. adjudication.

ARTICLE I.er

Du saisissant et du saisi.

I. *Saisissant.* — Pour pouvoir *exécuter* par la voie de la saisie immobilière et par conséquent de l'expropriation qui en est la suite et le but, il faut être créancier (7). Mais peu importe la nature du titre d'où la créance a tiré son origine, pourvu qu'elle soit ensuite appuyée sur un acte exécutoire. — *Arg. de C-N.* 2204 *in pr.*, 2092, 2093. — D'où il résulte qu'un créancier par acte privé (8) a le droit de saisir tout aussi bien qu'un créancier par acte authentique (9).

II. *Saisi.* — Comme le but de la saisie est, on l'a dit, l'expropriation du débiteur, il est naturel que la poursuite en soit dirigée contre lui.

Cette règle reçoit exception lorsque le débiteur est incapable d'ester, ou a abandonné ses biens ou les

---

(7) Il est vrai qu'un acquéreur peut, en notifiant son acte d'acquisition, donner lieu à une revente qui se fait par les mèmes formes que l'expropriation, suite de la saisie; mais cette procédure, dans son principe, n'a pas les caractères de l'expropriation forcée, puisqu'elle commence par une expropriation volontaire. — V. *M. Tarrible*, *mot expropriation*, n. 1.

Observation. La voie de la saisie est même en général la seule qui soit ouverte au créancier par rapport aux immeubles. Les formes prescrites pour les ventes d'immeubles dépendans de successions vacantes ou acceptées avec inventaire, ou appartenans à des débiteurs faillis (v. *ci-apr. tit. des ventes judiciaires*, *note* 11, n.° 3), cessionnaires ou mineurs, ne doivent être appliquées qu'au cas où la vente est requise par ceux qui en ont reçu le pouvoir — *Arg. de c-pr.* 748; v. *M. Tarrible*, *mot saisie*, §. 1 *et* §. 6, *art.* 2.

(8) Pourvu, disons-nous, qu'il l'ait fait appuyer par un acte authentique exécutoire; qu'il ait par ex., obtenu un jugement (lors même que ce jugement ne serait pas inscrit). — V. *ci-apr. notes* 11 *et* 43.

(9) V. *M. Tarrible*, dd. n. 1 *et* §. 1, *in pr.*; *M. Lahari*, *corps législat.*, 28 *vent. xij*; *M. de Malleville*, *art.* 2204.

Ces deux créanciers diffèrent, 1. en ce que le chirographaire peut agir indifféremment contre tous les immeubles du débiteur, tandis que l'hypothécaire doit d'abord *exécuter* les biens affectés à son hypothèque, et que ce n'est qu'en cas d'insuffisance qu'il exécute les autres; 2. en ce que le premier n'a le droit d'agir que contre les immeubles restés en la possession de son débiteur, tandis que le deuxième suit les immeubles chez quelque possesseur que ce soit. — V. *C-N.* 2209, 2186, 2213; *M. Tarrible*, *mot expropriation*, n. 1.

droits qu'il avait à des biens, ou a mis ces mêmes droits en la direction d'autres personnes. Dans tous ces cas, on doit poursuivre l'administrateur de la personne ou des biens, le particulier à qui ils sont abandonnés, etc. (10).

A R T I C L E II.

Des actes en vertu desquels on peut saisir.

Pour pouvoir saisir, il faut avoir un titre et faire un commandement.

I. *Titre.* On a déjà dit que le titre doit être exécutoire (11)... Ajoutons que toute espèce de jugement exécutoire (12) suffit pour autoriser la poursuite (13), mais que pour l'adjudication il faut un jugement définitif en dernier ressort, ou passé en force de chose jugée. — *V. C-N.* 2215; *d. ord.* 27, *art.* 8; *Rodier, ib.*

---

(10) *V.* M. Tarrible, mots expropriation, n. 2, et saisie §. 2 et 5.
Exemples. Le tuteur du mineur débiteur; — V. *C-N.* 450; — le curateur de la succession vacante; — *Id.* 812, 813; — le curateur nommé après la renonciation de l'héritier bénéficiaire et la cession de biens; — *Arg. de id.* 797, 798, 1269; *c-pr.* 904, 996; — le mari seul pour les biens de la communauté, même quand la femme est obligée; le mari et la femme pour les biens de celle-ci, lorsqu'elle est majeure et débitrice personnelle; le tuteur de la femme mineure, que le mari refuse d'autoriser. — V. *C-N.* 1421, 1531, 2208 (v. *aussi M. Tarrible, n.* 2); le syndic d'une faillite. — V. *arr. Bruxelles,* 1810, *avoués, ij,* 385.
Observations. 1. Ce n'est point contre le tuteur onéraire ou agent, mais bien contre le tuteur en titre du mineur, qu'il faut diriger la poursuite. — V. *arr. de Paris,* 28 *flor. xij, J-C-N., ij,* 413.
2. *Quest. diverses.* Créanciers du vendeur... mari veuf... V. *arr. à avoués, ij,* 385, *iij,* 151; *rec. alph., mot expropriat. forcée,* §. 2.

(11) *V.* ci-dev. tit. 1, n. 4, p. 453. — *V.* aussi L. 11 brum., art. 1.
Cette condition suffit; il n'est point nécessaire qu'on ait inscrit ou transcrit un titre exécutoire. — *Arg. du C-N.* 2092, 2093; *arr. de Liège,* 28 *nov.* 1808, *J-C-N., xij,* 286; *ci-dev.,* note 8, p. 502.

(12) Même un jugement qui rejette une opposition et condamne à de nouvelles adjudications, telles que des dépens (v. *Aix,* 7 *juill.* 1808, *J-c-pr. iij,* 146), mais non pas un jugement de défaut pendant le délai d'opposition. — V. *C-N.* 2215; *ci-d.* p. 257, *note* 19.

(13) *Idem,* un titre qui énonce des espèces non appréciées, sauf à les faire apprécier avant l'adjudication. — *V. tit.* 1, *note* 15, p. 454.

II. *Commandement.* La poursuite doit être précédée d'un commandement de payer, fait au débiteur (14), avec avis que s'il ne paye pas, on saisira ses immeubles (15). — *V. C-N.* 2217 ; *C-pr.* 673, N. ; *tarif* 29.

Ce commandement doit contenir en outre :

1. Une copie entière du titre. — *D. art.*, N. (16).

---

(14) *A personne ou domicile.* Le code, *art.* 673, ne contient que ces mots ; mais la loi du 11 brumaire , *art.* 1 , et le code civil, *art.* 2217, indiquent le débiteur. Par conséquent ce n'est pas au tiers détenteur qu'on doit faire le commandement ci-dessus (on l'avait déja jugé sous la même loi. — *v. arr. cass.* 13 *mess. xiij prat. fr.*, *iv*, 381)... Il faut seulement lui faire une sommation de payer la dette exigible ou de délaisser l'immeuble. — *V. C-N.* 2169. — *V. aussi arr. cass.* 1 oct. 1810, *et Montpellier,* 18 *fév.* 1811, *avoués, ij*, 281, *iij*, 302 ; *ci-apr. notes* 23 (*p.* 508) *et* 125 ; *tit. des partages*, *note* 27... *v. aussi M. Tarrible*, *mot tiers-détenteur.* — Néanmoins la cour d'Angers semble avoir adopté un système contraire... Elle a aussi décidé que le commandement fait au tiers-détenteur n'est pas nécessairement assujéti aux règles de l'art. 673. — *V. arr.* 23 *avr.* 1809, *J-C-N.*, *xiv*, 59.

Observations. 1... *A quel domicile!...* Il paraît que c'est au domicile *réel*, parce que toutes les fois que la loi emploie ce mot *domicile* sans y rien ajouter, elle entend toujours parler du domicile réel, qui est le domicile proprement dit, le domicile général défini par elle (*v. C-N.* 102), et non pas du domicile élu, qui n'est qu'un domicile d'exception. — V. *ci-dev.*, *ch. du domicile*, *n.* 2, *p.* 197.

2. Mais si dans le contrat en vertu duquel on saisit, les parties ont élu un domicile pour l'exécution de leurs engagemens , la signification du commandement à ce domicile sera valable — *V. arr. d'Aix et Paris*, 11 *mai* 1808, 12 *juin* 1809 *et* 3 *mars* 1810, *J-c-pr. ij*, 456 ; *Nevers*, 1810, *sup.*, 65 ; *avoués, t.* 1, *p.* 104 ; *d. n.* 2, *note* 19. *p.* 199. — On a fondé cette décision entr'autres sur ce qu'il résulte du mot *précédée* de C-proc. 673, que le commandement est plutôt un acte préparatoire qu'un acte effectif de la poursuite en expropriation , et qu'en conséquence il peut, *par arg. de C-N.* 111, être fait à ce domicile élu. — V. *au reste, arr. de Rouen et cass.* 15 *fév.* 1810 *et* 5 *fév.* 1811, *Nevers*, 1811, 111. — V. *aussi ci-dev. tit.* 1 , *note* 11 , *p.* 453.

(15) Il fallait jadis les désigner (*d. L.* 11 *brum. art.* 2). Cela n'est plus nécessaire — V. *c-pr.* 673 ; *M. Tarrible, mot saisie,* §. 6.

(16) En vertu duquel la saisie est faite. — *Ibid.* — D'où l'on conclut que s'il y a un jugement, la copie en suffit. — V. *M. Grenier.* — Mais le mot *entière* montre que l'omission d'une seule partie , par exemple de la fin du mandement d'exécution du titre, opère la nullité du commandement , *suiv. arr. de Besançon*, 18 *mars* 1808, *J-c-pr. iij*, 318.

Observations. 1. Transport du titre, v. *tit.* 1, *note* 16, *p.* 454.

2. On n'est point dispensé comme en saisie-exécution (v. *p.* 467 , *note* 4), de donner copie du titre déja notifié. — V. *M. Pigeau, ij*, 193 ; *obs. mss. du Tribunat , art.* 698.

3. La nullité de cette notification entraîne celle de toute la procédure. — V. *arr. de Paris* , 10 *mai* 1810, *avoués, ij*, 383.

2. Une élection de domicile dans la commune du *tribunal* qui connaît de la saisie (17). — *D. art.*, N.

Il faut en donner, dans le jour, une copie au maire ou adjoint du débiteur. — *D. art. in f.*, N. (18).

Ce n'est que trente jours après ce commandement qu'on peut faire la saisie, et il est périmé au bout de trois mois (19). — *V. C-pr.* 674, N. ; *C-N.* 2169.

---

(17) La saisie ayant pour objet des biens, il est clair que ce *tribunal* est celui de leur situation. — V. *ci-dev.*, *p.* 120, *n.* 6.

Observations. 1. On ne peut valablement faire une offre réelle à ce domicile, parce que l'élection n'en est pas volontaire, et qu'il n'est destiné qu'aux notifications de la procédure. — *Arg. de C-N.* 1260 ; *M. Tarrible*, *mot saisie*, §. 6. *art.* 1 ; *ci-d.*, *p.* 468, *note* 6, *n.* 2. — *Quid juris* d'un appel ! V. *ci-apr. ch.* 2, *note* 115, *n.* 1, *p.* 532.

2. Après la constitution d'avoué faite dans la saisie (*ci-apr.*, *art.* 4, *p.* 511), les notifications relatives à des incidens doivent être faites à l'avoué et non pas à ce même domicile, *suiv. arr. de Bruxelles*, 18 *janv.* 1808, *J-c-pr.*, *t.* 1, *p.* 370.

3. Si l'on a élu dans l'acte un second domicile pour un tems limité et hors du lieu où siége le tribunal des biens, les offres réelles qu'on y notifiera n'en doivent pas moins être contestées devant ce tribunal. — V. *arr. cass.* 10 *déc.* 1807, *J-c-pr.*, *t.* 1, *p.* 304.

(18) Ce fonctionnaire la vise (v. *ib.*, *N.*; *part.* 1, *ch. dern.*, *p.* 152), et à son défaut, le plus ancien conseiller municipal. — *Lett. du gr.-juge*, 20 *juill.* 1810, *avoués*, *ij*, 191.

Si la notification a été faite au débiteur et dans un lieu éloigné des biens, le visa devient difficile, ou même impossible ; il vaudrait mieux signifier au domicile qu'à la personne, d'autant que le visa ne peut être constaté que par la signature, tandis que la remise de la copie l'est suffisamment par l'exploit. — V. *M. Tarrible*, *ibid.*

Au reste, le commandement est notifié par un huissier, sans assistance de témoins. — V. *c-pr.* 673 ; *C-N.* 2217. — On a suppléé à cette assistance par la notification *visée* précédente ; et la saisie immobilière diffère en ce point des saisies mobilières, dont les commandemens ne sont ni signifiés au maire, ni visés par lui. — V. *en ci-dev. les titres.*

(19) *Dr. interm.* — Six mois. — V. *L.* 11 *brum.*, *art.* 4, *in f.*

Observations. 1. Si le retard de la saisie vient des difficultés élevées par le débiteur, il n'est pas juste que la péremption soit acquise. — V. *arr. cass.* 1.er *prair. xiij*, *au prat. fr.*, *iv*, 330 ; *ci-apr. note* 81, *p.* 521.

Au reste, il n'y a pas *péremption* dans toute la rigueur du terme : le commandement subsiste comme acte conservatoire et interruptif de la prescription. — *Arg. de C-N.* 2244 ; v. *M. Merlin*, *rép.*, *mot commandement*, *n.* 18 ; *ci-dev.*, *tit.* 1, *note* 23, *n.* 1, *p.* 456.

2. La poursuite n'est pas moins valable, quoiqu'on l'ait commencée pour une somme excédant la dette. — V. *C-Nap.* 2216. — Mais elle peut être suspendue si le revenu net des immeubles est égal à la dette, et si le débiteur en offre la délégation. — V. *C-N.* 2212.

3. *Quid juris* s'il survient des obstacles à l'exécution de la délégation ? on pense que le tribunal a le droit de lever la suspension et d'autoriser

ARTICLE III.

Des choses saisissables.

LES choses dont on peut poursuivre l'expropriation par la voie de la saisie immobilière, sont les immeubles (20) avec leurs accessoires réputés immeubles, et l'usufruit établi sur des immeubles. — *V. C-Nap.* 2204, 2118 (21), *et le cours de dr. civ.*

à reprendre la poursuite au point où elle a été interrompue. — V. *M. Tarrible, mot saisie,* §. 5.

(20) « Qui sont dans le commerce ». Cette exception de l'art. 2118 n'est point répétée dans l'art. 2204, mais elle y est évidemment sous-entendue... Ainsi, l'on ne peut ni hypothéquer, ni poursuivre par expropriation les biens des majorats, les domaines de la couronne, les immeubles apanagés, etc. — *V. décr.* 1.er *mars* 1808, *art.* 40; *S-C.* 30 *janv.* 1810, *art.* 10 *et* 74.

(21) *Action en revendication.* — On distingue trois classes d'immeubles, les immeubles par leur nature, par leur destination et par l'objet auquel ils s'appliquent. Les articles 2204 et 2118 parlent des deux premières classes, et seulement de la première espèce de la troisième, savoir : l'usufruit. — V. *C-N.* 517 *et suiv.*, *et* 526.

Les deux dernières espèces de la troisième classe, savoir les servitudes et les actions en revendication sont-elles saisissables et susceptibles d'expropriation ?... Tout le monde convient que les servitudes ne le sont pas, et qu'attachées au sol, elles ne sont saisissables et aliénables qu'avec le sol : on est divisé à l'égard de l'action en revendication.

M. Tarrible soutient qu'il est contraire, et à la nature de cette action, et à l'intérêt du créancier et du débiteur qu'elle soit saisissable. Il observe que le créancier peut exercer l'action (v. *C-Nap.* 1166), et s'il réussit, poursuivre l'expropriation de l'immeuble obtenu par ce moyen; que cette marche est plus simple, plus naturelle, plus avantageuse pour tous, que la vente de l'action elle-même. — V. *id.*, *mot expropriation*, n. 3.

M. Pigeau combat avec beaucoup de force et de sagacité cette opinion, qui est appuyée d'un arrêt de cassation du 14 mai 1806 (v. *id.*, *t.* 2, *p.* 196-200). Les limites que nous nous sommes assignées ne nous permettent point de discuter tous les motifs de ce savant formaliste. Il faut convenir qu'ils détruiraient l'opinion opposée si elle n'était soutenue que des considérations purement morales qu'a fait valoir M. Tarrible. Mais elle a en sa faveur la disposition de la loi, ainsi qu'on va le voir, et cela suffit bien pour qu'on ne doive pas s'arrêter aux raisonnemens sur lesquels on établit un système différent, quelque spécieux qu'ils soient.

Voici un de ces raisonnemens. La cour de cassation a jugé que les seuls biens susceptibles d'hypothèques sont susceptibles d'expropriation; mais précisément l'action en revendication « peut être hypothéquée d'après l'art. 2118, qui dit que sont susceptibles d'hypothèques les biens immobiliers qui sont dans le commerce, sans en excepter aucun; d'après l'art. 2119, qui n'excepte de l'hypothèque que les meubles »...

Cette règle est sujette à plusieurs modifications.

1.º On ne peut faire vendre les biens libres, qu'en cas d'insuffisance des biens hypothéqués. — *V. C-Nap.* 2209 (22).

2.º *Idem*, la part d'un cohéritier, qu'après le par-

Présentés ainsi, ces textes sont très-favorables à l'avis de M. Pigeau, parce qu'on ne lui conteste et qu'on ne peut point lui contester que l'action en revendication ne soit un immeuble ; on nie seulement que cette espèce d'immeuble soit susceptible d'hypothèque et d'expropriation. Mais pour bien en saisir le sens, il faut les examiner dans leur ensemble. Les voici en toutes lettres : nous y joindrons seulement un autre article (cité ailleurs par M. Pigeau), parce qu'il en confirme les dispositions.

« 2112. Sont SEULS susceptibles d'hypothèques, 1.º les biens immobiliers qui sont dans le commerce, et *leurs accessoires* réputés immeubles ; 2.º l'usufruit des mêmes biens *et accessoires*, pendant le tems de sa durée. — 2119. Les meubles n'ont pas de suite par hypothèque. — 2204. Le créancier peut poursuivre l'expropriation, 1.º des biens immobiliers et *de leurs accessoires* réputés immeubles, appartenant en propriété à un débiteur ; 2.º de l'usufruit appartenant au débiteur sur les biens de même nature ».

1.º La loi, on le voit, ne dit point qu'il n'y a *que* les meubles qui ne soient pas susceptibles d'hypothèque ; elle se borne à déclarer qu'ils n'en sont pas susceptibles, ce qui n'empêche point de ranger dans cette dernière classe les actions en revendication.

2.º Il n'en résulte pas que tous les biens immobiliers qui sont dans le commerce soient, *sans exception*, susceptibles d'hypothèques. Si elle eût voulu le décider, elle aurait dit simplement, « les *immeubles* qui sont » dans le commerce sont susceptibles d'hypothèque (et non pas les meu- » bles) » ; cette phrase courte suffisait, parce qu'ailleurs, *art.* 517 *et suiv.*, elle avait caractérisé avec beaucoup de détails les divers genres d'immeubles et y avait compris les mêmes actions. Au contraire, le soin qu'elle a pris de désigner plusieurs de ces genres, et l'omission qu'elle a faite de quelques autres, prouve qu'elle a entendu exclure ceux-ci, surtout après avoir employé les mots impératifs et restrictifs *sont SEULS susceptibles, etc.*

3.º Les mots *biens immobiliers* ne désignent évidemment que les immeubles par leur nature. Il faut donc, pour admettre le système de M. Pigeau, décider que l'action en revendication est comprise dans ceux-ci : *et leurs accessoires réputés immeubles.* Or, c'est ce qui répugne à la nature de cette action. Elle appartient à un particulier *comme* acquéreur à titre singulier ou à titre universel, et par conséquent en vertu de la disposition, ou d'un contrat, ou d'un acte portant libéralité, ou de la loi. Elle est donc un droit qu'il exerce, il est vrai, sur une chose, mais qui est accordé à sa personne, et qui n'est nullement attaché à un de ses immeubles. Donc elle n'en peut être accessoire ; donc elle ne peut être hypothéquée ; donc elle est insaisissable.

(22) M. Tarrible soutient que les tribunaux peuvent, sans attendre la vente des biens hypothéqués, permettre l'expropriation des biens libres, lorsque par l'apperçu des valeurs et des charges il leur paraît que les premiers sont insuffisans. — V. *id.*, *mot saisie*, §. 3.

tage ou la licitation. — *V. Code-Nap.* 2205 (23).

3.° *Idem*, les biens situés dans plusieurs arron-dissemens et soumis à plusieurs exploitations, que les uns après les autres. — *C-N.* 2210, 2211 (24).

4.° *Idem*, les biens d'un mineur ou interdit, qu'a-près la discussion de son mobilier (25). — *V. C-N.* 2206, 2207, *et pour ces quatre except., d. cours.*

---

(23) Si c'est un créancier *personnel* (hypothécaire ou non) de ce cohé-ritier qui veut saisir cette portion (*v. d. art.*), parce que jusques au par-tage on ne peut savoir quels sont les biens de la succession dont elle sera composée... Il n'en est pas de même s'il s'agit d'un créancier de la suc-cession, parce que celui-ci est, en cette qualité, créancier de tous les co-héritiers ; et il résulte de cette dernière considération qu'il doit faire, 1.° à tous, un commandement de payer, à raison de leurs portions héréditaires ; 2.° au cohéritier détenteur de l'immeuble hypothéqué à la dette, une sommation de payer la dette entière, sauf son recours contre les autres cohéritiers. — V. *id.*, *mot expropriation, n.* 2. — V. *aussi arr. de Bruxelles et Besançon*, 5 *mars et* 21 *juin* 1810, *Nevers*, 1811, *sup.* 73, *et J-C-N.*, xvj, 140, 180.

Observations. 1. Le créancier a la faculté de provoquer le partage de la succession où son débiteur est cohéritier, ou d'y intervenir. — V. *C-Nap.* 2205, 882.

2. La restriction du même art. 2205 est applicable aux parts des indi-vidus qui sont communistes, à autre titre que celui d'hérédité, *suiv. M. Tarrible, mot saisie,* §. 3.

(24) A moins, 1.° que la valeur n'en soit inférieure au total des créan-ces inscrites. — V. *L.* 14 *nov.* 1808. — 2.° Que le créancier ne se borne aux immeubles d'un arrondissement et n'abandonne ceux qui sont situés dans d'autres, ce qu'il peut faire si le débiteur ne s'y oppose pas, *suiv. M. Tarrible, mot saisie,* §. *iv, par arg. des art.* 2209, 2210.

Observat. 1. On peut vendre en masse, des biens appartenant à divers débiteurs solidaires du même créancier, *suiv. arr. cass.* 20 *frim. xij.*

2. *Quid* si l'on vend sans distinguer les biens affermés, des biens ex-ploités par le saisi ?. V. *arr. de Paris*, 1811, *avoués*, *iv*, 155.

(25) Le code ne donne point de règle pour cette discussion. Demander au tuteur un compte sommaire pour savoir si son administré a des res-sources mobilières ; *saisir-exécuter* les meubles, ou dresser un procès-verbal de carence : voilà selon M. Grenier, la méthode qu'on suivait jadis et qu'il est naturel de suivre encore (v. *aussi note* 10, *p.* 503 ; *Rebuffe, litteris oblig., art.* 11, *gl.* 4, *n.* 2). — Suivant M. Tarrible (*mot saisie*, §. 3), il faut avant tout, faire au mineur un commandement, où rien n'empêche de cumuler les formes de celui de la saisie-exécution et de celui de la saisie immobilière, en annonçant qu'on saisira successivement le mobilier et les immeubles, après les délais respectifs déterminés par chacun de ces actes. — Cette méthode est plus courte, mais la précédente nous semble plus conforme à l'esprit de la loi et à la marche mesurée de notre procédure.

Au reste la discussion sera exactement établie par la saisie du mobi-lier, et la vente et distribution du prix, ou bien par le procès-verbal de carence... Et si cette opération ne produit qu'une partie de la dette, le

Article IV.

De la saisie.

Nous traiterons dans cet article, du mode de la saisie, des formalités dont elle est suivie, des effets qu'elle produit.

I. *Mode.* La saisie se fait par un huissier, au moyen d'un procès-verbal qui contient :

1. Les formes ordinaires des exploits. — *V. C-pr.* 675, N. (26); §. *des huissiers, n.° 3, p.* 76.

2. L'énonciation du jugement ou du titre, et du transport de l'huissier sur les biens. — *V. id.*, N.

3. La désignation des biens saisis, c'est-à-dire l'indication précise de l'espèce, de la contenance et de la situation et limitation de ces biens (27). — *V. id.*, N.

---

créancier ne peut refuser de la recevoir (v. *c-pr.* 1244) et poursuivre la saisie immobilière pour le tout , *suiv. id.*, *d.* §. 3 , *par arg. de C-N.* 1270. — Mais il faut aussi discuter les créances du mineur, *suiv. Turin,* 14 *août* 1811, *J-C-N. xviij,* 314.

Observations. 1. L'art. 2206 se borne à dire que les immeubles du mineur ne peuvent *être mis en vente* avant la discussion du mobilier. M. Pigeau induit de là qu'on a la faculté de les saisir, sauf à ne les mettre en vente qu'après la discussion du mobilier. Mais, 1.° cette expression paraît n'avoir été employée que parce qu'à l'époque où le code civil fut décrété et jusques au code de procédure, la saisie était en même-tems *une mise en vente*, puisqu'elle résultait de la simple apposition des affiches où l'on annonçait la vente (*L.* 11 *brum.*, *art.* 5). Ce qui le prouve, c'est que l'article précédent l'emploie aussi pour défendre d'exécuter avant le partage, les biens possédés par indivis (*ci-dev.*, *art.* 3, *p.* 507); et néanmoins M. Pigeau, *p.* 200, *n.* 6, *et* 122, *n.* 4, décide que ces biens ne peuvent être saisis avant le même acte... 2.° M. Grenier déclare positivement que la discussion « doit, lorsqu'elle devient nécessaire, pré- » céder la saisie immobilière ».

2. MILITAIRES... 5.ᵉ *Exception... V.* §. des délais, note 14, p. 141.

(26) Cependant il n'est pas nécessaire d'y ajourner le saisi, *suiv. un arr. de Bordeaux*, 25 *févr.* 1809, *Nevers*, 1810, 83.

L'huissier n'y est pas assisté de témoins. — *Tarif* 47. — Quant à sa taxe (v. *id.*) et à son pouvoir, v. *son* §., *p.* 75 *et note* 41, *ib.*

(27) *Observations.* 1. MAISONS. On doit désigner l'extérieur de la maison, les arrondissement, commune et rue où elle est située, et les tenans ou aboutissans. — V. *c-pr.* 675, N.

« Quant à l'*extérieur*, il faut indiquer la quantité d'étages et de fenê- » tres sur la rue, la manière dont la maison est couverte, et autres cir-

4. L'extrait de la matrice de rôle où ils sont rap-
portés. — *V. d. art.* 675 , N.*; et M. Réal* (28).

» constances semblables » , *suiv. arr. Besançon* , 17 *déc.* 1808 , *J-c-pr.* ,
iij , 322 ; *et M. Desmasures , ch.* 15 , *n.* 113.

L'omission du nom de l'*arrondissement* ne peut être suppléée par l'indication du chef-lieu , fût-ce une ville considérable , *suiv. arr. d'Aix* , 25
fév. 1808 , *J-c-pr.* , *ij* , 384.

L'omission du nom de la *rue* , ne peut non plus être suppléée par l'indication du nom du faubourg dont elle fait partie , quoique ce faubourg
n'ait que deux autres rues , *suiv. d. arr. de Besançon.*

Les *tenans* et *aboutissans* ou confins , sont les maisons , rues , fonds ,
etc. , qui touchent à la maison saisie , du côté de chacun des quatre points
cardinaux : du moins on est depuis long-tems dans l'usage de les désigner
relativement à ces quatre points ; et comme la loi dit en général *les tenans* ,
il ne suffit pas d'en désigner *trois , suiv. d. arr. , et M. Desmasures , sup.*

Ces décisions , il faut l'avouer , annoncent un grand respect pour la loi ;
mais il est bien fâcheux , il faut aussi le dire , que la loi ait induit à en
donner de semblables. Son but , en prescrivant toutes les désignations
précédentes , est d'empêcher qu'il n'y ait de l'incertitude sur la maison
saisie ; mais si l'on obtient ce résultat par quelques-unes de ces désignations , pourquoi les autres seraient-elles indispensables ! Une maison est-
elle moins *certaine* quand on l'a dit située dans le terroir de Marseille ,
que quand on dit dans le terroir *et* l'arrondissement de Marseille , dès
que cette ville est chef-lieu de cet arrondissement !

2. *FONDS RURAUX.* Il faut désigner les *bâtimens* , et indiquer la nature
et la contenance au moins approximative de *chaque pièce* , deux au moins
des tenans et aboutissans , le nom du fermier ou colon , l'arrondissement
et la commune où elle est située. — *D. art.* 675 , *N.*

Mais la désignation de leurs droits *réels* n'est pas nécessaire , *suiv.
arr. de Nîmes* , 22 *juin* 1808 , *J-c-pr.* , *ij* , 270.

Bâtimens... 1.º La désignation du principal corps de logis comprend
tacitement un petit bâtiment qui en est une dépendance , *suiv. d. arr.* —
2.º Celle de leur *rue* est inutile , *suiv. arr. de Paris* , 22 *août* 1811 ,
avoués , iv , 157.

Pièces... S'il y en a plusieurs de réunies , il n'est pas besoin , 1.º de
les détailler toutes ; il suffit d'énoncer que dans ses diverses parties , la
pièce saisie a des bois , prés , etc. — *M. Tarrible , mot saisie , §.* 6 , *art.* 1 ;
— 2.º d'indiquer les servitudes qui y sont attachées. — *D. arr.* 22 *juin.*

3. L'énonciation de biens non appartenans au saisi , n'opère pas une
nullité. — *V. d. arrêt.*

(28) « Quelle que soit la nature du bien , l'extrait de. . . pour tous les
» articles saisis »... *D. art.* — Ces expressions ont été interprétées diver-
sement jusqu'à ce jour. Suivant les uns il faut une transcription *littérale*
de tous les articles de la matrice foncière où sont désignées les pièces
saisies (*arr. Rouen* , 9 *mai* 1808 , *J-c-pr. ij* , 277)... Suivant d'autres il
suffit d'une simple indication de la somme à laquelle chacune des pièces
est évaluée dans la matrice , ou même de la somme d'évaluation totale
(*arr. Besançon et Riom* , 18 *mars et* 12 *mai* 1808 , *ib. iij* , 318 , 327).
D'autres enfin pensent que la désignation doit être semblable à celle de
la matrice , mais qu'il n'est pas besoin qu'elle en soit une transcription
rigoureuse (*arr. de Nîmes , sup. , note* 27 , *n.* 2). Cette dernière décision nous paraît la plus conforme à l'esprit de la loi. 1. Le mot *extrait*
exclut l'idée d'une copie littérale. 2. On a voulu par cette forme procurer

5. L'indication du tribunal de la saisie , et une constitution d'avoué. — *V. id. in f.*, N. (29).

II. *Formalités subséquentes.* — Le procès-verbal est suivi de quatre formalités ultérieures.

1. On en laisse une copie (30) aux greffiers des juges de paix , et aux maires ou adjoints des lieux des biens (31). — *V. C-pr.* 676, N. ; *tarif* 48.

2. On le fait transcrire aux bureaux des hypothèques (32) des mêmes biens (*v. C-pr.* 677, N. ; *tarif* 102); à moins qu'il n'y ait déjà une saisie , et on se borne

---

une désignation exacte des objets , et un moyen aux propriétaires d'empêcher que leurs biens ne soient englobés dans la saisie (v. *M. Réal*). Les deux buts sont atteints à l'aide d'un simple extrait , mais d'un extrait exact.

On a jugé que cet extrait est valable , 1. quoique non signé du percepteur ; 2. quoique sa date soit postérieure à la saisie , si elle est antérieure à la dénonciation ; 3. quoique la contenance indiquée soit trop petite , ou qu'il y ait des pièces omises , s'il est conforme à la matrice. — *V. arr. d'Agen, Rennes et Paris , 12 mars et 4 avril 1810, 29 août 1811 (avoués , ij , 107 et 383, iv, 229) et d'Angers , à note 14 , ci-d. p.* 504.

(29) **Chez qui le domicile du saisissant est élu de droit.** — V. *c-pr.* 675 , *N.* — Quant au *tribunal* et à la première publication , *voyez ci-dev.*, *note* 17 , *p.* 505 ; *et ci-apr.*, *note* 36 , *p.* 512.

(30) **Entière... et avant l'enregistrement.** — 676 , *N.* (sans doute de l'exploit , c'est-à-dire dans quatre jours. — v. *M. Desmasures*, *n.* 115 ; §. *des huissiers* , *note* 56 *et p.* 77).

(31) 1.º.. **De la commune de situation , s'il s'agit d'une maison.** — V. *d. art.* 676 , *N.* — Il suffit de notifier à ceux du ressort de la maison , dans les villes où il y a plusieurs mairies ou justices de paix , *suiv. Bruxelles* , 13 *juin* 1809, *Nevers* , 1810, *sup.* , 81.
2.º.. **Du chef-lieu d'exploitation , sinon de la partie la plus productive des** *biens ruraux.* — V. 676, *N.* ; *C-V.* 2210. — Par conséquent il faut autant de copies que de chefs-lieux. — V. *M. Tarrible* , *d.* §. 6.
Le verbal fait mention des copies laissées à ces fonctionnaires , et est visé par eux. — *D. art.* 676 , *N.* — Cette mention est du ministère de l'huissier... *Arr. de id.* , 9 *juill.* 1811 , *Nevers* , *sup.* , 190.
Quid , s'ils sont empêchés ?. V. *p.* 189, *note* 34 , *n.* 5 ; *p.* 518 , *note* 65.

(32) **Pour la partie qui est dans leur ressort.** — 677 , *N.* — Rien n'empêche que le conservateur ne transcrive les saisies faites à sa poursuite , *suiv. arr. Riom* , 12 *mai* 1808, *J-c-pr. iij* , 329. — La loi n'indique pas quand il faut transcrire. Ainsi , à toute époque , la transcription est bonne pourvu que l'acte n'ait pas été anéanti par la péremption. — V. *M. Tarrible*, *d.* §. 6 ; *arr. d'Aix* , *ci-apr. note* 36. — Si elle ne peut être faite sur-le-champ , le conservateur indique sur l'original le jour (même l'*heure*) où il lui est présenté , et fait les transcriptions suivant l'ordre des présentations. — V. *c-pr.* 678 ; *et ci-d. p.* 140 , *note* 13 , *n.* 5.

alors à donner en marge de la seconde saisie , une notice indicative de la première (33). — *V. C-pr.* 679.

3. Dans la quinzaine suivante, même formalité au greffe. — *V. C-pr.* 680, N. ; *tarif* 102 (34).

4. Dans la quinzaine après (35) celle-ci, on dénonce la saisie avec les enregistremens au débiteur (36). La dénonciation est visée, dans le jour, par le mai-

---

(33) C'est-à-dire , les dates de la première et de la transcription , l'indication des parties , avoués et tribunaux (avec la mention du refus du conservateur). — V. *c-pr.* 679.

Observations. 1. Cette règle et celle de la note 32 , *in f.* , ne sont pas prescrites à peine de nullité. Néanmoins , la transcription d'une seconde saisie serait sans effet , parce que deux saisies (v. *p.* 456 , *note* 23) ne peuvent co-exister et être poursuivies ensemble... *M. Tarrible , d.* §. 6.

2. La transcription a pour but d'informer de la situation du saisi , les tiers avec lesquels il voudrait contracter , et de déterminer celui des créanciers qui aura le droit de poursuivre. — V. *M. Desmasures , n.* 114; v. *aussi M. Pigeau , p.* 207 ; *ci-apr. p.* 515.

(34) Elle peut se faire un jour férié... V. *d. arr. de Riom , et ci-d.* p. 135 , *note* 1. — Motifs de cette formalité... V. *M. Pigeau , p.* 209.

Au délai de quinzaine ci-dessus , la loi ajoute une augmentation à raison de la distance des biens au siége du tribunal. — 630 , *N.* — M. Tarrible dit que cette augmentation ne paraît justifiée par aucun motif (v. *id.* , §. 6 , *art.* 1) ; et M. Pigeau , *p.* 209 , soutient que la transcription ne serait pas nulle , quoique faite après les délais , parce que la nullité n'est prononcée que pour la première partie de l'art. 680. Mais il est très-difficile de concilier cette opinion avec le texte du même article et de l'art. 717 (v. *d'ailleurs , arr. de Paris* , 27 *août* 1811 , *avoués , iv* , 227).

(35) Après le dernier enregistrement , outre l'augmentation à raison de la distance des biens au domicile du saisi. — 681 , *N.* — M. Pigeau donne ici la même décision qu'à la note 34 , *in f.* , décision à laquelle on peut répondre de la même manière.

Il n'est pas besoin de constituer avoué dans la dénonciation , *suiv. arr. Rennes* , 4 *avr.* 1810 , *avoués , ij* , 383; — ni d'y donner copie des transcriptions (il suffit de les mentionner) , *suiv. Bruxelles* , 1810 , *ib.* , 385.

(36) « La saisie enregistrée... sera dénoncée... , elle contiendra la date » de la première publication ». — *D. art.* 681.

Est-ce la saisie , est-ce la dénonciation qui contient cette date !...

C'est la saisie , dit M. Tarrible , *d. art.* 1 , entr'autres , parce que , 1. le sens grammatical est clair ; 2. le greffier (*c-pr.* 681 , *et ci-apr.* , *note* 59 , *p.* 517) ne peut trouver cette date que dans la saisie ; 3. il doit afficher son tableau dans trois jours , tandis qu'on a une quinzaine pour la dénonciation ; de sorte que celle-ci peut ne pas exister quand il faudra mettre le tableau. — *Idem , arr. de Poitiers et Riom* , 1809 *et* 1810 , *J-c-pr.* , *iij* , 389 , *et Nevers* , 1811 ; *sup.* , 56.

C'est la dénonciation , suivant la cour d'Aix (*arr.* 31 *déc.* 1807 , *J-c-pr.* , *i* , 373) , parce qu'il résulte des termes de l'art. 675 que le législateur a voulu y tracer toutes les formes de la saisie , et qu'il n'y est point

rc

(513)

re (37), et enregistrée aux hypothèques dans la huitaine (38). On en fait mention sur l'enregistrement de la saisie (39). — *V. C-pr.* 681, N.; *tarif* 49, 103.

III. *Effets de la saisie.* 1. La saisie *dénoncée* constitue le saisi sequestre des biens. Il ne peut ni dégrader (40), ni aliéner les immeubles (41)... Les fruits échus depuis la dénonciation, et les prix des baux dont la date est certaine (saisis-arrêtés par les créanciers) sont immobilisés pour être distribués avec le prix de la vente. — *V. C-pr.* 688-692. — *V. aussi L. 11 brum. vij, art. 8; M. Pigeau, ij,* 212.

---

question de cette date ; que la disposition précédente étant suivie immédiatement de ces termes, *l'original de cette dénonciation sera visé, etc.*, il est clair qu'elle ne peut se rapporter qu'à la dénonciation ; que si on indique la publication dans la saisie, le créancier ne sera plus le maître de suspendre ses poursuites, ainsi que l'art 677 l'y autorise tacitement, en ne fixant point l'époque (v. *note* 32, *p.* 511) de la transcription aux hypothèques, etc. — *Idem, sept arr. de Turin, Bruxelles, Paris et Gênes,* 1809-1811, *avoués, i,* 210, *ij,* 47 *et* 83, *iij,* 151, *iv,* 229; *Nevers,* 1811, *sup.,* 11 *et* 56; *M. Pigeau, ij,* 206. — Le dernier motif nous ferait préférer cette opinion, qui paraît d'ailleurs consacrée indirectement par *le décr. du 11 janv.* 1811, *art.* 2. (N. B. Elle vient d'être adoptée par un *arr. de cass. du 25 juin* 1812, *Nevers,* 428).

(37) Du domicile du saisi. — *C-pr.* 681, *N.*

(38) Outre un jour pour trois myriamètres. — V. *id.* — Quant aux motifs de l'enregistrement, v. *M. Pigeau, t.* 2, *p.* 211.

(39) On est libre de remplir ces formalités, après l'extrait dont nous parlerons à l'article suivant, p. 517. — *Arg. de c-pr.* 681, *in pr.,* 682, *in pr.; M. Pigeau, p.* 212.
Quant au mode de la *mention, voyez* ci-apr., note 67, p. 518.

(40) Ni faire aucune coupe de bois, sous peine de dommages (il y est condamné par corps), et même de poursuite criminelle. — V. *c-pr.* 690.

(41) L'aliénation serait nulle..., « sans qu'il soit besoin de le faire prononcer », *dit l'art.* 692... Donc les intéressés peuvent continuer la procédure et passer à l'adjudication définitive sans appeler l'acquéreur, et l'adjudication a son effet comme s'il n'y avait point eu de vente. — V. *M. Tarrible, d. art.* 1. — Ceci est une exception aux règles générales sur les nullités... V. *leur §., note* 10, *p.* 133.
Observations. 1-3. Pourquoi défend-on d'aliéner aussitôt après la dénonciation !... V. *M. Pigeau, p.* 216. — Quant aux meubles-immeubles par destination, v. *ci-apr. note* 94, *n.* 2, *p.* 525. — Effet de la dénonciation, quant aux jugemens de défaut... V. *tit. de l'opposit., note* 15, *p.* 562.
4. Le saisi ne peut aliéner, même avec un copropriétaire, *suiv. arr. de Lyon,* 28 *déc.* 1810, *avoués, iij,* 112.

33

Néanmoins l'aliénation est exécutée si, avant l'adjudication (42), l'acquéreur notifie aux créanciers *inscrits* (43) une consignation d'une somme suffisante pour les satisfaire. — *V. C-pr.* 693 (44) ; *tarif* 29.

A l'égard des fruits pendans, les créanciers peuvent les faire recueillir et vendre. — *V. C-pr.* 688 *in f.* (45).

Au reste, ils ont aussi le droit de demander que la garde des biens soit confiée à d'autres qu'au saisi, et que les baux dont la date n'est pas certaine soient annullés (46). — *V. C-pr.* 688 *in pr.*, 691 *in pr.*

(42) Sinon il ne peut y être sursis. — V. *c-pr.* 694. — Effet de l'offre... V. *ci-apr.*, *note* 67, *n.* 5, *p.* 518.

(43) Quelque précise que soit cette disposition, M. Tarrible soutient qu'il faut aussi notifier au créancier non hypothécaire qui a saisi et dénoncé, aux hypothécaires légaux non inscrits, au vendeur, en un mot à tous ceux qui peuvent s'inscrire conformément à l'art. 834 du code. — V. *ses motifs*, *d. art.* 1 ; *et ci-apr.*, *tit. de la surenchère.*

M. Pigeau, *p.* 218, est d'un avis bien différent. Suivant lui on n'est pas même obligé de consigner pour les créances inscrites avant la consignation, mais postérieurement à l'aliénation, quoique le code ne s'explique sur ce point que par rapport à l'hypothèse de la note suivante.

(44) Si elle a été empruntée, le prêteur n'a hypothèque qu'après les créanciers inscrits lors de l'aliénation. — V. *id.* — C'est une dérogation à l'art. 2103, *v.* 2 du code civil.

Observations. 1. La cour de Dijon demandait la suppression de l'art. 693. Elle observait que si l'objet saisi vaut plus que la somme suffisante ci-dessus, le débiteur peut en le vendant, n'indiquer pour prix que cette somme, et s'accorder avec l'acquéreur pour la valeur excédante, de sorte que les créanciers cédulaires seraient frustrés de tout gage, tandis qu'en continuant la procédure, ils prendraient part à la distribution du prix après que les créanciers inscrits seraient satisfaits. — V. *ses observat. au prat. franç.*, *iv*, 352.

2. Quoique la même somme soit plus considérable que le prix de la vente, l'acquéreur n'est pas moins tenu de la consigner, *suiv. M. Pigeau, ij*, 218.

(45) Par la voie de la saisie-brandon. — V. *en le tit.*, *p.* 481, *et M. Pigeau, ij*, 195 *et* 212.

(46) Ce n'est qu'une faculté, car un louage quoique verbal, doit être entretenu lorsqu'on a commencé à l'exécuter. — V. *à ce sujet*, *C-Nap.* 1715, 1716, *et le cours de dr. civ.*

Mais si la date est certaine, ils ne peuvent ni déposséder le fermier, ni abréger sa jouissance, à moins que les dispositions du droit civil ne les y autorisent. — V. *arr. cass.* 7 *messid.* xij. — V. *aussi les observations intéressantes de M. Tarrible*, *mot tiers-détenteur*, *n.* 4.

(515)

2. La saisie *enregistrée* (47) donne le droit de poursuivre la vente des biens par préférence aux saisissans postérieurs (48).

Si la dernière saisie est relative à des biens différens (49), la partie la plus diligente en demande et obtient la jonction (50), pourvu que ce soit avant la mise de l'enchère au greffe (51).

Si elle est seulement plus ample, elle est enregistrée pour les objets non compris dans la première, et ensuite dénoncée au premier saisissant (52). Celui-ci la poursuit jusques à ce qu'elle soit au même état que la sienne, et alors il les comprend dans la même poursuite et devant le tribunal de celle-ci.

S'il ne le fait point, ou s'il met de la négligence (53),

----

(47) Car c'est l'enregistrement qui donne ce droit. — V. *c-pr.* 720, *in pr.*, 725, *et ci-apr.*, *notes* 48 *et* 57.

(48) Ou plutôt qui ont enregistré postérieurement. — V. *note* 47.

(49) Et est poursuivie au même tribunal. — V. *c-pr.* 719.

(50) Lors même que l'une est plus ample que l'autre... En cas de concours, on préfère le porteur du titre le plus ancien, et à égalité de date, l'avoué le plus ancien. — V. *id.*; *et ci-dev.*, *introd.*, *note* 50, *et divis. des demandes incidentes*, *note* 10, *p.* 170 *et* 242. — La jonction est demandée par une requête, à laquelle on peut répondre. — V. *tarif* 117.

(51) Si l'on attendait cette formalité, la procédure serait trop avancée pour qu'une jonction procurât beaucoup d'économie; d'ailleurs, le premier poursuivant serait déjà engagé par sa mise à prix. — V. *M. Desmasures*, *n.* 124, *et ci-apr.*, *art.* 5, *n.* 3, *p.* 519.

(52) Avec sommation de la mettre en état. — V. *tarif* 118. — Si elle est déjà au même état que la première, il les poursuit toutes les deux. — V. *c-pr.* 720.

Pour la mettre au même état, il faut qu'on la fasse transcrire, que les objets en soient ajoutés au tableau du greffe, qu'on indique le jour de la première publication, qu'on la dénonce au saisi, qu'on fasse de nouvelles affiches pour la totalité... V. *M. Desmasures*, *n.* 124.

(53) C'est-à-dire, s'il ne remplit pas une formalité ou ne fait pas un acte de procédure, dans les délais prescrits... Et en cas de collusion ou de fraude, il est passible de dommages. — V. *c-pr.* 722.

Comme les délais ne sont établis qu'en faveur des créanciers, à raison de ce que leur action est paralysée par la saisie, on pense que le débiteur saisi ne peut, pour empêcher la subrogation, s'autoriser de ce qu'on ne les a pas observés. — V. *M. Desmasures*, *n.* 124.

de la collusion, ou de la fraude dans la poursuite, le second saisissant (54) en peut demander et obtenir la subrogation, et dans ce cas le premier poursuivant lui remet les pièces (55). — *Voyez sur tous les points précédens*, C-pr. 719-724.

Mais lorsque la première saisie a été rayée (56), le droit de poursuivre appartient, non au plus ancien, mais au plus diligent des saisissans. — *V.* 725 (57).

ARTICLE V.

De la mise en vente.

LA mise en vente des objets saisis se fait par le moyen d'annonces, de notification de ces annonces, de remise et publication d'un cahier des charges.

---

(54) *Observat.* 1. Cette faculté appartient même à un simple créancier inscrit, parce qu'on le décidait ainsi autrefois, et que tel est le sens de l'art. 722, *suiv. arr. d'Aix*, 7 *avr.* 1808, *J-c-pr.*, *ij*, 167. — M. Tarrible, *d. §. 6, art.* 2, est d'un avis contraire, parce que l'expropriation est une mesure si rigoureuse qu'on ne doit être admis à en user que pour une cause bien déterminée, et après avoir mis le débiteur en mesure de l'empêcher; que l'art. 725 (v. *ci-dessus le texte*) paraît exiger une saisie pour titre à la poursuite, etc... *Idem*, **M.** *Merlin*, *rép.*, *mot subrogat. de personne*, *sect.* 1, *n.* 7.

2. La demande en subrogation ne peut pour la première fois être proposée en appel, *suiv. arr. de Turin*, 24 *juill.* 1810, *Sirey*, 1811, *sup.* 51... V. *aussi ci-d. p.* 388, *note* 101.

3. *Id.* à une vente volontaire... V. *tit. des ventes judic.*, *note* 3, *n.* 3.

(55) Ce dernier n'est alors payé de ses frais qu'après l'adjudication (soit sur le prix, soit par l'adjudicataire), et il en est même déchu s'il a contesté mal-à-propos la subrogation. — V. *c-pr.* 724, *in f.*

Observations. 1. La demande en subrogation se forme par un acte, auquel on peut répondre. — V. *tarif* 119.

2. L'*appel* du jugement de cet incident doit être fait dans la quinzaine de la signification à avoué. — V. *c-pr.* 725; *tit. de l'appel*, *note* 63, *n.* 5 *p.* 379; *arr. de Paris*, 27 *sept.* 1809, *Nevers*, 1810, *sup.*, 72.

3. Peut-on demander la subrogation lorsque le saisissant a donné main levée de la saisie? — V. **M.** *Pigeau*, *ij*, 155; **M.** *Desmasures*, *ch.* 15 §. 2, *n.* 123.

(56) Par conséquent on peut jusques à la radiation, demander à êtr subrogé. — V. **M.** *Merlin*, *sup.*

(57) Quand même il ne s'est pas présenté le premier à l'enregistremen — V. *id.*

I. *Annonces.* — Dans les trois jours après (58) la transcription au greffe, on affiche dans l'auditoire un extrait (59) contenant : 1. la date de la saisie et des enregistremens ; 2. l'indication des parties (60), de l'avoué du saisissant, et des greffiers et maires à qui on l'a notifiée ; 3. la situation et la désignation des biens saisis (61) ; 4. le jour de la première publication. — *V. C-pr.* 682 ; N.; *tarif* 104.

Cet extrait est inséré dans un des journaux du pays (62), et imprimé et affiché au domicile du saisi, aux édifices saisis, aux places, marchés, tribunaux (63), etc. L'affiche est constatée par un pro-

---

(58) Quant à ce délai, même décision de M. Pigeau qu'aux notes 34 et 35, *ci-dev. p.* 512, et même réponse.

(59) Le greffier insère cet extrait dans un tableau (*c-pr.* 682, *N.*)... Il lui est fourni par l'avoué du saisissant. — *Arg. du tar.* 104; *M. Pigeau, ij*, 220.

(60) Noms, professions et demeures des saisi et saisissant... Noms des maires et greffiers. — V. *c-pr.* 682, *N.*; *arr. de Riom*, 23 *déc.* 1809, *Nevers*, 1811, *suppl.*, *p.* 11.

(61) Indication sommaire (par nature et quantité) des biens ruraux en autant d'articles qu'il y a de communes ou de fermiers, avec les noms de ceux-ci et des arrondissemens. — V. *id.*, *v.* 4, *N.*

(62) De la ville du tribunal, ou (s'il n'y en a pas) du département... L'insertion est constatée par un des exemplaires, avec la signature de l'imprimeur légalisée par le maire. — V. 683, *N.* — Elle est requise par avoué. — V. *tarif* 105. — Au reste cet extrait (rédigé par avoué) sert d'original et ne peut être grossoyé. — V. *tarif* 106.
Époque de l'insertion... V. M. Pigeau, ij, 220; M. Desmasures, 257.

(63) Aux portes du saisi, des édifices et de l'auditoire de paix... A la principale place et au principal marché des communes du domicile, des biens, et du tribunal... Au défaut de marché, aux deux marchés les plus voisins. — V. *c-pr.* 684, *v.* 4, *N.*; *arr. de Nimes, infrà.*
Observat. 1. La cour de Poitiers a jugé que ces deux marchés sont les deux plus voisins de la commune de la situation des biens. Néanmoins le procureur général remarquait avec raison, à notre avis, que le *v.* 4 parlant *desdites communes* sans distinction, ne restreint point à celle-là le voisinage, et le fait encore rapporter, et à la commune du saisi, et à la commune du tribunal de la saisie ; d'où il concluait que le vœu de la loi était rempli par une affiche mise à deux marchés, dont l'un est le plus voisin de la situation et l'autre du domicile. — V. *J-c-pr.*, *iij*, 589. — V. *aussi Nimes*, 1810, *avoués*, *ij*, 55.
2. *Quest. diverses sur les marchés...* V. M. Coffinières, id., i, 501.

cès-verbal (64) visé par les maires et notifié au saisi (65). — *V. au surplus C-pr.* 683-685 *et* 687, N.

II. *Notification.* — Huit jours au moins (66) avant la première publication, semblable notification est faite aux inscrits, et enregistrée (67). Dès-lors, la

---

(64) Ou acte de l'huissier... Il n'est pas grossoyé, non plus que l'affiche ou placard... On y annexe un exemplaire du placard. — V. *c-pr.* 685, *N.*; 636. — On n'y indique pas les lieux où les placards ont été placés. — V. *tarif* 5o.

(65) *Observations.* 1. Le *visa* est donné par chaque maire des lieux d'apposition. — V. 687, *N.* — Mais, 1.° il peut être donné par l'adjoint. — V. *arr. de Riom*, 12 *mai* 1808, *J-c-pr.*, iij, 33o; *et ci-dev.* p. 189, *note* 34, n. 5. — 2.° Un certificat constatant l'apposition peut en tenir lieu. — V. *arr. de Grenoble*, 19 *juill.* 1808, *ib.*, 108.

2. *Notification.* Le verbal est notifié... avec *copie* du placard (v. *c-pr.* 687, *N.*; *tar.* 29)... et il ne suffit pas d'*annexer* à l'exploit cette copie, *suiv. arr. d'Angers*, 1809, *ib.*, 387. — V. *aussi note* 75, p. 52o.

3. *Jour des adjudications... V.* ci-dev., tit. 5, note 3o, p. 488.

(66) Outre l'augmentation à raison des distances entre les communes du bureau et de la vente. — V. *c-pr.* 696, *N.*; *et ci-dev.*, p. 142.

(67) *Notification* d'un exemplaire du placard, au domicile élu dans l'inscription... Elle est enregistrée aux hypothèques, en marge de la saisie. — V. *c-pr.* 696, *N.*; *tarif* 108. — Mais ce n'est point une transcription complète; il suffit d'indiquer (par page et numéro), en marge de l'enregistrement de la saisie, celui qu'on a fait de la notification, sur un autre registre..., et la même règle s'applique à la dénonciation. — V. *avis cons. d'état*, 18 *juin* 1809; *et ci-dev.* p. 512, 513.

Observations. 1. L'omission de notifier à un inscrit empêche que son hypothèque ne soit purgée par l'adjudication, sur-tout si l'omission provient de la faute du poursuivant, *suiv. M. Tarrible, mot saisie,* §. 6, *art.* 1. — N. B. Le saisi peut en général, tout comme les créanciers, opposer la nullité résultant de cette omission... V. *arr. cass.* 27 *nov.* 1811, *Nevers*, 1812, 195 (contra, *Paris*, 10 *mai* 1810, *avoués*, ij, 83).

2. Faut-il notifier à un hypothécaire légal non inscrit et dispensé de s'inscrire?. Oui (ainsi qu'au procureur impérial); et s'il n'est pas connu, au procureur impérial seul, en déclarant qu'on fera publier la notification par insertions et affiches (*ci-dev.*, n. 1, p. 517), *suiv. MM. Tarrible, d. art.* 1, et *Pigeau*, p. 222, par *arg. d'avis cons. d'état*, 1 *juin* 1807, qui le prescrit en cas d'aliénation volontaire... Non... V. *d. arr. cass.* 27 *nov.*, *et autre du* 5 *déc.*, d. p. 195.

3. Si l'omission provient de ce que le conservateur a lui-même omis le nom de quelques inscrits, la procédure n'était pas nulle jadis. — V. *trois arr.* à *J-C-N.*, iij, 413, *et prat. fr.*, iv, 354 *et* 384. — Même règle à présent, *suiv. M. Tarrible, sup.; arg. de C-N.* 2197.

4. Il faut notifier aux créanciers des premiers propriétaires, *suiv. d. arr.* 27 *nov.* (contra, *Turin*, 2 *juill.* 1810, *avoués*, ij, 335).

5. L'offre de désintéresser les créanciers inscrits avant la notification (si l'on n'a pas consigné et s'il y a des créances inscrites postérieurement) ne peut arrêter l'adjudication définitive. — V. *arr. de Paris*, 17 *août* 1811, *avoués*, iv, 221.

saisie ne peut plus être rayée que de leur consentement, ou en vertu de jugement rendu contr'eux (68). — *V. C-pr.* 695, 696, N.; *tarif* 29, 107.

III. *Cahier des charges.* — Quinzaine avant la même formalité, le poursuivant dépose au greffe le cahier des charges (ou conditions) de la vente, qui contient en outre, l'énonciation du titre, du commandement et de l'exploit de saisie, et des actes et jugemens qui ont pu être faits ou rendus (69) ; la désignation des objets saisis, et une mise à prix (70). — *V. C-pr.* 697, N.

On y insère les *dires*, publications et adjudications. — *V. C-pr.* 699, N.; *tarif* 111.

On en fait trois publications (au moins) à l'audience (71) ; la première entre un mois et six semaine (au plus) après la notification de l'affiche au

---

(68) C'est que jusqu'à l'enregistrement le poursuivant est maitre de la saisie. En effet, s'il veut en donner la main-levée, le conservateur qui ne voit point à la marge la note d'autres créanciers, peut rayer la saisie, tandis que par l'enregistrement, les créanciers deviennent parties et en quelque sorte co-saisissans... Mais il faut excepter le cas où quelqu'un d'eux a fait une saisie (*ci-dev.*, *p.* 515) ou tout autre acte qui le rende en effet partie... V. *au reste*, M. *Pigeau*, *p.* 223.

(69) Voilà une expression assez vague : c'est qu'il était impossible de désigner précisément ces *actes*, parce que la remise du cahier peut avoir lieu à différentes époques. Mais il est clair qu'on doit indiquer tous les actes qui ont pu la précéder, tels que la dénonciation au saisi, l'insertion, l'apposition et la notification du placard (v. *arr. de Besançon*, 18 *mars* 1808, *J-c-pr.*, *iij*, 319) ; et qu'on ne doit pas se borner à l'énonciation du commandement et de la saisie. — V. *arr. de Nîmes*, 28 *juin* 1809, *Sirey*, 1810, *sup.*, 565. — Règle contraire pour la notificati n, lorsque, comme cela est possible (*arg. de c-pr.* 695, 697, *combinés*), elle est postérieure à la remise. — V. *arr. de Paris*, 22 *août* 1811, *avoués*, *iv*, 155.

(70) Du poursuivant... On ne fait qu'une grosse du cahier, et il n'est pas signifié, parce que la grosse doit être déposée au greffe quinzaine avant la première publication, et que toute partie intéressée a la faculté d'en prendre communication. — V. *c-pr.* 697; *tar.* 109, 110.

(71) L'huissier les fait sur une note du greffier. Celui-ci les constate, et elles sont signées par le juge... On ne signifie point d'acte de renvoi des publications du cahier, parce que les parties peuvent à la première s'informer des jours des suivantes, et que d'ailleurs les affiches et les insertions dans les journaux les instruisent des adjudications. — V. *tarif* 110, 111.

saisi ; les autres de quinzaine en quinzaine (72). Ce n'est qu'alors qu'on peut procéder à l'adjudication préparatoire (73). — *V. C-pr.* 702, 700, 701, N.

ARTICLE VI.

De l'adjudication.

§. 1. *De l'adjudication préparatoire.*

HUIT jours avant l'adjudication préparatoire (74), on insère dans les journaux, et l'on affiche de nouvelles annonces (75) auxquelles on ajoute la mise à prix et le jour de l'adjudication (76). — *V. C-pr.* 703, *in pr.*

Le code n'indique point les formes de cette adjudication. Il paraît qu'elles doivent être les mêmes que celles de l'adjudication définitive. — *V. M.*

---

(72) C.-à-d., à des jours des troisième et cinquième semaines, correspondans à celui de la première semaine où l'on a fait la première publication. Si par ex., elle a lieu le premier lundi d'un mois, les deuxième et troisième se feront les troisième et cinquième lundi. — *V. arr. Nimes*, 5 avr. et 11 mai 1808, *J-c-pr.*, ij, 279 *et* 456; *M. Réal; sur-tout arr. cass.* 18 *mars* 1812 (*par arg. entr'autres, de tarif*, 111), *Nevers*, 362.

(73) On le peut néanmoins, suivant M. Pigeau, *p.* 229 *et* 230, à l'audience même où l'on a fait la troisième publication, parce que la loi, *art.* 702, se borne à exiger trois publications *avant* cette adjudication. Mais il faut dans ce cas avoir réitéré les insertions et annonces qu'on va indiquer à l'art. 6, §. 1.

(74) Outre l'augmentation pour la distance entre la commune de la majeure partie des biens, et celle du tribunal. — *C-pr.* 703, *N.*

(75) Semblables aux précédentes. — V. *c-pr.* 703, 704, *N.* Ces insertions et affiches sont justifiées dans la même forme que celles de la première publication. — V. *c-pr.* 705. — On a vu, *art.* 5, *n.*° 1, *p.* 517, que le placard de celle-ci doit être notifié au saisi... Faut-il aussi notifier les second et troisième placards (*ci-apr.*, §. 2)?... OUI, *suiv. arr. d'Aix*, 5 *janv.* 1809, *J-c-pr.*, iij, 141. — V. *aussi, id.*, 109 *et accordés*, v, 93. — NON, *suiv. arr. de Grenoble, Nimes et Paris*, 1809, 1810, 1812, *d. p.* 141, 109 *et* 93; *Nevers*, 1810, *sup.* 86 (par arg. entr'autres, de tarif, 50 et 111).

(76) Cette addition est manuscrite. Si elle oblige à une réimpression du placard, les frais n'en passent point en taxe. — V. *c-pr.* 703, *in f.*; *tarif* 106; *M. Grenier.*

Grenier, *et C-pr.* 708 , №. 1 (77)... On y fixe le jour de celle-ci à deux mois au moins d'intervalle (78). — *V. C-pr.* 706, N.; *décr. 2 fév.* 1811, *art.* 1.

§. 2. *De l'adjudication définitive.*

Nous allons traiter de quelques mesures antérieures à l'adjudication , de l'adjudication elle - même, du jugement et de ses suites.

I. *Mesures préalables.* Dans la quinzaine de l'adjudication préparatoire , on fait de nouvelles annonces (79) où l'on ajoute le prix et le jour de l'adjudication définitive. — *V. C-pr.* 704, N. — La même mesure est exigée lorsqu'une des publications est retardée par un incident. — *V. C-pr.* 732 (80).

II. *Adjudication.* Ce jour-là (81) , les biens sont adjugés à l'audience , sur des enchères faites par

---

(77) D'autant que le tarif, *art.* 112 , passe une vacation à l'avoué pour y assister. — Quand peut-on y surseoir, ou non !. V. *M. Coffinières*, *avoués, iv*, 246; *ci-dev.*, *p.* 454, *note* 15. — *Quid* s'il n'y a pas d'enchères !. V. *p.* 526 , *note* 98 , *n.* 1.

(78) On peut encore , après l'adjudication préparatoire , demander la distraction des objets saisis, dont on prétend être propriétaire. — V. *c-pr.* 727, *et le chap. suiv.*, *n.* 2 , *p.* 528.
Quant aux avantages de cette adjudication , v. *M. Grenier.*

(79) *Justification...* Même observation qu'à la note 75. — 705 , *N.*

(80) Il résulte de cet article que lorsque les délais prescrits pour une formalité , expirent sans qu'elle ait été remplie , la procédure n'est pas annullée si la suspension a été causée par quelqu'un des incidens indiqués ci-après, *ch.* 2, *p.* 527. — V. *M. Tarrible* , *mot saisie*, §. 6 , *art.* 2.
La réitération des annonces n'est exigée que pour les publications qui restent à faire , *suiv. Paris*, 23 *oct.* 1811, *avoués, iv*, 282.

(81) *Sursis.* On peut être forcé de renvoyer à un autre jour , comme en cas d'incident. — V. *d. p.* 527.
Observat. 1. Le saisi ne peut se plaindre d'un sursis qu'il a demandé , sur-tout quand on a réitéré les annonces, etc... V. *Paris*, 16 *mai* 1812 , *avoués, v*, 356; *ci-d. note* 19, *p.* 505.
2. Une saisie-arrêt faite entre les mains du saisi contre le poursuivant, ne peut opérer un sursis : c'est tout au plus une opposition en sous-ordre. — V. *arr. de Paris*, 23 *oct.* 1811, *avoués, iv*, 282; *ci-apr.*, *p.* 5 5.
3. Autre cas où il n'y a pas sursis... V. *ci-dev. note* 67 , *n.* 5, *p.* 518.
4. Tems des adjudications... V. *ci-dev. p.* 27 , *note* 59.

avoués (82), et pendant la durée de trois feux au moins (83). Chaque enchérisseur est obligé de tenir son enchère tant qu'elle n'a pas été couverte (84). — *V. C-pr.* 706, *in pr.*, 707, 708, N.; *tar.* 113, 114.

Si elle ne l'est pas, il doit, dans trois jours, déclarer le nom et fournir l'acceptation de l'adjudicataire (85), faute de quoi il est réputé lui-même adjudicataire en son propre nom. — *V. C-pr.* 709.

(82) Ils ne peuvent, sous peine de nullité et de dommages, se rendre adjudicataires pour le saisi, les personnes notoirement insolvables, les membres du tribunal de la vente. — *C-pr.* 713. — A quoi il faut ajouter les administrateurs, s'il s'agit des biens de leurs administrés. — V. *C-N.* 1596. — V. *aussi §. des avoués, p.* 66.

Observat. 1. Mais ils le peuvent, 1.° pour l'acquéreur volontaire. — V. *M. Tarrible, mot transcription*, §. 6. — 2.° Pour l'épouse qui est en même tems créancière du saisi (le seul motif de l'inaliénabilité de sa dot ne suffit point pour la faire considérer comme une personne insolvable, d'autant qu'elle a le droit d'aliéner sa dot mobilière), *suiv. arr. d'Aix*, 23 *fév.* 1807, *J-c-pr., ij,* 77... V. *sur-tout arr. de Bruxelles,* 26 *mars* 1812, *avoués, v,* 365. — 3.° Pour eux-mêmes... V. *arr. Paris,* 5 *janv.* 1812, *ib.,* 82, *par arg. de c-pr.* 709, *ci-dessus (au texte).*

2. La disposition de l'art. 713 prévient en grande partie les fraudes que le saisi peut commettre en présentant des adjudicataires insolvables. Le célèbre Tronchet en a donné cet exemple. Un débiteur de 60,000 l. a deux domaines valant 36,000 l., et situés sur deux arrondissemens, et dont en conséquence on ne peut l'exproprier que successivement (v. *p.* 508). Lorsque le créancier agit sur le premier domaine, le débiteur le fait porter à 60,000 l. par un adjudicataire insolvable. Le créancier étant alors désintéressé, le débiteur vend sur-le-champ l'autre domaine, et fait perdre ainsi au créancier les deux cinquièmes de ses droits. — *Cons. des Anciens,* 14 *vend. vij.*

(83) Chaque bougie est préparée de manière à durer environ une minute. — *C-pr.* 707, *N.* — La mention de cette préparation n'étant pas prescrite, son omission n'est point une nullité. — V. *arr. cass.* 10 *pluv. xiij; M. Merlin, rép., mot bougie,* par arg. de L. 11 brum. 7, art. 13 (où il y a mêmes termes que dans c-pr. 707). — Énonciation des bougies dans les adjudications en détail, v. *Colmar,* 1811, *avoués, v,* 42.

S'il y a eu un enchérisseur à l'adjudication préparatoire, on ne peut lui adjuger définitivement qu'après trois feux sans nouvelle enchère... Si pendant ces trois premiers feux on fait des enchères, il en faut ensuite deux pour adjuger. — V. *c-pr.* 708, *N.*

(84) Sinon chaque créancier peut s'emparer des poursuites pour l'y contraindre et pour continuer la procédure jusques à l'adjudication. — V. *M. Tarrible, mot transcription,* §. 5. — Si l'enchère est couverte, fût-ce par une enchère nulle, il cesse d'être obligé. — *C-pr.* 707, *in f.,* N. — *Quid* s'il n'y a pas d'enchère ?. V. *note* 98, *n.* 1, *p.* 526.

(85) Ou bien représenter son pouvoir, qu'on annexe à la minute de sa déclaration. — *C-pr.* 709.

III. *Jugement.* Le jugement d'adjudication (86)
est la copie du cahier des charges, accompagnée
d'une injonction au saisi de délaisser les biens. —
V. C-pr. 714 (87).

Le jugement n'est délivré à l'adjudicataire (88)
que lorsqu'il justifie du paiement des frais ordinaires
de poursuite (89), et de l'accomplissement des con-

On voit qu'il s'agit ici d'une *élection de command* ou *d'ami*, formalité
imaginée dans les tems féodaux pour échapper aux droits excessifs que les
seigneurs percevaient à chaque mutation des biens de leurs censitaires.
— V. *M. Merlin*, *rec. alph.*, *mot déclar. de command*, §. 2. — Quant
au droit d'enregistrement, v. *arr. cass.* 22 *août* 1809 *; autre*, 3 *sept.* 1810,
avoués, *ij*, 274, *et circulaire*, 27 *août* 1811, *ib.*, *iv*, 186.
Au reste, 1.° les vacations d'enchères et d'élection d'ami sont à la
charge de l'adjudicataire. — *Tarif* 114. — 2.° Quant à ceux qui troublent,
entravent ou écartent les enchères, v. *c-pén.* 412.

(86) Revêtu des intitulés et mandemens ordinaires. — *C-pr.* 714.
Observations. 1. En droit, une adjudication n'est pas un jugement proprement dit, puisqu'elle ne prononce sur aucune contestation ; qu'elle ne
fait que proclamer la personne qui, n'ayant rien à démêler, soit avec le
saisissant, soit avec le saisi, a mis la plus haute enchère ; que le juge
ne fait par cette déclaration, que l'office d'un notaire. — V. *M. Merlin*,
rec. alph., *mot expropriation*, §. 3, *n.* 5.
2. Il résulte de ces principes qu'il n'est pas nécessaire d'observer dans
l'adjudication, les règles propres à la rédaction et aux qualités. — V. *arr.
cass.* 27 *fruct. x*, 18 *vend. xij* ; *ci-dev.*, *tit. des jug.*, *p.* 231 ; *et pour les
jonctions des défauts*, *id.*, *ch.* 2, *note* 10, *p.* 235.
Néanmoins, ce jugement est susceptible d'appel (*arg. de c-pr.* 749) ;
appel qu'il faut interjeter dans le délai de trois mois, puisqu'il n'y en a
point de fixé, et qu'on peut fonder non-seulement sur les nullités de la
procédure, mais encore sur le défaut de qualité du poursuivant et la non
existence de la créance pour laquelle il a fait prononcer l'adjudication.
— V. *à ce sujet*, *M. Tarrible*, *d. art.* 2.

(87) Aussitôt après la signification, sous peine de contrainte, même
par corps. — *Ibid.*

(88) *Transcription.* Après une longue discussion sur les textes relatifs
à cette matière, M. Tarrible (*mot saisie*, §. 7) soutient que l'adjudicataire n'a plus qu'à payer, et qu'ainsi il n'a besoin, pour purger les hypothèques, ni de transcrire, ni de déposer au greffe, ni de remplir aucune formalité ultérieure. — V. *id.* ; *le prat. fr.*, *iv*, 422 ; *M. Pigeau*,
ij, 238. — Mais celui-ci regarde la transcription comme utile par rapport aux créanciers inscrits avant l'adjudication, parce que le conservateur peut en avoir omis quelqu'un dans son extrait (la loi du 11 brum.,
art. 22, exigeait la transcription).

(89) Par quittances du greffier, qui sont annexées à la minute et copiées
à la suite de l'adjudication. — *C-pr.* 715.
Peut-il consigner ! Oui, en règle générale, sauf le cas des créances

ditions urgentes de la vente (90); et s'il ne justifie pas de cela dans vingt jours, il peut y être contraint par la voie de la folle enchère. — *V. C-pr.* 715 (91) *et le ch. suiv.*, n. 4, p. 533.

A l'égard des frais extraordinaires (92), ils sont payés par privilège sur le prix (93) de l'adjudication, lorsque le jugement le décide. — *C-pr.* 716.

Observez que l'adjudication ne transmet à l'adjudicataire que les mêmes droits que le saisi (94) avait

---

éventuelles, ou des conditions contraires du cahier des charges. — **V.** *M. Tarrible*, d. §. 7, *par arg. de c-pr.* 693 *et C-N.* 2186.

Quant à la consignation, on pense qu'elle doit être précédée d'une sommation au saisi et aux inscrits, de se présenter au tems et au lieu du dépôt; et qu'il faut ensuite en faire juger avec eux la validité. — **V.** *id.*; *et pour les effets de la consignation*, *ci-apr. tit.* 8, *note* 46, *p.* 547.

M. Pigeau, *t.* 2, *p.* 246, est d'avis que l'adjudicataire ne peut consigner que lorsque le jugement le décide, ou que les parties ne se sont pas réglées à l'amiable (v. *ci-apr.*, *tit.* 8, *art.* 1, *in pr.*, p. 535).

(90) C'est-à-dire de celles qui doivent être exécutées avant la délivrance. — *C-pr.* 715.

On ne dit point comment il en justifie; mais il est naturel que ce soit par des quittances, s'il s'agit de paiemens, et en suivant le mode prescrit par le cahier des charges, s'il s'agit d'autres opérations...; et il paraît que les actes justificatifs doivent être annexés et copiés comme ceux indiqués à la note 89. — *Arg. du d. art.*

(91) Sans préjudice des voies de droit. — *Ibid.* — D'après cette disposition, qui n'était point dans l'art. 24 de la loi du 11 brumaire, d'où les art. 715 et 737 du code ont été extraits, il paraît qu'on peut poursuivre l'adjudicataire par l'action personnelle et les modes d'exécution qui y sont propres, tels que les saisies mobilières (on ne le pouvait pas jadis). — *V. arr. cass.* 20 *juill.* 1808; *et ci-apr.* p. 547, *note* 46, *n.* 2.

Bien plus si après avoir rempli ces conditions, il ne paye pas le prix, il peut y être contraint par une expropriation des biens adjugés. — **V.** *arr. Bruxelles*, 14 *juill.* 1810, *avoués*, *iij*, 42.

Conditions qu'il peut exiger... V. *tit. des ventes judic.*, *note* 27, *n.* 1.

(92) M. Tarrible semble décider que ces frais sont ceux de l'expropriation (v. *id.*, *mot privilèges*, *sect.* 3, §. 1); cependant les art. 715 et 716 distinguent les frais ordinaires des frais extraordinaires. Les premiers sont vraisemblablement ceux qu'exige une poursuite de saisie, dégagée de tout obstacle, et les seconds ceux qu'occasionnent les incidens indiqués ci-après (*id.*, *M. Pigeau*, *ij*, 173 *et* 252). On peut l'induire de la modification faite (sur l'avis du Tribunat) à l'art. 732 du projet, qui chargeait l'adjudicataire des frais de poursuite, sans distinction.

(93) Quant à la distribution du prix, v. *ci-apr.*, *tit.* 8, p. 535.

(94) *Dr. interméd.* — Même règle. — **V.** *L.* 11 *brum.*, art. 25. — **V.** *aussi L.* 20 *in pr. et* §. 1, *ff. de acquir. rer. dom.*

à la propriété des biens. — *V. C-pr.* 731 ; *MM Réal. et Grenier ; ci-dev. note* 88, *p.* 523.

IV. *Suites ou surenchère.* — Dans la huitaine de l'adjudication, toute *personne* peut faire (95) une surenchère, pourvu, 1. qu'elle excède d'un quart le prix principal; 2. qu'on la dénonce dans les vingt-

---

C'est en grande connaissance de cause qu'on a maintenu ce principe. Le système opposé offrait quelques avantages, mais le respect profond qu'on doit avoir pour la propriété, l'a emporté sur toute considération. — V. *MM. Réal et Grenier.*

Éviction et garantie. — 1. L'adjudicataire évincé après la distribution du prix, peut en exiger le remboursement des créanciers, à moins que par suite de la distribution, leur titre n'ait été supprimé; dans ce cas, il a son recours contre le saisi, *suiv. M. Tarrible, mot saisie,* §. 7.

Dr. anc. On décidait que la garantie n'était due que par le débiteur, parce que, dans une expropriation, ce ne sont point les créanciers qui vendent, mais bien la justice au nom de leur débiteur. — V. *L.* 10, *in pr., ff. distractione pignor.; L.* 1 *et ult. c. creditorem evictionem, et les autorités citées par Royer-Desgranges, instruct. sur le régime hypoth., n.° 501 et 502, et par Bézieux, liv.* 3, *ch.* 7, §. 6.

2. Conformément à ce dernier principe, on a jugé que s'il manque des meubles immeubles par destination, l'acquéreur n'a pas le droit de demander une indemnité aux créanciers étrangers à l'enlèvement, mais seulement la rescision de la vente ou la restitution du prix. — V. *arr. de Bruxelles,* 12 *déc.* 1807, *J-c-pr. ij,* 23.

3. Quant au bail ancien, l'adjudicataire ne peut avoir plus de droit que les créanciers. — V. *note* 46, *p.* 514.

4. Éviction en cas de vente volontaire... V. *ci-apr., part.* 3, *tit. de la surenchère, note* 12, *n.* 3.

(95) Au greffe, en personne ou par procureur spécial. — 710.

Observations. 1. Ces mots *toute personne,* pris à la lettre, semblent autoriser à surenchérir, même ceux qu'on a précédemment déclarés incapables. — V. *note* 82, *p.* 522. — Mais il est impossible que le législateur ait voulu leur accorder une pareille faculté, puisqu'elle rendrait tout-à-fait inutile l'institution de la surenchère, dont il se promettait les effets les plus avantageux. — V. *MM. Réal et Grenier.* — Si l'on s'attache au sens grammatical qui naît du lieu où est la disposition, il semble qu'elle veuille dispenser de l'entremise des avoués pour la surenchère, parce qu'on a placé le premier article (710) qui l'autorise, à la suite de celui où l'on décide que les enchères sont faites par les avoués (le projet ne parlait point de la surenchère)... Il faut d'ailleurs observer au sujet de cette dernière interprétation, 1.° qu'elle n'est pas contredite par l'art. 115 du tarif, quoique il passe une vacation aux avoués pour la surenchère, parce que cet art. n'est point limitatif; 2.° qu'on ne devrait pas annuller une surenchère par cela seul qu'elle serait faite sans avoué, puisque la loi ne prononce point de nullité, et que le surenchérisseur pourrait s'autoriser de la latitude que semblent donner les mots *toute personne;...* 3.° que l'art. 965 donne une semblable explication des mots *toute personne.* — V. *ci-apr. tit. des ventes judiciaires, note* 24.

2. On a jugé que lorsque la surenchère est nulle à raison de l'incapa-

quatre heures (96) aux avoués de l'adjudicataire , du poursuivant et du saisi (97)`, avec sommation pour l'audience suivante; audience où l'on n'admet à concourir que l'adjudicataire et le surenchérisseur (98). — *V. C-pr.* 710-712 ; *tarif* 115, 116.

---

cité d'un surenchérisseur , elle subsiste pour son co-surenchérisseur. — V. *arr. de Bruxelles*, 15 *avr.* 1809, *J-C-N.*, *t.* 14, *p.* 89; *et avoués* , *t.* 1 , *p.* 35.

3. *Idem* , que plusieurs surenchérisseurs sont admissibles pendant cette huitaine. — V. *arr. de Turin*, 30 *janv.* 1810 , *avoués*, *ib.* , 267.

4. *Idem* , qu'on peut faire la surenchère au greffe , même en cas d'une vente d'immeubles de succession, poursuivie par l'héritier bénéficiaire. — V. *arr. de Turin*, 8 *sept.* 1809, *id.*, 127. — V. *aussi ci-apr.*, *part.* 5, *liv.* 2 , *tit. des ventes judiciaires* , *note* 23.

(96) Sous peine de nullité. — *C-pr.* 711. — Si le jour suivant est une fête, on peut renvoyer au second jour, parce que la loi n'a pu entendre parler que d'un jour *utile.* — V. *arr. de Paris et de cassat.* , 4 *août* 1808 *et* 28 *nov.* 1809, *J-c-pr.*, *t.* 2 , *p.* 285, *et Nevers*, 1809, *p.* 497; *et ci-dev.*, §. *des délais* , *p.* 138 *et* 140.

Observation. La production à l'ordre, faite *sous toutes réserves*, n'est point un acquiescement à la sentence qui a annullé la surenchère. — V. *d. arr.* 28 *nov.* ; *et tit. de l'acquiescem.* , *p.* 328 *et note* 12 , *ib.*

(97) S'il n'a point d'avoué, la dénonciation n'est pas nécessaire. — V. *c-pr.* 711.

Il en est de même si l'avoué n'a été constitué que pour un incident , *suiv. un arr. de Paris* , 23 *août* 1810 , *avoués*, *ij* , 222.

(98) Celui-ci, en cas de folle enchère, serait tenu par corps , de la somme dont son prix diffère de celui de la vente. — V. *c-pr.* 712. — Et, dit M. Desmasures, cette somme *vertirait* à l'acquit du saisi. — V. *id.* , *n.º* 127.

Observations. 1. En accordant la faculté de surenchérir, on a eu surtout pour but de faire porter les biens à leur véritable prix, en cas qu'il ne se soit pas présenté d'enchérisseurs; car, dans ce cas, le poursuivant reste adjudicataire pour la mise à prix insérée dans le cahier des charges. — V. *c-pr.* 698 , *et M. Grenier.*

2. L'audience dont on vient de parler doit être celle qui suit l'expiration de la huitaine. — V. *arr. de Turin et Paris*, 30 *janv.* *et* 23 *août* 1810 , *avoués*, *t.* 1, *p.* 267 , *t.* 2 , *p.* 222.

3. Poursuites des *saisies réelles* faites avant la loi du 11 brumaire an 7... V. *décr.* 11 *janv.* 1811.

CHAPITRE II.

Des incidens sur la poursuite de la saisie immo-bilière.

Nous avons traité par anticipation, de quelques-uns des incidens à la poursuite de la saisie immobilière (99); avant de nous occuper des autres (100), nous observerons,

1. Que tous doivent être jugés *sommairement* (101) et sans conciliation. — *V. C-pr.* 718 *et* 49, *n̂.* 7.

2. Que tous font surseoir à l'adjudication définitive jusqu'à ce qu'ils aient été jugés en dernier ressort ou sans recours. — *V. M. Grenier* (102).

---

(99) **Tels que les incidens relatifs à des** *jonctions* **de saisie et** *subrogations* à la poursuite. — **V.** *chap.* 1, *art.* 4, *n.* 3, *alin.* 2, *p.* 515, 516.
Le présent chapitre correspond au tit. 13, liv. 5 du code.

(100) Ils sont indiqués dans les intitulés des numéros suivants, où l'on voit qu'il s'agit, 1. de l'appel du jugement qui autorise la saisie ; 2. de la distraction; 3. des nullités; 4. de la folle enchère; 5. du délaissement du tiers-détenteur... V. *en quatre autres, à note* 126, *p.* 534.

(101) *Par jugemens sommaires,* car on y autorise divers écrits. — **V.** ce §, *p.* 340, 341, *note* 16, *n.* 4; *tarif, ibid.*, *et ci-apr. p.* 529.
Observat. 1. *Appel de ces jugemens.* Le code en a déterminé les règles pour les incidens indiqués au tit. 13, c.à-d., les incidens dont nous avons déjà parlé (*d. art.* 4) et ceux dont il va être question. *Quid juris* pour les incidens non prévus par le code ! M. Pigeau, *p.* 162, pense qu'il faut suivre les mêmes règles, parce qu'il y a parité de motifs... On pourrait objecter contre cet avis, que le délai de trois mois étant général, il faut une exception positive de la loi, pour le restreindre à un terme plus court. — **V.** *tit. de l'appel, ch.* 3, *p.* 375.
2. La mise en cause ou intervention des défaillans de première instance, est inutile en appel, *suiv. arr. Turin, au ch. des jug. de défaut, note* 10, *p.* 236.
3. La jonction des défauts n'y a pas lieu. — V. *ib.*

(102) Telle serait une plainte en faux contre les actes de l'huissier, relatifs à l'expropriation. — V. *arr. cass., au* §. *des notaires, ci-dev. p.* 87, *note* 86, *n.* 2. — V. aussi *p.* 521, *note* 81, *n.* 1.
Observations. 1. Par ce moyen on délivre l'acquéreur de la crainte de se voir intenter des procès après l'adjudication, ainsi que cela pouvait avoir lieu sous la loi du 11 brumaire an 7. — V. *M. Grenier; ci-apr., note* 116, *n.* 5, *p.* 525; *ci-dev., note* 80, *p.* 521.
2. Il faut réitérer les annonces... V. *p.* 521, *note* 80, *ib.,* et *d. note* 81.
5. L'offre réelle doit aussi opérer un sursis. — V. *au surplus, arr. cass.* 23 *juill.* 1811, *Nevers,* 490, *et ci-d. note* 67, *n.* 5, *p.* 518..

I. *Appel du jugement qui autorise la saisie* (103).

Pour que cet appel soit reçu et fasse surseoir à l'adjudication, il faut que le débiteur appelant, 1. intime sur son appel, c'est-à-dire, assigne le saisissant ; 2. dénonce et fasse viser l'intimation au greffier du tribunal de la vente, trois jours au moins avant la remise du cahier des charges (104). — *V. C-pr.* 726, 697 ; *tarif* 120.

II. *Distraction.* — Lorsqu'un tiers a, en tout ou en partie, la propriété des objets saisis, ou bien des droits réels affectés sur ces objets (105), il ne peut être dépouillé par l'adjudication, ni de cette

----

(103) **M.** Tarrible pense qu'il ne s'agit point dans l'art. 726, d'un jugement de condamnation, parce que, quoique suffisant pour autoriser à saisir, l'effet en est suspendu par l'appel; mais bien d'un jugement qui, sur une demande formée par le débiteur en radiation de la saisie, a rejeté cette demande et ordonné la continuation des poursuites. — V. *id.*, *mot saisie*, §. 6, *art.* 2.

On peut répondre que la disposition de la loi est générale ; qu'elle a pu déroger aux règles relatives à l'émission et instruction de l'appel (v. *ch.* 4, *p.* 379), lorsqu'on ne l'interjette qu'au moment de la saisie ou après la saisie (C-pr. 726 dit *en vertu duquel on procéde à la saisie*) ; ou plutôt exiger quelques formes particulières dans de telles circonstances, parce que le débiteur ayant été averti depuis 30 jours au moins par le commandement, est censé n'avoir pas beaucoup de confiance en son appel, puisqu'il a attendu l'exécution pour le notifier.

(104) C.-à-d., plus de 18 jours avant la première publication... V. *art.* 5, *n.* 2 et 3, *p.* 518, 519. — L'adjudication faite au mépris de cet appel est nulle... V. *à ce sujet*, *arr. de Bruxelles*, §. *des nullités*, *note* 10, *n.* 1, *p.* 133.

(105) Tels qu'un usufruit, des servitudes... Le code ne parle pas de ces droits réels, mais on en fait une mention positive dans l'exposé des motifs, et l'on peut d'ailleurs les regarder comme compris indirectement dans la disposition.

Observations. 1. Autres exemples... V. *arr. de Paris et Grenoble*, 1811, *avoués*, iv, 14, *J-C-N.* xvij, 288.

2. Suivant M. Tarrible, *mot saisie*, §. 7, *art.* 2, il n'est pas besoin de revendiquer les servitudes naturelles et patentes, qui sont visiblement, soit pour l'adjudicataire, soit pour les poursuivans, une charge inhérente au fonds saisi. Cela est conforme à l'ancienne jurisprudence, puisque le décret ne purgeait pas les servitudes visibles (v. *Dhéricourt*, *des criées*, *ch.* 8, *n.* 13); et c'est aussi ce que décidait le projet du code, *art.* 749 ; mais il établissait pour la revendication de tous les droits réels, une procédure particulière. — V. *id.*, *art.* 750-753.

propriété,

propriété, ni de ces droits (106). — *V. MM. Réal et Grenier.* — Bien plus, la loi lui donne la faculté d'intervenir dans la procédure (107) pour se les faire assurer, en demandant qu'on distraise de la mise en vente les biens qui lui appartiennent, ou qu'on charge de nouveau les biens à vendre, des droits dont ils étaient passibles à son profit (108). Il faut alors qu'on observe les règles suivantes :

---

(106) Puisqu'elle ne transmet que les droits du saisi. — V. *ci-devant*, art. 6, §. 2, *n*. 3, *p*. 524.

Observat. 1. Par conséquent le tiers peut après comme avant l'adjudication, exercer la revendication, tant que le droit n'en est pas prescrit. — V. *M. Tarrible*, *d*. *art.* 2 ; *arr. de Paris*, à *note* 109.

2. Mais il ne le peut qu'avant l'adjudication, s'il s'agit d'une demande en séparation de patrimoines, *suiv. arr. de Montpellier*, 26 *févr.* 1810, par arg. *de C-N.* 880 *et c-pr.* 727, 728, *avoués*, *i*, 272.

3. M. Desmasures. *ch*. 15, §. 2, *n*. 125, prétend que l'acquéreur de l'immeuble saisi, qui ne s'est pas fait connaître avant la saisie, soit par l'insertion de son nom dans la matrice de rôle, soit autrement, serait bien admis à intervenir, mais non pas à former une tierce-opposition a l'adjudication consommée. Il se fonde, 1. sur ce que la loi (*C-V*. 2169; *c-pr*. 675) exigeant qu'on poursuive le tiers-détenteur et que l'on copie le rôle dans la saisie, celui-ci ne peut se plaindre qu'autant qu'il s'était déja fait connaître ; 2. sur ce que l'on imposerait au poursuivant une condition impossible à remplir, si on l'obligeait d'agir contre un détenteur qui ne se serait pas fait connaître... On peut répondre, 1.° que la copie du rôle n'est exigée que comme une mesure de précaution, et non pas pour donner ou enlever des droits, parce que les rôles n'ont jamais été considérés même comme des présomptions légales de propriété ; 2.° que si la loi prescrit de poursuivre le tiers-détenteur, elle entend parler sans contredit du tiers-détenteur véritable. C'est au poursuivant à s'en informer, d'après la maxime *qui agit certus esse debet* (v. *ci-dev.*, *assignat.*, *note* 12, *p*. 184) ; et cette information n'est ni impossible ni même difficile, à moins d'un concert frauduleux bien extraordinaire, et dans ce cas il recouvrerait tous ses frais au moyen de l'action Paulienne ; 3.° que si l'on admettait le système de M. Desmasures, il faudrait aussi décider, car il y aurait mêmes raisons, qu'un propriétaire, par cela seul qu'il ne se serait pas inscrit au rôle, ne pourrait s'opposer au jugement qui donnerait son domaine à un étranger, quoique celui-ci n'eût poursuivi et fait condamner, même par défaut, qu'un particulier qui n'en serait pas le véritable possesseur.

(107) Mais non pas dans l'action en folle enchère intentée après l'adjudication ; il faut alors qu'il se pourvoie par action principale, *suiv. un arr. de Colmar*, 17 *juin* 1807, *J-C-N.*, *t*. 12, *p*. 18.

Une demande en rescision pour lésion n'empêche pas l'adjudication des immeubles saisis, *suiv. arr. Poitiers*, 18 *janv.* 1810, *Sirey*, *sup.*, 374.

(108) Ces deux réclamations, connues jadis sous le nom de demandes *à fins de distraire*, demandes *à fins de charges*, ont été confondues en-

1. Si la distraction ne comprend qu'une partie des objets saisis, on peut procéder à la vente des autres, sauf au juge, en cas de réclamation (109), à surseoir à la vente de la totalité. — *V. C-pr.* 729.

2. Le demandeur en distraction dépose au greffe ses titres justificatifs et joint l'acte de dépôt à sa demande, où il se borne à les énoncer. — *V. C-pr.* 728; *tarif* 121.

3. Cette demande est formée (110) contre le saisissant, le saisi, le premier inscrit et l'avoué adjudicataire provisoire. — *V. C-pr.* 727 (111).

III. *Nullités.* — Les nullités qu'on prétend exister dans la poursuite, peuvent avoir été commises avant ou après l'adjudication préparatoire.

Dans le premier cas elles doivent être proposées

---

suite sous celui de demandes en revendication (v. *L.* 11 *brum. vij*, *n.* 2138, *ch.* 2), et le sont par le code de procédure sous celui de demandes en distraction. — V. *M. Réal.*

Le tiers ne peut s'opposer au commandement; il faut qu'il attende la saisie pour former sa demande en distraction, *suiv. arr. de Besançon*, 19 *févr.* 1811, *Nevers, sup.*, 274.

(109) **Des intéressés...** Dans ce cas, l'adjudicataire provisoire peut demander sa décharge (par une requête à laquelle on a le droit de répondre). — *V. c-pr.* 729; *tarif* 122; *arr. de Paris*, 9 *mars* 1811, *avoués*, *iij*, 160. — Il le peut même après le jugement qui ordonne la distraction. — *Arg. de C-N.* 1636; *M. Pigeau, p.* 157. — S'il ne le fait pas il n'est pas besoin de réitérer l'adjudication préparatoire, *suiv. arr. de Trèves*, 6 *nov.* 1810, *avoués, iij*, 102.

(110) Par requête (on peut y répondre), et au défaut d'avoué, par exploit au domicile du créancier (élu dans l'inscription) et à celui du saisi. — V. *c-pr.* 727; *tarif* 122 *et* 29.

(111) L'appel du jugement qui statue sur cette demande n'est recevable qu'autant qu'il est interjeté dans la quinzaine de la signification à personne ou domicile, outre l'augmentation en raison de la distance du domicile réel. — V. *c-pr.* 730 *et ci-dev. p.* 379, *note* 63.

Observations. 1. Mais l'appel d'un jugement rendu sur la tierce opposition formée par un créancier au jugement de distraction, est recevable pendant trois mois. — V. *arr. de Nîmes*, 24 *août* 1810, *avoués, ij*, 357, *et ci-dev.*, *note* 101, *p.* 527.

2. Le droit d'enregistrement de ce dernier jugement n'est pas exigible pendant l'appel, et l'adjudicataire qui l'a payé peut se le faire restituer en cas d'annullation du jugement. — V. *M. Merlin, rép., mot enregistrement*, §. 5; *arr. cass.* 24 *flor. viij et* 29 *déc.* 1806, *ib.*

et jugées avant (112) cette adjudication ; adjudication qui est prononcée (113) si on les rejète. — *V. C-pr.* 733 , 734.

Dans le second cas il faut les proposer 40 jours au moins avant celui qu'on a indiqué pour l'adjudication définitive, et l'on est tenu d'y statuer 30 jours au plus tard avant cette adjudication. — *V. C-pr.* 735, 736; *décr. 2 fév.* 1811, *art. 2 et 3* (114).

Enfin, le saisi ne peut, sur l'appel (115), pro-

---

(112) **Même quand on attaque le procès-verbal de saisie...** V. *arr. Turin*, 9 *fév.* 1809, *Nevers*, 1810, *supplém.*, 90. — A plus forte raison on ne peut les proposer en appel... V. *arr. Nimes*, 11 *mai et 22 juin* 1808, *J-c-pr.*, *ij*, 270 *et* 456, *et ci-apr. note* 116, *n.* 1.

On doit les proposer par requête d'avoué à avoué (à laquelle on peut répondre). — V. *tarif*, 124; *arr. de Turin, Riom et Bruxelles*, 1809-1811, *avoués*, *i*, 210; *iij*, 99; *v*, 175. — V. *aussi ci-apr. note* 114. — Mais il n'est pas défendu de les proposer à l'audience même de l'adjudication, *suiv. arr. de Bruxelles et Bordeaux*, 23 *août* 1810 *et* 21 *janv.* 1811, *ib.*, *iij*, 99, *iv*, 99.

(113) **Par le même jugement.** — V. *c-pr.* 733. — A moins que l'adjudication n'ait été retardée par un incident. — V. *d. arr.* 22 *juin.*

L'appel de ce jugement doit être fait dans la quinzaine de la signification à avoué, avec intimation et notification au greffier (*il le vise*). — V. *c-pr.* 734, *tarif* 29, *et d. note* 63, *p.* 379.

Observations. 1. Le défaut de notification et de visa ne produit point une nullité. — V. *arr. Bruxelles*, 18 *janv.* 1808, *J-c-pr.*, *i*, 371. — Mais il n'en est pas de même du défaut d'intimation à la partie. — V. *arr. d'Angers et Agen*, 20 *janv.* 1809 *et* 4 *avr.* 1810, *J-c-pr.*, *iij*, 211; *avoués*, *ij*, 158; *ci-apr. note* 115, *n.* 3.

2. Le délai d'appel n'est restreint à quinzaine comme ci-dessus, que quand il s'agit d'un jugement qui a statué sur des irrégularités de la procédure, et non lorsqu'il est question de moyens de nullité, relatifs au fond ou à des vices du titre. — V. *arr. de Grenoble*, 28 *mars* 1809, *J-c-pr. iij*, 338; *et ci-apr.*, *note* 116, *n.* 2.

3. Ce délai de quinzaine n'est ni *franc*, ni susceptible *d'augmentation.* — V. §. *des délais*, *notes* 10 (*n.* 3) *et* 18 (*n.* 3), *p.* 139, 142.

4. Si la prononciation de l'adjudication préparatoire n'a pas eu lieu en même tems que ce jugement, le délai d'appel ne court que de la prononciation effective, *suiv. Bruxelles*, *cité à note* 15a, *p.* 454.

(114) **On les propose avec avenir**, à jour indiqué (*c-pr.* 735), par requête, etc., comme *ci-devant*, *note* 112. — V. *tar.* 125. — Mais la proposition n'en est reçue qu'autant que le demandeur donne caution pour le paiement des frais résultant de cet incident. — V. *d. décr.*, *art.* 2; *arr. de Paris*, 21 *juill.* 1811, *avoués*, *iv*, 146.

(115) **De ce dernier jugement...**, appel qui doit être interjeté dans la huitaine au plus de la prononciation, notifié au greffier, visé par lui (v.

poser des moyens de nullité autres que ceux qu'il a présentés en première instance. — *V. C-pr.* 736, *in f.* (116); *arr.* 22 *juin*, cité à note 112.

c-pr. 736, *tarif* 29), et jugé enfin dans la quinzaine au plus tard, de la notification. — V. *d. décr.*, *art.* 4.

Observations. 1. Peut-il être notifié au domicile élu !... OUI, *suiv. deux arr. de Poitiers et Colmar*, 9 *juin* 1809 *et* 22 *juin* 1810, *Nevers*, 1810, *suppl.* 82, *et avoués*, *ij*, 238.

2. Suffit-il qu'il le soit à avoué !... OUI, *suiv. trois arr. de Trèves*, *Turin et Bruxelles*, 7 *avr.* 1809, 9 *et* 25 *fév.* 1810... NON, *suiv. un arr. de Paris*, 22 *juill.* 1810, *avoués*, *ij*, 47, 101 *et* 152.

3. La notification au greffier ne dispense pas de la notification à la partie, *suiv. un arr. de id.*, 16 *janv.* 1811, *avoués*, *iij*, 86. — V. *aussi cidev.*, *note* 113, *n.* 1.

4* Le jugement ci-dessus, ainsi que l'arrêt qui y statue, ne sont pas susceptibles d'opposition. — V. *d. décr.* 2 *fév.*, *art.* 3 *et* 4. — Mais v. pour une exception, *ci-apr. note* 126, *n.* 4, *p.* 534.

(116) *Observations.* 1. Il suit de cet article, combiné avec les précédens, qu'aucun moyen de nullité ne peut être proposé ni admis après l'adjudication définitive Il ne peut plus être accueilli en première instance, parce qu'il n'a pas été proposé en tems utile; il ne peut l'être mieux en cause d'appel, puisqu'on ne peut discuter sur l'appel que les moyens qui ont déja été présentés en première instance. — V. *M. Tarrible*, *mot saisie*, §. 6, *art.* 2; *arr. Trèves*, 6 *nov.* 1810, *avoués*, *iij*, 102. — Bien plus, le saisi est non-recevable à recourir de l'arrêt confirmatif du jugement qui a rejeté ses moyens de nullité contre la procédure antérieure à l'adjudication préparatoire, si loin d'en avoir manifesté l'intention lors de l'adjudication définitive, il s'est borné à attaquer la procédure postérieure, *suiv. arr. cass.* 4 *fév.* 1811, *ib.*, 323.

2. Il faut néanmoins excepter, en premier lieu, les nullités des actes qui accompagnent et précèdent immédiatement l'adjudication définitive. — *M. Pigeau*, *p.* 163; *M. Tarrible*, *sup.* — En second lieu, celles qui tiennent au fond du droit du créancier poursuivant, comme si le débiteur découvre une quittance prouvant l'extinction de la dette. Il pourrait dans ce cas demander la nullité de la saisie en tout état de cause, parce que les règles précédentes ne sont relatives qu'aux nullités de la procédure d'expropriation. — V. *ibid.*; *et notes* 113, *n.* 2; 126, *n.* 4.

3. *Dr. int.* Les nullités de formes, sans distinction de leur époque, devaient être proposées à l'audience où l'on faisait l'adjudication définitive. — V. *L.* 11 *brum.*, *art.* 23; *arr. cass.* 20 *frim. xij*, 5 *nov.* 1806, 11 *oct. et* 14 *nov.* 1808. — On voit que le système du code est bien préférable. — V. *M. Grenier et ci-dev.*, *note* 102, *p.* 527.

4. Si l'appelant a été condamné par défaut en première instance, il est encore non-recevable à proposer en appel ces moyens, parce que la loi ne distingue pas entre la comparution et le défaut, et que cette fin de non-recevoir est d'ordre public. — V. *d. arr.* 5 *nov.* 1806.

Mais s'il avait fait défaut sur une assignation irrégulière, on devrait adopter un système opposé, parce que ce n'est point sa faute s'il n'a pas comparu. — V. *à ce sujet*, *M. Merlin*, *rec. alph.*, *mot expropriation*, §. 3; *arr. cass.* 11 *fruct. xj*, 16 *brum. xiij*.

5. En annullant la saisie, on doit aussi en ordonner la radiation. — V. *arr. de Riom*, 23 *déc.* 1809, *Nevers*, 1811, *sup.*, 11.

(533)

IV. *Folle enchère.* — On donne ce nom à une enchère dont on n'a pas rempli les conditions. Vendre à la folle enchère, c'est vendre aux risques de celui qui l'a faite, c'est-à-dire, le rendre responsable de la diminution du prix lors de la deuxième vente. — *V. C-pr.* 737, 715, *in f.*, 744 (117).

Pour faire vendre à la folle enchère, il suffit d'obtenir du greffier un certificat (118), constatant que l'adjudicataire n'a point justifié d'avoir rempli les conditions *exigibles* (119) de l'adjudication. — *V. C-pr.* 738, 739, *in pr.; tarif,* 126.

On fait ensuite, de quinzaine en quinzaine, trois publications (120), précédées d'affiches et annonces (121), dont les premières sont notifiées huitaine à l'avance, aux avoués de l'adjudicataire et du saisi (122). L'adjudication préparatoire peut avoir lieu à la seconde publication, et l'adjudication définitive à la troisième, en observant les formes indiquées au chapitre précédent. — *V. au surplus,* C-pr. 739-742, *et d. ch.*, *art.* 6, §. 2, *p.* 521 (123).

---

(117) On attache la contrainte par corps à cette responsabilité ; et si le prix de la seconde vente excède celui de la folle enchère, l'excédent est donné aux créanciers ou au saisi, et non point au fol enchérisseur. — V. *dd. art.*

Néanmoins on doit lui rembourser les frais de la première adjudication, tels qu'enregistrement, etc. — V. *arr. de Paris et Cassat.,* 21 *et* 6 *juin* 1811, *avoués, iv,* 17 *et* 76.

(118) Il n'est besoin, ni de procédure, ni de jugement. — 739.

(119) C'est-à-dire, qui devaient être remplies avant la délivrance. — V. *ci-dev. note* 90, *p.* 524.

(120) Le tribunal peut fixer la troisième à une époque plus éloignée. — V. *c-pr.* 742, *in pr.*

(121) Faites dans les formes précédentes (v. *ci-dev. art.* 5, *n.* 1, *p.* 517), et qui portent que l'enchère sera publiée de nouveau au jour indiqué... La première publication ne peut avoir lieu que quinzaine après l'apposition. — V. *c-pr.* 739.

(122) Ou au saisi lui-même, au défaut d'avoué. — *C-pr.* 740.

(123) Quant aux nullités et aux délais et formes de l'appel, on suit les

Mais on ne procède pas à cette adjudication et l'adjudicataire éventuel est déchargé si le fol enchérisseur justifie de l'accomplissement des conditions et consigne les frais de la folle enchère. — *V. C-proc.* 743 (124).

V. *Délaissement du tiers détenteur.* — Celui qui possède un immeuble et qui n'en a pas purgé les hypothèques, est tenu de payer les créanciers hypothécaires ou de délaisser l'immeuble. — *V. C-Nap.* 2167 *et suiv.* (125).

S'il prend ce dernier parti quelle marche suivront les créanciers? le plus diligent des intéressés pourra, en observant les formes du même chapitre, poursuivre la vente contre un curateur qu'il fera nommer à l'héritage. — *V. C-N.* 2174; *M. Grenier et M. Tarrible, mot saisie*, §. 2 (126).

---

règles exposées au N.º III, p. 530 (v. *c-pr.* 745), même pour *la folle surenchère...* V. *arr. Turin*, 1811, *avoués, iv*, 294.

(124) C'est-à-dire, la somme réglée par le tribunal pour le paiement de ces frais. — V. *d. art.*

(125) *V.* aussi arr. de Bordeaux, 1810, Nevers, 1811, sup., 170.
Observations. 1. Si le tiers ne délaisse pas, il conserve la possession jusques à la vente, comme sequestre judiciaire; et il doit les fruits à compter de la *sommation de payer ou de délaisser* (*ci-dev. note* 14, *p.* 504); à moins que le créancier ne laisse périmer l'instance d'expropriation, car alors il ne les doit plus... Au reste ces fruits ne sont immobilisés qu'à dater de la dénonciation de la saisie. — V. *M. Tarrible, mot tiers détenteur; et ci-dev. p.* 513.
2. S'il s'est obligé personnellement à la dette (en se chargeant par ex., de payer un créancier) il n'a plus le choix de délaisser pour s'affranchir de l'action. — V. arr. *Bruxelles*, 12 *mai* 1810, *J-C-N., xvj*, 42.
3. *Autres questions...* V. 2 arr. de Turin, id., 35. avoués, ij, 335.
4. Le délaissement se fait au greffe du tribunal (de la situation), qui en donne acte. — V. *d. art.* 2174.

(126) *Observations.* 1. *VENTE VOLONTAIRE OU SOMMAIRE.* V. quant à cet incident, ci-apr. part. 3, *tit. des ventes judiciaires*, sur-tout *note* 3.
2. M. Pigeau fait aussi mention de 3 autres incidens, savoir, appels des deux jugemens d'adjudication, et retard de publication d'enchère. — V. *id., t.* 2, *p.* 160, 163, *n. x, xiij et xiv.*
3. *Expropriation pour intérêt public...* V. p. 435, note 12.
4. *L'opposition* est admissible contre un jugement étranger à des questions de nullité (*v. note* 115, *n.* 4, *p.* 532), tel que celui qui statue sur des offres faites pour arrêter l'expropriation, *suiv. Bruxelles*, 4 *déc.* 1811, *avoués, vj*, 43.

TITRE VIII.

De l'ordre (1).

On appelle *ordre* le classement des créanciers qui doivent être payés sur le prix de la vente d'un immeuble.

Quelle marche faut-il suivre pour parvenir à ce classement ? Comment se fait-il ? Quels en sont les résultats, ou comment les créanciers obtiennent-ils leur paiement ?.. Ces questions seront le sujet de deux articles séparés.... Nous observerons auparavant que les principes que nous avons exposés en traitant de la distribution par contribution, sont en général applicables à l'ordre (2).

ARTICLE I.er

De la procédure de l'ordre.

Ainsi que dans la distribution, on doit (3) lorsqu'il s'agit de faire un ordre, essayer la voie amiable pendant un mois (4). Ce n'est que lorsqu'on l'a fait sans succès qu'on peut avoir recours à la voie judiciaire. — *V. C-pr.* 749, 750.

---

(1) Ce titre correspond au tit. 14, liv. 5 du code. — *Histoire.* Mêmes observations a-peu-près qu'au titre de la distribution, *note* 2, *p.* 490.

(2) Ainsi, nous n'aurons pas besoin de donner dans le titre actuel, des développemens à l'égard des points , où les règles de l'ordre et de la distribution sont semblables.

(3) Même observation qu'au tit. 6, note 9, p. 492.

(4) A dater de la signification du jugement d'adjudication, ou en cas d'appel , du jugement confirmatif. — *V. c-pr.* 749.
Suivant un commentateur, pour que le délai coure, il faut que cette signification ait été faite, et au créancier le premier inscrit, et au saisi; suivant M. Pigeau, *t.* 2, *p.* 246, il n'est pas nécessaire de la faire aux créanciers. Le commentateur ne donne aucune raison de sa décision; M.

Dans ce dernier cas la marche varie suivant qu'il y a ou qu'il n'y a pas de contestations; nous nommerons procédure *ordinaire*, celle qui est propre à la seconde hypothèse.

§. 1. *De la procédure ordinaire.*

1. Le saisissant, et ensuite le créancier le plus diligent, ou l'adjudicataire (5) poursuit la confection de l'ordre.

2. Il fait commettre (6) pour la diriger, un juge

Pigeau fonde la sienne sur des motifs d'économie. Par malheur elle n'est point autorisée par la loi, et elle est même contraire à la maxime *paria sunt non esse et non significari* (v. *liv.* 1 , *p.* 169). Au reste, les créanciers pourraient toujours objecter qu'ils ignorent si le délai a couru, puisqu'ils ne connaissent pas même légalement le jugement dont la notification doit faire courir ce délai.

Quant à la manière de constater leur accord, même remarque qu'à la note 13, *tit.* 6 , *p.* 493. — Il ne suffit pas pour la validité de cet accord, que la majorité des créanciers y ait concouru, ainsi qu'on le décide en matière de faillite; il faut que tous les créanciers et le saisi soient présens et consentent. Il serait même utile qu'ils fissent homologuer la distribution dont ils ont convenu, et prononcer la déchéance de ceux qui n'ont pas produit. — V. *M. Tarrible*, *mot saisie*, §. 8.

(5) C'est l'un de ces deux derniers, si le saisissant n'a pas agi pendant le délai de huitaine. — V. *c-pr.* 750. — La réquisition se fait par avoué, sur le registre des adjudications qu'on tient au greffe. — V. *c-pr.* 751; *tarif* 130. — En cas de concours, mêmes règles qu'à la note 15, in pr., p. 493. — V. *d. art.* 130.

S'il y a négligence ou retard dans la poursuite, on peut demander la subrogation. La demande s'en forme par une requète insérée au procès-verbal (non grossoyée), communiquée par acte d'avoué au poursuivant (il peut y répondre par un autre acte), et jugée sommairement en la chambre du conseil, sur le rapport du commissaire. — V. *c-pr.* 779; *tarif* 138 , 139.

Observations. 1. Par ces termes *jugée* en la chambre du conseil, l'art. 779 fait une exception à la règle générale, d'après laquelle les jugemens doivent être prononcés en public. Mais peut-être n'y a-t-il qu'un défaut de rédaction qui ne serait point extraordinaire, parce que cet article a été ajouté au projet, et qu'il est possible qu'on n'ait pas eu le loisir d'en bien méditer les expressions. — V. *part.* 1 , *p.* 28 , *note* 43.

2. Qui est-ce qui a droit d'intervenir dans l'ordre !... V. *ci-apr.*, *note* 42.

3. Le créancier dont l'inscription est nulle peut cependant poursuivre l'ordre, *suiv. arr. de Paris*, 15 avr. 1809, *Sirey*, 1810, *sup.*, 67.

(6) Par une réquisition. — V. *c-pr.* 751; *tarif* 130; *d. note* 15.

Tribunal. Le code ne l'indique point, mais il est clair, ainsi que le décidait la loi du 11 brumaire, art. 31, que ce doit être le tribunal de l'adjudication. — V. *M. Tarrible*, *d.* §. 8. — V. *aussi id.*, §. 4; *L.* 14

qui ouvre un procès-verbal, auquel on annexe un extrait des inscriptions existantes (7).

3. Les créanciers sont interpellés (8) à leurs domiciles élus ou à ceux de leurs avoués, et tenus de produire dans un mois leurs titres, et d'y joindre une demande en collocation (9).

4. La production faite ou le mois expiré, le commissaire dresse un état de collocation, que le poursuivant leur dénonce ainsi qu'au saisi (10), en les interpellant d'en prendre communication et de le contredire (11) dans un semblable délai.

5. S'ils ne prennent pas communication dans ce tems, ils sont forclos (12)... S'ils produisent trop

---

nov. 1808, *art.* 4; *arr. cass.* 5 *janv.* 1810, *Sirey*, 240, *et* 12 *avr.* 1808, *J-c-pr.*, *ij*, 56.

(7) Existantes au moment de l'ouverture du procès-verbal. — *Arg. de c-pr.* 752. — V. *M. Tarrible, sup.*
Quid juris s'il y a des créanciers inscrits, 1.º hors de l'arrondissement !... V. *arr. cass.* 16 *déc.* 1806; — 2.º sur des propriétaires antérieurs !... V. *arr. de Riom*, 8 *juin* 1811, *avoués, iv*, 106.

(8) En vertu d'ordonnance... V. *c-pr.* 753; *tarif* 29; *note* 16, *p.* 494. — La réquisition de l'ordre équivaut à une demande. — V. *part.* 1, *p.* 123.

(9) Tout cela se fait par acte d'avoué, qui contient aussi une constitution d'avoué, et n'est pas signifié : seulement le juge en note la remise sur le procès-verbal. — V. *c-pr.* 754; *tarif* 133.
Observations. 1. La sommation peut se faire au domicile élu dans l'inscription, quoique l'élisant soit décédé, et il n'est pas besoin d'y signifier l'ordonnance, *suiv. arr. de Bruxelles*, 6 *févr.* 1810, *avoués, iv*, 344.
2. La production est-elle un acquiescement ?... V. *note* 96, *p.* 526.

(10) Mêmes motifs et actes qu'aux notes 17 et 22, p. 494 et 495.

(11) Mêmes modes et règles qu'à la note 23, p. 495. — *C-pr.* 755.

(12) C'est-à-dire (comme l'explique *L.* 9 *mess. iij, art.* 167) non-recevables à élever des discussions sur l'ordre et le rang des hypothèques et la légitimité des créances, et cela sans qu'il soit besoin de faire une nouvelle sommation ni d'obtenir un jugement (*id., c-pr.* 756) qui prononce la forclusion. — V. *M. Tarrible, sup.* — V. *aussi note* 24, *p.* 495. — A moins toutefois qu'ils n'aient pas été appelés. — V. *arr. de Paris*, 20 *juill.* 1811, *avoués, iv*, 86.
D'après ces principes, lorsqu'il n'y a point eu de *contredits*, et qu'en conséquence, l'ordre a été clos par le commissaire, on ne peut appeller du procès-verbal de clôture, d'autant plus que ce procès-verbal n'est pas un jugement. — V. *sur ce point, arr. de Rouen*, 25 *mars* 1809, *Nevers*,

tard (13), ils supportent tous les frais qu'occasionne leur négligence et sont garans des intérêts qu'elle a empêchés de s'éteindre (14). — *V. sur tous ces points* C-pr. 749-757 ; *tar.* 130 ; *M. Réal.*

6. S'il n'y a pas de contestation, on ne fait aucune écriture ; le commissaire ferme l'ordre ; il liquide et colloque en première ligne les frais de radiation d'inscriptions et de poursuite d'ordre ; il déclare déchus les créanciers qui n'ont pas produit ; il ordonne que les inscriptions de ceux qui ne sont pas utilement colloqués seront rayées , et qu'on délivrera à ceux qui le sont utilement , des bordereaux de collocation (15). — *V. C-pr.* 756 *in f.*, 759 *in pr.; tar.* 137.

7. La même délivrance est ordonnée pour les créanciers antérieurs à ceux dont les créances sont contestées (16), et les premiers ne sont tenus à aucun rapport envers les créanciers qui produiront dans la suite. — *V. C-pr.* 758 *in f.*

---

supp. , 213 ; *ci-devant, note* 86 , *n.* 1, *p.* 523 ; *ci-apr. note* 15 , *n.* 1. Mais les créanciers ne sont pas forclos quant au droit de réclamer leur propre créance. « Tant que l'ordre n'est pas clos, dit **M. Réal**, il » serait injuste de rejeter un créancier, parce qu'il se présenterait après » les délais indiqués ». V. *ci-dessous, note* 14.

(13) Dans ce même cas , ils dénoncent leur production aux créanciers et au saisi , avec sommation d'en prendre communication et de contredire. — V. *tarif* 136. \

(14) Telle est en substance la disposition de l'art. 757. Les précédens (749 à 756), observe M. Tarrible, « sont relatifs aux créanciers qui , ayant produit, négligent de prendre communication dans le mois, des autres productions et de contester : celui-ci regarde le créancier qui n'aura pas fait dans le mois sa propre production; il conserve encore le droit de produire et de demander sa collocation, jusqu'à ce que l'ordre soit définitivement arrêté, et que la déchéance des créanciers non produisans soit prononcée; mais il supporte sans répétition, les frais nouveaux qu'occasionne sa production tardive, et la communication qui en est donnée aux autres créanciers; et il est de plus, ainsi qu'on l'a dit (*ci-dev.* , *n.º* 5), garant des intérêts qui auront couru à compter du jour où ils auraient cessé, si la production eût été faite dans le délai »... V. *encore quant aux intérêts , ci-apr. note* 37 , *p.* 544.

(15 et 16) Ou ordonnances de paiement... On déduit en faveur de l'adjudicataire, sur la somme portée dans chaque bordereau, les frais de la radiation de l'inscription. — V. *c-pr.* 759 , *in f.* — Quant à l'extrait du procès-verbal , même règle qu'à note 26 , in f. , p. 493.

§. 2. *De la procédure en cas de contestations.*

1. On fait statuer sur les contestations à l'audience (17), après y avoir appelé les créanciers postérieurs en hypothèque à ceux dont la collocation est contestée (18). — *V. C-pr.* 758, *in pr.*, 761, 762.

2. En cas d'appel du jugement (19), on peut, s'il

Observat. 1. *Effet de la clôture de l'ordre.* Tout est terminé par cet acte, que personne ne peut attaquer, ni par appel ni par opposition. — *V.* pour les motifs de cette règle, fondée entr'autres sur c-pr. 758, in f., *M. Tarrible, mot saisie, §. 8; et ci-dev., note* 12.

2. La collocation n'est au fond qu'une simple indication d'un nouveau débiteur, et elle n'opère ni la novation de la dette, ni la libération du débiteur primitif. — V. *arr. cass.* 18 *mai* 1808.

(17) Sans autre procédure qu'un simple acte d'avoué de la partie la plus diligente, un rapport du commissaire et les conclusions du ministère public. — V. *c-pr.* 761, 762.

(18) *Observat.* 1. C'est qu'ils ont intérêt à la faire rejeter (v. *note* 20, *p.* 540; *ci-dev. tit.* 6, *notes* 28 *et* 29, *p.* 495)... Donc, il faut également appeler le saisi. — V. *M. Tarrible, sup.; arr. Limoges,* 15 *nov.* 1811, *avoués, v,* 45 (*contrà, M. Coffinières, ib.*).

2. Dans la huitaine du mois accordé pour contredire, ces créanciers sont tenus de choisir un avoué commun, sinon ils sont représentés par l'avoué du dernier colloqué. Le créancier qui conteste individuellement supporte, sans pouvoir les répéter ni employer, les dépens qu'occasionne sa contestation particulière. — V. *c-pr.* 760; *ci-dev. p.* 68, *note* 17.

3. L'art. 760 ajoute, *l'avoué poursuivant ne pourra en cette qualité être appelé dans la contestation...* Donc, dit un auteur, les créanciers ne peuvent le choisir pour avoué commun. Mais si l'on confére cet article avec l'art. 667 qui donne la même règle pour la distribution, et qui dit simplement que *le poursuivant ne pourra, en cette qualité, etc.*, on voit que la loi ne s'est occupée que d'exclure la partie qui poursuit, parce qu'en cette seule qualité de *poursuivante*, elle n'a aucun intérêt à la contestation, et qu'il faut éviter des frais autant qu'il est possible. Quant à son avoué, il nous semble qu'il n'y a ni inconvénient, ni défense de le choisir pour avoué commun.

(19) Il faut l'interjeter, avec assignation et griefs, dans les dix jours (*exception : v. note* 46, *n.* 3, *p.* 547) de la signification du jugement à avoué. V. *c-pr.* 763; *arr. Nîmes,* 27 *août* 1807, *J-c-pr., i,* 180.

Observat. 1. Il suffit de le signifier à avoué, *suiv. arr. d'Amiens et Rouen,* 22 *mai* 1809, 22 *sept.* 1810, *Nevers, sup.,* 196; *avoués, iij,* 318; par arg. de c-pr. 763 et 669 (v. *note* 30, *p.* 496) combinés. — Au contraire il faut le signifier au domicile réel, *suiv. arr. de Paris et Riom,* 23 *août* 181 *et* 20 *août* 1810, *Nevers,* 1812, *sup.,* 10 (le 1.er exclut même le domicile élu dans l'inscription). — Quant aux formes de la signification à avoué, v. *ci-dev., p.* 154, *note* 11, *n.* 2... V. aussi *arr. Besançon,* 19 *août* 1811, *avoués, v,* 295.

y. a lieu (20), intimer l'avoué du créancier colloqué le dernier. — *V. C-pr.* 764.

3. L'appel se juge à l'audience sur de simples conclusions motivées des intimés (21). Les parties qui succombent, supportent les dépens, sans répé-

---

2. Ce délai de dix jours n'est pas franc. — **V.** §. *des délais, note* 10, *n.* 4, *p.* 139. — Mais par exception aux règles de l'appel, il est augmenté à raison de la distance du domicile réel de chaque partie. — **V.** *d. art.* 763; *arr. de Paris,* 10 *mars* 1810, *avoués, i;* 106; *d.* §., *p.* 142.

Dr. transitoire sur le même délai... V. 3 *arr. cass.* 2 *juill.* 1811, *B. C.; Nevers,* 319; *avoués, iv,* 9 *et* 137.

3. Le jugement d'ordre n'est pas susceptible d'opposition, *suiv. arr. cass.* 19 *nov.* 1811, *Nevers,* 1812, 46.

4. On a jugé, 1.°-3.° qu'on ne peut, ni intervenir dans un appel d'ordre, lorsqu'on ne s'est pas présenté à l'ordre (*mais v. ci-dessous,* 5.°, *et ci-apr., note* 42, *p.* 546)... ni appeler contre le créancier poursuivant dont la collocation ne nuit pas à l'appelant... ni contre tout autre créancier, lorsque l'appelant n'a pas contesté dans le mois, l'ord. du commissaire qui l'élimine de l'ordre. — **V.** *arr. Paris,* 9 *févr.* 1809. — 4.° qu'on n'est pas tenu d'intimer les opposans en *sous-ordre* (*ci-apr. p.* 545), sauf à eux à intervenir. — **V.** *arr. cass.* 2 *mai* 1810, *B. C.,* et *Nevers,* 191, *sur-tout Sirey,* 245, *et avoués, i,* 311. — 5.° qu'ils n'ont, pour l'appel, que le délai ci-dessus des créanciers directs. — **V.** *arr. Lyon, ci-d., note* 31, *p.* 490. — **A** l'égard des règles de l'intervention, **v.** *d. note* 42.

(20) *Observations.* 1. « Si au défaut de choix d'un avoué de la part du créancier postérieur à la créance contestée, la défense a été confiée à l'avoué du créancier dernier colloqué, conformément à c-pr. 760, certainement cet avoué qui joue le rôle principal dans l'instance, doit être intimé. Dans le cas contraire, *il n'y aurait lieu à intimer* l'avoué du créancier dernier colloqué, qu'autant que ce créancier serait intervenu individuellement pour contester particulièrement. C'est ainsi que l'on peut expliquer, ce semble (*dit M. Tarrible, d.* §. 8) les expressions restrictives de cet article, *s'il y a lieu* ».

2. M. Pigeau, *ij,* 260, pense qu'on ne doit intimer l'avoué du dernier colloqué que quand il a été partie, soit comme défenseur de la masse, soit en son nom personnel : s'il ne l'a pas été, observe l'auteur, c'est qu'il n'a pas contredit, et puisqu'il a acquiescé tacitement à la distribution, il est inutile de le faire entrer dans les contestations auxquelles elle donne lieu.

(21) Et sur un simple acte. — **V.** *c-pr.* 765, 761.

Observations. 1. Le code n'exige pas pour l'ordre, ainsi que pour la distribution (v. *p.* 496, *n.* 2), que l'appel, en cas de contestation, soit jugé comme matière sommaire; d'où M. Pigeau, *ij,* 261, conclut qu'on peut ordonner une instruction par écrit. Mais il est difficile de concilier cette décision avec l'art. 765 qui, 1.° ne permet de signifier que des *conclusions motivées;* 2.° renvoie à l'art. 761, où l'on exclut (*ci-dev. note* 17, *p.* 539) toute espèce de procédure.

2. Autre décision sur l'instance d'appel... **V.** *note* 101, *n.* 3, *p.* 388.

tition. — *V. C-procéd.* 765, 761, 766, *in f.* (22).

4. Quinzaine après (23), l'ordre, soit des créances contestées et admises, soit des créances postérieures est arrrêté définitivement (24). Dès-lors les créances colloquées utilement ne produisent plus des intérêts (25). — *V. C-pr.* 767.

Observation... Aliénation simple. — Si la vente n'est pas la suite d'une expropriation, on ne peut provoquer l'ordre, à moins qu'il n'y ait plus de trois créanciers inscrits (26). Dans ce dernier cas, l'ordre est provoqué (27) par le créancier le plus diligent, ou par l'acquéreur, et réglé comme ci-devant (28). — *V. C-pr.* 775, 776.

---

(22) *Dépens des contestans...* Règle contraire... V. *p.* 544, *note* 35, *ib.* — Au reste le jugement et l'arrêt liquident ces dépens. — V. *c-pr.* 762, 766; *et tit. des liquidat.*, *note* 12, *p.* 442.

(23) « Après le jugement des contestations, et en cas d'appel, quinzaine » après la signification de l'arrêt »... *C-pr.* 767... D'où un auteur induit que dans le premier cas, le délai de clôture définitive court de la prononciation du jugement... Mais, 1.º lorsque la loi fait commencer un délai à un acte, elle sous-entend en général, et à moins de disposition positive, que c'est à dater de la notification de cet acte, d'après la maxime *partu non esse*, etc. (v. *note* 4, *p.* 535; *et ci-d.*, *p.* 169)... 2.º Si la loi eût voulu autoriser la clôture de l'ordre dans la quinzaine du jugement, elle n'aurait point permis d'appeler de ce jugement dans les dix jours de la notification (outre l'augmentation, etc. — *ci-dev. note* 19, *n.* 2, *p.* 540). En effet, l'appel pourrait dans ce cas, être inutile, puisqu'il se pourrait aussi que la signification, et du jugement et de l'appel n'eussent lieu qu'après cette quinzaine, et par conséquent après la clôture de l'ordre... 3.º Le véritable sens de l'art. 767 est naturellement expliqué par l'art. 672, qui statue sur le même point pour la distribution, et qui précisément fixe le commencement du délai au jour *de la signification* du premier jugement.

(24) « Et ce, conformément à ce qui est prescrit par l'art. 759 », dit *l'art.* 767. — D'où il résulte que le commissaire doit aussitôt ordonner la délivrance des bordereaux et la radiation des inscriptions non utiles. — V. *ci-dev. art.* 1, §. 1, *n.* 6, *p.* 538.

(25) *V.* au sujet des intérêts, notes 14 et 37, p. 538 et 544.

(26) Lorsqu'ils sont en si petit nombre il est facile de faire régler leur rang à l'audience, sans avoir recours à une procédure particulière. — V. *aussi ci-dev. p.* 493, *note* 14.

(27 et 28) Il est provoqué un mois après les délais indiqués par les art. 2182, 2194 du code civil. — V. *c-pr.* 775 *et le cours de dr. civ.*

A r t i c l e I I.

Des résultats de la procédure.

Les résultats de la procédure sont le classement ou la collocation des créanciers, et leur paiement.

§. 1. *Des collocations.*

Les créances doivent être colloquées et par conséquent payées dans l'ordre suivant :

1. Frais de poursuite d'ordre (29) et de radiation des inscriptions. — *V. C-pr.* 759.

2. Privilèges énoncés dans l'article 2101 du code Napoléon, mais seulement en cas d'insuffisance du mobilier (3o). — *V. C-Nap.* 2105.

3. Privilèges énoncés en l'art. 2103 du même code. — *V. d. art.* 2105.

4. Hypothèques suivant la date des inscriptions (31),

L'acquéreur y est colloqué par préférence pour les frais d'extraits d'inscriptions et de dénonciation. — **V.** *c-pr.* 777. — **V.** *aussi C-N.* 2101, **v.** 1 ; *arr. de Paris*, 6 *févr.* 1810, *avoués, t.* 1, *p.* 97.

(29) Et quelquefois les frais extraordinaires de la procédure de saisie. — **V.** *en le tit.*, *note* 92, *et le texte, p.* 524, *et la note précédente.*

(3o) *Observations.* 1. Quant au classement respectif de ces privilèges, *voyez* ci-dev., tit. 6, note 34, n.ºs 2 et 3, p. 497.
2. Ils ne peuvent être colloqués sur le prix des immeubles lorsqu'on n'a pas provoqué la collocation sur celui des meubles, et constaté l'insuffisance de ce dernier prix, *suiv. un arr. de Bruxelles*, 21 *août* 1810, *avoués, iij*, 165 (contrà, *M. Coffinières, ib*).
3. Concours de diverses sortes de créanciers sur les meubles... **V.** *d.* n.ºs 2, 3, *etc.*, *p.* 497, 498.

(31) Pourvu qu'elles aient été faites avant l'adjudication... Il est vrai que l'art. 834 du code de procédure donne une règle différente (v. *tit. de la surenchère, ci-apr. p.* 570), mais ce n'est que quant à l'aliénation volontaire. Il est impossible d'étendre l'application de cette règle à l'adjudication forcée, puisqu'elle ne doit pas être suivie de la transcription (v. *ci-dev.*, *tit.* 7, *note* 88, *p.* 523), et qu'il n'y aurait aucun point de départ pour faire courir le délai de quinzaine accordé par l'art. 834... *Tel est l'avis de M. Tarrible, mot inscription*, §. 4.
Il est encore vrai que l'art. 778 (v. *ci-apr.*, *p.* 545) semble indiquer que les créanciers ont la faculté de s'inscrire pendant l'ordre ; mais on en doit restreindre la disposition au cas précis qu'il énonce. Il est clair qu'un

si elles sont conventionnelles et judiciaires, et des titres si elles sont légales (32). — *V. C-Nap.* 2095, 2134.

5. Autres espèces de créances, par contribution entre toutes. — *V. C-N.* 2093, 2094 (33).

---

créancier ne peut exercer les droits de son débiteur que de la même manière que celui-ci... Il ne peut donc s'inscrire que dans le tems et les circonstances où le débiteur l'aurait pu. — V. *id.*, *ibid.*

(32) *V.* arr. de Bruxelles, 1809, J-C-Nap., t. 13, p. 118.

(33) *Quid juris* s'il y a des hypothèques *non inscrites* et des créances chirographaires ?... M. Pigeau, *t.* 2, *p.* 257, prétend que les premières seront colloquées avant les secondes, et non pas par contribution avec celles-ci. « L'hypothèque, dit-il entr'autres, a lieu sans inscription, puis
» que l'art. 2117 déclare qu'elle résulte de la loi ou des jugemens et actes
» judiciaires, ou des conventions. Si l'on a hypothèque, on a cause légitime de préférence (2094), et l'on ne doit pas être colloqué contri-
» butoirement avec ceux qui n'en ont pas. L'inscription n'est pas néces-
» saire pour compléter l'hypothèque, elle existe auparavant : si la loi
» exige l'inscription,... c'est seulement pour déterminer le rang des hy-
» pothèques entr'elles, comme on le voit par l'intitulé de la sect. 4, ch. 5,
» tit. des hypothèques ».
Observations. 1. Avant de citer l'art. 2117 qui indique seulement les espèces d'hypothèques, il aurait fallu rapporter l'art. 2115 qui en détermine les caractères généraux. « L'hypothèque n'a lieu que dans les cas *et
» suivant les FORMES* autorisées par la loi ». Il faut donc une forme, non pas sans doute pour que l'hypothèque existe, mais pour qu'elle produise de l'effet, c'est-à-dire, qu'elle fasse accorder une préférence sur les créanciers chirographaires, et cette forme est l'inscription, ainsi que le prouvent une foule de textes. Bornons-nous à ceux-ci... 2134. « Entre les
» créanciers, l'hypothèque... n'a de rang que du jour de l'inscription,
» etc... 2135. L'hypothèque existe, *indépendamment de toute inscription*,
» au profit des mineurs, etc... 2140. Lorsque dans le contrat de mariage,
» les parties majeures seront convenues qu'il ne sera pris d'inscription
» que sur certains immeubles du mari, les immeubles non indiqués pour
» l'inscription *RESTERONT libres et affranchis de l'hypothèque* pour la dot,
» etc... 2146. Les inscriptions... ne produisent *aucun effet...* entre *les
» créanciers* d'une succession, si l'inscription n'a été faite par l'un d'eux
» que depuis l'ouverture, etc... 2166. Les créanciers ayant privilège ou
» hypothèque *INSCRITE* sur un immeuble, le suivent entre quelques
» mains qu'il passe, *pour être colloqués et payés* suivant l'ordre de leurs
» créances ou inscriptions ».
2. A des textes aussi positifs, on n'oppose qu'un intitulé de section... Mais si les intitulés ou *rubriques* d'une loi peuvent quelquefois être employés pour l'interpréter, il ne faut user d'un semblable moyen qu'avec beaucoup de réserve, parce que ce n'est pas à la rédaction de ces rubriques, mais bien à celle du dispositif, que le législateur attache de l'importance (v. *not. cours des prél. du droit, ch.* 5, §. 2, *n.* 10)... Ajoutons que la question paraît décidée, 1.° par le code de commerce, art. 545, où l'on déclare que les créanciers qui ne viennent point en ordre utile dans une faillite, sont considérés comme *purement chirographaires* ; 2.° par

Ces règles sont susceptibles de modifications dans les circonstances suivantes (34) :

1.° Les frais de l'avoué des contestans sont colloqués immédiatement après les créances (35) antérieures à celles qui ont été contestées : mais alors on lui subroge (36) le créancier non colloqué utilement ou le saisi... Ces derniers ont aussi un recours contre les créanciers dont la contestation a été déclarée mal fondée, pour les intérêts qui ont couru pendant qu'ils la soutenaient. — *V. C-pr.* 768-770; *M. Réal, sup. ; et ci-dev. , art.* 1, §. 2, *n.* 4, *p.* 541 (37).

---

un arrêt de cassation, du 19 déc. 1809, à *J-C-N.*, *xiv*, 182, *et au rec. alph.*, 2.ᵉ *édit.*, *t.* 5, *p.* 133.

(34) Il en est beaucoup d'autres, mais l'exposition et l'explication en appartiennent plus proprement au cours de droit civil.

(35) *Observat.* 1. S'il a obtenu gain de cause. — *Arg. de c-pr.* 766 *et* 768 *combinés.* — V. *aussi M. Pigeau, ij* . 185; *ci-d. p.* 540, *n.* 3.

2. *Quid* pour les frais de l'huissier !. Il nous semble que la loi a voulu désigner en général, *les frais faits au nom des contestans,* parce qu'au moyen de ces frais ils ont obtenu une collocation plus avantageuse que celle qu'on leur donnait ; que par conséquent si leur avoué a été obligé pour atteindre ce but, d'employer le ministère d'un huissier, comme pour notifier leur demande ou le jugement de première instance qui l'aura admise, les frais de l'huissier doivent obtenir la même faveur que les siens. On cite il est vrai (*prat. fr.*, *iv*, 475) deux arrêts en faveur du système opposé, mais ils sont antérieurs au code, et ils paraissent avoir été rendus dans des hypothèses particulières.

3. Le *contesté* qui obtient gain de cause, n'est point colloqué par privilège, pour ses frais, parce qu'il n'a pas défendu la *masse,* mais seulement son propre intérêt. — V. *M. Pigeau, ib.*

(36) L'arrêt qui autorise l'emploi des frais prononce la subrogation, et l'exécutoire indique la partie qui doit en profiter. — V. *c-pr.* 769.

(37) *Intérêts.* 1. Après avoir rapporté et conféré les art. 757, 767, 759 et 770, M. Tarrible, mot *saisie*, §. 8, observe que ce sont les seuls qui statuent sur les intérêts et dont on puisse tirer des règles pour la collocation de ces intérêts. Il ajoute aussitôt : « il parait que le législateur a voulu que tous les intérêts courus pendant l'instance de l'ordre, jusqu'au moment où il est définitivement arrêté, fussent payés à chaque créancier colloqué utilement, sur la masse hypothécaire, et que le créancier venant immédiatement après ceux utilement colloqués, ou le débiteur saisi qui, par cette prolongation d'intérêts, se trouveraient frustrés d'une partie de la masse hypothécaire qui aurait dû leur revenir, puissent la répéter contre les auteurs du retard ».

Quid juris pour les intérêts échus depuis l'adjudication, et pour lesquels par conséquent on n'a pu s'inscrire !... On a jugé par argument des

2.°

2.º Lorsqu'un créancier a pris une inscription pour conserver les droits de son débiteur créancier du saisi (38), ce débiteur est colloqué au rang attribué à sa créance, mais le montant de la collocation est distribué par contribution entre tous ses créanciers

---

articles qu'on vient de citer, qu'ils doivent être colloqués au même rang que le capital d'où ils résultent, parce que les mêmes articles ont interprété sur ce point la loi du 11 brumaire et le code civil. — V. *arr. cass.* 21 *et* 22 *nov.* 1809 (*rec. alph.*, 2.*e édit.*, iij, 88 ; *Nevers*, 478), *et de Rouen*, 28 *juin* 1810, *Nevers*, *sup.*, 141.

2. On a vu que l'art. 757 met à la charge des créanciers négligens à produire, les intérêts qui ont couru pendant le tems où ils ont été en retard, et (§. 2, *n.* 4, *p.* 541) que d'après l'art. 767, les intérêts des créances colloquées utilement cessent dès la clôture de l'ordre ; M. Tarrible soutient que ces articles ne peuvent s'appliquer qu'au cas où l'adjudicataire a consigné, parce que ce n'est qu'alors que le saisi ou les derniers créanciers peuvent souffrir de l'accroissement des intérêts alloués aux créanciers utilement colloqués ; tandis que si l'adjudicataire a gardé le prix, ils ne souffrent aucun préjudice, attendu qu'il y a eu dans la masse hypothécaire une augmentation équivalente à cet accroissement. — V. *d. arr.* 22 *nov.*

3. Le même art. 767, après avoir traité de la clôture de l'ordre, s'exprime ainsi : *les intérêts... cesseront...* Est-ce du jour de la clôture, ou du jour de la délivrance des bordereaux ? On pense avec raison (*prat. franç.*, iv, 487) que c'est du jour de la clôture, parce que le greffier n'a pas le droit de modifier le travail du commissaire... On pourrait objecter que l'art. 771 accorde au greffier jusqu'à dix jours pour la délivrance des bordereaux, et que pendant ces dix jours, les créanciers perdront leurs intérêts. Mais il est impossible d'éviter un tel inconvénient, parce qu'il faut bien accorder quelque tems pour la préparation de ces sortes d'ordonnances... On peut encore objecter que suivant l'arrêt du 22 novembre (*ci-d.*, *n.* 2) les intérêts sont dûs jusqu'au paiement *effectif*. Mais peut-être n'a-t-on entendu par-là que la même époque de clôture, car il aurait fallu décider aussi, on le répète, que le greffier aurait le droit de changer le travail du commissaire.

4. Les demandes en collocation, même dans les procédures de simple distribution, font produire des intérêts aux créances où ils ne sont pas stipulés, pourvu qu'on y réclame ces intérêts ; c'est que la saisie et ensuite ces demandes mettent suffisamment le débiteur en demeure de payer. — V. *M. Merlin*, *rép.*, *mot intérêt*, §. 4, *n.* 14.

(38) Le code de commerce, *art.* 499, contient à-peu-près la même disposition que l'art. 778 ci-dessus, et cela en vertu du principe que les créanciers peuvent exercer les droits utiles de leur débiteur (v. *C-Nap.* 1166). Comme ces lois ne distinguent point entre les titres des créanciers, on doit décider qu'un créancier même privé, a la faculté de requérir cette inscription, même en son nom propre. — V. *M. Tarrible*, *mot inscription*, §. 5.

Quant au mode et au tems de cette inscription, qu'on appelait jadis *opposition en sous-ordre*, et de la distribution à laquelle elle donne lieu, v. *id.*, *ibid.* ; *ci-dev.*, *notes* 19, *in f.*, et 31, *p.* 540 et 542 ; *et tit. de la cassation*, *note* 5, *p.* 424 ; *M. Pigeau*, *t.* 2, *p.* 263.

35

inscrits ou opposans avant la clôture de l'ordre (39).
— *V. C-pr.* 778 , *et M. Grenier.*

3.° Les créances incertaines ou éventuelles (40)
doivent être colloquées suivant les principes généraux du droit, dont l'application est réservée aux
juges (41). — *V. M. Grenier.*

4.° On peut appeler à l'ordre les créanciers avec
hypothèques légales non inscrites , en provoquant
leur inscription (42). — *V. id.*

§. 2. *Des bordereaux et paiemens.*

Les bordereaux de collocation sont délivrés aux
créanciers colloqués , dans les dix jours après l'ordon-

---

(39) Parce que ce montant de collocation ne devient pas à leur égard
une masse hypothécaire , susceptible d'une distribution par ordre , mais
est un objet purement mobilier. — V. *M. Tarrible , mot saisie,* §. 8.
Dr. anc. Plusieurs tribunaux faisaient la distribution suivant l'ordre des
hypothèques. — V. *M. Grenier.*

(40) Telles que les créances contestées en justice , ou subordonnées à
une condition suspensive ou résolutoire.

(41) On peut par exemple , laisser entre les mains de l'adjudicataire ,
ou faire consigner les sommes nécessaires pour les acquitter , ou bien les
faire payer sous caution , etc.

(42) On suit alors les formes prescrites par le code Nap. , *art.* 2194 ,
2195 , et l'on fait publier par insertions dans les journaux et affiches , la
signification de l'acte translatif de propriété. — V. *d. art.* 2194 *in pr.* ;
avis cons. d'état, 1 *juin* 1807 *et* 5 *mai* 1812 ; *c-pr.* 683 ; *M. Grenier.*
D'après ces textes , on a jugé qu'on doit surseoir à l'ordre pendant les
deux mois qu'ils accordent pour l'inscription de ces hypothèques. — V.
arr. d'Angers, 14 *juill.* 1809, *J-C-N.*, *xiv*, 218.
Intervention. A l'égard des créanciers qui ont le droit d'intervenir dans
la procédure de l'ordre , M. Tarrible , *mot saisie,* §. 8 , remarque d'abord
que les créanciers privilégiés indiqués dans l'art. 2101 du code Napoléon ,
n'étant pas inscrits , ne peuvent demander d'y être appelés (v. *ci-dev.* ,
art. 1 , §. 1 , *n.* 3, *p.* 537) , mais qu'ils peuvent sans aucun doute , intervenir d'eux-mêmes dans la formation de l'ordre , et y concourir avec
tous les créanciers hypothécaires. A l'égard des autres , voici ce qu'il
observe.
« Les créanciers chirographaires , ou ceux qui , ayant un titre confé-
rant hypothèque , ne l'ont pas complété par l'inscription , n'ont et ne
peuvent avoir aucun droit de s'ingérer dans la formation de l'ordre qui
leur est étranger. Tout ce qui peut leur être permis , c'est d'intervenir
dans l'instance de l'ordre par la voie de l'opposition , de veiller à ce qu'on
n'admette pas au rang des créanciers hypothécaires ceux qui n'ont pas
ce titre , de débattre la légitimité des créances hypothécaires , soit pour

nance du commissaire (43) ; ils sont exécutoires contre l'acquéreur. S'il paye, les créanciers consentent (44) à la radiation de leurs inscriptions, et ces inscriptions sont déchargées successivement ét d'office (45), et enfin rayées lorsque l'acquéreur prouve qu'il a payé légalement la totalité du prix d'adjudication (46). — — *V. C-pr.* 771-774.

la totalité, soit pour partie de leur valeur, et enfin de se faire délivrer ce qui pourra rester du prix après le paiement intégral de toutes les créances privilégiées et hypothécaires ».

Quant à l'intervention en appel (du jugement d'ordre), *voyez ci-dev.*, *note* 19, *n.* 4, *p.* 540.

(43) Par laquelle l'ordre a été définitivement arrêté. — V. *c-pr.* 759, 767... V. *aussi ci-dev.*, *art.* 1, §. 1, *n.* 6, *et* §. 2, *n.* 4, *p.* 538, 541.

(44) Le consentement et la quittance (*ci-apr.*, *note* 45) doivent être consignés dans un acte authentique. — *Arg. du C-Nap.* 2158; *M. Tarrible*, *mot saisie*, §. 8.

(45) Par le conservateur, à concurrence des sommes payées, et sur la représentation des bordereaux et quittances. — *C-pr.* 773.

(46) Soit aux créanciers utilement colloqués, soit au saisi; et lorsqu'il représente l'ordonnance qui prononce la radiation des créances non colloquées. — V. *c-pr.* 774.

Il résulte de là, que toutes les inscriptions sont alors rayées, et c'est sans doute ce qu'on a voulu dire par cette expression vague du même article, *l'inscription d'office sera rayée*, au lieu de laquelle M. Tarrible pense qu'il faut lire *l'inscription est rayée d'office*, parce qu'il n'existe aucune inscription d'*office* à l'égard des créanciers non utilement colloqués. — V. *id.*, *d.* §. 8.

Observations. 1. Le même auteur pense que ce mode de radiation et libération n'est applicable qu'au cas où l'adjudicataire a gardé le prix. S'il a consigné et fait juger valable sa consignation, il doit pouvoir demander la radiation d'office de toutes les inscriptions dont son immeuble est chargé; et cette radiation doit être ordonnée par le jugement qui a statué sur la consignation. — V. *id.*, *d.* §. 8, *et mot transcription*, §. 7. — Quant au droit et au mode de consigner, v. *ci-dev. tit.* 7, *note* 89, *p.* 523.

3. On a jugé que l'acquéreur peut être contraint au paiement des bordereaux, tout-a-la-fois par la folle enchère et la saisie-exécution. — V. *arr. de Paris*, 20 *mars* 1810, *avoués*, *t.* 1, *p.* 285. — Et par d'autres voies. — V. *ci-dev.*, *tit. de la saisie immobilière*, *note* 91, *p.* 524.

3. *Appel.* Le délai n'en est pas restreint à dix jours (*v. note* 19, *p.* 539) pour le jugement qui est rendu sans contestations, qui par ex., enjoint à l'adjudicataire de payer aux créanciers, *suiv. arr. Bruxelles*, 28 *nov.* 1811, *avoués*, *vj*, 41.

35 *

TITRE IX.

De la contrainte par corps (1).

On nomme contrainte par corps, et le droit qu'a un créancier de faire une exécution sur la personne de son débiteur, et l'exécution elle-même. Cette exécution se fait par le moyen d'une arrestation et d'un emprisonnement (2).

La contrainte par corps ne peut avoir lieu que dans les circonstances précises déterminées et contre les personnes désignées par la loi. — *V. C-Nap.* 2063 *in pr.; C pr.* 126 *in pr.*

Ces circonstances et personnes sont indiquées par le droit civil (3) : nous n'avons à nous occuper ici que des règles de l'exécution proprement dite, règles qui varient suivant qu'il s'agit de l'arrestation ou de l'emprisonnement, de la recommandation, et enfin des nullités et de l'élargissement.

---

(1) Ce titre correspond au tit. 15, liv. 5 du code.

(2) Elle se fait aussi en retenant dans la prison, le débiteur déjà incarcéré. — V. *ci-apr.*, §. 3, *p.* 557.

Histoire. Cette partie de la législation était autrefois plus que toute autre, remplie d'abus et de contradictions. L'ordonnance, *tit.* 34, s'était beaucoup occupée des cas de contrainte, et n'avait presque rien prescrit pour le mode d'exécution, source féconde de vexations et de procédures ruineuses. L'édit de 1778, en créant des gardes du commerce, à Paris, avait apporté à cet état fâcheux de choses, un remède que le code a perfectionné et étendu à toute la France. — V. *M. Réal.* — Ajoutons que l'amélioration a d'abord été commencée par la loi du 15 germinal an 6, où l'on a puisé une partie des dispositions du titre 15 du code.

(3) V. C-Nap., liv. 3, tit. 16, et le cours de dr. civil.

Observations. 1. Le code de procédure indique toutefois un grand nombre de circonstances du même genre. Par exemple, il autorise le juge à prononcer dans sa sagesse, la contrainte pour dommages excédant 300 francs, et pour reliquats et restitutions résultant de comptes d'administrateurs, sauf à surseoir à l'exécution pendant un délai qu'il détermine (par le même jugement). — V. *c-pr.* 126, 127. — V. *d'autres ex. aux art.* 107, 191, 201, 213, 221, 264, 320, 534, 603, 604, 690, 712, 714, 744, 824, 839; *les passages de notre cours où on les cite; ci-dev. §. des contributions, n.° des douanes, p.* 355; *etc.*

2. Dans les cas mêmes où la loi l'autorise, la contrainte ne s'exerce

Avant de les exposer nous observerons, 1. que s'il s'agit d'un objet susceptible de liquidation, on n'a le droit d'exercer la contrainte qu'après avoir fait la liquidation en argent. — *V. C-pr.* 552. — *V. aussi, ci-dev.*, *tit.* 1, *n.* 4, *p.* 454, *et note* 14, *ibid.*

2. Que l'emploi de la contrainte n'empêche pas les poursuites sur les biens. — *V. C-N.* 2069 (4).

---

qu'en vertu d'un jugement (non d'une simple ordonnance ou d'une décision d'arbitres... Mais v. *p.* 43, *not.* 26, *n.* 2). — V. *C-N.* 2067, 2068; *arr. Montpellier*, 19 *juin* 1807, *J-c-pr.*, i, 148; *Jousse*, *tit.* 34, *art.* 4.

Mais cette règle n'est point applicable, *en premier lieu*, aux affaires criminelles, correctionnelles, commerciales, ou qui intéressent le trésor public. — V. *C-N.* 2070; *décr.* 20 *sept.* 1809; *avis cons. d'état*, 9 *vent.*, 10 *et* 7 *fruct.* 12; *C-com.* 455; *rép.*, *mot contrainte*, *n.* 18; *arr. cass.* 2 *janv.* 1807, *ib.*; *décis. du Gr. juge*, *ci-apr.* note 10; *c-pén.* 46, 52, 53, 227, 467, 469.

En deuxième lieu, aux étrangers non domiciliés, parce que tout jugement de condamnation emporte la contrainte envers eux, à moins qu'ils n'aient un établissement de commerce, ou qu'ils ne fournissent caution. Bien plus, le président du tribunal peut ordonner leur arrestation provisoire, lorsque leur dette est exigible. — V. *L.* 10 *sept.* 1807; *L.* 4 *floréal* vj. — V. *aussi Jousse*, *art.* 4. — Doit-on dans ce dernier cas, suivre les formes ordinaires?... *Oui*, quant à l'élargissement; *non*, quant à l'arrestation, *suiv. arr. cass.* 28 *oct.* 1809, *Nevers*, 428. — M. Merlin pensait qu'on ne devait faire aucune distinction, mais il ne paraît pas que cet avis ait été suivi... V. *J-c-pr.*, iij, 284. — Autres questions.. V. *arr. de Florence et de Paris*, 1811, *Nevers*, 1812, *sup.*, 78, 79.

En troisième lieu, aux cautions qui ont fait une soumission. — V. *c-pr.* 519, *et ci-dev. tit. des cautions*, *p.* 458, *et note* 12, *ibid.*

3. Le code de commerce, par une inadvertance assez singulière, ne prononce la contrainte (excepté en matière de faillite), que dans un ou deux cas : mais on conclut de son silence, qu'il laisse subsister les dispositions de la loi du 15 germinal an 6, relative aux matières de commerce. — V. *M. Merlin*, *sup.*, *mot endossement*, §. 1, *n.* 1; *arr. de Bruxelles*, *ci-apr. note* 46, *p.* 559. — On ajoute même que les juges qui, dans ces matières, étaient autrefois libres de prononcer la contrainte, y sont aujourd'hui obligés. — V. *id.*, *mot contrainte*, *n.* 7. — Au reste, 1.° ils n'en ont pas le droit lorsqu'il ne s'agit que de simples dépens. — V. *ci-dev.*, *part.* 1, *p.* 150. — 2.° Elle ne résulte pas *ipso jure*, de leurs décisions; il faut qu'ils la prononcent expressément. — V. *arr. de Trèves*, 24 *mars* 1809, *Nevers*, *sup.*, 143.

4. Le jugement qui prononce la contrainte est-il toujours susceptible d'appel?... *Oui*, *suiv. Turin*, 3 *déc.* 1810, *avoués*, iij, 224... NON, *suiv. Paris*, 2 *mars* 1812, *id.*, v, 158. — V. *aussi arr. cass.* 5 *nov.* 1811, *Nevers*, 1812, 40.

3. Autres décisions... V. *tit. de l'appel*, *notes* 83 *et* 97, *p.* 384 *et* 387; *de l'interdiction*, *note* 11, *p.* 596; *etc.*

(4) *V.* aussi d. ord, tit. 34, art. 15; ci-dev. p. 434, note 4a. On ne peut l'exercer contre l'héritier de celui qui y est soumis. — V. *Rodier*, *art.* 5; *et ci-dev.*, *tit.* 1, *n.* 4, *p.* 454.

§. 1. *De l'arrestation.*

I. *Tems et lieux prohibés.* — L'arrestation ne peut se faire dans les tems et les lieux suivans :

Tems. 1. Entre le coucher et le lever du soleil. — *V. C-pr.* 781, ⅄. 1; *ci-dev. p.* 135, *note* 3 (5).

2. Les jours de fêtes. — *V.* ⅄. 2; *d. note* 3, *n.* 3.

3. Les jours de comparution et de voyage d'un témoin porteur d'un sauf-conduit. — *V. C-pr.* 782 (6).

---

(5) *Observations.* 1. Si le soleil est encore sur l'horizon à une heure (cela peut avoir lieu au mois de mars) où les exécutions sont prohibées par l'art. 1037 (v. *d. note* 3), l'arrestation sera-t-elle valable !... Il nous semble que *non*..... 1.° L'art. 1037 ne fait aucune distinction; il déclare qu'*aucune... exécution* ne pourra être faite, etc. Il n'entend donc point excepter la contrainte par corps, qui certainement est une *exécution*, et qui comme telle est placée dans le livre des exécutions (*liv.* 5 *du code*)... 2.° Le même article est placé à la fin du code, parmi les dispositions générales qui « ont toutes pour objet de fixer le véritable sens de quelques articles susceptibles d'interprétations diverses » (v. *M. Mallarmé*), et par conséquent il fixe le sens de l'art. 781 ci-dessus, le seul où l'on parle d'un tems précis d'exécution.. 3.° L'intention du législateur de *généraliser* la règle de l'art. 1037, est encore prouvée par l'exposé des motifs, où M. Galli observe que quelques personnes auraient préféré la règle qui prenait pour point de départ le lever et le coucher du soleil (*d. L.* 15 *germ.*, *tit.* 3, *art.* 4). — V. aussi *décr.* 4 *août* 1806.

2. *Quid juris* si l'arrestation est faite avant le lever ou après le coucher du soleil, mais à une heure non prohibée par l'art. 1037 !... On a jugé qu'elle est nulle. — V. *arr. de Colmar*, 31 *août* 1810, *avoués*, *ij*, 360.

3. On voit par ce qui précède combien il faut être circonspect quand on fait exercer la contrainte. Tout est de rigueur dans l'observation de ses formes (v. *ci-apr.*, §. 2, *n.* 2, *p.* 555), parce que c'est le mode d'exécution le plus violent et même une espèce de peine. Fait une minute trop tôt ou trop tard, l'emprisonnement serait annullé, ainsi que l'a décidé la même cour (*arr.* 16 *therm. xij*, *au prat. fr.*, *t.* 5, *p.* 13)... Et comment connaître à une minute près, le lever ou le coucher du soleil, quand le ciel est couvert de nuages, dans les lieux qui n'ont pas la même longitude que le très-petit nombre de villes pour lesquelles on compose des éphémérides, et dont la longitude propre n'a pas été déterminée par des observations astronomiques, c'est-à-dire, dans presque toutes les communes de la France !

(6) *V.* aussi arr. cass. 5 vend. xj; M. Merlin, rec. alph. et nouv. rép., mot sauf-conduit; C-com. 466, 490.

Observations. 1. Le sauf-conduit est un acte par lequel on garantit *conduite sauve*, c'est-à-dire que le porteur peut se rendre dans tel lieu, sans risque... Il est accordé sur conclusions du ministère public, par le directeur du jury ou le président du tribunal où l'on est appelé à déposer : on en fixe la durée, sous peine de *nullité*. — V. *c-pr.* 782; *tarif* 77. — Si le témoin est cité devant des juges de paix ou de commerce, il faut s'adresser au président civil de leur arrondissement. — V. *avis*

Lieux. 1. Dans les édifices (7) et pendant les exercices religieux (seulement). — *D. art.* 781 , ⚥. 3.

2. Dans le lieu et pendant la tenue des séances des autorités constituées. — ⚥. 4 (8).

3. Dans une maison quelconque , si ce n'est en vertu d'un ordre et en la présence du juge de paix. — *V.* ⚥. 5 ; *tarif* 29 (9).

---

cons. d'état, 30 *mai* 1808 ; *lett. du Grand-juge*, 8 *sept.* 1808. — La demande du sauf-conduit est formée au moyen d'une requête (*tarif ib.*) , par celui qui veut faire entendre le témoin. — *Arg. des d. avis et lettre.*

2. *Quid juris* si le sauf-conduit est illégal ?... On a décidé que quoiqu'il n'ait pas encore été annullé , il ne suspend pas l'arrestation ; que le créancier peut la faire à son péril , sauf à plaider ensuite sur la validité du sauf-conduit. — V. *arr. cass.* 17 *févr.* 1807 , *au rép.* , *sup.* ; sur-tout , ci-dev. , §. *des nullités, note* 10 , *n.* 1 , *p.* 133.

(7) *Consacrés au culte*, dit le ⚥. 3. — On ne doit considérer comme tels que ceux qui ont été indiqués et approuvés par l'autorité administrative et de police , conformément à la loi. — V. *constit. an* 3 , *art.* 227 ; *L.* 7 *vend. iv.* , *art.* 16 *et* 17. — Autrement il serait facile de faire étendre la prérogative ci-dessus à de simples maisons particulières.

(8) Les mots *lieu des séances* ont été substitués au mot *enceinte* de l'art. 4 , tit. 3 , L. 15 germ. vj , afin, observe M. Pigeau, *t.* 2 , *p.* 271 , d'exclure de la prohibition les autres parties de l'enceinte. — V. *aussi Rodier, art.* 13 , *n.* 3.

(9) *V. aussi* Rodier , d. art. 13 ; Jousse , art. 11.
L'huissier va requérir le juge de paix du lieu , de rendre une ordonnance en vertu de laquelle il se transporte avec lui dans la maison. — V. d. ⚥. 5 ; *tarif* 6 *et* 52. — On a jugé , 1.° que l'arrestation est nulle , quoique le juge soit survenu avant qu'elle soit consommée ; 2.° que le juge n'a pas besoin de signer le procès-verbal , ni d'en rédiger un séparé ; que la loi et le tarif ne le décident ni directement ni indirectement. — V. *arr. de Paris*, 22 *juin* 1809 *et* 25 *fév.* 1808 , J-c-pr., *t.* 2 , *p.* 50 , *et avoués* , *t.* 1 , *p.* 17.
M. Pigeau , *sup.*, pense que les *édifices* religieux sont compris dans le mot *maison*, et qu'en conséquence on doit pour y arrêter, observer les mêmes formes.
Observations. 1. Le mode établi par le ⚥. 5 mérite d'être noté comme une grande amélioration dans notre droit. Jadis l'inviolabilité du domicile procurait une ressource aux débiteurs aisés et de mauvaise foi, pour échapper à leurs créanciers, et fournissait aux exécuteurs des contraintes , l'occasion d'employer des stratagèmes scandaleux et souvent cruels contre les débiteurs indigens. On en voit un exemple bien étrange dans Linguet, *théorie des lois civ.* , *liv.* 5 , *ch.* 27.
2. A Paris , le garde du commerce (*ci-apr.*, *note* 14) n'a pas besoin de la permission et présence du juge pour arrêter un débiteur dans son domicile, si l'entrée n'en est pas refusée. — V. *décr.* 14 *mars* 1808 , *art.* 15 , *in f.* — Il en est autrement, si c'est dans une maison *tierce.* — V. *arr. de Paris*, 4 *janv.* 1810 , *avoués*, *t.* 1 , *p.* 28.

II. *Formes* (10). 1. L'arrestation doit être précédée un jour à l'avance, de la signification du jugement (11), avec élection de domicile au lieu où siège le tribunal qui l'a rendu (12), et commandement de payer. — *V. C-pr.* 780 ; *tarif* 51.

Ce commandement n'a d'effet que pendant une année. — *V. C-pr.* 784 (13).

2. L'arrestation est faite par un huissier (14) assisté

---

(10) Elles ne sont pas applicables aux contraintes correctionnelles. — *Décis. de S. E. le Grand-Juge*, 12 *sept.* 1807 ; *J-c-pr.*, *t.* 1, *p.* 194.

(11) Ainsi que de l'arrêt qui le confirme, et cela sous peine de dommages contre le créancier et l'huissier. — *V. arr. de Colmar*, 20 *août* 1808, *J-c-pr.*, *t.* 2, *p.* 338.
La signification doit être faite par un huissier commis dans le jugement, ou dans une ordonnance du président du tribunal civil du lieu où est le débiteur (rendue sur requête). — *V. c-pr.* 780 ; *tarif* 76. — Il suffit qu'elle le soit au dernier domicile connu ; une seconde signification à un autre domicile, quoique annullée, ne prouve pas qu'on reconnut l'insuffisance de la première, *suiv. arr. de Paris*, 25 *janv.* 1808, *J-c-pr.*, i, *p.* 449... v. aussi *ci-d.*, *p.* 197, *note* 9, *n.* 2. — Autres questions... *V. ci-dev.*, *p.* 188, *note* 33, *n.* 5 ; *arr. de Montpellier*, 19 *juin* 1807, *J-c-pr.* i, 148. — Pouvoir des huissiers pour arrêter... *V. en le* §., *p.* 75 *et note* 41 ; *arr. cass.* 26 *nov.* 1810, *avoués*, iij, 14.

(12) Si le créancier n'y demeure pas. — **V.** *c-pr.* 780 ; *ci-dev.*, *tit.* 1, *n.* 5, *p.* 455. — Il suffit encore que l'élection soit faite dans la signification. — **V.** *arr. de Toulouse*, 11 *févr.* 1808, *J-c-pr.*, i, 437. Elle se fait dans l'intérêt de l'incarcéré et non pas dans celui des tiers. — **V.** *arr. cass.* 17 *juill.* 1810, *avoués*, ij, 135.

(13) En cas de péremption on est tenu de le réitérer (par huissier commis). V. *c-pr.* 784. — Mais non pas la signification du jugement, *suiv. d. arr. du* 11 *févr.* — On objecte (*M. Pigeau*, ij, 269) que l'art. 780 exige le concours de ces deux formalités. Mais l'arrêt a argumenté avec raison, ce semble, de ce que l'art. 784 n'exige que la répétition du commandement... V. aussi *ci-apr.*, *note* 45, *p.* 559.
Le commandement fait avant 1807, avec les formes anciennes, suffit pour autoriser une arrestation postérieure à cette époque, parce qu'étant un acte préalable et non pas le commencement de l'arrestation, il est permis d'en diviser les formes, *suiv. arr. de Bruxelles*, 13 *juin* 1807, *J-c-pr..* i, 10. — La cour de Paris a décidé le contraire... V. *prat. fr.*, *t.* 5, *p.* 10.

(14) A Paris, par un garde du commerce. — **V.** *c-com.* 625 ; *et pour les règles de détail*, *d. décr.* 14 *mars* 1808.
Selon Rodier, le créancier ne peut pas plus être présent à l'arrestation qu'à une saisie-exécution. — **V.** *id.*, *art.* 13 ; *ci-dev.*, *tit.* 3, *note* 22, *p.* 471. — Mais il observe que ce ne serait point un motif d'annuler l'exécution, si d'ailleurs elle s'était faite d'une manière paisible. — **V.** *id.*, *tit.* 2, *in f.*, *observ.* 10.

de deux recors. Le procès-verbal contient un commandement itératif (15), et une élection de domicile dans la commune de détention (16). — *V. C-pr.* 783; *tarif* 53.

3. En cas de résistance (17) l'huissier peut établir une garnison chez le débiteur (18) et requérir la force armée. — *V. C-pr.* 785 (19).

4. Mais le débiteur a le droit de demander un référé. Dans ce dernier cas, il est conduit (20) au président, qui rend une ordonnance exécutoire à l'instant même (21). — — *V. C-pr.* 786, 787; *tarif* 54.

---

(15) Si l'on a fait ce second commandement avant l'arrestation, il n'est pas nécessaire qu'il la précède de vingt-quatre heures. — *Arr. de Bruxelles*, 29 *juin* 1808, *J-c-pr.*, t. 2, p. 401.

(16) Si le créancier n'y demeure pas. — *D. art.* 783.
Cette élection doit subsister avec celle du commandement, parce qu'il peut être utile au débiteur de faire des notifications à l'un et à l'autre domicile... Tel est l'avis de M. Pigeau, p. 270.

(17) Elle est défendue sous peine de poursuite criminelle. — *V. c-pr.* 785; *ci-dev.*, *tit.* 1, *note* 23, *n.* 3, *p.* 455. — La même peine était prononcée par l'édit de 1778, pour le simple refus de suivre le garde (d'après son ordre) en prison. M. Pigeau, *p.* 273, pense qu'elle est maintenue quoique il avoue que le code et le décret du 14 mars ne la prononcent point. Mais, 1. le code pénal de 1791 abroge toutes les peines anciennes et ne qualifie de *crime* que la résistance avec violence et voies de fait. — *V. id.*, *part.* 2, *tit.* 1, *sect.* 4, *et part.* 2, *art. ult.* — 2. Le nouveau code pénal maintient les mêmes principes et même ne punit les prisonniers à raison de leur évasion, que lorsqu'elle a eu lieu par violence et bris de prison. — *V. id.*, 209, 241 *et suiv.* — *V. aussi avis cons. d'état*, 8 *févr.* 1812.

(18 et 19) Aux portes, pour empêcher son évasion. — *V. c-pr.* 785.
Le tarif, *art.* 53, accorde une taxe pour toutes les démarches auxquelles l'exécution expose l'huissier, et déclare en conséquence qu'il ne pourra être passé *aucun procès-verbal de perquisition*. Mais si le débiteur s'échappe, ou si on ne le découvre point, comment constater les démarches de l'huissier, son transport sur les lieux, celui de ses recors, etc., afin d'en obtenir le salaire et les frais! Il est clair qu'alors le procès-verbal de perquisition est indispensable. D'ailleurs le tarif ne paraît le défendre que dans la circonstance où il y a eu un emprisonnement effectif.

(20) Sur-le-champ... Au président du tribunal civil du lieu de l'arrestation, soit à l'audience, soit chez lui. — *V. c-pr.* 786.
Le débiteur peut agir en référé même avant l'arrestation. — *V. arr. Bruxelles*, 20 *déc.* 1810, *avoués*, *iij*, 229.

(21) Elle est consignée sur le procès-verbal de l'huissier. — 787.

§. 2. *De l'emprisonnement.*

I. *Formes.* 1. Si le référé n'est pas requis, ou n'a pas de sucoès (22), le débiteur est conduit dans la prison la plus voisine. — *V. C-pr.* 788 (23).

2. On dresse alors l'écrou (24) : on y énonce le jugement, les noms et domicile (25) du créancier, les noms, profession et demeure du débiteur, la consignation des alimens (26), et la mention qu'on a laissé copie au débiteur, parlant à sa personne (27), tant de l'écrou que du verbal d'arrestation. Cet acte est enfin signé par l'huissier (28). — *V. C-pr.* 789; *tarif* 53, 55.

L'huissier doit aussi représenter le jugement afin

---

(22) C'est-à-dire si le président ordonne de passer outre. — 788.

(23) Dans un lieu de détention désigné comme tel par la loi, sinon il y a crime de détention arbitraire. — *D. art.*; *c-br.* 637; *c-pén.* 122. — V. *arr. Bordeaux*, 17 *juill.* 1811, *Nevers*, 1812, *sup.*, 78. — Et l'huissier est passible de dommages. — V. *son* §., *note* 58, *p.* 77.
Le même art. 786 dit : « dans la prison du lieu; et s'il n'y en pas, » dans celle du lieu le plus voisin »; mais il ne prononce pas de nullité; en conséquence, on a cru pouvoir maintenir une incarcération où l'on n'avait pas observé cette règle. — V. *arr. de Toulouse*, 9 *janv.* 1809, *J-C-N.*, *xiij*, 307. — *Mais v. d. arr.* 17 *juillet.*

(24) On nomme ainsi l'acte par lequel l'emprisonnement est constaté sur le registre du geolier.

(25) Soit réel, soit élu dans la commune de détention, dans le cas de la note 16, p. 553. — V. *c-pr.* 789.

(26) Pour un mois au moins. — V. *c-pr.* 789, *et ci-apr.*, §. 4, *et note* 43. — On ne comprend pas dans les alimens, les frais extraordinaires de maladie. — V. *arr. cass.* 17 *juill.* 1810, *Nevers*, 348. — La consignation n'est pas nécessaire pour les débiteurs de l'état; ils sont nourris sur les fonds généraux des prisons. — V. *décr.* 4 *mars* 1808.

(27) La mention qu'on a remis la copie au débiteur, au moment de l'écrou, constatant sa présence, doit tenir lieu du *parlant à sa personne*, parce que la loi ne prononce pas de nullité, *suiv. arr. de Riom*, 14 *oct.* 1808, *J-c-pr.*, *iij*, 234. — Elle suffit pour constater qu'il a reçu sa copie, *suiv. l'arr. du* 11 *févr.*, *cité à note* 12, *p.* 552. V. *aussi ci-apr.*, *note* 29. — Mais l'omission de cette mention est une nullité. — V. *arr. de Riom*, 23 *avr.* 1808, *J-c-pr.*, *iij*, 230.

(28) Il n'est pas besoin que le geolier le signe, ni qu'on fasse mention de sa signature, *suiv. d. arr. du* 11 *févr.*

que le geolier le transcrive, faute de quoi le débiteur ne peut être reçu et écroué. — *V. C-proc.* 790 ; *tarif* 56 (29).

II. *Nullités.* L'emprisonnement est *nul* si l'on n'a pas observé les formalités précédentes. La demande en nullité peut être formée à bref délai (30), et au domicile élu dans l'écrou. — *V. C-pr.* 794, 795 (31).

Si elle est admise, le créancier peut être condamné à des dommages (32), et il ne peut faire arrêter le

---

(29) Le geolier ne peut l'*écrouer*. — *Ib.* — On a conclu de là que le geolier doit rédiger l'écrou, et il paraît qu'on le pratique ainsi à Riom (v. d. arr. 14 *oct.*). A Paris, au contraire, le garde du commerce (v. *note* 14, p. 552) rédige l'écrou (v. *M. Pigeau,* p. 276). Cette méthode, approuvée par deux arrêts de Paris (14 *déc.* 1807, 23 *janv.* 1808, *J-c-pr.,* t. 1, p. 256 *et* 317), peut être fondée, non seulement sur ce qu'elle n'est point défendue, mais sur ce qu'elle paraît même plus conforme à l'esprit du code. Si, en effet, le geolier rédige l'écrou, comment y fera-t-il mention du *parlant à la personne* exigé par la loi, dès que les notifications ne sont pas de son ministère?... Aussi le moyen d'attaquer l'arrestation, indiqué dans la note 27, n'est-il né que de la méthode de Riom. Enfin, celle de Paris est confirmée indirectement par le tarif, 53 *et* 55, puisqu'il passe des taxes à l'huissier pour l'écrou, et qu'il n'en accorde point au geolier.

Il faut néanmoins observer, 1. qu'on a retranché du projet (*art.* 802) la disposition qui prescrivait à l'huissier de rédiger l'écrou; 2. que l'acte constitutionnel de l'an 8 (*art.* 78) et le code criminel (*art.* 607, 608) prescrivent au geolier de tenir un registre où l'huissier *fait* inscrire, etc.; mais il paraît qu'il n'y est question que de *l'acte* en vertu duquel on arrête, et qui est aussi indiqué par le *c-pr.* 790.

(30) En vertu de permission du juge. — *C-pr.* 795 *et* 805. — Le texte de ces deux articles prouve que la permission n'est nécessaire que pour citer à bref délai, et non pour citer dans le délai ordinaire... C'est aussi ce qu'a jugé le tribunal de Cahors. — *V. prat. fr.,* art. 795.

(31) *V.* aussi arr. cass. 20 mars 1810, avoués, t. 1, p. 83. Elle est portée au *tribunal* du lieu de détention; et si c'est pour moyens tirés du fond, au tribunal de l'exécution du jugement. — *V. c-pr.* 794; *et tit. de l'appel, note* 119, p. 393. — Exemples de moyens tirés du fond... 1. Le défaut de signification du jugement à l'avoué, *suiv. l'arr. cité à note* 15, p. 553. — *Mais v. aussi d. arr.* 20 *mars,* et ci-apr., *note* 47, p. 559; 2. L'inexigibilité de la dette; 3. Le défaut de qualité de celui qui a requis l'arrestation. — V. *M. Merlin, rec. alph.,* 2.e *édit., mot étranger,* §. 4. — V. *aussi d. tit., note* 97, p. 387. Elle n'est point jugée en référé, cette dernière voie étant réservée aux demandes antérieures à l'emprisonnement. — V. *arr. de Bruxelles,* 27 *mars* 1807, *J-c-pr.,* t. 1, p. 15. — Elle se forme par requête (sans conciliation) et est jugée sommairement, sur les conclusions du ministère public. — V. *tarif* 77; *c-pr.* 795; *ci-dev.,* p. 23.

(32) Ainsi qu'aux frais de l'emprisonnement. — V. *arr. de Montpellier,*

débiteur, pour la même cause, qu'un jour au moins après son élargissement. — *V. C-pr.* 799 , 797 (33).

---

19 *juin* 1807, *J-c-pr.* , *t.* 1 , *p.* 148. — La disposition relative aux dommages n'était pas dans le projet. On l'a mise, d'après des observations des cours de Grenoble, Agen et Dijon, à la place de l'art. 812 , qu'on a supprimé. — V. *pr. fr.* , *t.* 5 , *p.* 35, *et ci-dessous, note* 33 , *n.* 2.

(33) Ces règles s'appliquent aussi au cas où la nullité est prononcée pour moyens tirés du fond. — *DD. art. conférés avec* 796.

Observations. 1. Le code, *art.* 783-793, indique les formes des emprisonnemens et recommandations. Il annonce ensuite, *art.* 794-797, qu'en cas d'inobservation de ces formes, l'exécution est nulle, trace la marche à suivre pour la nullité, et décide que lorsqu'elle est prononcée, le débiteur « ne peut être arrêté qu'un jour après la sortie ». Aussitôt, sans autre préambule, il ajoute, *art.* 798 , que « le débiteur sera mis en liberté, » en consignant... les causes de son emprisonnement et les frais de la » capture ». Enfin, *art.* 799, il décide encore que « si l'emprisonnement » est annullé, le créancier peut être condamné à des dommages », etc. Delà il passe aux demandes en élargissement, formées après une incarcération légale.

Ainsi placé, l'art. 798 semble exprimer une condition imposée à la mise en liberté du débiteur, ordonnée par le jugement qui annulle l'incarcération. Mais une telle interprétation prêterait au législateur une absurdité et une contradiction choquante. Une absurdité, en ce qu'il autoriserait à former et poursuivre une demande en nullité, dont le débiteur ne tirerait aucun avantage, et qui serait tout-à-fait inutile, puisqu'en consignant la dette et les dépens, il peut obtenir sa liberté sans courir les risques et hasarder les frais d'une semblable instance. Une contradiction, en ce que l'art. précédent (797) décide que le débiteur, dont l'incarcération est annullée, ne peut être arrêté *pour la même dette* qu'un jour après sa sortie, et suppose par conséquent que la dette n'a pas été offerte. Néanmoins la position de l'art. 798 en rend le sens assez obscur pour que des commentateurs aient pris le parti de l'omettre, d'autres de le transcrire sans aucune remarque.

Le sens véritable de l'article nous paraît être celui-ci : on accorde au débiteur la faculté de se faire élargir au moyen de la consignation, avant ou à l'instant qu'il forme sa demande en nullité, et durant l'intervalle qui s'écoule jusques au jugement; intervalle à la vérité très-court, mais pendant lequel il peut être bien aise de jouir de la liberté.

2. *Quid* si dans ce cas la nullité est prononcée!... M. Pigeau, *p.* 284, pense qu'il faut restituer la consignation au débiteur. L'art. 812 du projet, mis après celui dont on a fait l'art. 798, le décidait de même. Mais cet article a été supprimé d'après ce qu'ont observé plusieurs cours (**v.** *note* 32 *ci-dessus*), conformément à la doctrine de Faber (*C.* , *lib.* 8, *tit.* 18, *def.* 1), qu'il serait trop dur de forcer le créancier à rendre une somme à laquelle il a un droit légitime, et qu'il vaudrait mieux réserver au débiteur des dommages à raison de la nullité de l'exécution; et comme on y a substitué précisément cette réserve de dommages (*art.* 799), il est clair que l'on ne saurait accorder autre chose au débiteur, et par conséquent admettre l'opinion de M. Pigeau. — *N. B.* Les observations de ces cours ont été appuyées par le Tribunat.

3. On doit signifier le jugement qui annulle l'emprisonnement et en donner copie au geolier. — V. *tur.* 58.

§. 3. *De la recommandation.*

1. L**E** particulier incarcéré (34) peut être retenu en prison par ceux qui ont le droit de le contraindre par corps (35), et au moyen d'un acte appelé *recommandation*. Cet acte est assujéti aux formes de l'emprisonnement (36), excepté qu'il n'y a besoin, ni de recors, ni de consignation d'alimens, lorsqu'il en existe une. — *V. C-pr.* 792, 795, *in pr. ; tarif* 57.

Bien plus, le premier consignataire n'a pas le droit de retirer ses alimens, mais seulement de forcer celui qui recommande à y contribuer par portion égale. — *V. C-pr.* 791 *in f.*, 795 *in f.*

2. Au reste, la nullité de l'emprisonnement n'opère point la nullité des recommandations (37). — *V. C-pr.* 796, *et ci-dev., tit.* 3, *note* 47, *p.* 476.

§. 4. *De l'élargissement.*

U**N** débiteur légalement incarcéré obtient son élargissement (38) par les actes ou dans les cas, et en suivant les modes ci-après indiqués.

---

(34) Même lorsqu'il l'a été pour délit, et qu'ensuite il a été acquitté, et que son élargissement a été en conséquence ordonné. — V. *c-pr.* 792. — Ou bien lorsqu'il est élargi provisoirement sous caution, *suiv. arr. Paris*, 1 *juin* 1810, *avoués, ij*, 34. — Mais non pas lorsqu'il est détenu après une déclaration de faillite. — V. *au reste, c-com.* 455.

(35) Donc si l'on n'a point obtenu de condamnation *par corps*, la recommandation est nulle (v. *arr. d'Angers*, 12 *août* 1807, *J-c-pr.*, *t.* 1, *p.* 168), puisqu'il faut obtenir un jugement pour pouvoir exercer la contrainte par corps. — V. *ci-dev., note* 5, *n.°* 2, *p.* 549.

(36) Il faut par conséquent en donner copie au geolier et au débiteur. — V. *tarif* 57. — V. *aussi note* 47, *p.* 559.

(37) Excepté que la recommandation n'ait été faite par celui qui a requis l'arrestation, *suiv. l'arr. cité note* 5, *n.* 2, *p.* 550. La nullité en est demandée suivant le même mode que celle de l'emprisonnement. — *Arg. de c-pr.* 794, *in pr.*

(38) *Translation* ou *extraction*. Lorsqu'un détenu pour crimes tombe malade, on peut, avec certaines permissions, le transférer dans un hospice civil où il est traité et gardé. — V. *L.* 4 *vend. vj, art.* 15. — Il doit

I. *Cas*. 1. Consentement donné (39) par les créanciers qui ont fait emprisonner et recommander. — *V. C-pr.* 800 *in pr. et* ꝟ. 1.

2. Paiement ou consignation (40) de tout ce qui leur est dû (41). — *V. C-pr.* 798 *et* 800, ꝟ. 2.

3. Cession de biens (42). — *V.* ꝟ. 3 ; *C-N.* 1270.

4. Défaut de consignation d'alimens, consignation (43) qu'il faut toujours faire d'avanee. — *V. C-pr.* 791 *in pr.*, 800. ꝟ. 4 ; *Jousse*, art. 12.

Dans ce cas, les créanciers ne peuvent faire incarcérer de nouveau le débiteur qu'après avoir remboursé ou consigné (44) les frais de mise en liberté et con-

---

en être de même en matière civile, *suiv. M. Merlin, rép., mot élargissement...* V. aussi arr. de Paris, 4 mai 1812, avoués, v, 352, qui autorise, sous caution, la translation dans une maison désignée. — Il semble qu'on pourrait aussi autoriser la translation au domicile du débiteur, s'il offrait de se faire garder à ses frais.

(39) Ce consentement *peut* être donné, soit sur le registre d'écrou, soit devant notaire. — V. c-pr. 801.

(40) La consignation est faite (sans qu'il soit besoin d'en obtenir la permission) entre les mains du geolier. — V. c-pr. 802 ; *ci-apr. p.* 560.

(41) Et par conséquent capital, intérêts échus, frais *liquidés*, frais d'emprisonnement, alimens consignés. — V. c-pr. 800, ꝟ. 2.
Observations. 1. Il faut aussi que la consignation soit pure et non pas faite sous condition, puisqu'alors le créancier n'est pas entièrement libre d'en profiter. — V. arr. cass. 27 mai 1807, n. 85.
2. Mais la loi n'exige pas qu'on offre une somme pour les frais *non liquidés*, ainsi que le code civil (1258, ꝟ. 3) le prescrit en général en traitant des offres réelles. — V. à ce sujet *M. Pigeau*, ij, 285.

(42) Il ne suffit pas de l'offrir, il faut encore que le bénéfice en ait été accordé. — V. arr. cass. 23 *févr.* 1807.
L'insolvabilité prouvée fait aussi affranchir de la contrainte exercée par l'état, pour amendes et frais criminels. — V. c-pén. 52.

(43) Elle est nécessaire même lorsqu'on est emprisonné pour dommages civils obtenus au criminel. — V. *M. Merlin, rép., mot alimens*, §. 6 ; arr. cass. 19 *pluv. an* 13, *ibid.*

(44) *Ès* mains du greffier, *dit c-pr.* 804. — De quel greffier ? Le projet, *art.* 803, 814 *et* 815, parlait du *greffier de la prison.* On a substitué (sur la demande du Tribunat) à ces mots celui de *geolier* dans les art. 790, 798, 802 et 803 du code. On aura sans doute omis par inadvertance, de faire une semblable substitution (le Tribunat, *relute*, l'avait aussi demandé) dans l'art. 804, mis à la place de l'art. 817 du projet, où se trouve la même expression gothique, *ès mains du greffier.* Nous pensons donc qu'il s'agit encore du geolier.

signé également, et d'avance, six mois d'alimens. — *V. C-pr.* 804 (45).

5. Quand le débiteur a atteint sa soixante-dixième année. — *V. ₰. 5* (46) *; Rodier, tit.* 4, *art.* 9.

II. *Modes.* — La loi en indique trois.

1. Dans la plupart des cas précédens, les demandes en élargissement sont formées à bref délai (47), au domicile élu dans l'écrou, communiquées au ministère public (48), et jugées sans instruction, à la première audience (49), préférablement à toute autre cause. — *V. C-pr.* 805 (50).

---

(45) **Mais si le commandement n'est pas périmé, ils ne sont point tenus de recommencer les formalités préalables de l'emprisonnement. —** V. *id.; et ci-dev.*, *note* 13, *p.* 552.

(46) **Pourvu qu'il ne soit pas stellionataire. —** V. *d. art.*, *et Rodier,* *tit.* 34, *art.* 4.
Observations. 1. En matière de commerce, le septuagénaire est-il exempt de la contrainte?... NON, *suiv.* M. *Merlin, rép.*, *mot contrainte*, n. 20; *arr. de Paris et Cassat.*, 8 *mai et* 10 *juin* 1807 (*ib.*) *et Bruxelles*, 7 *avr.* 1810, *J-C-N. ix*, 119, *xv*, 438; *id.*, *Turin*, 30 *déc.* 1811, *avoués*, *vj*, 55; *obs.-mss. du Tribunat*, *art.* 816. — V. *aussi ci-dev. note* 3, n. 3, *p.* 549. — OUI, *suiv. arr. de Paris et Bruxelles*, 18 *avr.* 1807 *et* 12 *juill.* 1811, *J-C-N. ix*, 117, *xvij*, 392; M. *Loiseau*, *ib.*, *et au prat. fr.*, *v*, 39.
2. *Durée.* La loi du 15 germinal, *tit.* 3, *art.* 18, décidait que la détention cesserait de plein droit au bout de cinq années. Le code n'ayant pas reproduit cette disposition, quoique la cour de Rennes en eût fait la demande, la durée de l'emprisonnement paraît n'avoir plus de limites que celles qu'y mettra l'humanité du créancier (c'est aussi l'avis de M. *Desmasures*, *ch.* 16, §. 1).

(47) *Elles sont formées...* devant le tribunal du lieu de détention, et en vertu de permission du juge donnée sur requête. — V. *c-pr.* 805; *et ci-dev.*, *note* 31, *p.* 555; *ci-apr. note* 52.
.... *Au domicile élu dans l'écrou...* et par conséquent elles sont communiquées non seulement au créancier qui a exercé la contrainte, mais encore à ceux qui ont fait de simples recommandations. Cela résulte indirectement de l'art. 793, qui assujettit les recommandations aux mêmes formalités que les emprisonnemens, et par conséquent à des élections de domiciles dans l'écrou. — V. *c-pr.* 789, ₰. 3, *et ci-dev.*, §. 2, *et notes* 25 *et* 16, *p.* 554 *et* 553.

(48)) **Faute de quoi il y a lieu à requête civile. —** V. *arr. cass.* 22 *mars* 1809; *cité au tit. de la requête civ.*, *note* 10, *p.* 404.

(49) **Sans remise ni tour de rôle. —** *C-pr.* 805.

(50) **Comme cet article est mis après l'énonciation de tous les cas d'élargissement, et des modes particuliers propres à quelques-uns d'en-**

2. Dans le second cas, si le geolier refuse la consignation de ce qui est dû au créancier (51), on l'assigne à bref délai pour l'y faire contraindre (52). — *V. C-pr.* 802.

3. Dans le quatrième, on obtient l'élargissement sur une simple requète présentée, sans sommation, au président, mais accompagnée du certificat de non consignation des alimens. — *V. C-proc.* 803 (53); *tarif* 77. — *V. aussi M. Pigeau, ij*, 287.

---

tr'eux, il paraît que le mode ci-dessus doit être employé toutes les fois qu'il y a quelque obstacle imprévu, qu'en un mot c'est le mode général, dont les suivans ne sont que les exceptions... Par exemple, il résulte évidemment de la loi, *art.* 800, **v**. 1, *et* 801, qu'il suffit de justifier du consentement des créanciers pour obtenir, sans jugement, la mise en liberté. Mais s'il survient quelque opposition, il faut bien y faire statuer, puisque le geolier qui est responsable (v. *d. L.* 4 *vend. vj*), refusera sans doute de relâcher le détenu. Il est naturel alors de suivre le même mode général.

(51) Le geolier ne peut avoir d'autres motifs de refuser, que la crainte de s'exposer à une action de la part du créancier, en cas que la consignation ne soit pas suffisante. Mais précisément il est difficile que le geolier n'éprouve pas une semblable crainte, et alors le juge à qui le débiteur demande la permission (par requète. — v. *tarif* 77) de citer à bref délai, devrait ordonner la mise en cause du créancier.

Au reste, la citation est donnée à bref délai (en vertu de permission), par un huissier commis, et devant le tribunal du lieu de détention. — V. *c-pr.* 802.

(52) Et par conséquent aussi à relâcher le détenu... Cela résulte indirectement de *c-pr.* 800, *in pr.*, *et* **v**. 2, *et* 802.

(53) Si, après la délivrance faite par le geolier, du certificat, et avant la demande en élargissement, le créancier consigne, cette demande n'est plus recevable. — V. *c-pr.* 803.

*Fin du livre troisième et de
la seconde partie.*

COURS

COURS

DE PROCÉDURE CIVILE.

TROISIÈME PARTIE.

De la procédure extrajudiciaire (1).

INTRODUCTION.

Nous nommons *extrajudiciaire* un acte fait hors de la présence ou de la surveillance directe ou indirecte du juge (2); un acte où l'on n'a point pour objet d'*appeler* en quelque sorte la décision du juge

---

(1) Cette partie correspond à la seconde partie du code intitulée *procédures diverses* et divisée en trois livres, dont le premier, qui est sans titre, concerne douze sortes de procédures ; le second, celles qui sont relatives à l'ouverture d'une succession ; et le troisième, l'arbitrage. Nous avons préféré d'intituler notre troisième partie, procédure *extrajudiciaire*, parce que la plupart des actes dont nous y traitons d'après la seconde partie du code, sont extrajudiciaires ; et par la même raison nous avons traité séparément de l'arbitrage, qui appartient à la procédure judiciaire proprement dite. — V. *aussi note* 1, *p.* 563.

(2) *V.* part. 2, introduction, art. 3, §. 3, n.° 1, p. 166.
Il résulte de ce premier apperçu qu'un acte extrajudiciaire ne saurait avoir le même effet qu'un acte judiciaire. Dans celui-ci, la partie agit, non-seulement avec tous les droits généraux que lui a donné la loi civile : mais avec celui qu'elle est censée recevoir de l'intervention directe ou indirecte du juge... Par exemple, ainsi que l'observe M. Merlin, jamais un acte extrajudiciaire n'a eu (à moins de décision contraire de la loi, comme à C-N. 1139) l'autorité de forcer qui que ce soit à s'expliquer sur les interpellations qu'il contient : c'est sur-tout à un acte de ce genre que s'applique la maxime *qui tacet non utique fatetur, verum est tamen cum non negare* (*L.* 142, *ff. reg. jur.*). Ce n'est que sur les interpellations faites en justice, et proposées par le juge lui-même, sur la demande de l'une des parties, que le silence peut être pris pour un aveu. — V. *id.*, *rec. alph.*, *mot faux*, §. 6... V. *toutefois ci-d.* p. 264, *note* 19. — Ajoutons que si l'on accordait un semblable effet à un acte extrajudiciaire, ce serait accorder par là même au particulier qui le notifie, une autorité sur son adversaire, tandis que tous les particuliers sont égaux aux yeux de la loi.

36

sur une contestation (3) ; mais plutôt le but de prévenir une contestation, de conserver ou de s'assurer un droit. — *V. ci-dev. notions prél.*, §. 1, *p.* 2.

D'après cette remarque l'on conçoit, 1. que la procédure extrajudiciaire est, ainsi qu'on l'a dit (*même* §. 1), la partie du droit qui embrasse les règles relatives aux actes dont l'objet est borné au dernier point de vue ; 2. qu'il est impossible de donner des règles pour toutes ces sortes d'actes, puisqu'il le serait également de les tous énoncer ou connaître.

Obligés ainsi de nous restreindre dans l'exposition des mêmes règles, nous ne pouvons mieux faire que de prendre la loi pour modèle, et de nous attacher par conséquent aux seuls actes extrajudiciaires qu'elle a indiqués, et d'en traiter dans l'ordre où elle les a placés (4).

---

(3) *Observations.* 1. Les actes qui ouvrent une instance, tels que l'assignation, l'appel, une réquisition d'ordre, *appellent*, au contraire, sollicitent cette décision, saisissent en un mot le juge, lui mettent pour ainsi dire la cause entre les mains... D'où l'on peut conclure qu'un acte extrajudiciaire ne suffit point pour commencer une instance : il faut qu'il soit suivi d'un acte du même genre que ceux-là. — *V. part.* 2, *introduct.*, *p.* 157, *note* 3.

2. Quoique les actes qu'on fait pendant une instance, et après une assignation, un appel, etc. n'ouvrent point l'instance, puisqu'elle existe déjà, ils ne contiennent pas moins une demande de la décision du juge, parce qu'ils sont une suite de l'assignation, de l'appel, etc., et qu'ils annoncent la persévérance des parties dans leur intention d'obtenir un jugement... On ne peut induire rien de semblable d'un acte extrajudiciaire.

3. Il est des actes extrajudiciaires qui, comme les judiciaires, exigent l'intervention du juge, tels qu'une émancipation, mais cela ne détruit point les principes qu'on vient d'exposer, parce que ces actes sont étrangers à une contestation. Le juge en s'y interposant, exerce une jurisdiction purement *gracieuse* ou *volontaire*, qu'il ne faut pas confondre avec la contentieuse. *Contentiosa jurisdictio*, dit Cuias, *est inter litigantes, id est litigiosa.* — *V. id.*, *ad L.* 1-4, *ff. jurisdictione.* — V. aussi *M. Merlin*, *rép.*, *mot homologation.*

(4) Ou du moins à très-peu de chose près... Ainsi, notre 3.ᵉ partie sera comme la 2.ᵉ du code (l'arbitrage déduit), divisée en deux livres.

Observations. 1. *Histoire.* L'ordonnance de 1667 n'offrait que fort peu de dispositions sur la procédure extrajudiciaire ; on a consulté pour celles du code, les édits, les statuts locaux et la jurisprudence des arrêts, dont les règles étaient très-variables, et on y a fait les améliorations indiquées par l'expérience. — V. *M. Berlier.*

2. *Actes omis.* Quant aux formes des actes extrajudiciaires omis dans le code, on prendra pour guide la règle exposée à part. 1, §. *des nullités*,

LIVRE PREMIER.

Procédures diverses (1).

TITRE I.er

Des offres réelles et de la consignation.

Le premier moyen d'éteindre une obligation est le paiement. — *V. C-Nap.* 1234.

note 6, *p.* 131, à moins que des lois spéciales, telles que la loi sur le notariat (car les actes des notaires sont des actes extrajudiciaires) ne les aient déterminées, et en observant que s'ils doivent être communiqués, la notification en est faite par un huissier (sauf les actes de respect et autres indiqués par la loi), suivant les règles propres à l'exercice des fonctions de l'huissier (*v. son* §, *p.* 72).

On peut aussi consulter, et pour ces actes omis, et pour ceux dont nous allons parler, le livre 3 de M. Pigeau, où il traite, par ordre alphabétique et avec des développemens fort étendus, *des procédures diverses*, soit quant aux formes, soit quant aux institutions du droit civil auxquelles elles ont rapport.

Nous n'avons pu ni dû suivre la même marche à l'égard de cette 3.e partie. Outre que notre ouvrage, ainsi que nous l'avons dit (*part.* 2, *introduct.*, *note* 5, *p.* 158), est un cours élémentaire et non point un traité, il faut observer qu'il est un cours d'une faculté de droit, destiné à seconder les autres cours, sur-tout les trois cours du code civil, et non pas à en reproduire l'enseignement. Or, c'est ce qui nous arriverait si, dans l'exposition des règles des actes extrajudiciaires, nous suivions la marche précédente, parce que la plupart de ces actes ne sont que des accessoires fort peu considérables des institutions civiles. Les premiers dont nous allons parler, c'est-à-dire les actes relatifs aux offres réelles et à la consignation, nous en fournissent la preuve. Sur les dix-sept pages in-4.° (en retranchant les modèles) que contient l'article où M. Pigeau en traite, il n'y en a pas quatre qui soient des explications de procédure; tout le reste est de pur droit civil... Enfin, pour ce qui concerne même la procédure, nous n'aurons pas besoin de donner tant de détails dans cette 3.e partie que dans les deux 1.res, parce qu'en étudiant celles-ci, les élèves sont censés avoir appris presque tous les principes nécessaires à la solution des difficultés que peut offrir celle-là... Au reste, quelque abrégée que soit l'explication que nous allons en faire, nous ne nous dispenserons point de rappeler les règles du code Napoléon, lorsque l'exposition en sera utile pour comprendre celles de la procédure extrajudiciaire.

(1) Ce titre est celui de la 2.e partie du code; nous l'avons donné au livre 1.er qui n'en avait point, et auquel il appartient proprement. Les pro-

Si le créancier, capable d'exiger, refuse de recevoir le paiement (2), le débiteur qui veut se libérer lui en fait l'offre *réelle* (3) par un procès-verbal où l'huissier, 1. désigne avec exactitude les objets (4) offerts ; 2. fait mention de la réponse du créancier (5). — *V. C-N.* 1257 *in pr.* ; *C-pr.* 812, 813 ; *tarif* 59.

Si le créancier refuse les offres, le débiteur peut en consigner l'objet ; dès lors il est libéré, et par conséquent les intérêts ne courent plus (6).

Il en est de même lorsque la consignation a été faite ensuite d'un jugement qui a déclaré valables des offres contestées. — *V. d. art.* 816 (7).

---

cédures diverses dont on y traite seront indiquées à la table de notre ouvrage ; les titres du livre actuel correspondent à de semblables titres du liv. 1, part. 2 du code.

(2) Le paiement est l'action, ou de faire, ou de donner ce à quoi l'on s'est soumis. Les offres se rapportent à la dernière espèce.

(3) *Réelle...* C'est-à-dire de la chose même qui a été promise.

(4) De manière qu'on ne puisse en substituer d'autres... Si ce sont des espèces, il en fait l'énumération et en indique la qualité. — V. *dd. art.* 1257 *et* 812. — Autre question... V. *ci-apr.*, *note* 10, *n.* 3, *p.* 566.

(5) Soit qu'il refuse, soit qu'il accepte... et de sa **signature ou non signature**. — V. *c-pr.* 813.

(6) V. *c-pr.* 814, 816 ; *C-N.* 1259, 1257, *in f.* ; *tarif* 60, *et* **M. Tarrible**. — Cette dernière citation et toutes celles que nous ferons ci-après du même auteur, sans y joindre l'indication d'un mot, se rapportent à son discours sur la 3.ᵉ partie du code, *corps législat.*, 21 *avr.* 1806.

(7) « Le jugement... ordonnera, dans le cas où la consignation n'au-» rait pas encore eu lieu, que faute par le créancier d'avoir reçu la » somme ou la chose offerte, elle sera consignée ; il prononcera la ces-» sation des intérêts du jour de la *réalisation* ». — *D. art.*
Observations. 1. M. Tarrible, *sup.*, dit que cette *réalisation* est celle du dépôt, parce que l'art. 1259 du code civil décide textuellement que les intérêts sont dûs jusqu'au jour du dépôt, et que les offres, quoique déclarées valables, ne pouvant éteindre la dette, ne peuvent non plus arrêter le cours des intérêts jusqu'à la consignation, qui seule consomme la libération.
M. Pigeau, *p.* 472, combat cette opinion, parce qu'on a toujours distingué la *réalisation* de la *consignation* ; que le législateur attache un sens différent à ces deux mots ; que l'art. 1259 ne s'applique qu'aux consignations volontaires ; que la *réalisation* dans l'intention des commissaires du code de procédure est le jugement qui donne acte au débiteur de l'exhibition qu'il fait en justice des offres déjà faites au créancier.

Mais s'il y a des oppositions entre les mains du débiteur, elles subsistent après la consignation (8), et il faut les dénoncer au créancier (9). — *V. C-pr.* 817; *M. Tarrible, sup.; C-N.* 1242.

Au reste, la demande principale en validité ou en nullité des offres ou de la consignation, est formée d'après les règles ordinaires, et par requête (10), si elle est incidente. — *V. C-pr.* 815; *tarif* 75.

L'opinion de M. Tarrible nous paraît préférable, entr'autres, parce que, si le projet du code faisait une différence entre *la réalisation à l'audience* et la consignation, le code ne l'a point admise, puisqu'à l'art. 829 du projet où l'on établissait et autorisait cette réalisation pour la circonstance où le créancier avait refusé ces offres, le code a substitué l'art. 814, qui, dans ce même cas, autorise simplement le débiteur à consigner…, *en observant les formes prescrites par l'art.* 1259 : d'où il résulte que M. Tarrible a eu raison de dire « qu'il ne s'agissait point de révoquer cet article, et que la consignation seule consommant la libération, les intérêts doivent courir jusques là ».

2. Remarquons d'ailleurs, 1.º que cette opinion est conforme aux principes du droit : *oblatio sine pecuniæ consignatione non valet*; voilà ce que décide indirectement la loi *acceptans* 19, *in pr.*, c. *de usuris*, ainsi que l'a interprété le parlement d'Aix, qui, d'après cet axiôme, a aussi jugé qu'une offre réelle faite dans une sommation, n'avait pas pu arrêter les exécutions du créancier. — *V. arr.* 27 *janv.* 1710, *dans Bézieux, liv.* 3, *ch.* 7, §. 7. — 2.º que le rejet de la réalisation a l'audience ne cause aucun préjudice au débiteur, parce que, pour consigner, il n'est point obligé, comme le prétend M. Pigeau, d'attendre la décision du tribunal. En effet, « il n'est pas nécessaire, dit le même art. 1259, pour la validité » de la consignation, qu'elle ait été autorisée par le juge ». — 3.º enfin, que le Tribunat avait demandé la suppression de la procédure de réalisation comme inusitée (excepté au Châtelet), inutile et onéreuse.

(8) Soit volontaire, soit ordonnée. — *V. c-pr.* 817. — La consignation ordonnée, même par décision administrative, se fait chez les préposés de la caisse d'amortissement (c-à-d. les receveurs généraux et particuliers des contributions… v. *instruct. du direct. gén. de la caisse*, 24 *mai* 1810). La consignation volontaire peut également y avoir lieu. — *V. L.* 28 *niv. xiij.* — Mais il est quelques cas où on la fait au greffe. — *V. c-pr.* 301; *c-com.* 209; *décr.* 12 *juill.* 1808, *art.* 1. — Elle doit se faire par l'entremise d'un officier ministériel. — *V. C-N.* 1259; *arr. de Nîmes*, 1809, *J-C-N., xiij*, 326.

(9) Un commentateur pense que si la dénonciation est trop différée, le créancier ne doit point être privé des intérêts, et qu'ils sont par conséquent à la charge du débiteur, comme une peine de sa négligence… Cependant comment concevoir que les intérêts puissent courir, dès que l'obligation a été éteinte par la consignation (v. *C-N.* 1257)! Le créancier n'est-il pas d'ailleurs en faute ! Ne devait-il pas accepter les offres réelles !

(10) Elle peut être grossoyée, et l'on peut y répondre par une autre

---

TITRE II.

Des saisies gagerie et foraine.

Nous allons parler des règles particulières et ensuite des règles communes de ces deux exécutions.

§. 1. *De la saisie-gagerie.*

D'après le droit civil, les créances pour louage
d'immeubles sont privilégiées sur le produit des terres
et sur les meubles qui garnissent les maisons. — *V.*
C-Nap. 2102, ⅴ. 1.

Afin de donner de l'efficacité à ce privilége, on
autorise les propriétaires et principaux locataires (1)
à faire saisir ces objets un jour après un commandement de payer, et même sur-le-champ, s'ils en obtiennent la permission (2). Cette exécution se nomme
saisie-gagerie (3). — *V. C-pr.* 819, *in pr.*, *et* ⅺ. 1 ;
tarif 29, 61, 76 ; *et M. Berlier.*

---

requête. — *Tarif* 75. — La demande n'est pas sujette à conciliation. —
V. *en ci-dev.* le *tit.*, *note* 16, p. 176, *et c-pr.* 49, ⅴ. 7.

Observations. 1. Quant aux autres règles des offres et de la consignation, v. *c-pr.* 818; *C-N.* 1257-1264... et pour diverses questions, *ci-dev.*
pp. 465, *note* 31, *n.* 2; 467, *note* 6; 505, *note* 17, *n.* 1 et 3; 527, *note*
102, *n.* 3; 558, *note* 41, *n.* 2; et sur-tout *instruct. citée à note* 8, p. 565.

2. Quant à leur *histoire*, v. Loiseau, liv. 5, ch. 9, n. 19 et suiv.

3. On a annullé un procès-verbal de consignation dressé par le rece-
veur, parce que l'huissier seul a le droit de faire ces sortes d'actes. —
Arg. de C-N. 1259 *et de tarif* 59 *et* 60 ; *arr. de Nîmes*, 22 *août* 1809,
Sirey, 1810, *sup.*, 553. — V. *ci-dev.*, p. 564.

(1) Qu'il y ait bail ou non. — *C-pr.* 819.

(2) Du président du tribunal civil... sur une requête. — V. *c-pr.* 819.
— V. *aussi ci-dev.*, p. 455, *note* 18.

(3) Ainsi la saisie-gagerie est proprement une exécution du propriétaire
sur les meubles et fruits des locataires et fermiers.

Elle est appelée *gagerie*, parce qu'elle se fait sans transport, c'est-à-
dire, sans déplacer et enlever les meubles de la maison... Elle a été imaginée par le droit romain et adoptée par la coutume de Paris, pour con-

La même prérogative est accordée au propriétaire,
1. à l'égard des mêmes objets appartenans aux sous-
locataires, mais seulement à concurrence du prix de
sous-location : et ceux-ci en obtiennent la main-levée
en justifiant qu'ils ont payé et sans anticipation et
sans fraude. — *V. C-pr.* 820 ; *C-N.* 1753.

2. A l'égard des meubles qui garnissaient la maison
ou la ferme, et qu'on a déplacés (4) ; mais il faut
que le propriétaire les ait revendiqués dans le délai
légal (5). — *V. C-pr.* 819, *in f.* ; *C N.* 2102.

La saisie-gagerie se fait comme la saisie-exécution,
et s'il y a des fruits, comme la saisie-brandon. Dans
le premier cas, le saisi peut être constitué gardien (6).
— *V. C-pr.* 821.

§. 2. *De la saisie-foraine.*

Les lois nomment débiteur *forain*, le particulier
qui n'a, ni domicile, ni habitation dans la commune
du créancier. — *V. coutume de Paris, art.* 173 ;

---

serve les droits du propriétaire en cas de péril... Par conséquent, s'il a
fait sans motifs cette injure au locataire, il doit être condamné aux dépens de la saisie et à des dommages. Mais si depuis l'exécution le locataire a refusé de payer, comme il prouve par là qu'elle était utile, c'est
lui qui doit les dépens. — V. *d. cout., art.* 161, 162 *et* 186 ; *Loiseau,
déguerpissement, liv.* 3, *ch.* 6, *n.* 20 ; *Lange, liv.* 4, *ch.* 38. — V. *aussi
M. Berlier, et ci-dessous, note* 6.

(4) Un commentateur prétend que cela s'applique aussi aux *fruits*,
parce qu'ils sont comme les meubles meublans, la garantie du propriétaire... ». Les mots qui *garnissaient*, etc., de l'art. 819, n'indiquent que
des meubles. 2. Le même article, *in pr.*, distingue très-bien les fruits
des meubles. 3. Si le code Napoléon, *art.* 2102, *v.* 1, *in f.*, où l'on a
puisé (sur la demande du Tribunat) la disposition finale de l'art. 819
du code de procédure déjà cité, parle de la saisie du *mobilier* d'une ferme,
cette expression, dont le sens est déterminé par ce qui précède, n'indique
non plus que des meubles proprement dits. 4. On peut reconnaître aisément des meubles déplacés ; il n'en est pas de même s'il s'agit de fruits...
Ainsi l'opinion précédente n'est pas admissible... — *N. B. M.* Tarrible,
nouv. rép., mot privilèges, sect. 3, §. 2, *n.* 7, partage notre avis.

(5) Les meubles de la maison dans la quinzaine, et ceux de la ferme
dans quarante jours. — V. *C-N.* 2102, *v.* 1, *in f.*

(6) *Observations.* 1. On a bien la même faculté dans la saisie-exécu-

*Ferrière, ibid. ; Rebuffe, de litteris obligator., art. 6,
gl. 3 , n. 47.*

Ses effets, lorsqu'on en trouve dans cette commune,
peuvent être saisis sans titre ni commandement, mais
avec une permission (7). et le saisissant en est établi
gardien, s'il les détient (8). — *V. C-pr.* 822 , 823.

§. 3. *Règles communes aux saisies gagerie et foraine.*

Il y en a trois principales. 1. On ne peut vendre les
effets arrêtés au moyen de ces deux saisies, qu'après
qu'elles ont été déclarées valables... 2. La vente et la
distribution du prix sont faites comme celles des saisies-exécutions... 3. Les gardiens doivent représenter
les effets, sous peine de la contrainte par corps. —
V. C-pr. 824 , 825.

---

tion , mais il faut le consentement et du saisi et du saisissant. — V. *en
ci-dev. le tit.* , §. 4 , *p.* 474 , *et c-pr.* 566.

2. Si le saisi ne veut , ni être gardien, ni en fournir un, les effets sont
déplacés et confiés à celui que choisit l'huissier. — V. *Lange , sup. , et
son observation sur le nom de* gagerie , *ci-dev. note* 3 , *p.* 566.

3. Ces deux décisions de Lange prouvent la justesse de l'interprétation
que nous avons faite des termes *sans déplacer,* que l'art. 599 emploie en
parlant du mode de rédaction du procès-verbal de la saisie-exécution. —
V. *en ci-dev. le tit.* , §. 3 , *et note* 26 , *p.* 472.

(7) Du président civil ou du juge de paix. — *C-pr.* 822.

(8) *Saisie-exécution.* — Règle contraire. — V. *en le tit.* , §. 4, *p.* 474 ,
et c-pr. 598.

Il résulte de ce qui précède , que la saisie-foraine, ou saisie sur débiteurs forains, ou saisie-arrêt de meubles , est une exécution faite par le
créancier sur les meubles de son débiteur , trouvés hors de la commune
de celui-ci, et dans celle qu'habite le créancier... Elle a été imaginée par
la coutume de Paris. — V. *d. cout.* , *art.* 173-177; *Lange, sup.; c-pr.,
d. art.* 822.

TITRE III.

De la saisie-revendication.

Il suffit de posséder des meubles pour en être réputé propriétaire. Mais comme il est fort possible que le véritable propriétaire n'en soit pas possesseur, il est juste qu'il puisse les revendiquer contre le détenteur. En conséquence, la loi lui en accorde le droit (1) pendant trois années ; et afin de mieux lui assurer ce droit, elle lui donne encore la faculté de faire saisir ces meubles (2). — *V. C-pr.* 826.

Cette saisie se fait comme les saisies-exécutions, excepté qu'on est libre de nommer gardien le détenteur (3) ; et s'il s'oppose à la saisie, ou refuse d'ouvrir les portes, on établit garnison et l'on en réfère au juge (4). — *V. C-pr.* 830, 828, 829.

---

(1) Lorsqu'il les a perdus ou qu'on les lui a volés ; car s'il les a déposés, il ne peut les revendiquer du tiers qui les a acquis de bonne foi du non-propriétaire. — V. *C-N.* 2279, 1926 ; *M. Merlin, rec. alph. et nouv. rép., mot revendication,* §. 1. — V. aussi *M. Berlier.*

(2) Pourvu qu'il en obtienne la permission, sinon il est ainsi que l'huissier, passible de dommages. — V. *c-pr.* 826, et §. *des huissiers, note* 58, *p.* 77. — La permission est donnée (même un jour de fête), par le président civil du détenteur *réel* des effets (*arg. de c-pr.* 826 *et* 829 *combinés*) sur une requête où on les désigne sommairement. — V. *c-pr.* 827, 828 ; *tarif* 77. — Ce magistrat doit user de beaucoup de circonspection dans cet usage de ses fonctions. — V. *M. Berlier.*
La demande en *validité* se porte aussi, on l'a dit (*p.* 120, *n.* 7), au juge du détenteur, mais c'est du détenteur seulement qui prétend avoir un droit sur les effets, et qui peut n'être pas le même que le détenteur *réel.* — *Arg. de c-pr.* 830, 831 *combinés.*

(3) *V.* ci-dev., tit. 2, note 6, n. 1, p. 567.

(4) La saisie contient alors une assignation en référé. — V. *tar.* 62 (dans la saisie-exécution il suffit de requérir le juge de paix ou l'officier de police d'assister à l'ouverture... *ci-dev. p.* 475).
Les règles du titre actuel ne sont point applicables à la revendication en matière de commerce. — V. *M. Berlier; c-com.* 576 à 585.

TITRE IV.

De la surenchère sur aliénation volontaire.

On appelle ainsi une enchère faite par un créancier, en sus du prix d'une vente passée par son débiteur. Nous allons examiner dans quelles circonstances et suivant quel mode elle a lieu.

I. *Circonstances.* — Lorsqu'un particulier veut vendre ses immeubles, il ne peut le faire que sous l'affectation des privilèges et hypothèques dont ils sont chargés. Par conséquent le prix d'aliénation est destiné à satisfaire les créanciers hypothécaires et privilégiés; et afin d'empêcher que ce gage ne soit diminué à leur préjudice, on leur permet de demander au tiers détenteur ou acquéreur la totalité de leurs droits, ou de délaisser, ou de souffrir qu'ils fassent vendre l'immeuble par lui possédé. — *V. C-Nap.* 2182, *in f.*, 2167 à 2169.

L'acquéreur peut s'affranchir de ces poursuites, en notifiant aux créanciers inscrits son titre, la transcription (1) et les inscriptions, et en offrant de les payer sur-le-champ, à concurrence de son prix d'achat. — *V. C-Nap.* 2183, 2184, *et ci-apr. p.* 573.

S'il prend ces mesures, les créanciers ont le droit de requérir (2) que l'immeuble soit revendu à l'en-

---

(1) M. Tarrible, *mot privilèges*, *sect.* 5, pense que le second acquéreur volontaire qui veut purger, doit transcrire son propre titre et celui de son vendeur (le premier acquéreur), qui n'a pas transcrit... Ce qui assure le privilège du premier vendeur.

Au reste, on a jugé que la notification ne rend pas l'acquéreur non-recevable à se plaindre du défaut de mesure des fonds qu'il a achetés. — V. *arr. de Paris*, 16 *juin* 1807, *J-C-N.*, *t.* 9, *p.* 388.

(2) Dans quarante jours, à dater de la notification (faite au requérant, et non de la notification à d'autres créanciers, *suiv. arr. de Paris*, 27 *mars* 1811, *avoués*, *iij*, 333), outre une augmentation de deux jours par cinq myriamètres de distance entre le domicile élu et le domicile réel de chaque créancier requérant. — V. *C-N.* 2185. — Ce délai n'est point prolongé pour les créanciers qui ne s'inscrivent que dans la quinzaine de

chère, en offrant, sous caution, d'en faire porter le prix à un dixième en sus de celui de la vente volontaire. — *V. C-N.* 2185; *tarif* 63; *ci-apr. note* 12.

Ces notifications et réquisitions sont faites avec constitution d'avoué (3). La réquisition contient aussi, sous peine de nullité de la surenchère (4), l'offre de la caution et un ajournement pour la faire recevoir.

---

la transcription (*ci-apr.*, *p.* 572). Si par exemple, l'acquéreur a fait le même jour la transcription et la notification aux inscrits, le créancier qui ne s'inscrira que le quinzième jour, n'en aura plus que vingt-cinq pour requérir la mise aux enchères. — V. *M. Tarrible.*

(3) Elles sont, 1.° adressées tant à l'acquéreur (à chaque acquéreur) qu'au vendeur... V. *d. art.* 2185; *arr. de Paris*, 19 *août* 1807, *J-c-pr.*, *i*, 107; *arr. cass.* 12 *mars* 1810; — 2.° faites par un huissier que commet le président civil du ressort où elles ont lieu... V. *c-pr.* 832; *tarif* 76, 63; *M. Tarrible*, et *ci-d. p.* 74, *note* 38, *n.* 8; — 3.° portées au tribunal qui doit connaître de la surenchère et de l'ordre... V. *dd. art. et arr.* 19 *août*; — 4.° signées sur l'original et la copie, par le requérant ou son procureur spécial... V. *d. art.* 2185, *v.* 4; *tarif* 63; — 5.° Il y faut constituer un avoué du tribunal de la surenchère, parce que les enchères doivent être faites par entremise d'avoués... V. *c-pr.* 832; *tarif* 128.

(4) « A peine de nullité..., l'offre de la caution, avec assignation à trois jours..., pour la réception de cette caution ». — *D. art.* 832.
Observations. 1. Faut-il y désigner la caution sous peine de nullité ?. Non, suiv. M. Pigeau, *ij*, 408, parce qu'*offrir* une caution n'est pas la même chose que la *présenter ;* que ce mot indique une simple déclaration qu'on est prêt à donner caution, et que les nullités doivent être restreintes... Mais ce système ne serait admissible qu'autant que la loi aurait dit l'*offre de* DONNER *caution.* Elle parle au contraire de l'*offre de la caution ;* or, l'offre d'une chose est, en droit, la présentation de cette même chose. Ce qui prouve d'ailleurs, que tel est le sens de la loi, c'est qu'elle prescrit d'assigner en même-tems *à trois jours pour la réception..* Dans tout ajournement, on doit indiquer l'objet et les moyens et titres justificatifs de la demande, afin de mettre en état l'ajourné de se défendre. Quelle défense pourra proposer l'acquéreur en paraissant à l'audience, si la caution ne lui a pas été désignée ! Comment pourra-t-il la contester ?. Quand il s'agit d'offrir une caution ordinaire (*ci-dev. p.* 437), on doit non-seulement la présenter, mais faire au greffe le dépôt des titres justificatifs, et même donner dans l'exploit la copie de ce dépôt, et on accorde un délai au défendeur pour les examiner et pour contester. En suivant le système de M. Pigeau, l'ajourné manquant de toutes ces ressources, serait exposé à une condamnation sans défense, et il est impossible que telle ait été l'intention du législateur. Au surplus, notre avis a été déja consacré par deux arrêts. — V. *Paris*, 2 *avr.* 1808, *et Cass.*, 4 *janv.* 1809 (*concl. de M. Merlin*), *J-c-pr.*, *ij*, 217, *rép.*, *mot surenchère*, *n.* 3.
2. Il n'y a pas besoin de permission pour l'assignation, et l'on y statue sommairement. — V. *ci-d. p.* 348, *note* 1; *c-pr.* 832 *in f.*
3. Faute d'assignation, la réquisition du créancier est nulle... V. *arr. Turin*, 5 *avril* 1811, *Nevers*, 1812, *sup.*, 52.

Si la caution est rejetée (5) la surenchère est également nulle, et l'acquisition volontaire, ainsi que le prix de cette acquisition, sont maintenus, à moins qu'il n'y ait d'autres surenchères. — *V. C-pr.* 832, 833; *tarif* 63; *MM. Berlier et Tarrible.*

Quant aux créanciers admis à faire la réquisition, il faut distinguer ceux qui, pour affermir leurs droits, sont assujétis à prendre une inscription (6), de ceux qui en sont dispensés (7), et de ceux dont l'inscription est faite de droit (8). Les premiers ne peuvent requérir la mise aux enchères qu'en justifiant d'une inscription prise, au plus tard, dans la quinzaine de la transcription de la vente. — *V. C-pr.* 834, *in pr.* (9).

Néanmoins, le copartageant qui est créancier d'une soulte de lots ou d'un prix de licitation, conserve son privilège par une inscription faite dans les soixante jours du partage ou de la licitation, intervalle pendant lequel on ne peut établir sur le bien divisé ou licité, aucune hypothèque à son préjudice. — *V. C-N.* 2109; *C-pr.* 834, *in f.* (10).

---

(5) La caution est reçue par le tribunal et non par le président en référé. — *V. c-pr.* 832; *arr. de Riom*, 10 *déc.* 1808, *J-c-pr. iij*, 275.
Autres questions... V. arr. de id. et de Paris, 1810, 1811, avoués, iij, 280, Nevers, 1811, sup., 210.

(6) Tels que les privilégiés sur immeubles et les hypothécaires judiciaires et conventionnels... Les créanciers non inscrits n'ont pas le droit de faire la réquisition.

(7) Tels que ceux qui ont une hypothèque légale.

(8) Tels que le vendeur primitif.

(9) Quant aux motifs et aux développemens de cette interprétation importante du code Napoléon, et aux difficultés auxquelles elle peut donner lieu, *voyez* le cours de droit civil, M. Berlier, et sur-tout M. Tarrible, discours déjà cité, et nouv. répert., mots inscription, §. 4, ordre de créanciers, §. 3, n. 3, et transcription, §. 3-5.
Une créance non inscrite dans le délai ci-dessus, ne peut plus l'être utilement; elle a perdu irrévocablement l'aptitude à devenir hypothécaire; en un mot, elle retombe dès-lors dans la classe des créances chirographaires, *suiv. id.*, d. §. 4.

(10) Cette prérogative accordée par le premier de ces articles, est maintenue par le second. Mais M. Tarrible pense que ce n'est que par

Il faut aussi remarquer, 1. que l'acquéreur n'est tenu de faire les notifications indiquées précédemment, qu'aux créanciers inscrits avant la transcription de son titre. — *V. C-pr.* 835, *in pr.*, *et M. Tarrible.*

2. Que si les créanciers ne font pas la réquisition dans les délais et suivant les modes prescrits, la vente volontaire est maintenue, et l'acquéreur n'est plus tenu envers eux que du prix qui y est stipulé (11). — *V. C-pr.* 835, *in f.; C-N.* 2186.

II. *Mode.* — La revente après une surenchère légale, a lieu, selon le même mode que les adjudications sur saisies-immobilières, sauf les observations suivantes (12).

Le poursuivant fait mettre des affiches où l'on indique la première publication pour quinzaine après l'apposition, et dont le procès-verbal est notifié à l'acquéreur, si c'est le surenchérisseur qui poursuit, et à ce dernier si c'est l'acquéreur. Le prix de la vente, joint à la surenchère, tient lieu d'enchère, et l'acte d'aliénation, de minute d'adjudication. — *V. C-pr.* 836-838; *C-N.* 2187; *tarif* 128.

---

rapport à l'effet du privilège, et que cela ne dispense point ces sortes de créanciers de s'inscrire dans la quinzaine de la transcription (lors même qu'elle a eu lieu pendant les soixante jours), s'ils veulent avoir le droit de requérir la mise aux enchères.

(11) Il peut consigner. — **V.** *pour les détails et le mode*, **M. Tarrible,** *mot transcription*, §. 7, *n.* 3-5; *ci-dev.*, *tit.* 7 *et* 8, *note* 89 *et* 46, *p.* 523 *et* 5,7. — La radiation doit se faire en vertu du jugement qui déclare la consignation valable. — **V.** *d.* §. 7, *n.* 6.

(12) *Observations.* 1. Le créancier surenchérisseur ne peut faire revendre par lots, les immeubles aliénés en masse par le contrat qui fait l'objet de la surenchère, *suiv. arr. de Rouen*, 15 *juill.* 1807. — 2. Il n'est point forcé comme l'adjudicataire sur saisie, d'englober dans une même poursuite, tous ceux qui dépendent d'une même exploitation, *suiv.* **M. Tarrible,** *mot saisie*, §. 4. — 3. La promesse de garantie faite vaguement pour le cas d'éviction, embrasse l'éviction produite par une surenchère. — **V.** *arr. cass.* 4 *mai* 1808; *ci-dev. p.* 525, *note* 94. — 4. Que doit-on comprendre dans le prix que le créancier doit faire augmenter d'un 10.e?... **V.** *arr. de Paris, Cassat. et Nancy*, 25 *mars*, 15 *mai* (*B. C.*), 25 *nov. et* 5 *déc.* 1811, *avoués, iij*, 280, *iv*, 70, *v*, 159, *vj*, 44. — 5. Caractères de la revente après surenchère... **V.** *ci-dev. p.* 502, *note* 7.

TITRE V.

Des moyens d'obtenir l'expédition ou la réformation des actes.

Nous avons dit (*v. tit. de la vérificat.*, *p.* 245) qu'on divise les écrits ou actes, en publics ou authentiques, et en privés.

Ces derniers étant passés entre les contractans et et sans aucun intermédiaire, sont leur propriété, et ils en ont les minutes ou originaux : aucune autre personne en général, n'a le droit d'en demander la communication (1); et s'ils en ont eux-mêmes perdu les exemplaires, ou si l'un d'eux n'en avait point, ils ne peuvent s'en procurer que par les voies ordinaires de la procédure.

Il n'en est pas de même à l'égard des actes publics.

1. Quelques-uns de ces actes intéressent non-seulement les parties contractantes, mais encore la société elle-même; il est donc naturel que chacun puisse en réclamer la communication, ou des copies, ou expéditions (2).

2. Quoique les autres espèces d'actes publics n'intéressent directement que les parties, cependant comme ils prouvent quelque chose contre les tiers, savoir, *rem ipsam*, ou l'existence de la convention, il est juste que les tiers aient la faculté d'en demander la communication dans certaines circonstances, sauf à observer certaines formalités.

3. Les actes de cette dernière classe constatent des

---

(1) *V.* à ce sujet, le §. de la communic. des pièces, p. 216.

(2) Ce mot désigne spécialement les copies attestées par celui qui les délivre. La première expédition se nomme *grosse.*. On donne aussi quelquefois aux copies le titre d'*extraits...*; mais ce titre doit s'appliquer plus proprement aux copies partielles des actes... Jadis les expéditions faites sous la direction du juge étaient appelées des *Vidimus.*

conventions. Ils ne sont utiles que dans les circonstances relatives à ces mêmes conventions ; s'ils contiennent des fautes ou des erreurs, on les fait rectifier par les voies ordinaires. Quelques-uns de ceux de la première classe étant au contraire utiles dans un plus grand nombre de circonstances, il a fallu établir un mode particulier pour les rectifier. — *V. MM. Berlier et Tarrible, et M. Thibaudeau, corps législatif, 9 ventôse xj.*

Ces observations nous donnent une idée des motifs des règles dont nous allons présenter l'analyse.

§. 1. *De l'expédition des actes.*

L'ACTE dont on réclame l'expédition est consigné dans des registres publics, tels que ceux des tribunaux (3), ou dans des registres particuliers, tels que ceux des notaires.

I. *Registres publics.* — Les dépositaires des registres publics doivent, sous peine de dépens et dommages, en délivrer des copies à tous ceux qui le réclament (4). — *V. C-pr.* 853.

Néanmoins, une personne qui a été partie dans un jugement n'en peut obtenir une seconde expédition exécutoire, qu'avec une permission (5), et cette expédition est délivrée comme une seconde grosse. — *V. C-pr.* 854, *et p.* 576, *n.° 2 ; p.* 451, *note* 4.

---

(3) Et tels que ceux des inscriptions et transcriptions hypothécaires, (v. *C-N.* 2196) et de l'état civil... De sorte qu'il n'est pas besoin de compulsoire pour en obtenir la communication. — V. *M. Merlin, rép., mot compulsoire,* §. 1 ; *et ci-apr.*, *n.* 2, *et* §. 2, *p.* 577 et 578.

(4) A la charge de leurs droits. — *D. art.* 853. — C'est-à-dire, sous la condition qu'on leur paiera sur-le-champ les honoraires qui leur sont dûs à raison de ces actes et copies.

On voit qu'il n'est pas besoin de justifier de son intérêt ni d'agir non plus par la voie du compulsoire pour obtenir des copies de ces registres. — V. *ci-apr.*, *n.* 2, *p.* 577, *et M. Berlier.*

(5) Donnée, sur requête, par une ordonnance du président du tribunal qui a rendu le jugement. — V. *c-pr.* 854 ; *tarif* 78.

II. *Actes des notaires.* — Les copies d'actes de notaires sont réclamées par les intéressés et leurs représentans, ou par des tiers.

1.° Les actes dont les intéressés demandent copie sont parfaits, ou imparfaits, ou non enregistrés.

Dans le premier cas, le dépositaire récalcitrant est condamné (6) sur une assignation à bref délai (7). — *V. C-pr.* 839, 840; — *v. aussi le §. des notaires, note* 63, *p.* 80; *L.* 25 *ventôse xj, art.* 23.

Mais si on réclame une seconde grosse ou l'ampliation d'une grosse déposée, il faut obtenir une ordonnance (8), interpeller le notaire de faire la délivrance en présence des parties intéressées (9), et noter au bas de la copie réclamée, tant cette ordonnance que la somme pour laquelle cette copie est encore exécutoire (10). — *V. C-pr.* 844; *d. L. du* 25 *ventôse, art.* 26.

Dans les deux derniers cas (11), il suffit d'une

---

(6) Envers les réclamans intéressés en *nom direct,* leurs héritiers ou ayant-droit... Même par corps. — V. *c-pr.* 839. — Les premiers sont ceux qui ont été parties dans l'acte, et pour eux-mêmes.

(7) Donnée (sans conciliation) en vertu d'une permission du président civil... L'affaire est décidée sommairement par un jugement exécutoire nonobstant opposition ou appel. Les intéressés y sont appelés, s'il y a lieu, par une sommation. — V. *c-pr.* 839, 840; *tarif* 29, 78.

(8) Du président, rendue sur requête. — V. *c-pr.* 844; *tar.* 78.
L'ampliation est dans ce cas, une grosse expédiée sur la grosse principale, qu'on a déposée chez un notaire pour en délivrer des doubles aux intéressés, tels que des co-créanciers ou co-partageans, etc.

(9) Appelées par la même sommation, et à des jour et heure indiqués. — V. *c-pr.* 844; *tarif* 29, 78.

(10) Dans le cas où la créance a été acquittée ou cédée en partie. — V. *c-pr.* 844. — S'il y a contestation sur la délivrance, on se pourvoira en référé. — V. *en le tit.*, *note* 3, *p.* 342, *et c-pr.* 845.
On exige les formes précédentes parce qu'il serait imprudent de fournir un second titre exécutoire sans connaître l'emploi du premier (le porteur par ex., pourrait s'en servir pour une exécution). — V. *M. Berlier; Guenois sur Imbert, liv.* 1, *ch.* 4, *n.* 10; *d. p.* 451, *note* 4.

(11) C'est-à-dire, si l'on demande une copie d'un acte imparfait ou non enregistré. — V. *c-pr.* 841.

semblable

semblable ordonnance (12), sauf à se pourvoir en référé si le notaire refuse (13). — *V. C-pr.* 841-843.

2.° Le tiers qui a besoin d'une copie d'acte demande un compulsoire (14) dans une requête (15), sur laquelle le tribunal statue comme en matière sommaire. — *C-pr.* 846-848 ; *ci-dev.*, *tit. des mat. sommair.*, *note* 7, *p.* 339 (16).

On dresse ensuite un procès-verbal de compulsoire

---

(12) Rendue, s'il y a lieu, par le président civil, sur une requête. — V. *c-pr.* 841 ; *tarif* 78. — L'art. 29 du même tarif indique qu'elle doit être suivie de sommation et assignation au notaire et aux parties intéressées, ce qui est très-juste, parce qu'il peut être fort important pour elles d'assister au compulsoire. D'ailleurs, l'art. 850 du code parlant de leur assistance, suppose par là qu'elles ont été appelées. — Bien plus, l'ordonnance, *tit.* 12, *art.* 2, décidait que le compulsoire ne pourrait commencer qu'une heure après l'échéance de l'assignation.

On fait mention de l'ordonnance au bas de la copie. — V. *c-pr.* 842.

(13) Sauf aussi l'exécution des lois et réglemens relatifs à l'enregistrement (v. *c-pr.* 841), et par conséquent sauf les amendes ou autres peines qu'on peut avoir encourues pour ne les avoir pas observés dans les délais prescrits. Mais c'est au requérant à en faire l'avance, sauf à les répéter, dit Rodier, *tit.* 12, *art.* 1.

(14) Ce mot, suivant Rodier, *sup.*, vient de *compulsare*, *compellere*, contraindre.

Observations. 1. On voit que les tiers ne peuvent obtenir des expéditions d'actes notariés, qu'avec la permission du juge. Cela est conforme à l'ordonnance de 1539, *art.* 177, et à la loi du 25 ventôse an xj, *art.* 25, qui défendent sous des peines très-graves, aux notaires de les délivrer à d'autres qu'aux parties ou à leurs ayant-cause : et le juge ne doit le permettre qu'aux intéressés et par conséquent à ceux qui justifient de leur intérêt. — V. *M. Berlier.* — On décidait même jadis que si l'intérêt n'était pas bien établi, le notaire, et à plus forte raison les véritables intéressés avaient le droit de s'opposer au compulsoire. — V. *Rodier, sup.* — C'est qu'il y aurait un très-grand danger à autoriser sans motifs, des tiers à s'immiscer dans les affaires des familles auxquelles ils n'appartiennent pas.

2. D'après ces principes on a jugé que le notaire peut refuser une expédition au tiers qui n'est pas à ce sujet, en instance avec les parties. — *Arr. de Paris*, 8 *fév.* 1810, *avoués*, *i*, 172.

(15)... Une requête d'avoué à avoué (on peut y répondre), portée par un simple acte, à l'audience. — V. *c-pr.* 847 ; *tarif* 75.

(16) L'art. 846 est ainsi conçu : « celui qui, dans le cours d'une instance, voudra... expédition..., se pourvoira ainsi qu'il va être réglé »... M. Pigeau, *p.* 341, conclut de là qu'on ne peut prendre la voie du compulsoire que pendant une instance. Mais cet article n'est point conçu en termes prohibitifs ; il prescrit le compulsoire pour les demandes d'expé-

ou collation (17), où les parties peuvent insérer leurs observations. L'extrait est délivré par le dépositaire (18). Il peut être collationné par les parties, et même par le président lorsqu'elles ont soutenu que cet extrait n'est pas exact (19). — *V. C-pr.* 849, 850, 852 ; *tarif* 92, 168. — *V. aussi C-pr.* 203 ; *d. L. 25 vent., art.* 24 (20).

§. 2. *De la rectification des actes de l'état civil.*

LE demandeur en rectification d'un acte de l'état civil se pourvoie par requête (21). Il y est statué, sauf l'appel, sur rapport (22), et après avoir, au besoin, appelé les intéressés et convoqué le conseil

---

ditions formées pendant une instance ; il ne le défend pas pour d'autres circonstances. — V. *aussi ci-dessous, note* 20. — V. toutefois *arr. de note* 14, *n.* 2, *p.* 577.

(17) *Observations.* 1. On nomme *collation* l'action de comparer une copie avec l'acte sur lequel elle est transcrite, afin de s'assurer si elle est conforme à cet acte.

2. *Quid juris* si le requérant ne paraît pas !... Rodier, *art.* 3, décide avec raison que, comme par le compulsoire, la pièce doit devenir commune aux parties, celle qui comparaît a le droit d'y faire procéder en défaut contre l'autre.

(18) A moins que le tribunal n'ait chargé de ces opérations un de ses membres, ou un juge civil, ou un notaire. — V. *c-pr.* 849.

(19) Elles se pourvoient pour cela en référé, à jour indiqué par le procès-verbal, et le dépositaire apporte (chez le juge) la minute sur laquelle on doit collationner... Les frais de son transport et du procès-verbal sont avancés par le requérant. La collation se fait en présence d'avoués. — V. *c-pr.* 852 ; *tarif* 29, 128.
Le dépositaire a le droit de refuser l'extrait tant qu'il n'est pas payé des frais de la minute et de cet extrait. — V. *c-pr.* 851.

(20) Le compulsoire ne doit point retarder le jugement du procès à l'occasion duquel on l'a demandé, parce que la partie doit s'imputer de ne l'avoir pas sollicité avant que la cause fut en état. — V. *Rodier, sup.* — Néanmoins l'ord. de 1535, *ch.* 15, *art.* 2, décidait qu'on pouvait accorder un délai si le compulsoire était demandé en jugement. — V. *Bornier, tit.* 12, *art.* 1. — V. *aussi ci-dev. note* 16.

(21) Au président du tribunal civil. — V. *c-pr.* 855.

(22) Et sur les conclusions du procureur impérial. — *C-pr.* 856. — C'est qu'il s'agit d'un objet d'ordre public. — V. *M. Berlier.*

de famille (23). — *V. C-pr.* 855, 856; *C-Nap.* 99; *tarif* 71, 78.

Si les intéressés ont été oubliés, on ne peut leur opposer le jugement, et ils ont le droit d'en appeler (23*a*). Le demandeur peut également se pourvoir contre ce jugement (24), par une requête (25) sur laquelle on prononce contradictoirement avec le ministère public. — *V. C-N.* 100, 54; *C-pr.* 858; *tar.* 150.

Le jugement de rectification est inscrit sur les registres civils. On en fait mention en marge de l'acte rectifié (26), qui dès-lors n'est expédié qu'avec les rectifications ordonnées (27). — *V. C-pr.* 857; *C-N.* 101; *avis du conseil d'état*, 24 *février et* 4 *mars* 1808 (28).

---

(23) **Si le tribunal le juge convenable...** Les parties intéressées sont appelées (sans conciliation) par exploit à domicile, et si elles sont en instance, par acte d'avoué, auquel on peut répondre. — V. *c-pr.* 856; *tarif* 29, 71.

(23*a*) **Ceci est une exception aux règles exposées au** *titre de l'appel*, *ch.* 2, *n.* 1, *p.* 374.

(24) **S'il y était seul partie et s'il a à s'en plaindre.** — *C-pr.* 858.

(25) **Présentée,** dans les trois mois de la prononciation, au président de la cour, qui y note l'audience où l'on statuera. — *C-pr.* 858.

(26) **On ne peut rien changer à l'acte.** — *C-pr.* 857. — La mention se fait sous la surveillance du ministère public. — *C-N.* 49.

(27) **Sous peine de dommages** contre l'officier qui délivre l'expédition incomplète. — V. *c-pr.* 857.
On a jugé que le tribunal peut *d'office*, ordonner la rectification. — V. *arr. cass.* 19 *juill.* 1809, *J-C-N.*, *xiv*, 389, *et d'autres questions*, *ibid.*

(28) *Observations.* 1. A l'égard des règles relatives aux *formes* des actes de l'état civil, *voyez* en le titre au code Napoléon, liv. 1, tit. 2, et à notre cours de droit civil.
2. *Rectification des registres hypothécaires...* Le conservateur l'opère en écrivant, à la date courante, une nouvelle inscription ou transcription exacte, avec un renvoi à la première qui était fautive. — V. *avis du cons. d'état*, 26 *déc.* 1810, *n.°* 6306.

TITRE VI.

De l'envoi en possession des biens d'un absent.

On distingue deux espèces d'absens, les présumés et les déclarés.

Lorque l'absence d'un particulier, c'est-à-dire sa disparition ou son éloignement sans nouvelles, n'est pas constatée, on la nomme absence *présumée* ; lorsqu'elle l'est d'une manière légale, on la nomme absence *déclarée*. Dans le premier cas, elle est un fait douteux, et l'on se borne à pourvoir à l'administration provisoire des biens de l'absent. Dans le second, elle devient un fait authentique et légal, et l'on défère la possession des biens aux héritiers de l'absent (1). — *V. C-Nap.* 112, 120, *et le cours de droit civil.*

Dans l'un et l'autre cas, les intéressés se pourvoient par requête (2), et le jugement est rendu sur rapport (3). — *V. C-pr.* 859, 860; *tarif* 78 (4).

______

(1) Cela se peut faire par le même jugement. — **V.** *arr. cass.* 17 *nov.* 1808, *J-C-N.*, *xij*, 25.

(2) Les intéressés sont toutes les personnes qui ont des droits réels ou éventuels sur les biens de l'absent. — **V.** *arr. Colmar*, 16 *therm. xij*, *J-C-N.*, *iij*, 218. — La requête avec les pièces et documens nécessaires est présentée au président du tribunal civil. — **V.** *c-pr.* 860; *C-N.* 112.

(3) Fait à un jour indiqué, par un juge que commet le président, et suivi des conclusions du ministère public... **V.** *c-pr.* 859, 860; *C-N.* 114.

(4) *Observations.* 1. Autres *formes* de la procédure, v. *C-N.* 115 et suiv., et notre cours de dr. civ., *tit.* de l'absence. — Quand il s'agit de constater l'absence, elles doivent être remplies à la rigueur... V. *arr. cass.* 24 *nov.* 1811, *J-C-N.*, *xviij*, 269.
  2. *Scellé* relatif aux militaires absens, v. *tit. du scellé*, *note* 27, p. 605.
  3. *Notaire* qui représente l'absent, v. *tit. de l'inventaire*, *note* 3.

TITRE VII.

De l'autorisation.

Il y a deux sortes de personnes qui ne peuvent ester en jugement sans autorisation, les femmes mariées et les communes et autres personnes civiles du même genre (*tit. de l'assignat.*, art. 1, *p.* 184). Les règles propres à ces deux sortes d'autorisation seront exposées dans deux différens paragraphes.

§. 1. *De l'autorisation de la femme mariée.*

Un des effets principaux de la puissance que la loi accorde au mari sur sa femme, est l'obligation qu'elle impose à celle-ci de ne faire presque aucune espèce d'actes, et sur-tout de ne pas ester en jugement (1) sans l'autorisation de son mari. — *V. C-N.* 215. — *V. aussi id.* 776, 905, 934, 1029.

Mais ce droit du mari n'est pas arbitraire ; s'il refuse sans raison de l'exercer, la justice vient au secours de la femme et légalise ses opérations. — *V. C-Nap.* 218. — Le mode qu'elle doit suivre alors est l'objet du présent paragraphe (2).

Il faut néanmoins observer que si elle est actionnée (3), ou bien si elle actionne *conjointement* avec

---

(1) Même lorsqu'elle est marchande publique, quoique en cette qualité elle puisse s'obliger sans autorisation. — V. *C-N.* 215, 220. — D'ailleurs elle ne peut être marchande publique sans le consentement de son mari. — V. c-com. 4. — Elle ne peut non plus donner un *désistement* sans autorisation. — V. *en le tit.*, *note* 4, *p.* 332.

(2) Quant aux règles relatives à l'autorisation considérée en elle-même, à l'exception de celles que nous exposons dans ce titre, *voyez* notre cours de droit civil, titre du mariage.

(3) Au civil, et à plus forte raison au criminel et à la police (v. *C-N.* 216), parce que la nécessité de la défense naturelle doit la dispenser de toute formalité. — V. *M. Portalis*, *exp. des motifs du tit. du mariage* ; *arr. cass.* 24 *fév.* 1809, *Nevers*, 1810, 117 ; *ci-apr. note* 7.

son époux, elle n'est assujétie à aucune (4) formalité (5). Dans le premier cas, le demandeur, dont l'action ne peut être paralysée par le caprice ou l'intérêt du mari, cite ce dernier pour autoriser sa femme (6); et si le mari refuse, le tribunal le supplée sans autre formalité. Dans le second, le concours du mari suppose une autorisation tacite. — *V. M. Berlier.*

Dans les autres cas, c'est-à-dire lorsque la femme veut intenter une action (7), il faut qu'elle présente une requête (8) et obtienne un jugement d'autorisa-

---

(4) Idem. — V. *arr. d'Agen , Cass. et Montpellier , 28 pluv. xij , 22 avr. 1808 , et 2 janv. 1811 , J-C-N. , t. 2 et 11 , p. 27 et 57 ; avoués, iij , 239 ; arg. de C- N. 217.* — Idem , s'ils procèdent dans la même instance, *suiv. arr. cass. 10 juill. 1811 , avoués , iv , 200.*

Observations. 1. Lorsque la femme séparée de biens est actionnée conjointement avec son mari , il faut donner à chacun d'eux une copie de l'assignation. — V. *arr. cass. 7 sept. 1808 , 12 mars 1810 (B. C.) et 1 avr. 1812, Nevers, 357 ; M. Merlin , rép. , mot sépar. de biens , sect. 2 ,* §. 5 (autre question , v. *ci-d. p. 104 , note 15a*). — 2. Que faut-il faire si elle s'est mariée depuis le commencement de l'action !.. V. *tit. des reprises , p. 314.* — 3. Si c'est depuis le jugement qui autorise une contrainte , il n'est besoin de diriger les poursuites relatives à cette exécution , que contre la femme , *suiv. arr. Paris , 25 févr. 1808 , J-c-pr. ; ij , 50.* — 4. Le mari assigné pour l'autoriser , doit être *en qualité* dans le jugement de défaut obtenu contr'elle , *suiv. id. , 5 juin 1810 , avoués , ij , 289.*

(5) Il en est de même s'il s'agit, 1.° de divorce. — V. *arr. Bruxelles , Poitiers et Cass. , 20 pluv. et 2 prair. xij , et 25 germ. xiij , J-C-N. t. 1 , 2 et 4 , p. 363 , 355 , 421.* — 2.° de séparation de corps. — V. *ce tit. , note 5 , p. 591.* — En un mot lorsqu'elle agit contre son mari , elle doit être autorisée par le juge. — V. *arr. cass. 14 fév. , à note 4 , p. 332.*

Quid juris si elle est séparée de biens !... L'autorisation est nécessaire. — V. *C-N. 215 ; M. Merlin , rec. alph. , 2.e éd. , mot assignation , §. 9 , t. 1 , p. 187 , concl. du 29 nov. 1809* (au répert. , sup. , d. §. 5 , il avait d'abord fait une distinction sur ce point). — V. *aussi note 5 , p. 586.*

(6) Cette citation est nécessaire , parce que celui qui actionne doit s'assurer de la capacité de l'actionné , et veiller à la régularité de la procédure. — V. *arr. cass. 29 mars 1808 , au B. C. , et 7 oct. 1811 et 25 mars 1812 , par arg. de C-N. 215 , 225; avoués , iv , 269 , Nevers , 356; ci-dev. p. 184 , note 12.*

(7) Même criminelle ou de police... *Arg. de C-N. 216 ; v. M. Merlin , rép. , mot autor. maritale , sect. 7 , n. 18 ; arr. cass. cr. 30 juin 1808.*

(8) Au président du tribunal civil (v. *c-pr. 861 , 863 , 864 ; tarif 78*) du domicile de son mari , même lorsqu'elle poursuit une affaire devant un autre tribunal. — V. *M. Merlin , ib. , sect. 8 , in f. ; arr. cass. 21 germ. xij.* — V. *toutefois arr. de Colmar , 1810 , avoués , iij , 46.*

tion. Mais si son mari n'est pas absent (9), mineur, interdit ou condamné pour crime (10), elle doit auparavant l'interpeller de donner cette autorisation, et sur son refus, le citer (11) à la chambre du conseil, pour expliquer ses motifs et voir statuer sur la demande. — *V. C-pr.* 861-864 *; C-N.* 222, 224, 221 *; M. Berlier, et le cours du dr. civ.* (12).

(9) Soit présumé, soit déclaré. — **V.** *cons. d'état, sup.*

(10) Parce que dans tous ces cas le mari ne pouvant donner l'autorisation, il est inutile de la lui demander; il faut nécessairement s'adresser au juge. — **V.** *M. Berlier.*

Si le mari est absent ou interdit, l'autorisation est prononcée après le rapport d'un juge nommé par le président sur la requête, et l'on doit joindre à celle-ci le jugement d'interdiction... **V.** *c-pr.* 863, 864.

(11) A un jour indiqué, et en vertu d'une permission donnée par le président, sur une requête. — **V.** *c-pr.* 861 *; tarif* 78. — Elle l'interpelle auparavant par une sommation. — **V.** *d. art.* 861 *; arr. d'Aix,* 9 *janv.* 1810, *J-C-N., xiv,* 293.

(12) *Prononciation.* Après avoir indiqué, *art.* 861, la citation en la chambre du conseil, on ajoute, *art.* 862 : « Le mari entendu, ou faute par lui de se présenter, il sera rendu, sur les conclusions du ministère public, jugement qui statuera sur la demande de la femme ». — Selon un commentateur, ce jugement doit être rendu à la chambre du conseil. Il se fonde sur la déclaration faite par M. Berlier (*exposé des motifs*) que cette procédure sera exempte d'une publicité que la qualité des parties et la nature du débat rendraient toujours fâcheuse, et il ajoute avec le même orateur, « ainsi ce sera à la chambre du conseil que le mari sera cité, que les parties seront entendues, et QUE le jugement sera rendu sur les conclusions, etc... ».

Si le relatif *que* était dans cette phrase, il faudrait sans contredit adopter la même décision; mais on ne l'y trouve pas plus que dans l'art. 862. — **V.** *du moins le moniteur du* 16 *avr.* 1806, *et l'édit. stéréotype d'Héran, p.* 147. — En conséquence, dès que la loi et l'exposé des motifs offrent de l'incertitude, il faut se déterminer, d'après les principes du droit relatifs à la prononciation des jugemens, c'est-à-dire, pour la prononciation à l'audience. — **V.** *ci-dev., p.* 28 *et note* 43, *ibid.; p.* 218 *et* 231. — D'autant, 1.º que dans des causes mêmes qui exigent encore plus que celle-ci une discussion secrète, le jugement ne doit pas moins être prononcé en public. — **V.** *ci-dev., p.* 350 *; C-N.* 245 *et* 256. — 2.º Qu'en général, le ministère public public est entendu à l'audience. — *Arg. de c-pr* 112 *; v. en le* §., *p.* 24 *et note* 31.

Observez à ce sujet, que le ministère public est entendu dans toutes les causes d'autorisation. — **V.** *c-pr.* 862-864.

Questions diverses. 1. L'autorisation d'*ester* en jugement renferme celle de faire tous les actes nécessaires à un procès intenté, tels qu'une comparution au bureau de conciliation. — **V.** *arr. cass.* 3 *mai* 1808.

2. La femme a-t-elle besoin d'autorisation pour les actes *extrajudi-*

§. 2. *De l'autorisation des communes et autres personnes civiles.*

Il faut distinguer les personnes civiles dont les droits intéressent directement l'ordre social, telles que les communes, les hospices et les établissemens publics (13), de celles dont les droits ne l'intéressent qu'indirectement, telles que les sociétés de commerce. Celles-ci peuvent ester en jugement comme les particuliers (14) ; les premières ne peuvent assigner et être assignées qu'après une autorisation des fonctionnaires administratifs (15).

---

ciaires?... Ces actes n'étant point indiqués par les termes *ester en jugement* du code Napoléon, *art.* 215, il semble qu'elle puisse les faire par elle même ; néanmoins, comme l'art. 219 prescrit indirectement l'autorisation lorsqu'il s'agit de *passer un acte*, et que ces derniers termes désignent ordinairement une obligation, on devrait restreindre la décision précédente aux seuls actes extrajudiciaires qui ne produisent point d'engagement.

3. Le défaut d'autorisation n'opère qu'une nullité relative. — V. *C-N,* 225 ; *M. Merlin, rép., mot divorce, sect.* 4, §. 7 ; *arr. cass.* 1 *juill.* 1808, *Nevers,* 441 ; *id.*, *Turin,* 30 *nov.* 1811, *avoués, v,* 246. — On dit néanmoins (v. *arr. cass.* 29 *mars* 1808, *B. C.*) que c'est un moyen *d'ordre public ;* mais on ne le considère vraisemblablement comme tel, qu'en ce que les actes subséquens de la femme ne couvrent point la nullité par rapport à elle-même, et qu'elle a le droit d'en *exciper* après ces actes.

4. *Autres questions..* V. 1.º arr. de Colmar, 1810, Nevers, 1811, sup. 189... 2.º Ci-devant p. 503, note 10.

(13) Quant à *l'état*, v. p. 355, §. 3. — Et quant au sens du mot *personnes civiles*, v. notre cours des prélim. du droit, ch. 2, note 7.

(14) On pourrait les appeler personnes civiles *privées*, et dire en conséquence, que l'autorisation n'est nécessaire que pour les personnes civiles *publiques*.

(15) V. *c-pr.* 1032 ; *L. de déc.* 1789, *art.* 54-56 ; 29 *vend.* 5, *art.* 3 ; *arrêtés* 17 *vend.* x et 12 *brum.* xj... Et quant aux hospices, *M. Merlin, rép., mot hôpital,* §. 5 ; *arr. cass.* 22 *prair. xiij, ib.*

Observations. 1. L'autorisation est donnée par le conseil de préfecture, sur l'avis du conseil municipal. — V. d. arr. 17 *vend.* x ; *M. Merlin, rép., mot communauté, n.* 7. — On a exigé cette formalité pour empêcher que les communes et hospices ne soient exposés à des poursuites évidemment vexatoires, et ne soutiennent contre leurs créanciers des procès injustes et ruineux. — V. *M. Merlin,* d. §. 5. — V. aussi, ci-dev. ch. des *dépens, note* 2, *n.* 4, *p.* 147. — Les mêmes raisons s'appliquent aux établissemens publics. — *Arg. de c-pr.* 1032.

Bien plus, 1.º pour transiger avec une commune, sur un procès né ou à naître, il faut avoir, en outre, une consultation de trois avocats désignés par le préfet. — *V. arrêté du 21 frimaire xij* (16).

2.º Le mode d'exécution des jugemens rendus contre les communes et hospices, doit être déterminé par l'autorité administrative (17).

Au reste, l'exercice des actions des communes et hospices appartient aux maires et syndics (18). — *V. d. L. 29 vend. an 5; M. Merlin, d. §. 5.*

---

2. Le défaut d'autorisation a été considéré pendant long-tems comme une nullité *absolue*, que les adversaires des communes pouvaient leur opposer. Il paraît qu'à présent le conseil d'état ne le considère plus que comme une nullité relative, que les communes seules ont le droit de faire valoir... C'est du moins ce qu'on peut induire d'une note de M. Merlin (*d.* §. 5, *t.* 5, *p.* 744), et des considérans de deux avis du conseil, des 17 déc. 1809 (*au rec. alph.*, 2.ᵉ *édit.*, *iij*, 518, *mot* non bis) et 22 oct. 1810, *au bull. des lois, p.* 442.

3. L'autorisation pour le pourvoi ne valide pas la procédure antérieure. — V. *arr. cass.* 12 *frim. xiv.*

(16) Et la transaction doit ensuite être homologuée par le Gouvernement. — V. *ib.*; *C-N.* 2045; *ci-dev. p.* 92, *note* 2, *n.* 8. — S'il s'agit d'un *compromis*, il faut également que les communes soient autorisées. — V. *arr. cass.* 22 *janv. et* 9 *déc.* 1806; *ci-dev.*, *p.* 39, *note* 9, *n.* 2.

(17) V. *d. arrêté* 12 *brum. xj*; *M. Merlin, d. mot hôpital*, §. 5, *et saisie-arrêt*; *M. Henrion, ch.* 4, §. 14. — Il faut par conséquent s'adresser à un administrateur pour cette exécution. — V. *avis cons. d'état*, 12 *août* 1807; *et ci-dev.*, *tit. des régles générales, p.* 454.

(18) Sauf l'autorisation, mais elle n'est pas nécessaire, 1.º pour les actes conservatoires, tels que l'appel; 2.º pour défendre en appel le jugement de première instance que la commune a obtenu après une première autorisation régulière; 3.º pour se pourvoir en cassation. — V. *M. Merlin, rec. alph., mots commune*, §. 6, *et usage*, §. 2; *rép., mot communauté, n.* 7; *arr. cass., ib.; ci-dev.*, *note* 37, *p.* 374.
Observation. Les règles de ce §. s'appliquent aux *sections de communes*... Mais, 1.º elles ne concernent point une collection de propriétaires qui ne forment pas une section. — V. *arr. cass.* 15 *nov.* 1808, *Nevers, sup.*, 175. — 2.º Les membres d'une commune ne sont pas recevables à soutenir en leur nom des actions qui l'intéressent en corps. — V. *M. Merlin, rec. alph., mot vaine pâture*, §. 2; *arr. cass.* 10 *niv. xiij, ib.; autre* 24 *avr.* 1809, *B. C.; rép., mot communauté, n.* 7, *et triage, t.* 15, *p.* 132. — Quant au mode à suivre par ces sections, v. *arrêté* 24 *germ. xj.*

TITRE VIII.

De la séparation de biens.

ON désigne ainsi la faculté qu'a une femme de prendre elle-même l'administration de ses biens. Elle peut demander à user de cette faculté lorsqu'il règne un tel désordre dans la fortune de son mari , qu'elle doit craindre (1) de ne pouvoir recouvrer ce qui lui appartient (2). — *V. C-N.* 1443 , *in pr.*, 1563.

La séparation ne peut s'opérer par la simple volonté des époux. Il faut qu'elle soit poursuivie et obtenue en justice comme ci-après (3). — *V: C-Nap.* 1443 , *in f.; C-pr.* 870 ; *C-com.* 65 ; *MM. Berlier et Mouricaut* (4).

I. *Procédure.* — La demande doit, sous peine de nullité, être autorisée par le président du tribunal (5), et publiée sous trois jours , par un ex-

---

(1) Cela suffit , c'est-à-dire, que pourvu qu'elle montre que sa dot est *mise en péril* , il n'est pas nécessaire qu'elle prouvé l'insolvabilité de son mari. — V. *M. Merlin, rép. , mot séparat. de biens , sect.* 2 , §. 3 , *art.* 2 ; *arr. cass.* 26 *janv.* 1808 , *ib.* — Et il n'est pas non plus toujours nécessaire qu'elle prouve par des *enquêtes* cette mise en péril. — *D. art.* 2 , *et d. arr. cass.*

(2) Ses créanciers ont aussi cette faculté , quand le mari est en faillite ou en déconfiture. — V. *C-N.* 1446.

(3) L'aveu du mari ne suffit pas (*c-pr.* 870), même lorsqu'il concourt avec celui des créanciers présens , pour prouver la nécessité de la séparation. — *Arg. du d. art.* — V. *M. Berlier et M. Merlin, d. art.* 2 ; *arr. de Colmar* , 24 *fév.* 1808 , *J-c-pr. ij* , 394.

(4) Elle est toujours portée au *tribunal* du domicile du mari, puisque la femme elle-même ne peut avoir d'autre domicile, qu'elle est obligée d'habiter avec son mari , et qu'elle suit toujours sa condition. — V. *C-N.* 108 , 214, 12 *et* 19 ; *M. Merlin , d. sect.* 2 , §. 3 ; *ci-dev., p.* 121 , *note* 27 ; *ci-apr., tit. de la renonciation, note* 5.

(5) La nullité peut être opposée par le mari ou ses créanciers. — V. *c-pr.* 869 , *in f.*

Observations. 1. L'autorisation est donnée sur requête, mais le président peut auparavant faire les observations qu'il juge convenables. — V. *c-pr.* 865 ; *tarif* 78.

trait (6) affiché dans les auditoires civils et de commerce, et les chambres d'avoués et de notaires, et inséré dans un journal (7)... On ne peut y statuer qu'un mois après (8) ces formalités, dont il faut constater l'observation (9). — *V. C-pr.* 865-869, 683.

Les créanciers du mari ont jusques au jugement définitif, le droit d'obtenir (10) la communication de la demande et des pièces, et même d'intervenir (11).

---

2. **Si la femme est mineure**, faut-il en outre que le juge lui nomme un curateur!... *Non*, répond M. Merlin, parce que, 1. sous le code civil, l'autorisation du juge suffit pour *habiliter* à plaider en séparation (v. *ci-apr.*, *p.* 591, *note* 5); 2. que s'il fallait un curateur, il devrait être nommé par le conseil de famille. — V. *id.*, *sup.*, §. 3, *art.* 2.

M. Pigeau est d'un avis opposé. Il observe, 1.º que l'assistance du curateur est nécessaire lorsque la femme réclame des droits immobiliers (v. *C-N.* 2208), et que la séparation peut en embrasser de tels; 2.º qu'il en est de même si elle comprend une généralité de droits mobiliers, puisque cette généralité est assimilée à des droits immobiliers. — V. *id.*, *p.* 495. — On ne peut disconvenir que ces raisons ne soient très-fortes. Il faut néanmoins observer qu'une généralité de droits mobiliers n'est rigoureusement assimilée à un droit immobilier, que lorsqu'il s'agit d'une succession contestée entre plusieurs personnes (v. *ci-dev*. §. *des actions mobilières*, *p.* 104, *et note* 15, *ib.*), et c'est ce qui ne se rencontre pas dans l'hypothèse actuelle.

3. Au reste, il ne faut point de conciliation. — *C-pr.* 49, *v.* 7.

(6) On y insère la date de la demande, les noms, prénoms, profession et demeure des époux ; les noms et demeure de l'avoué. Celui-ci, dans les trois jours de la demande, remet l'extrait au greffier, qui l'inscrit, sans délai, sur le tableau de l'auditoire. — V. *c-pr.* 866; *tarif* 92.

(7) De la commune du tribunal, ou s'il n'y en a pas, dans un de ceux du département. — V. *c-pr.* 868.

(8) Sauf les actes conservatoires. — *C-pr.* 869. — D'où l'on conclut que la femme peut (avec permission) saisir les effets mobiliers de la communauté, même ceux que le mari a déja frauduleusement vendus. — V. *M. Merlin*, *d. art.* 2, *n.* 3; *arr. cass.* 30 *juin* 1807, *ibid.*

Ministère public. Le code ne dit point s'il faut lui communiquer les demandes en séparation, mais on ne doit pas moins le décider, parce que ce sont des causes où les femmes agissent *sans autorisation* de leurs maris. — V. *c-pr.* 83, *v.* 6; *ci-dev.* §. *du minist. publ.*, *note* 27, *p.* 24.

(9) Par des certificats des greffiers, des secrétaires des chambres et des imprimeurs. — V. *c-pr.* 867, 868 *et* 683 ; *et ci-dev.*, *tit. de la saisie immobil.*, *ch.* 1, *art.* 5, *p.* 517. — Quant à l'utilité de la publicité de la demande, v. *M. Berlier.*

(10) Par sommation d'avoué à avoué. — V. *c-pr.* 871; *tarif* 70.

(11) Par une requête (la femme y peut répondre) et sans conciliation.

— *V. C-pr.* 871; *C-N.* 1447, *in f.* — *V. aussi arr.
cass.* 28 *juin* 1810, *Nevers,* 501.

II. *Jugement.* — Le jugement est publié, 1. par
une lecture à l'audience de commerce (12); par
des affiches d'extraits (13), placées pendant une année comme ci-devant (14)... Il n'est exécuté qu'après
l'observation de ces formalités (15); mais il remonte.

—————————————————————————

— **V.** *c-pr.* 871; *tarif* 75. — L'intervention peut avoir pour but d'empêcher
que la séparation ne se fasse en fraude de leurs droits, et par une collusion
entre les deux époux. — **V.** *en aussi le* §., *p.* 290.

(12) S'il y a dans le lieu un tribunal de commerce. — *C-pr.* 872.

(13) Contenant la date de ce jugement, la désignation du tribunal qui
l'a rendu, les noms, prénoms, professions et demeures des époux. —
Ibid.

(14) C'est-à-dire, 1.° dans les auditoires civils et de commerce, même
quand le mari n'est pas négociant (*v. ci-dessous, n.* 2); 2.° dans la principale salle de sa municipalité s'il n'y a pas de tribunal de commerce; 3.°
dans les chambres d'avoués et de notaires. — **V.** *c-pr.* 872. — Il faut en
outre insérer l'extrait dans un journal (tout cela se fait par avoué). —
V. *tarif* 92.
Observations. 1. La loi ne dit point que l'extrait restera affiché dans
les chambres ci-dessus pendant une année; mais il y a pour exiger ce
tems, même raison que pour l'affiche dans les auditoires, suivant *M.
Pigeau, t.* 2, *p.* 499.
2. L'exécution du jugement est nulle, si l'on n'a pas affiché l'extrait
dans les auditoires. — **V.** *C-Nap.* 1445. — Mais comme cet article n'exige
pas l'affiche dans l'auditoire de commerce lorsque le mari n'est pas négociant, il semble que, dans ce cas, il n'y ait pas nullité, parce que l'art.
872 du code de procédure, en dérogeant à celui-là (*v. note présente, in
pr.*) n'a pas répété la peine.
3. On a annullé un transport de meubles fait par le mari à sa femme,
avant l'affiche dans l'auditoire. — **V.** *arr. de Poitiers,* 9 *janv.* 1807, *J-c-
pr., t.* 1, *p.* 421.
4. On peut afficher avant la signification du jugement au mari, *suiv.
arr. Turin,* 4 *janv.* 1811, *avoués, iv,* 95.

(15) La femme néanmoins n'est pas obligée d'attendre l'expiration de
l'année. — **V.** *c-pr.* 872 *in f.* — De sorte qu'aussitôt après avoir rempli
toutes ces formalités, elle peut commencer l'exécution; mais aussi il faut
qu'elle l'effectue par un acte authentique, ou par des *poursuites* commencées dans la quinzaine (du jour) du jugement, et non interrompues depuis. — **V.** *C-N.* 1444; *ci-apr. arr.* 11 *déc.*; sur-tout *n.* 4 *et* 5.
Observations. 1 Qu'est-ce que ces *poursuites commencées*!... M. Pigeau,
ij, 501 pense que la signification du jugement peut être considérée comme
une poursuite de ce genre, parce que le délai est trop court pour que la
femme ait le loisir de faire un commandement, une saisie, etc... Quoiqu'il en soit, le défaut de cette signification dans la même quinzaine, rend
sans effet la séparation, *suiv. arr. cass.* 11 *déc.* 1810, *B. C., Nevers,*

pour ses effets, au jour de la demande (15*a*). — *V. C-pr.* 872 ; *C-Nap.* 1445.

Après ce délai, si la procédure est régulière (16), les créanciers du mari ne peuvent attaquer le jugement par tierce-opposition. — *V. C-pr.* 873 (17).

1811, 60, *avoués*, *iij*, 73. — 2.° Un jugement de liquidation des reprises de la femme compte pour ces poursuites, *suiv. arr. de Colmar*, 31 *août* 1811, *avoués*, *v*, 39. — V. *ci-dessous*, *dd. n.* 4 *et* 5.

2. Quand y a-t-il *interruption de poursuites?*... On peut répondre que c'est lorsque par mauvaise foi ou intention de frauder les créanciers, on a excédé les délais, à l'expiration desquels on a le droit de faire les actes indiqués par la loi pour les diverses exécutions ; mais on ne doit pas supposer de la mauvaise foi s'ils n'ont été excédés que de peu de tems ; et enfin le juge doit apprécier la bonne ou la mauvaise foi, d'après les circonstances.

3. Une interruption de deux années après un commandement, opère la nullité de la procédure. — V. *d. arr. de Poitiers.*

4. La règle précédente de C-N. 1444, ne s'applique pas à la séparation de biens qui est opérée par la séparation de corps, *suiv. Bordeaux*, 4 *fév.* 1811, *avoués*, *iv*, 162.

5. L'art. 872 de c-proc. a modifié cette règle, et en conséquence, pour les jugemens de séparation postérieurs à 1806, la femme peut, mais n'est pas tenue de commencer les poursuites avant la fin de l'année, *suiv. arr. Limoges*, 24 *déc.* 1811, *et* 10 *avr.* 1812, *ib.*, *v*, 49, *vj*, 58.

(15*a*) Donc la saisie-brandon faite entre la demande et le jugement, sur les biens de la communauté, doit être annullée dans l'intérêt de la femme... V. *d. arr.* 10 *avril.*

(16) C'est-à-dire, si toutes les formalités précédentes ont été observées. — *C-pr.* 873. — Donc, dans le cas contraire, les créanciers sont recevables en tout tems, à attaquer et faire rétracter le jugement. — *Arg. de c-com.* 66. — V. *M. Merlin*, *sup.*, §. 3, *art.* 2.

(17) *Observations.* 1. Le projet du code leur réservait le droit d'en *appeler*, mais cette disposition a été supprimée. Les auteurs du praticien français, présumant que la suppression a été faite d'après le desir de deux cours d'appel qui proposaient de ne réserver que la requête civile, soutiennent que les créanciers sont privés de ce droit. Mais comme le code ne parle point de cette dernière voie, il semble qu'on doive revenir sur ce point aux règles du droit commun, et accorder aux créanciers la faculté d'appeler du chef du mari, lorsqu'il est dans son délai. Tel est aussi l'avis de M. Mouricaut, et tel a été celui du Tribunat, lorsqu'on a demandé la suppression de la même disposition. — V. *C-N.* 1447 *in pr.*, *et ci-dev. tit. de l'appel*, *ch.* 2, *p.* 374.

2. La renonciation à la communauté, après une séparation de biens, doit-elle être absolue ? — *Voyez* ci-après, au livre 2, le titre des renonciations, note dernière.

3. *Commerce.* Quant aux règles et précautions relatives à la séparation des femmes de commerçans, *voyez c-com.* 66-70.

TITRE IX.

De la séparation de corps.

La séparation de corps est l'état où se trouvent deux époux, dont l'un a été affranchi de plusieurs des obligations résultant de leur mariage, et entr'autres de celle d'une habitation commune (1). On en poursuit la demande comme toute action civile, sous quelques modifications (*v. C-pr.* 879*; C-N.* 307), relatives à la procédure et au jugement.

I. *Procédure.* — Le demandeur se pourvoie au président civil par une requête, où il expose les faits (2), et qu'il appuie des pièces justificatives. Ce magistrat répond par une ordonnance, d'après laquelle les parties doivent comparaître seules et en personne devant lui (3), à un jour qu'il indique. Il essaye alors de les réconcilier; s'il n'y réussit pas, 1. il les renvoie à se pourvoir (4); 2. il autorise la

---

(1) On voit que nous parlons d'une séparation de corps *légale*, et non d'une séparation de corps purement de *fait.*
Causes et effets de la séparation... V. *C-N.* 306-310.

(2) Sommairement. — V. *c-pr.* 875; *tarif* 79. — Elle est communiquée par demande et exploit. — V. *tarif* 29.
Le même article 875 dit que le demandeur présente la requête au président de *son domicile*, mais il est clair qu'il s'agit toujours du domicile du mari. — V. *tit.* 8, *note* 4, *p.* 586.

(3) Sans pouvoir se faire assister d'avoués ni de conseils. — 877.

(4) « A se pourvoir, sans citation préalable, au bureau de concilia-» tion ». — *C-pr.* 878. — En prenant ce texte à la lettre, il semblerait que le président dût les renvoyer à se pourvoir au bureau de concilia-tion, sans citation préalable. Mais telle n'est point l'intention de la loi. L'ordre public, observe-t-on dans l'exposé des motifs, exige qu'en ma-tière de séparation de corps, on ne procéde pas « aux voies conciliatoires » comme dans les causes ordinaires. Il faut un magistrat plus éminent » pour exercer le ministère de paix et de conciliation, et c'est le prési-» dent même du tribunal que la loi désigne ». — V. *M. Berlier.* — Il y a donc évidemment une faute d'impression dans l'art. 878; et pour que la phrase que nous en avons citée exprime la véritable intention du législa-teur, il faut en supprimer la seconde virgule (elle n'est pas dans l'édi-tion du corps législatif).

femme à plaider (5) et à se retirer provisoirement dans une maison désignée (6) ; 3. il ordonne de lui remettre les effets dont elle se sert habituellement... Si elle a besoin d'une provision, la demande est portée à l'audience (7). — *V. sur tous ces points*, *C-pr.* 875-878.

II. Le *jugement* est publié par affiches (8) comme celui de séparation de biens. — *V. C-pr.* 880, 872; *ci-dev.*, *tit.* 8, *p.* 588; *tarif* 92; *C-com.* 66 (9).

----

(5) Cette autorisation suffit à la femme mineure, et la dispense de l'assistance d'un curateur, *suiv. un arr. de Bordeaux*, 1 *juill.* 1806, *rép.*, *mot séparat. de corps*, §. 3, *n.º* 8. — Dans cette circonstance, on ne peut faire valoir les motifs exposés par M. Pigeau, pour les séparations de biens (v. *ci-d. note* 5, *n.* 2, *p.* 587), parce que l'action en séparation de corps, a plutôt pour objet d'obtenir une protection pour la personne, que de réclamer des biens. — V. *d. arr.* — Au reste, 1.º M. Merlin *tient* en général qu'il ne faut de curateur ni pour l'une ni pour l'autre action. — V. *d. note* 5. — 2.º Les décisions indiquées au texte sont prises dans une 2.ᵉ ordonnance. — *C-pr.* 878.

(6) Par les parties, sinon par le juge. — *C-pr.* 878.

(7) « Les demandes en provision seront portées à l'audience ». — *C-pr.* 878. — M. Merlin conclut de ce texte que la femme a le droit de demander une provision, dans ces sortes d'actions. — V. *rép.*, *mot provision*; *ci-dev.*, *p.* 225, *note* 8; *arr. cass.* 8 *mai* 1810, *Nevers*, 200. — La séparation prononcée, il n'y aurait plus lieu qu'à une demande en dommages. — V. *arr. d'Angers*, 1809, *J-C-N. xiv*, 360.   *Observations.* 1. Peut-elle comme en cas de divorce (*C-N.* 270), demander l'apposition du scellé sur les effets mobiliers de la communauté? *non*, suiv. M. Pigeau, *ij*, 524, qui se fonde sur des considérations très-puissantes... Mais l'opinion contraire a généralement prévalu, *suiv. M. Denevers*, 1810, *sup.*, 34... Quoiqu'il en soit, elle n'a pas le droit de faire sequestrer les fruits, *suiv. arr. Bruxelles*, 13 *janv.* 1809, *ib.* — 2. La demande en séparation de corps se plaide-t-elle en sections réunies ?... V. *arr. opposés, de Rouen et d'Angers*, 9 *nov.* et 9 *déc.* 1808, *J-c-pr.*, *t.* 2 *et* 3, *p.* 382 *et* 291. — 3. Autres questions... V. *plus. arr. à avoués*, *i*, 89 *et* 317, *iij*, 31, *iv*, 39 *et* 244; *Sirey*, 1808, *sup.*, 551. — 4. Elle est communiquée au ministère public. — V. *c-pr.* 879.

(8) Ni le code, ni aucune autre loi, n'exigent que la demande en soit publiée de la même manière, dit *M. Merlin*, *rép.*, *mot séparat. de corps*, §. 3, *n.* 10. — *M. Pigeau*, *ij*, 528, pense au contraire, que dès que la séparation de corps *entraine* la séparation de biens, la demande de l'une doit être publiée comme celle de l'autre, d'autant qu'il n'est pas impossible que la séparation de corps ne soit réclamée par collusion entre les deux époux.

(9) De cette disposition et de celles qui ne permettent pas que la séparation de corps ait lieu volontairement et qui lui font *emporter* la sépa-

TITRE X.

Des avis de parens.

L'ADMINISTRATION d'un mineur est confiée à un tuteur nommé souvent par un conseil de famille (1), qui est aussi chargé de surveiller indirectement le tuteur, de donner un avis sur ses opérations les plus importantes, et de prononcer au besoin sa destitution, sauf la sanction des tribunaux (2). Ce conseil est formé et convoqué, et il procède d'après les règles indiquées au code Napoléon. Celles qui sont relatives en général à l'exécution de ses délibérations, sont tracées dans le code de procédure.

I. Si ces délibérations ne sont prises qu'à la majorité des suffrages, on y énonce l'avis de chacun des parens; et ceux qui forment la minorité, de même que les tuteur, subrogé tuteur et curateur, ont le droit de se pourvoir contre la délibération (3). — *V. C-pr.* 883, *in pr.*

---

ration de biens, il semble qu'on pourrait conclure que les créanciers ont le droit d'y former opposition, si elle est frauduleuse. — V. *C-N.* 307, 311; *M. Berlier, sup., et sur-tout M. Gillet, corps législ.,* 30 *vend. xj.*

(1) Ou par les père et mère du mineur, ou par la loi.
Le conseil doit être convoqué devant le juge de paix du domicile du mineur, ou interdit.. — V. *C-N.* 406. — Et lorsqu'il s'agit de leur nommer un nouveau tuteur, il faut convoquer devant le juge du domicile qu'ils avaient au tems de la première nomination. — V. *arr. cass.* 29 *nov.* 1809, *Nevers,* 486; *et ci-apr., note* 8, *n.* 2, *p.* 593.

(2) La sanction ou homologation n'est pas nécessaire dans plusieurs cas, entr'autres dans celui-ci : lorsque le tuteur destitué adhère à la délibération. — V. *C-Nap.* 446 à 448. — Ces délibérations ne sont donc pas toujours des *avis;* mais comme elles ne sont le plus souvent que des avis, on a pu leur en donner le titre.

(3) Comme ces délibérations, on l'a dit, ne sont le plus souvent que des avis, cette disposition procure au juge les moyens de statuer en connaissance de cause. — V. *MM. Berlier et Mouricaut.*
Au surplus, les réclamans forment leur demande (sans conciliation) contre ceux qui ont été d'avis de la délibération, et la cause est jugée sommairement. — V. *c-pr.* 883, 884; *tar.* 29. — Néanmoins, s'il s'agit

II.

II. Si la délibération contient une nomination d'un tuteur, faite en son absence, elle lui est notifiée (4) par un parent désigné. — *V. C-pr.* 882 *; C-N.* 438, 439.

III. La délibération sujette à homologation charge ordinairement le tuteur ou le subrogé-tuteur, ou un membre de l'assemblée, de demander cette homologation ; s'il laisse écouler le délai déterminé (5), tout autre membre a le droit de la poursuivre contre le tuteur et aux frais de celui-ci. *V. C-pr.* 887 *et p.* 147.

L'homologation est demandée par requête et ordonnée sur un rapport (6). *V. C-pr.* 885 *; tarif* 78 *; C-N.* 467. — Mais les membres du conseil peuvent s'y opposer (7) ; et si on l'a accordée sans les appeler, ils peuvent aussi s'opposer au jugement (8). *V. C-pr.* 888 *; ci-d. p.* 360, 399, *not.* 6 *et* 14.

---

d'une exclusion ou destitution d'un tuteur, celui-ci peut, pour se faire maintenir dans ses fonctions, assigner directement le subrogé tuteur, sauf aux parens à intervenir dans la cause. — *C-N.* 448, 449.

(4) Dans les trois jours de la délibération, outre l'augmentation pour la distance entre le lieu de l'assemblée et le domicile du tuteur. — V. *c-pr.* 882 ; *ci-dev.*, §. *des délais, note* 20, *p.* 142.

(5) Par l'assemblée ; sinon celui de quinzaine. — *C-pr.* 887.

(6) Fait à un jour désigné, par un juge que commet le président, et après les conclusions du ministère public. Ces conclusions et la minute du jugement d'homologation sont mises à la suite de l'ordonnance du président, et celle-ci au bas d'un extrait de la délibération. — V. *c-pr.* 885, 886.

(7) En le déclarant, par un acte extrajudiciaire, à celui qui est chargé de la poursuivre. — *C-pr.* 888 ; *tarif* 29. — Cela est sur-tout nécessaire lorsque la délibération n'a pas besoin d'homologation. — V. *M. Pigeau, ij*, 353. — Quant à l'effet de l'homologation, v. *ci-dev.*, *tit. des jugem.*, *note* 15, *p.* 229.

(8) Les jugemens rendus sur les délibérations du conseil de famille, sont sujets à l'appel. — *C-pr.* 889.
Observations. 1. Dans d'autres espèces de causes il n'est pas besoin d'appeler d'un jugement qui ne contient qu'une homologation, *suiv. arr. Turin*, 29 *juill.* 1809.. V. *ci-dev. p.* 372, *note* 30, *n.* 2.
2. Le parent qui requiert la convocation du conseil, peut, lorsque le juge de paix l'a accordée, assigner en son propre nom, les autres parens, *suiv. arr. d'Aix*, 24 *août* 1809, *J-C-N.*, *xiij*, 487.
3. Quant aux exclusions des parens, v. *ci-apr.*, *p.* 596, *note* 11, *n.* 2.
4. *Quest. diverses... V.* arr. à J-C-N. *xvj*, 456, 486, *xvij*, 490.

TITRE XI.

De l'interdiction.

L'INTERDICTION est l'état d'un homme qu'on a privé de l'administration de sa personne et de ses biens pour la confier à un tuteur.

Le majeur qui est dans un état habituel d'imbécillité, de démence ou de fureur, doit être interdit ; son interdiction peut être provoquée par tout parent, par l'époux et le ministère public. — *V. C-Nap.* 489-491 ; *et ci-apr.*, *note* 11, *n.* 3, *p.* 596. — Comment est-elle demandée ; comment se juge-t-elle, et comment la fait-on cesser ? voilà ce que nous allons examiner. Nous remarquerons auparavant que les règles en sont communes à la nomination du conseil judiciaire (1). — *V. C-Nap.* 514.

I. *Mode.* L'interdiction est demandée (*v. d. note* 11, *n.* 6) par une requête indicative des faits et des témoins, et appuyée des pièces. Le tribunal ordonne (2) que le conseil de famille émette son avis sur l'état du défendeur (3). Cet avis et la requête sont signifiés à

---

(1) C'est-à-dire, d'un conseil nommé par le juge, et sans l'assistance de qui les prodigues ou personnes d'un esprit faible ne peuvent plaider, transiger, emprunter, recevoir et aliéner. — V. *C-N.* 513, 499.

On a jugé que l'appel des jugemens rendus contre ces personnes, doit être interjeté, non par leurs conseils, mais par elles-mêmes, avec l'assistance de leurs conseils, et que ces jugemens doivent leur être signifiés aux uns et aux autres. — V. *arr. de Trèves*, 4 *et* 13 *avr.* 1808, *J-C-N.*, *t. xj*, *p.* 322 ; *ci-dev.*, *tit. de l'appel*, *ch.* 2, *p.* 374.

(2) Sur les conclusions du ministère public et sur un rapport fait à un jour indiqué, par un juge que le président a commis, sur la présentation de la requête (elle ne peut être grossoyée). — V. *c-pr.* 891, 892 ; *tarif* 79.

(3) Le tarif, *art.* 92, passe à l'avoué une vacation pour assister à cette première délibération. — S'il n'y a pas assez de parens, c'est le juge de paix et non pas le demandeur, qui les supplée par des amis. — V. *arr. Besançon*, 9 *avr.* 1808, *J-C-N.*, *t. xj*, *p.* 201. — Quel est le juge devant qui l'on doit convoquer ? V. *ci-dev.*, *tit.* 10, *note* 1, *p.* 592.

celui-ci. Le tribunal peut alors l'interroger et lui nommer un administrateur provisoire. — *V. C-pr.* 890-893, *in pr.; C-Napol.* 496, 497; *tarif* 79; *et M. Berlier.*

Si les pièces et l'interrogatoire ne suffisent pas à la preuve des faits, on y supplée par une enquête (4), qu'on peut recevoir hors de la présence du défendeur, sauf à son conseil à y assister. — *V. C-pr.* 893, *in f.; tit. des enquêtes, note* 31, *p.* 266.

II. *Jugement* (5). — S'il n'y a pas appel du jugement (6), ou s'il est confirmé sur l'appel, on nomme à l'interdit un subrogé-tuteur et un tuteur (7), à qui l'administrateur provisoire rend compte (8). — *V. C-N.* 497, 505; *C-pr.* 895.

Les jugemens ou arrêts d'interdiction, et ceux de nomination de conseil, sont signifiés et affichés dix jours après. — *V. C-Nap.* 501; *C-pr.* 897; *tarif* 92, 175 (9).

III. *Main-levée.* — La main-levée d'interdiction

---

(4) Si les faits peuvent être prouvés par témoins... L'enquête se fait suivant les formes ordinaires. — *C-pr.* 893.

(5) Il ne peut être rendu qu'à l'audience publique, et parties appelées. — V. *C-N.* 498. — C'est que tant qu'il n'y a pas jugement, le prévenu de démence, etc., jouit de tous ses droits civils, et doit par conséquent être entendu.

(6) L'appel de l'interdit ou de l'individu placé sous la surveillance d'un conseil, est dirigé contre le provoquant; celui du provoquant ou d'un parent (v. *tit.* 10, *n.*° 3, *p.* 593), contre le défendeur à l'interdiction ou à la nomination du conseil. — V. *c-pr.* 894; *ci-dev., note* 1, *p.* 594, *et tit. de l'appel, note* 38, *p.* 374.

(7) Suivant les règles propres aux nominations ordinaires du tuteur. — V. *c-pr.* 895; *C-N.* 505. — Mais s'il ne s'agit que d'un *conseil*, c'est aux juges à le nommer, et ils ont aussi le droit de le destituer. — V. *arr. de Turin*, 12 *avr.* 1808, *J-C-N.*, *t.* 11, *p.* 205, *et nouv. rép., mot prodigue*, §. 9.

(8) S'il n'est pas lui-même nommé tuteur. — *C-pr.* 895.

(9) Dans les tableaux des auditoires civils et des études des notaires... On ne les signifie point à ceux-ci; il suffit de les envoyer au secrétaire de leur chambre, qui les leur communique. — V. *dd. art.*

38 *

est instruite (10) et jugée comme l'interdiction. —
C-N. 512 ; *C-pr.* 896 (11).

—————————————

(10) M. Pigeau , *t.* 2 , *p.* 434, prétend qu'il n'est besoin d'assigner personne pour cette main-levée, parce que si l'avis de tous les parens y est favorable, cela est inutile ; et que si quelques-uns sont d'un avis contraire, comme ils savent que la main-levée est demandée, ils peuvent y former opposition par un acte extrajudicaire (v. *ci-dev.* , *tit.* 10 , *p.* 593, *et la note* 7 , *ibid.*).

On peut répondre que la loi est claire ; qu'elle prescrit les mêmes formes pour la main-levée que pour l'interdiction ; que les parens devant compter qu'on observera ces formes, pourraient négliger de former opposition, etc.

(11) *Observations.* 1. On a jugé que la contrainte par corps peut être prononcée contre un prodigue pourvu de conseil, tandis qu'elle ne pourrait l'être contre un interdit. — V. *arr. de Trèves* , 4 *et* 13 *avr.* 1808 , *J-C-N.* , *t. xj* , *p.* 322.

2. On a aussi jugé que les tribunaux ne peuvent exclure des conseils de famille que les parens spécialement désignés dans les art. 442 et 445 du code Napoléon. — V. *arr. cass.* 13 *oct.* 1807.

3. On a dit ci-devant, *p.* 594, que l'interdiction peut être provoquée par le ministère public ; il faut observer que ce n'est absolument que dans les cas, 1.º où le prévenu est en état de *fureur* ; 2.º où celui qui est simplement en état de démence ou d'imbécillité, n'a ni époux, ni épouse, ni parens connus. — V. *C-N.* 491 ; *arr. de Nîmes* , 27 *janv.* 1808 , *J-C-N.* , *xj* , 347. — Mêmes règles pour le conseil judiciaire. — V. *arr. de Besançon* , 25 *août* 1810 , *Nevers* , 1811 , *sup.* , 55.

4. On a encore jugé que celui qui a contracté avec l'interdit, avant l'interdiction, ne peut attaquer par tierce opposition le jugement qui la prononce. — V. *arr. de Turin* , 14 *mai* 1808 , *avoués* , *i* , 368 ; *et pour une autre question* , *ci-dev.* , *tit. de la tierce opposit.* , *note* 14 , *p.* 399.

5... *Idem* , que lorsque les jugemens d'interdiction n'ont pas été affichés, les actes du prodigue, faits postérieurement, sans assistance du conseil, sont valables. — V. *arr. de Turin et Cassat.* 20 *janv. et* 16 *juill.* 1810 , *Nevers* , *sup.* , 143 , *et texte* , 545.

6... *Idem* , que la loi ne reconnaît point d'interdiction volontaire... V. *arr. Turin* , 22 *juin* 1810 , *J-C-N.* , *xvij* , 161.

7. La main-levée de la défense de procéder sans l'assistance d'un *conseil* s'obtient d'après le même mode que celle de l'interdiction. — V. *C-N.* 514.

8. Quant aux autres règles relatives à l'interdiction et au conseil judiciaire, v. *le cours de droit civil.*

TITRE XII.

Du bénéfice de cession.

ON nomme cession de biens l'abandon qu'un débiteur fait de ses biens à ses créanciers, soit volontairement, soit en justice. La cession volontaire ou acceptée par les créanciers, n'a d'autres modes et effets que ceux qui sont réglés par la convention. La cession *judiciaire* ou forcée procure au débiteur le *bénéfice* (1) d'être affranchi de la contrainte par corps (2), pourvu qu'on observe les règles suivantes. — *V. C-Nap.* 1265-1268, 1270; *C-com.* 566-568.

I. *Procédure.* Le débiteur dépose au greffe de son domicile (3), 1. un bilan, c'est-à-dire, un état évaluatif de ses meubles et immeubles, et de ses dettes et créances; 2. ses livres et titres *actifs* (4). — *V. C-pr.* 898, 899; *C-com.* 470, 471.

La demande est communiquée au ministère public (5). Le juge peut alors, mais après avoir entendu

---

(1) On exclut de ce bénéfice les étrangers, les stellionataires, banqueroutiers frauduleux, comptables, dépositaires infidèles, et coupables de vol et d'escroquerie...; tout débiteur malheureux et de bonne foi y est admis. — *V. c-pr.* 905, 906; *c-com.* 575; *C-N.* 1268, 1945; *MM. Berlier et Mouricaut*; *arr. de Liége et Colmar*, 1809, 1812, *Sirey*, 1810, *sup.* 529, *avoués*, *v*, 179. — On y admet aussi les étrangers qui jouissent en France des droits civils. — *V. arr. Trèves*, 1808, *J-c-pr.*, *ij*, 63. — Histoire de la cession... *V. Loiseau*, *liv.* 4, *ch.* 1.

(2) Mais il est privé du droit de cité. — *V. const. an* 8, *art.* 5; *rép.*, *mot cession.* — Réhabilitation des faillis... *V. c-com.* 604 *et suiv.*

(3) Ainsi, quoique la demande en cession soit une action personnelle, on la porte au tribunal du demandeur (*ci-dev. p.* 114, *note* 3); soit par égard pour sa situation fâcheuse, soit parce qu'un autre juge serait moins à portée d'apprécier la question. — Le dépôt du bilan est fait par avoué. — *Tarif* 92.

(4) On nomme ainsi les titres qui produisent une obligation, un avantage en faveur du porteur; les titres *passifs* ont un effet inverse.

(5) Excepté en matière de commerce... Dans ce cas, elle est publiée par la voie des journaux. — *V. c-com.* 569; *c-pr.* 685. — *V. aussi arr. de Bruxelles*, 7 *fév.* 1810, *sup. de Sircy et Nevers*, *p.* 206 *et* 112.

les parties , surseoir provisoirement les poursuites des créanciers (6). — *V. C-pr.* 900 ; *C-com.* 570.

II. *Jugement et suites.* Si la cession est admise (7), 1. les créanciers peuvent vendre les biens en suivant les formes propres aux héritiers bénéficiaires (8). — *V. C-pr.* 904 , *et ci apr., liv.* 2 , *tit.* 5.

2. Le débiteur doit réitérer la cession en personne (9) à l'audience de commerce, ou à une séance de la mairie (10), ses créanciers (*v. p.* 327 , *note* 7 , *n.* 2) appelés. — *V. C-pr.* 901 ; *C-com.* 571 , 572 ; *C-N.* 1269.

3. On insère un extrait du jugement (11) dans un tableau placé aux mêmes lieux (12), et dans un journal. — *V. C-pr.* 903 ; *tarif* 92.

Au reste , le cessionnaire n'est libéré qu'à concurrence de la valeur des biens cédés. — *V. C-Nap.* 1270 *in f. ; arr. cité à note* 5 , *p.* 597 (13).

---

(6) On a jugé que si le débiteur est incarcéré , il ne peut obtenir provisoirement sa mise en liberté tant qu'on n'a pas statué sur sa demande en cession. — V. *arr. de Paris* , 11 *août* 1807 , *J-c-pr.*, *i* , 262 ; *et de Toulouse*, 17 *nov.* 1808 , *Nevers* , 1809 , *sup.* , 86.

(7) Elle ne peut l'être sans avoir appelé les créanciers. — V. *M. Mouricaut ; arr. de Colmar* , 24 *nov.* 1807 , *J-c-pr.*, *t.* 1 , *p.* 267. — Ainsi , après le dépôt du bilan et des livres , il faut former contr'eux une demande en admission de la cession.

(8) Et celles des unions de créanciers si le cessionnaire est commerçant. — V. *c-com.* 574 , 528.

(9) Et non par procureur , même lorsqu'il est détenu. Dans ce cas, on l'*extrait* de la prison avec les précautions nécessaires, et par l'entremise d'un huissier, qui dresse un procès-verbal de l'extraction. — V. *c-pr.* 902 ; *tarif* 65.

(10) S'il n'y a pas de tribunal de commerce. L'huissier dresse alors un procès-verbal de la réitération. — V. *c-pr.* 901 ; *tarif* 64.

(11) Contenant sur-tout les noms, profession et demeure du cessionnaire... Il est rédigé par avoué. — *C-pr.* 903 ; *tarif* 92.

(12) Ou dans l'auditoire civil, s'il n'y a pas de tribunal de commerce. — *C-pr.* 903. — Et en outre, à la bourse, si le cessionnaire est commerçant. — V. *C-com.* 573.

(13) *Dr. anc...* Il était obligé de porter un *bonnet verd* , sous peine d'être réincarcéré. On trouve au sujet de cette singulière coutume, des détails curieux dans Jousse (*ord.* 1673 , *tit.* 10 , *art.* 1); Lapeyrère, *lett. i* ; et sur-tout Louet et Brodeau, *lett. c , som.* 56.

LIVRE SECOND.

Procédures relatives à l'ouverture d'une succession.

LES procédures auxquelles une succession donne lieu, ont pour objet de la conserver, constater, liquider, diviser et distribuer. Telles sont les procédures relatives aux scellés, aux inventaires, ventes des biens, partages et licitations, acceptation ou renonciation et succession vacante, dont nous allons exposer sommairement les règles.

TITRE I.er

Du scellé (1).

LE scellé est une mesure qui a pour objet d'empêcher que les effets d'une succession ne soient soustraits, avant que les intéressés en aient pu assurer la conservation et distribution (2). Elle se pratique par le moyen de l'apposition : elle cesse par la levée.

ARTICLE I.er

De l'apposition du scellé.

§. 1. *Des cas et tems où l'apposition doit avoir lieu.*

I. *CAS.* Il résulte de notre définition du scellé que l'apposition doit avoir lieu dans les cas suivans.

1.er *Cas.* — Lorsqu'il existe des effets susceptibles,

---

(1) Ce titre correspond aux tit. 1, 2 et 3, liv. 2 ; part. 2 du code, que nous avons réunis, parce qu'il s'agit de la même matière.

(2) On prend la même mesure dans d'autres circonstances, par exemple, 1.º en cas de faillite. — V. *c-com.* 449-453. — 2.º En cas de demande en divorce, formée par une épouse commune. — V. *C-N.* 270 ; *arr. Bruxelles*, 1807, *J-C-N.*, *viij.*, 561. — 3.º En cas qu'on trouve

de soustraction, c'est-à-dire des effets mobiliers. — *V. C-pr.* 924, *in pr.* (3).

Cependant quoiqu'il existe des effets mobiliers, on peut se dispenser de l'apposition, s'ils sont nécessaires à l'usage des personnes qui demeurent dans la maison, ou s'ils sont de telle nature que l'apposition soit impossible... Il suffit alors d'en faire une description sommaire. — *V. C-pr.* 924, *in f.*, 914, *v.* 8.

2.e *Cas.* — Lorsque les effets ne sont pas inventoriés. — *V. C-pr.* 923, *in pr.*

Si l'inventaire est commencé, on peut encore demander l'apposition, mais elle n'a lieu que sur les objets non inventoriés (4). — *C-pr.* 923 *in f.*

3.e *Cas.* — Lorsque tous les intéressés ne sont pas présens et majeurs, ou représentés par leurs administrateurs (5)... Dans ce cas, l'apposition doit être

---

des papiers chez un débiteur saisi et absent. — V. *c-pr.* 591; *ci-dev.*, *p.* 475, §. 5, *n.* 1. — 4.º à 6.º... V. *ci-apr.*, *p.* 601, *note* 6; 608, *note* 44, *n.* 4; 605, *note* 27. — V. en d'autres à C-N. 769, 819, 820, 1031.
   Exception... V. ci-apr. d. note 44, *n.* 8.

(3) S'il n'y en a point, le magistrat appelé pour l'apposition se borne à dresser un procès-verbal de carence. — V. *d. art.* — Dans ce cas, il n'est pas besoin de l'entremise d'un notaire. — V. *M. Gillet.*
   Nous comprenons au nombre des effets qu'on doit placer sous le scellé, de simples titres; de sorte que quoique un particulier décède dans une maison dont les meubles ne lui appartiennent pas, il faut néanmoins prendre des mesures pour la conservation de ses titres.

(4) Ainsi il ne faut point d'apposition pour les autres, à moins que l'inventaire n'en soit attaqué (ou irrégulier), et le scellé ordonné par le président du tribunal. — V. *c-pr.* 923, *in pr.* — V. aussi arr. *Bruxelles*, 28 *mars* 1810, *avoués, ij*, 113; *ci-apr. note* 44, *n.* 6, *p.* 608.

(5) *Observations.* 1. « S'il y a parmi eux (les héritiers) des mineurs » et interdits, le scellé doit être apposé.. soit d'office ». — *C-N.* 819. — Cet article n'exige-t-il pas l'apposition, même quand les mineurs ont des tuteurs !... *Non*, parce qu'il a été interprété à dessein par *c-pr.* 911, ainsi que l'a déclaré le président de la section de législation du conseil d'état. — V. *lettre de S. E. le Grand-Juge, du* 5 *nov.* 1808, *au nouv. rép.*, mot scellé, §. 3, *art.* 3.
   2. « Les exécuteurs testamentaires feront apposer les scellés s'il y a » des héritiers mineurs, interdits ou absens ». — *C-N.* 1031. — Comme cette disposition n'a point été reproduite par le code de procédure, *art.* 910 *et* 911, M. Pigeau, *t.* 2, *p.* 547, prétend qu'elle est abrogée, et qu'en conséquence l'exécuteur ne peut faire apposer le scellé pour les héritiers, mais seulement pour les légataires, encore restreint-il cette fa-

faite même d'office (6). — *V. C-pr.* 911, *in pr.; C-N.* 819; *M. Siméon.*

4.ᵉ *Cas.* — Lorsqu'elle est requise par un intéressé (7), ou par une personne qui, par sa position ou son état, doit veiller à la conservation des effets du défunt ou des droits de l'intéressé (8). — *V. C-pr.* 909, 910; *C-N.* 820; *M. Siméon.*

II. *TEMS.* Lorsque l'apposition est nécessaire, on doit la faire le plutôt possible. Si elle n'a lieu qu'après l'inhumation, le juge de paix (9) constate les causes

---

culté au cas où les légataires n'ont point de tuteur... Il faut cependant observer que, comme le code de procédure ne contient en général que le mode d'exécuter les dispositions législatives du code civil, on ne doit y admettre des dérogations au code civil, que lorsqu'elles sont expresses, ou bien lorsqu'elles résultent de dispositions tout-à-fait inconciliables ; or, c'est ce qu'on ne remarque point dans les art. 909 et 910, parce qu'ils sont conçus en termes purement facultatifs (*l'apposition pourra être requise..., les créanciers pourront requérir, etc.*) qui n'excluent point les exécuteurs testamentaires. L'art. 911 est, il est vrai, conçu en termes impératifs (*le scellé sera apposé*), mais des termes impératifs ne renferment pas une prohibition, et ne produisent pas non plus une exclusion... Au reste, dès qu'on admet à requérir, des voisins et jusques à des domestiques, à plus forte raison ne doit-on pas refuser à l'exécuteur testamentaire une faculté qui ne saurait nuire à personne, et qui peut être utile dans beaucoup de circonstances.

(6) Mais non pas dans d'autres cas, parce qu'on ne doit pas, sans nécessité, « porter des regards dans l'intérieur des familles ». — V. *M. Siméon.* — V. *aussi L.* 3, §. 1, *ff. de receptis ; ci-apr. note* 44, *n.* 8.

Exception. L'apposition se fait encore d'office lorsque le défunt était un dépositaire public, mais elle se borne aux objets du dépôt. — V. *c-pr.* 911, *in f., et ci-apr., d. note* 44, *n.* 4, *p.* 608.

(7) Par exemple, un héritier, un légataire, un époux commun, et un créancier muni de titre exécutoire ou d'une permission (donnée sur requête), soit du président civil, soit du juge de paix du canton d'apposition. — V. *c-pr.* 909, *v.* 1 et 2; *tarif* 78, 93; *d. note* 44, *n.* 7.

(8) Telle qu'un administrateur, un parent, un voisin, un domestique (ces derniers en cas d'absence de l'époux, ou de l'un des héritiers, ou du tuteur de l'intéressé)... Le mineur émancipé peut exercer le même droit sans se faire assister d'un curateur. — V. *c-pr.* 910.

(9) L'apposition de scellé ne peut être faite que par le juge de paix des *lieux*, ou par ses suppléans. — V. *c-pr.* 907, 912; *tarif* 1. — Par ce mot *lieux* on entend les communes où sont les effets, et non pas, comme autrefois, le lieu d'ouverture de la succession. D'après ce dernier système, un seul fonctionnaire faisait l'apposition, quoique les effets fussent souvent placés à de grandes distances : le mode du code est à-la-fois plus avantageux et plus économique. — V. *M. Gillet.*

qui l'ont retardée, ainsi que la réquisition. — *V. C-pr.* 913. — Si elle éprouve des obstacles (10), il les fait lever par la voie du référé; il peut même, en cas de péril, statuer par provision, sauf aussi à en référer (11). — *V. C-pr.* 921 ; *tarif* 2, 3, 16, 94.

§. 2. *Du mode d'apposition.*

L'APPOSITION exige des mesures différentes suivant qu'il s'agit de testamens et papiers cachetés, ou de simples effets mobiliers.

I. *Testamens et papiers cachetés.* — 1.° Si un intéressé le demande, le juge doit faire la recherche du testament du défunt, et si ce testament est ouvert, en constater l'état. — *V. C-pr.* 917, 920 ; *tarif* 94.

S'il est cacheté, le juge en constate l'état extérieur (12) et en paraphe l'enveloppe avec les parties. — *V. C-pr.* 916, *in pr.*

Dans l'un et l'autre cas, il note ces opérations sur son procès-verbal (13), et il présente ensuite le testament au président civil (14); celui-ci l'ouvre, en

---

(10) Ou des difficultés, soit avant, soit pendant les opérations, comme si les portes sont fermées... Dans ce cas, le juge doit pendant le référé, établir une garnison extérieure, et au besoin intérieure, pour veiller à la sûreté des effets. — *V. c-pr.* 921. — L'ordonnance rendue sur le référé est mise au bas du procès-verbal du juge de paix. — *V. c-pr.* 922. — Comme il s'agit d'affaire urgente, le référé se porte au président civil du lieu d'apposition, et non du lieu de la succession. — *V. M. Pigeau, t.* 2, *p.* 562. — *V. aussi ci-dev., tit. du référé, p.* 342.

(11) Si le président juge alors que l'apposition ne devait pas être faite, il ordonne que le scellé sera levé. On ordonne aussi quelquefois que le scellé sera *croisé*, c'est-à-dire, qu'on placera un second scellé sur le scellé déjà existant. Cela peut avoir lieu lorsqu'on décide que celui-ci a été apposé sur la demande ou l'ordre d'un particulier ou d'un juge qui n'avaient pas le droit de le requérir ou de l'autoriser.

(12) C'est-à-dire, la forme, le sceau, la suscription. — *C-pr.* 916.

(13) Il y indique les jour et heure de la présentation du testament, et le fait signer par les parties. — *C-pr.* 916.

(14) De la succession.. *C-N.* 1007. — Cet article l'exige sans distinction des lieux où l'on trouve le testament. — *V. ci-dev., note* 9.

constate l'état et en ordonne le dépôt. — *V. C-pr.* 916 *in f.*, 918; *C-N.* 1007; *tarif* 2, 3, 16 *et* 94 (15).

2.° On suit la même marche à l'égard des papiers cachetés. Mais s'il paraît (16) qu'ils appartiennent à des tiers, on appelle ceux-ci à l'ouverture (17), et on les leur remet (18), dans le cas où ces papiers sont réellement étrangers à la succession (19). — *V. C-pr.* 916 *in f.*, 918 *in f.*, 919; *M. Siméon.*

II. *Effets mobiliers.* — A l'égard des autres effets mobiliers, on appose le scellé, c'est-à-dire, plusieurs empreintes d'un sceau particulier (20), sur les ouvertures des appartemens et armoires qui les renferment (21); on décrit sommairement ceux qu'on ne met pas sous le scellé; on établit un gardien (22); et l'on fait prêter serment à ceux qui demeurent dans l'appartement, qu'ils n'ont fait ni ne connaissent au-

---

(15) M. Pigeau, *t.* 2, *p.* 558, observe avec raison que ces mesures ne concernent point les extraits de testamens notariés.

(16) Par la suscription ou quelqu'autre preuve écrite. — *C-pr.* 919.

(17) Dans un délai fixé par le président. — *D. art.* 919.

(18) Ou s'ils ne paraissent pas, on cachète de nouveau les papiers pour les leur faire remettre. — *C-pr.* 919.

(19) Le président ne doit pas alors communiquer ce qu'ils contiennent. — *C-pr.* 919 (ainsi lui seul a le droit d'en prendre connaissance).
On remet également aux tiers, ou bien l'on décrit (si cela est nécessaire) ceux de leurs effets et papiers qu'on trouve à la levée du scellé. — *V. c-pr.* 939.
Au moyen des mesures précédentes, on maintient les droits des tiers, et l'on empêche en même tems qu'on ne leur fasse des libéralités prohibées et déguisées sous la forme d'un dépôt.

(20) Il reste entre les mains du juge ou du suppléant, et une empreinte en est déposée au greffe du tribunal civil. — *V. c-pr.* 908 *et M. Gillet.*

(21) Le greffier en prend les clefs, et les conserve jusqu'à la levée. La remise en est constatée sur le verbal. — *V. c-pr.* 915, *et ci-apr.*, *art.* 2, *note* 44, *n.* 1, *p.* 608.

(22) Si l'on ne présente point de gardien, ou si celui qu'on présente n'a pas les qualités nécessaires, il est nommé par le juge de paix. — V. *c-pr.* 914, *V.* 10.

cune soustraction. — *V. C-pr.* 908, 914, ⋇. 7-10, *et M. Gillet.*

Le juge dresse en même tems un procès-verbal où il énonce toutes ces opérations et en indique l'époque, ainsi que les motifs de l'apposition, les personnes qui la requièrent et leurs comparutions et observations. — *V. au surplus C-pr.* 914, ⋇. 1-6; *tarif* 94 (23).

Article II.

De la levée du scellé.

Nous allons indiquer les règles relatives à l'époque où peut se faire la levée, aux obstacles qu'elle peut éprouver, au mode qui lui est propre.

§. 1. *Des époques de la levée et des oppositions.*

I. *Époques.* — La levée du scellé et l'inventaire dont elle est accompagnée, ne peuvent, sous peine de nullité (24), être faits que trois jours après l'inhumation, ou après l'apposition, si elle est postérieure (25); à moins que le président civil ne les ait autorisés pour des causes urgentes (26). — *V. C-pr.* 928.

---

(23) Vingt-quatre heures après, il envoie la note, 1. de ses noms et demeure et de ceux de la personne dont les effets sont mis sous le scellé, 2. du jour d'apposition, au greffe du tribunal civil (s'il siége dans une commune de 20,000 ames) où on les inscrit sur un registre. — V. *c-pr.* 925; *tarif* 17. — Au moyen de cette innovation heureuse, les intéressés peuvent facilement éviter toute surprise.

(24) Des procès-verbaux... et de *dommages* contre ceux qui ont fait ou requis les scellés et inventaires. — V. *c-pr.* 928. — D'où il résulte que le juge de paix pourrait, dans ce cas, être pris à partie. — V. *en le tit.*, §. 1, *et note* 8, *p.* 419.

(25) On exige cet intervalle, pour donner aux intéressés le tems d'assister ou de s'opposer à la levée. — V. **M.** *Siméon.*

(26) Dont il fait mention dans son ordonnance. — *Ibid.* — Dans ce cas, il nomme, sur une requète (non grossoyée), un notaire pour y représenter les intéressés absens. — *Ib.*, *et tarif* 77.

On doit aussi renvoyer ces opérations, jusques à ce que les héritiers mineurs soient pourvus de tuteur ou émancipés. — *V. C-pr.* 929 (27).

II. *Oppositions.* — L'opposition contient, sous peine de nullité (28), des motifs précis et une élection de domicile dans la commune ou le canton d'apposition (29). Elle est signifiée au greffier du juge de paix (3o). — *V. C-pr.* 927, 926 *in f.* — Elle peut aussi être faite par une déclaration sur le procès-verbal d'apposition. — *V. C-pr.* 926, *in pr.*; *tarif* 18 *et* 20. — L'opposant n'a besoin ni de permission, ni de titre exécutoire. — *C-N.* 821.

§. 2. *Du mode de la levée.*

Il faut, à cet égard, distinguer les formes préliminaires, des formes propres de la levée elle-même, en observant d'abord qu'elle peut être requise par les personnes qui ont le droit de demander l'apposition. — *V. C-pr.* 930 (31).

---

(27) *MILITAIRES.* Si les héritiers sont des militaires absens, le juge de paix les informe de l'apposition, aussitôt qu'elle a eu lieu. S'ils ne donnent pas de leurs nouvelles et n'envoient pas de procuration au bout d'un mois, on convoque les parens, sinon les voisins et amis, pour leur nommer un curateur, qui assiste à la levée, fait procéder à l'inventaire et à la vente des meubles, et administre les immeubles, à la charge de leur en rendre compte. — *V. L.* 11 *vent. an* 2. — *V. aussi arr. de Bruxelles,* 24 *mai* 1809, *J-C-N.,* xiij, 443; *L.* 16 *fruct. ij (pour les employés de l'armée).*

La convocation confiée par la loi du 11 ventôse à l'agent national, doit à présent être faite à la diligence d'un intéressé, ou d'office par le juge de paix. — *Arg. du C-N.* 406; *M. Merlin, rép., mots curateur,* §. 5, *in f.,* et *scellé,* §. 3.

(28) Outre les formes communes à tout exploit. — V. *c-pr.* 927.

(29) Si l'opposant n'y demeure pas. — V. *c-pr.* 927, v. 1.

(3o) Il la vise sans frais. — V. *c-pr.* 1039; *tarif* 19.

(31) Excepté par les voisins et domestiques. — *V. d. art.,* et *ci-dev.,* 4.e cas et note 8, p. 601. — Si l'opposition a été requise par un parent ou par le ministère public, pour un mineur sans tuteur, ces personnes n'ont pas besoin de requérir la levée lorsque le tuteur est nommé, parce que le tuteur doit veiller aux intérêts de son administré. — V. *d'ailleurs, ci-dev., note* 5, n. 1, p. 600.

(606)

I. *Formes préliminaires.* — 1. Une réquisition (32) consignée sur le procès-verbal du juge de paix ; 2. une ordonnance où il indique l'heure de la levée ; 3. une sommation d'y assister, faite aux intéressés (33), ou à un notaire nommé pour les représenter (34). — *V. C-pr.* 931.

Parmi ces intéressés, l'époux, l'exécuteur testamentaire, les héritiers et les légataires universels, ou à titre universel, choisissent un ou deux notaires et experts, les premiers pour faire l'inventaire, les seconds pour évaluer les effets (35). — *V. C-pr.* 935, 943, ⱽ. 3 ; *C-Nap.* 825 ; *MM. Siméon et Gillet.* — *V. aussi C-com.* 486.

Ces mêmes intéressés ont le droit d'assister à toutes les opérations (36) ; les opposans, au contraire, n'ont ce droit qu'à la première vacation (37), et ils

---

(32) Elle peut être faite par avoué. — V. *tarif* 94.

(33) C-à-d., l'époux, les héritiers présomptifs, les exécuteurs testamentaires, les légataires universels ou à titre universel, s'ils sont connus, et les opposans... Ces derniers sont interpellés au domicile élu dans leur opposition. — V. *c-pr.* 931, ⱽ. 3 *et ult.*
Cet art. ne parle pas des héritiers et légataires particuliers : mais ils peuvent former opposition... *Obs-mss. du Tribunat.*

(34) S'ils demeurent à plus de 5 myriamètres... le notaire est nommé d'office par le président civil, sur une requête. — V. *c-pr.* 931 ; *tarif* 77.

(35) S'ils ne sont pas d'accord sur le choix, les notaires et experts sont nommés d'office par le président civil... Les experts prêtent serment devant le juge de paix. — V. *c-pr.* 935.

(36) De la levée et de l'inventaire, soit en personne, soit par un mandataire. — V. *c-pr.* 932, *in pr.*
Mais il faut que leur intervention soit fondée sur des droits au moins apparens, tels que ceux qui résultent d'un testament ou d'une donation connus ; la possibilité de l'existence d'un testament olographe où ils espèrent d'avoir une libéralité, n'est pas un motif suffisant pour admettre cette intervention, d'autant que la loi prend pour la levée, des mesures propres à conserver tous les droits des tiers ; *suiv. arr. de Bruxelles*, 13 *mai* 1807, *J-c-pr.*, *i*, 191. — Mais v. *note* 44, *n.* 7, *p.* 608.

(37) Encore en sont-ils privés et même de celui de concourir au choix d'un mandataire commun, s'ils n'agissent que pour la conservation des droits de leur débiteur. — V. *c-pr.* 934 ; *et ci-dev. titre de l'ordre, p.* 545, *n.* 2.º

ne sont représentés aux autres que par un mandataire commun et convenu (38), à moins qu'ils n'aient
pas tous le même intérêt (39). — *V. C-pr.* 932, 933,
et le tit. suiv., note 4, *n.* 2, *p.* 610.

II. *Mode.* — 1. On examine les scellés pour reconnaître s'ils sont sains et entiers... S'ils ne le sont
pas, on en constate l'état, sauf à se pourvoir ensuite
à raison des altérations (40). — *V. C-pr.* 936, №. 7.

2. On lève les scellés, successivement, pièce par
pièce, meuble par meuble, à mesure de la confection
de l'inventaire. On peut néanmoins réunir les effets
de même nature pour être inventoriés ensemble. Dans
ce cas on les replace sous le scellé, ainsi que ceux
qui, à la fin de chaque vacation, restent à inventorier.
— *V. C-pr.* 937, 938.

Mais on se borne à une levée simple et sans des-

---

(38) S'ils ne s'accordent pas sur le choix, le plus ancien avoué mandataire de créanciers par titre authentique, et au défaut de ces créanciers,
le plus ancien avoué mandataire de créanciers par titre privé, représente
de droit tous les opposans. La simple exhibition du titre de créance lui
tient lieu de justification de pouvoirs, et son ancienneté est réglée définitivement à la première vacation. — *V. c-pr.* 932, *inf.; tarif* 94. — *V.*
aussi ci-dev., §. *des avoués, note* 17, *p.* 68.

S'il n'y a point d'avoué, le mandataire commun non convenu est nommé
d'office par le juge (*d. art.* 932, №. 1), c'est-à-dire selon M. Pigeau, *ij*,
585, par le président civil, puisque la loi lui donne le droit de statuer
sur toutes les difficultés.

Observations. 1. La nomination d'office étant prescrite avant les règles
précédentes relatives aux avoués (*d.* №. 1, *in f.*), il semble, au premier
apperçu, que le juge puisse la faire toutes les fois que les opposans ne
sont pas d'accord; mais cette difficulté, née de la rédaction du même №.
1, est levée par la disposition finale de l'article, d'après laquelle l'ancien-
neté des avoués est réglée à la première vacation, et par-là même doit
être réglée avant la nomination d'*office.*

2. D'après ces mesures et la suivante (*note* 39), on a dit que le droit
d'assister est fondé sur le degré d'intérêt. — *V. M. Siméon.* — On peut
faire observer que la loi n'a pas suivi cette règle à l'égard des successions
où le passif est considérable, parce qu'alors les créanciers ont bien plus
intérêt que les héritiers, à assister aux opérations.

(39) Si, par exemple, l'un d'eux a une créance contestée par les autres, ou veut contester les leurs, ou revendique des effets qu'ils soutiennent appartenir à la succession... dans ce cas, l'opposant peut assister en
personne ou par un mandataire, mais à ses frais. — *V. c-pr.* 933. — *V.*
aussi tit. des comptes, note 15, *ci-dev., p.* 417.

(40) V. à ce sujet, *c-pén.* 249 *et suiv., et le cours de dr. crim.*

cription (41), si la cause de l'apposition a cessé avant ou pendant la levée (42). — *V. C-pr.* 940.

3. On dresse enfin un procès-verbal où l'on désigne le requérant, et où l'on énonce ou rapporte les dates, ordonnance et sommation de levée, comparutions, observations et réquisitions (43) des parties, nominations des notaires et des experts, et reconnaissances des scellés. — *V. C-pr.* 936, 931 ; *tarif* 2, 3, 16 (44).

---

(41) On peut en faire la réquisition par avoué. — *V. tarif* 94.

(42) C'est-à-dire, si tous les intéressés y consentent, et pourvu qu'ils soient tous présens ou représentés, et capables de disposer de leurs droits, ou bien si l'on a prononcé sur leurs réclamations.

(43) Telles que des réquisitions de faire des recherches, et le résultat des recherches faites ; en un mot toutes demandes sur lesquelles il y a lieu de statuer. — V. *c-pr.* 936, *v.* 8.

(44) *Observations.* 1. Il est défendu au juge de paix et au greffier, sous peine d'interdiction, d'aller jusques à la levée dans la maison où le scellé est placé, à moins qu'ils n'en soient requis, ou qu'on n'ait d'abord rendu à cet égard une ordonnance motivée. — V. *c-pr.* 915, *in f.*

2. Les frais de scellé sont à la charge des successions. — V. *C-N.* 810, 1034.

3. Le greffier ne peut délivrer une expédition entière des procès-verbaux relatifs aux scellés, sans une réquisition expresse et par écrit... Il n'en est pas de même s'il ne s'agit que de simples extraits. — V. *tarif* 16.

4. Lorsqu'un officier général ou supérieur, un commissaire-ordonnateur, un inspecteur aux revues, un officier de santé en chef décèdent, on doit suivre des règles particulières pour l'apposition et la levée des scellés sur les plans et papiers qu'ils laissent et qui peuvent appartenir au Gouvernement. — V. *arrêté du* 13 *niv. x.*

5. *Histoire de l'institution du scellé...* V. à ce sujet, Loiseau, du déguerpissement, liv. 3, ch. 6.

6. *Tribunal.* L'apposition de scellé constitue le provoquant demandeur, et l'oblige de suivre la juridiction du défendeur. — V. *au surplus, arr. de Paris,* 8 *mai* 1811, *avoués,* iij, 338.

7. Un héritier ab intestat (même sans droit à une réserve) peut faire apposer le scellé, lorsqu'il attaque en nullité le testament où un légataire universel est nommé, sur-tout si ce testament est olographe ou mystique, *suiv. arr. d'Amiens, Nimes et Bruxelles,* 7 *mai* 1806, 21 *déc. et* 23 *nov.* 1810 *et* 9 *mars* 1811, *J-C-N. vij,* 41, *xvj,* 129, 488.

8. On peut faire apposer le scellé dans la maison où le défunt est décédé et dans celles où il avait une habitation, mais non pas dans la maison d'un citoyen vivant, quoique on prétende que le défunt y avait des meubles, *suiv. arr. d'Amiens,* 6 *déc.* 1811, *avoués, vj,* 48.

TITRE

TITRE II.

De l'inventaire (1).

Le mot inventaire vient du latin *invenire*, trouver ; il indique en droit, une recherche et une désignation exacte d'effets dont on veut constater l'existence.

L'inventaire est amiable ou judiciaire.

Le premier se fait quand les parties le desirent, et de la manière qu'elles jugent convenable. L'inventaire *judiciaire* est quelquefois exigé et toujours assujetti à certaines formes. Il est exigé surtout lorsque l'héritier veut profiter du bénéfice qui y est attaché (2), lorsqu'il y a eu une apposition de scellé, lorsqu'il est requis par un particulier qui a le droit de demander la levée du scellé (3). — *V. C-pr.* 941, *et ci-dev.*, *art.* 2, §. 2, *p.* 605.

Les personnes qui peuvent assister à toute la levée du scellé (4), doivent être appelées à l'inventaire. — *V. C-pr.* 942.

---

(1) Ce titre correspond au tit. 4, liv. 2, part. 2 du code.

(2) *V.* à ce sujet, ci-après, tit. 5, p. 624. — *V.* aussi d'autres cas à C-N. 451, 461, 600, 626, 1031, 1058, 1504.

(3) *Idem*, 1.º Lorsqu'on demande le divorce par consentement mutuel. — V. *C-N.* 279 ; *tarif* 168 ; — 2.º A l'entrée en jouissance d'un usufruitier. — V. *C-N.* 600.
Observations. 1. S'il y a plusieurs requérans, au nom duquel l'inventaire doit-il être fait !.... Il paraît que c'est au nom de celui qui est le premier indiqué dans l'art. 909, article à qui le 941.º renvoie indirectement. Ainsi l'héritier, même bénéficiaire, est préférable à l'exécuteur testamentaire, quoique le testament ait donné à ce dernier la saisine. — V. *arr. de Bruxelles*, 9 *août* 1808, *J-C-N. xij*, 76.
2. Quant aux inventaires des Princes Français, *voyez* le statut impérial du 30 mars 1806, art. 25.

(4) Et par conséquent, 1.º l'époux survivant ; 2.º les héritiers ; 3.º les exécuteurs testamentaires ; 4.º les donataires et légataires universels ou à titre universel... Si ces derniers demeurent à plus de 5 myriamètres on appelle pour les représenter, ainsi que les défaillans, un notaire nommé par le président civil... V. *c-pr.* 942, *et ci-dev.* p. 606.
Observations. 1. On ne commet le notaire que pour l'espèce *d'absent*

Il est fait par des notaires (5)... Décrire et estimer les effets (6) ; désigner les qualités, poids et titres de l'argenterie, la qualité et le nombre des espèces monnayées ; coter et parapher les papiers et livres, et *arrêter* ceux-ci (7) ; recevoir la déclaration de

---

dont l'existence n'est pas contestée par les cohéritiers. L'absent, même simplement *présumé*, ne participe point (sauf l'action en pétition d'hé-, rédité quand il se présente) aux successions, lorsque son existence n'est pas reconnue ou admise par les cohéritiers. — V. *l'esprit du C-N.*, *par M. Locré*, *t.* 1, *p.* 692; *rép.*, *mot déclaration d'absence*; *J-C-N.*, *v*, 45 ; *arr. de Liége*, 18 *prair.* xiij, *ibid.*; *notre cours de dr. civ.*, *tit. de l'absence.*

2. L'art. 942 ne fait point mention des créanciers, d'où M. Pigeau, *t.* 2, *p.* 597, conclut que lors même qu'ils ont requis l'inventaire, ils n'ont pas le droit d'y assister. M. Merlin soutient au contraire, et avec raison, qu'ils ont ce droit, lorsqu'ils ont formé opposition à la levée du scellé. — V. *rép.*, *mot inventaire*, §. 5. — En effet l'art. 932 (v. *ci-dev.*, *tit.* 1, *art.* 2, §. 2, *p.* 606) le leur ayant accordé expressément, il aurait fallu une disposition positive pour les en priver, et l'art. 942 n'en contient point de semblable; il dit seulement que l'inventaire *doit être fait en présence*, *etc.*

(5) La loi ne le décide pas textuellement; elle se borne à dire que, » outre les formalités communes à tous actes devant notaires, l'inventaire » contiendra... ». Mais comme cette disposition est une confirmation indirecte de la loi du 27 mars 1791, qui s'exprimait en termes non équivoques, il en résulte que les notaires seuls ont le droit de faire les inventaires après décès. — V. *M. Merlin*, *sup.*

Observat. 1. En cas de difficulté sur le choix d'un notaire on doit préférer celui qu'a nommé la veuve commune, à celui qu'a indiqué la fille du défunt, *suiv. Paris*, 5 *oct.* 1808, *J-c-pr.*, *ij*, 388.

2. Autre décision quant à l'héritier bénéficiaire... V. *ci-dev.*, *part.* 1, *ch. dernier*, *note* 8, *p.* 153.

(6) L'estimation est faite à juste prix et sans *crue* (*c-pr.* 943, ▼. 3 ; *C-N.* 825). La *crue* était jadis une addition à l'estimation, à raison de ce qu'elle était ordinairement trop faible. Dans certains pays la crue était d'un huitième, dans d'autres d'un quart, etc. Les pays de droit écrit ne l'admettaient point. — V. *Ferrière et son annotateur*, *mot crue*.

(7) *Cote.* — Il faut coter « par première et dernière. — V. *c-pr.* 943, ▼. 6. — C'est-à-dire, ranger dans un même cahier ou *dossier*, les pièces relatives à la même affaire, ou au même genre d'affaires, et mettre un intitulé aux première et dernière pièces... Dans nos pays, après la première de ces opérations, on numérotait *tout au long* la première et la dernière pièce, et en *chiffres* les pièces intermédiaires. On appelait pièce *cotée* celle où l'on avait mis un signe, tel qu'une lettre ou un numéro. — V. *aussi Jousse*, *tit.* 11, *art.* 33, *n.* 3.

Tous les papiers sont en outre paraphés par un des notaires... On constate l'état des livres et registres de commerce; les feuillets en sont cotés et paraphés (s'ils ne le sont déjà); les blancs des pages écrites sont bâtonnés. — V. *d.* ▼. 6. — C'est la dernière opération qu'on désigne par le mot *arrêter.*

l'actif et du passif (8) , et le serment de non soustraction des habitans de la maison (9) ; indiquer la
personne à qui l'on remet les effets et papiers (10)...
Voilà les principales opérations de l'inventaire. —
C-pr. 943, *v.* 3-9.

Ces opérations doivent être énoncées dans un
procès-verbal rédigé comme un acte de notaire, et
où l'on désigne aussi les divers lieux où elles ont
été faites, les parties présentes ou appelées, les notaires qui les représentent (11), et les experts (12).
— *V. C-pr.* 943, *in pr.*, *et v.* 1 *et* 2 ; *tarif* 168.

Les difficultés auxquelles elles donnent lieu sont
terminées par la voie du référé. — *V. C-pr.* 944 (13).

____

(8) « La déclaration des titres actifs et passifs ». — 943 , *v.* 7. — Cette
expression ne doit pas être prise à la lettre, parce que, comme le remarque judicieusement M. Pigeau, elle donnerait lieu à un double emploi
inutile, puisque les titres ont dû être cotés et paraphés. Elle indique seulement la déclaration des créances et dettes, dont on n'a pas de titres ,
ou dont les titres sont en des mains étrangères. — V. *id.*, *t.* 2, *p.* 601.
— Dans le projet du code, *art.* 991 , on avait mis simplement « les déclarations actives et passives », ce qui confirme l'explication de M. Pigeau.

(9) Ou de ceux qui possédaient des objets de la succession, avant l'inventaire... Ce serment est prêté à la clôture... — *Id.*, *v.* 8.

(10) Elle est convenue, ou sinon nommée d'office par le président civil.
— V. *v.* 9; *et d. part.* 1 , *ch. dern.*, *p.* 153.

(11) Avec mention de l'ordonnance qui les a commis. — *D. v.* 1.

(12) Ou commissaires priseurs. — V. *d. v.* 2. — Les uns et les autres
sont chargés de l'estimation des effets (*ci-dev.*, *tit.* 1, *art.* 2, §. 2, *n.*
1 , *p.* 606); les derniers en sont chargés à Paris. — V. *L.* 27 *vent. xj.*

(13) Il en est de même si toutes les parties n'adhérent pas aux demandes
formées par une d'elles, aux demandes, par exemple, qui concernent
l'administration de la communauté ou de la succession. — V. *id.*, *in pr.*;
tarif 168.
Si l'inventaire se fait dans le canton du tribunal civil, le notaire peut
lui-même *référer*, et alors la décision du président est mise sur la minute
du procès-verbal. — V. *id.*, *in f*; *tarif* 168 ; *ci-dev.*, *tit. des référés*,
note 9, *p.* 343.

TITRE III.

Des ventes judiciaires (1).

LES particuliers intéressés à une succession peuvent en vendre les biens de toute nature, comme bon leur semble. Les formalités ci-après indiquées ne sont exigées que dans deux cas (2) : 1.º lorsque tous les intéressés ne sont pas présens, majeurs, et de même avis ; 2.º lorsque les parties intéressées à une saisie réelle, veulent substituer aux adjudications dont elle est suivie, une simple vente *sommaire.* — *V. C-pr.* 952, 953, 746-748 ; *MM. Grenier et Siméon* (3).

La première règle est applicable aux partages et licitations, de sorte que quand on les a commencés

---

(1) Ce titre correspond aux tit. 5 et 6, liv. 2, part. 2 du code.

(2) Il est même défendu de vendre amiablement les immeubles, en suivant le mode de l'expropriation forcée. — **V.** *c-pr.* 746; *M. Grenier*; *et ci-apr. note* 27, *n.* 3, *p.* 617. — Mais non pas d'employer la voie des enchères lorsqu'on fait la vente devant un notaire. — V. *arr. de Nimes*, 30 *déc.* 1808, *Sirey*, 1810, *sup.*, 559.

(3) *VENTE SOMMAIRE.* Nous appelons ainsi cette vente (on la nomme aussi *volontaire*), parce que les formalités en sont moins nombreuses et moins solennelles que celles des adjudications sur saisie immobilière.

La vente *sommaire* peut être substituée à ces adjudications lorsque tous les intéressés sont majeurs et maîtres de leurs droits et y consentent, ou bien lorsque les tuteurs des mineurs sont autorisés par le conseil de famille à la demander... Elle est même dispensée de quelques-unes des formes ci-après indiquées (v. *la note* 15, *in f*, *p.* 615), à moins que le mineur ou interdit ne soit débiteur. — **V.** *dd. art.* 747, 748; *ci-dev., tit. de la saisie immobilière*, *chap.* 2, *note* 126, *p.* 534; *arr. de Paris*, 26 *sept.* 1810, *avoués, ij*, 300.

Observations. 1. La vente sommaire est demandée par requête non grossoyée et non signifiée. — **V.** *tarif* 127. — Quant aux autres formes, v. *ci-apr.*, §. 2, *et notes* 15, 21, 23 *et* 26, *p.* 615 *à* 617.

2. On a jugé que le créancier qui poursuit la saisie peut appeler du jugement par lequel le débiteur a été autorisé à poursuivre la vente *sommaire* de ses biens, lorsque le délai accordé pour cela est trop long. — V. *au surplus*, *arr. de Paris*, 13 *août* 1810, *avoués*, *ij*, 213.

5. On a aussi jugé que, dans le même cas, si le débiteur met de la négligence dans la poursuite, les créanciers peuvent se faire subroger. — V. *jugem. de Paris*, 1810, *id.*, *t.* 1, *p.* 49.

par la voie judiciaire, on a le droit d'abandonner cette voie. — *V. C-pr.* 984, 985; *C-Nap.* 819, *in pr.; M. Siméon* (4).

Au reste, les formalités des ventes varient suivant qu'il s'agit de meubles ou d'immeubles.

§. 1. *De la vente des meubles.*

Lorsqu'il y a des créanciers saisissans ou opposans, ou lorsque la majorité des héritiers le juge nécessaire pour acquitter les dettes et charges, les meubles d'une succession doivent être vendus comme ceux qui ont été arrêtés dans une saisie-exécution, sauf les règles suivantes. — *V. C-Nap.* 826; *C-pr.* 945; *M. Siméon.*

La vente est faite dans le lieu où sont les effets (5), par un officier public et en vertu d'une ordonnance rendue sur la demande d'un intéressé (6). — *V. C-pr.* 949, 946.

On y appelle les parties qui ont le droit d'assister à l'inventaire (7) et qui sont domiciliées à moins de 5 myriamètres (8); les absens n'y sont point repré-

____

(4) Lorsque les intéressés sont également présens, majeurs et d'accord. — V. *dd. art.*

On peut conclure de là qu'ils ont la même faculté lorsqu'il s'agit d'une vente commencée en justice.

(5) Si on ne le décide pas autrement. — V. *c-pr.* 949. — Au contraire c'est au marché le plus proche, s'il y a eu une saisie-exécution. — V. *en le tit.*, §. 6, *p.* 478.

(6) Sa présence ou absence à la vente, est constatée par le procès verbal. — *C-pr.* 951. — L'ordonnance est rendue sur une requête, par le président du tribunal civil. — V. *c-pr.* 946; *tarif* 77.

On a jugé que quand les notaires font ces ventes, leurs procès verbaux ne sont pas exécutoires comme leurs autres actes. — V. *arr. de Bruxelles,* 22 *mars* 1810, *Nevers, suppl., p.* 99; *et ci-dev.* §. *des notaires, p.* 87, *note* 86, *n.°* 2.

(7) V. *ci-dev., tit.* 2, *p.* 609. — On les appelle par une sommation d'huissier. — V. *tarif* 29.

(8) Ou qui ont élu un domicile en deçà de cette distance... L'acte est signifié au domicile élu. — V. *c-pr.* 947.

sentés ; les difficultés en sont jugées provisoirement par référé (9). — *V. C-pr.* 947, 950, 948.

§. 2. *De la vente des immeubles.*

I. *Formalités préliminaires.* — Les immeubles des mineurs ne peuvent être vendus (10) que par la voie des enchères publiques, et ensuite d'un avis de famille, homologué (11) par un jugement, qui

---

(9) Par le président civil (*C-pr.* 948) du lieu de la succession ou même de celui des effets, en cas d'urgence. — *Arg. de c-pr.* 554; *M. Pigeau,* t. 2, p. 612, *et ci-dev.*, *tit.* 1, *notes* 9 *et* 14, *p.* 601, 602.

(10) *Observations.* 1. Le tuteur a seul le droit de provoquer cette vente, *suiv. M. Tarrible, rép.*, *mot transcription*, §. 3, *n.* 7, *par arg. de C-N.* 457. — Le mineur émancipé a bien le droit de provocation, mais il faut qu'en vendant il observe les formes propres aux autres mineurs (v. *id., ibid.*), c'est-à-dire les formes du présent §.

2. Comment se fait la provocation?... Il est naturel de suivre en ceci les règles prescrites pour l'héritier bénéficiaire (*ci-après, tit.* 5), puisque le but des formalités auxquelles on l'assujétit, est le même que celui des formalités prescrites pour les mineurs. — *V. M. Pigeau,* t. 2, p. 617. — En conséquence, on demandera la vente par une requête adressée au président civil. — *V. d. tit.* 5. — Néanmoins il n'est pas nécessaire de faire entériner le rapport des experts (*d. tit.* 5), ainsi que le montre le même auteur, *p.* 447.

3. Il n'y a pas besoin des formes de ce §, telles qu'avis de parens, etc., pour poursuivre l'expropriation des biens d'un mineur. — *V. arr. Paris,* 7 *août* 1811, *avoués, iv,* 152.

(11) Sur requête. — *V. tarif* 78.

Observations. 1. Par quel *tribunal?* la loi ne l'indique pas positivement; mais comme la nomination du tuteur est faite au domicile du mineur, il est naturel de porter au tribunal de ce domicile, toutes les actions relatives à l'administration; or, la vente dont on s'occupe ici, ne doit être considérée que comme un acte d'administration, *suivant M. Tarrible, sup.* (M. Pigeau, t. 2, p. 447, est du même avis, par d'autres motifs). — *V. aussi ci-dev., part.* 1, *p.* 115, *n.* 3 *et note* 8, *ibid.*

2. C'est au tribunal de la succession, si les immeubles en dépendent... et par conséquent ce tribunal peut statuer, 1.° sur les réclamations relatives au cahier des charges; 2.° sur l'ordre du prix de la vente même fait avant le partage de la succession. — *V. à ce sujet arr. Nîmes, Paris, Angers et Cassat.,* 1809, 1810, *avoués, i,* 264, *ij,* 31; *ci-apr. note* 13.

3. Si les immeubles dépendent d'une faillite, c'est au tribunal civil et non au tribunal de commerce qu'on porte aussi la vente, et l'ordre, et la distribution. — *V. arr. cass.* 3 *oct.* 1810, *J-C-N. xv,* 304; *avis cons. d'état,* 9 *déc.* 1810. — Et il faut dans les ventes de ces immeubles, observer les formes propres aux ventes des biens de mineurs (celles que nous exposons dans le présent titre). — *V. M. Merlin, ibid., p.* 309, *et ci-apr. note* 13. — A moins que l'expropriation n'en ait été provoquée avant la nomination des syndics. — *C-com.* 532, 564.

nomme en même-tems des experts (12) pour les estimer, et un juge ou un notaire pour présider à la vente (13). — *V. C-pr.* 954, *in pr.*, 965; *C-Nap.* 457-459; *M. Siméon.*

Les experts prêtent serment, rédigent leur rapport (14), où ils présentent les bases de leur estimation, et le déposent au greffe ou dans l'étude du notaire (15). — *V. C-pr.* 956, 957.

II. *Mise en vente.* — On remet aux mêmes lieux un cahier des charges où l'on indique le jugement, les titres, l'estimation et la nature des biens, les conditions de la vente. Ce cahier (16) est lu à l'audience, si la vente se fait en justice, et l'on annonce alors l'adjudication préparatoire (17). — *V. C-pr.* 958, 959.

Cette adjudication (18) est publiée pendant trois dimanches consécutifs, par des affiches indicatives des biens, des parties, de leurs administrateurs (19),

---

(12) Un ou trois, suivant l'importance des biens. — *C-pr.* 955.

(13) Mêmes règles, sauf l'avis de parens, 1.° pour les immeubles des faillis. — V. *c-com.* 564, 532; *C-N.* 459; *arr. d'Angers*, 21 oct. 1809, *J-C-N.*, *xiv*, 370. — 2.° Pour l'immeuble dotal. — *Arg. de C-N.* 1558, *in pr.*, *et de tarif* 128, v. 3. — 3.° Pour ceux dont des majeurs co-propriétaires de mineurs demandent la licitation (il faut alors la faire selon le mode du titre suivant). — V. *c-pr.* 954. — V. *aussi L.* 7 *mess. ij*; *arr. cass.* 9 *avr.* 1806.

(14) En un seul avis, à la pluralité des voix. — *C-pr.* 956.

(15) Suivant qu'un juge ou un notaire a été commis. — *C-pr.* 957.
Observations. 1. L'art. 957 est le premier (les autres sont 958-962 et 964) auquel on renvoie pour les ventes *sommaires* (*ci-dev.*, *note* 5 . p. 612); néanmoins M. Pigeau, *ij*, 243, pense que c'est par erreur qu'il a été compris dans le renvoi, parce que le rapport d'experts qu'il suppose, n'est exigé que pour les ventes des biens de mineurs... Ajoutons que le renvoi ne comprenant pas les art. 955 et 956 où le rapport est ordonné, l'exécution de l'art. 957 serait impossible.
2. Au reste, on voit que les ventes sommaires sont affranchies des formes indiquées au n.° 1 du présent §.

(16) Il est rédigé par avoué. — V. *tarif* 128.

(17) A six semaines au moins d'intervalle. — *C-pr.* 959.

(18) Qu'elle ait lieu devant le juge, ou devant le notaire. — 960.

(19) Désignation sommaire des biens... Indication des noms, profes-

et de la demeure du notaire, et insérées huit jours à l'avance dans des journaux (20). — *V. C-pr.* 960-962 ; *C-N.* 459 ; *M. Gillet.*

Ces apposition et insertion sont réitérées également huit jours avant les adjudications définitive (21) et de renvoi. — *V. C-pr.* 963, 964, *in f.* (22).

III. *Vente.* — On observe pour l'adjudication définitive (23), les règles des saisies immobilières, sous les exceptions ci-après.

1. Si la vente a lieu devant un notaire, les en-

---

sions et domiciles des mineur, tuteur et subrogé tuteur. — **V.** *C-pr.* 960.

Observations. 1. Ces affiches sont placées à la porte principale de chacun des bâtimens à vendre, et de la mairie des biens ; à la porte extérieure du tribunal qui permet la vente, et du notaire commis... Les placards sont visés et certifiés sans frais par les maires des lieux, sur un exemplaire joint au dossier. — *C-pr.* 961. — Cet article n'exigeant rien de plus, on avait d'abord cru qu'il n'était pas nécessaire que l'huissier constatât ces formalités par un procès verbal comme en saisie immobilière (v. *en le tit. et note* 64, *p.* 518) ; mais le contraire a été décidé indirectement par le tarif. — **V.** *tar.* 65 ; *décis. du Grand-juge, aux annal. de l'Isère,* 19 oct. 1810. — **V.** *aussi arr. cass.* 7 *déc.* 1810.

2. Les articles précédens ne disent point que les affiches seront imprimées, mais l'orateur du Tribunat le décide positivement. On a voulu par-là, observe-t-il, réformer les frais considérables des affiches manuscrites, que personne ne lisait, parce qu'elles étaient pour l'ordinaire illisibles. — **V.** *M. Gillet.*

(20) L'insertion est constatée comme en saisie immobilière. — **V.** *en le tit.*, *ch.* 1 , *art.* 5 , *p.* 517, *et c-pr.* 962.

(21) C'est ce que prescrit l'art. 963 , qu'on a omis dans le renvoi relatif aux ventes *sommaires* (**v.** *notes* 3 *et* 15, *p.* 612 *et* 615) : peut-être est-ce encore par erreur.

(22) On voit qu'il ne faut que deux affiches et insertions, tandis qu'en saisie immobilière, on en exige trois... V. *d. art.* 5 *et* 6, *p.* 517 *et* 520.

(23) *Observat.* 1. Après avoir parlé de cette adjudication, l'art. 965 des premières éditions du code, ajoutait « seront observées, au surplus, » relativement à la réception des enchères, à la forme de l'adjudication » et *à ses suites*, les dispositions contenues dans les *art.* 701 *et suiv.*, de » la saisie immobilière... ». Ce renvoi qui occasionnait des dépenses et des délais inutiles, était fautif (M. Pigeau, *ij*, 451, le soupçonnait), et il a été rectifié par un *errata* mis au bullet. des lois de 1807, n.° 169, t. 7, p. 348, où l'on voit qu'il faut lire *les art.* 707 *et suivans.*

2. Les termes *et à ses suites*, du même art. 965, ont aussi fait penser qu'on pouvait surenchérir après l'adjudication définitive, ainsi que le décide l'art. 710. M. Pigeau, *p.* 453, soutient que c'est une fausse interprétation, parce qu'entr'autres, ces termes se rapportent *à la forme* et non pas à l'adjudication, et que la surenchère est un incident et non pas une

chères peuvent être faites par toutes personnes (24). — *V. C-pr.* 965 ; *M. Siméon.*

2. Lorsque les enchères faites pour l'adjudication définitive n'atteignent pas l'estimation, le tribunal peut, sur un nouvel avis de parens, ordonner (25) que l'immeuble sera vendu, même au-dessous de l'estimation, au moyen d'une autre adjudication qu'on renvoie au moins à quinzaine. — *V. C-pr.* 964, *in pr.* (26).

3. En matière de faillite, tout créancier est admis pendant huitaine, à surenchérir d'un dixième. — *V. C-com.* 565 (27).

---

suite de l'adjudication... et la cour de Douai l'a ainsi jugé quant aux licitations entre majeurs; mais il paraît que d'autres cours ont un système différent quant aux ventes. — V. *avoués, ij*, 246, *et ci-dev. p.* 526, *note* 95, *n.* 4.

(24) Sans entremise d'avoués... Mais ils sont chargés de la rédaction des cahiers des charges et affiches, des dépôts au greffe, insertions dans les journaux, etc. — V. *c-pr.* 965; *tar.* 128... V. toutefois *ci-dev. p.* 525, *note* 95, *n.* 1.

(25) Il l'ordonne en homologuant (sur requête) l'avis de parens. — V. *tarif* 78.

(26) C'est le dernier des articles auxquels on renvoie pour les ventes *sommaires* (v. *notes* 3 *et* 15, *p.* 612, 615). M. Pigeau, *p.* 244, pense que c'est par erreur, attendu que la disposition n'en concerne que les ventes des biens de mineurs.

(27) Les adjudications des biens des faillis, mineurs, cessionnaires et héritiers bénéficiaires, vendus d'après le mode de ce titre et des suivans, doivent-elles être transcrites?... M. Tarrible, *sup.*, décide l'affirmative, parce qu'elles diffèrent des adjudications sur saisie immobilière, en ce qu'elles sont provoquées sans contradicteurs, et que si les créanciers hypothécaires sont libres d'y intervenir, on n'est point obligé de les y appeler; parce que d'ailleurs le prix des ventes des biens de mineurs, ou des licitations n'est point délégué à ces créanciers. — V. *ci-dev. tit. de la saisie immob.*, *note* 88, *p.* 523.

Observations. 1. L'adjudicataire peut refuser de payer si on ne lui justifie pas que les formes ci-devant indiquées ont été remplies, *suiv. arr. d'Agen*, 10 *janv.* 1810, *avoués, t.* 1, *p.* 344.

2. La vente d'un intérêt dans une société ou entreprise peut être faite devant un notaire, dès que la loi n'en règle pas le mode, *suiv. arr. de Paris*, 2 *mai* 1811, *avoués, iij*, 335.

3. La vente faite contre la défense indiquée à *note* 2, *p.* 612, n'étant pas proprement judiciaire, peut être attaquée par lésion... V. *arr. Paris*, 1 *déc.* 1810, *Nevers*, 1811, *sup.*, 56; *et C-N.* 1684.

TITRE IV.

Des partages et licitations (1).

Le partage est en général la division que des co-propriétaires font d'un bien commun, et en particulier celle que des cohéritiers font entr'eux d'une succession (2). La licitation est une adjudication au plus offrant, des objets qui ne sont pas divisibles.

Le partage peut être demandé en tout tems et nonobstant toute stipulation (3). — *V. C-N.* 815.

S'il y a des cohéritiers absens ou mineurs, le partage et la licitation doivent être faits (4) en justice, d'après les règles suivantes (5), et il faut donner un tuteur spécial à chacun des mineurs qui ont des in-

---

(1) Ce titre correspond au tit. 7, liv. 2, part. 2 du code.
Le même titre 7 est le complément du chap. 6, tit. 1, liv. 3 du code Napoléon, où l'on traite spécialement de l'action en partage. Il est difficile d'en bien saisir les dispositions respectives, sans les rapprocher, comme nous allons le faire.

(2) C'est à cette espèce de partage que le titre actuel a rapport. Quant au partage d'une chose commune ; le code ne prescrit aucune règle, mais il est clair que la plupart des dispositions relatives au partage des successions peuvent s'y appliquer, parce que les actions qui y conduisent (*communi dividundo* et *familiæ erciscundæ*) ont beaucoup de règles communes. — V. *M. Merlin*, *rép.*, *mot partage*, §. 10; *et ci-dev.*, *part.* 1, *p.* 120, *n.* 20, *note* 24.

(3) Et par toute personne (on ne peut l'ajourner à plus de cinq ans)... Mais le tuteur doit être autorisé par le conseil de famille (excepté pour répondre à la demande). — V. *C-N.* 815, 465, 817.

(4) Autrement le partage n'est considéré que comme provisionnel. — V. *C-N.* 466, *in f.*, 840, *in f.*

(5) *Idem*, s'il s'agit de biens dépendans des substitutions fidéicommissaires autorisées par le code civil. — V. *M. Merlin*, *rép.*, *mot substitut. fidéicomm.*, *sect.* 18, *n.* 6.
Idem, lorsqu'un majeur provoque la licitation d'un objet qu'il possède par indivis avec un mineur, excepté qu'il n'y a pas besoin d'obtenir un avis de parens. — V. *c-pr.* 954, *in f.* — Dr. interm... V. *ci-apr.*, *note* 24.
— Frais du partage entre majeurs et mineurs... V. *arr. de Bruxelles*, 24 mai 1810, *avoués*, *ij*, 381.
Mais on n'est pas astreint à ces règles, on l'a dit (*p.* 612), lorsque

térêts opposés dans le partage (6). — *V. C-Nap.* 838-840; *C-pr.* 968, 984.

Nous distinguerons quant aux mêmes règles, celles qui concernent les poursuites et opérations préliminaires, de celles qui ont rapport au mode de partage, et de celles qui concernent la licitation.

§. 1. *Des procédures préliminaires du partage.*

La poursuite du partage appartient à celui des cohéritiers qui a fait viser le plutôt son exploit par le greffier (7). — *V. C-pr.* 966, 967; *et M. Gillet.* — Le tribunal en y statuant (8) ordonne le partage, s'il est possible, sinon la vente par licitation. (9). — *V. C-pr.* 970, *in pr.; C-N.* 823, 827.

Dans le premier cas, il commet en même-tems, et s'il y a lieu, un juge pour présider au partage (10); dans l'un et l'autre, il ordonne que des experts éva-

---

les co-propriétaires sont majeurs, maîtres de lenrs droits, présens ou dûment représentés: ils peuvent agir comme bon leur semble, même après avoir pris d'abord les voies judiciaires. — V. *c-pr.* 984, 985.

(6) Mais à ceux-là seulement... *Arg. de C-N.* 838; *arr. d'Aix*, 3 *mars* 1807, *J-c-pr.*, *i*, 125. — Il est nommé suivant les règles du tit. des avis de parens... V. *p.* 592; *c-pr.* 968; *arr. Turin*, 1811, *J-C-N. xvj*, 193. — Quant aux intérêts *différens*, v. note 39, p. 607.

(7) On indique le jour et l'heure dans le visa (v. *c-pr.* 967; *tarif* 90; *ci-d. p.* 140, *note* 13, *n.* 5), ce qui prévient les contestations auxquelles donnait lieu jadis le droit de poursuivre. — V. *M. Gillet.* — Quant au droit qu'ont les créanciers du co-partageant, d'intervenir dans le partage, v. C-N. 882, 883; *rép.*, *mot partage*, §. 6; *ci-dev. tit. de l'intervention*, *p.* 290; *d. arr. de Turin*, etc.

(8) Comme en matière sommaire. — *C-N.* 823. — Au reste, il s'agit ici du tribunal de la succession. — V. *C-N.* 823; *ci-dev.*, *note* 11, *n.* 2, *p.* 614, *et part.* 1, *p.* 120, *n.* 20, *et notes ibid.*

(9) On préfère encore le partage à la licitation, s'il résulte de la comparaison de tous les rapports d'experts, que des immeubles séparément indivisibles, sont divisibles en totalité, en donnant par exemple l'un de ces immeubles à un héritier, un second à un autre, etc. C'était jadis une question difficile. — V. *c-pr.* 974, *et M. Simdon.*

(10) C'est sur son rapport qu'on décide les contestations. — V. *C-Nap.* 823, *in f.*

lueront les immeubles , en indiquant s'ils peuvent être divisés , et le mode de division. Ces experts sont nommés et font leur rapport suivant les formes ordinaires (11). — *V. C-pr.* 969, 971 *in pr.; C-Nap.* 823 , 824.

L'estimation des meubles est également faite , si elle ne l'a pas été dans un inventaire régulier. — *C-Nap.* 825.

§. 2. *Du mode du partage.*

S'il ne s'agit que de diviser des immeubles sur lesquels les droits des intéressés sont déjà liquides , le mode de partage est fort simple. Les experts divisent les héritages estimés et en forment des lots. Le poursuivant fait entériner leur rapport (12), et aussitôt après , les lots sont tirés au sort devant le juge ou devant un notaire commis. — *V. C-pr.* 975; *C-N.* 466(13); *et M. Gillet.*

Si, au contraire , il y a des biens de diverses natures ; s'il faut faire des distractions , des comptes, des rapports ; si même le prix de la licitation des immeubles doit être confondu avec d'autres objets pour former une balance entre divers lots ; en un mot, excepté dans la circonstance qu'on vient d'exposer , le mode de partage est plus compliqué. Il exige l'intervention d'un notaire pour en disposer le matériel et

---

(11) C-à-d. , d'après les règles indiquées au titre des *expertises*, *n.* 2 , *p.* 277... *Si les intéressés sont majeurs* et y consentent, on peut ne nommer qu'un expert. — *C-pr.* 971, *in f.*

Au surplus, les experts fixent aussi, en cas de division, les diverses parts et la valeur de chacune. — **V.** *C-N.* 824.

(12) Par une requête d'avoué à avoué, contenant de simples conclusions motivées , et à laquelle on peut répondre par une requête semblable. — V. *c-pr.* 972 , *in pr. ; tarif* 75 , *in f.*

(13) Cet article paraissait en opposition avec l'art. 834 du même code. Les art. 975, 978 et 979 du code de procédure ont levé la difficulté en indiquant les cas où la formation des lots est confiée aux experts , et ceux où l'on en charge les cohéritiers (*ci-après, p.* 622). — V. *M. Gillet.*

appliquer les décisions (14), et celle d'un juge pour en préparer, et d'un tribunal pour en vider le contentieux : on suit alors la marche que nous allons indiquer. — *V. C-proc.* 976; *C-Nap.* 828; *MM. Siméon et Gillet.*

1. Le poursuivant interpelle (15) les copartageans de paraître devant le juge; celui-ci les renvoie devant un notaire (16), qui procède aux comptes, rapports, formation de masse, prélèvemens, composition de lots (17) et fournissemens. — *V. C-pr.* 976, 977, *in pr.*; *C-Nap.* 828, *in f.*; *M. Gillet.*

2. Le notaire rédige séparément un procès-verbal des observations proposées par les parties; il dépose ce procès-verbal au greffe et en cas de difficultés, il les renvoie au juge commissaire. Ce dernier, s'il en est besoin, les renvoie à l'audience (18). — *V. C-pr.* 977, №. 1 *et* 2; *C-Nap.* 837; *tarif* 168, 169; *M. Siméon.*

3. Lorsque le notaire a établi la masse du partage,

---

(14) Motifs de cette intervention. — V. *MM. Siméon et Gillet.*

(15) Par une sommation et en vertu d'une ordonnance du juge-commissaire, donnée sur requête... La même sommation est faite pour la comparution devant le notaire. — V. *tarif* 29, 70 *et* 76.

(16) Convenu, sinon nommé d'office par le tribunal... Il procède sans assistance d'un second notaire ou de témoins... Les honoraires du conseil dont les parties se font assister devant lui, sont à leur charge. — V. *c-pr.* 976, 977 *in pr.*; *tarif* 92. — C'est qu'en mettant ces honoraires à la charge de la succession, tous les intéressés auraient voulu s'aider de conseils. — V. *M. Siméon.*

(17) Ou plutôt à la rédaction des compositions de lots, faites par les cohéritiers. — V. *ci-apr.*, *p.* 622.

(18) Dans ce cas, « l'indication du jour où elles devront comparaître » leur tiendra lieu d'ajournement... Il ne sera fait aucune sommation pour » comparaître, soit devant le juge, soit à l'audience ». — *C-pr.* 977, *in f.* — V. *aussi ci-dev.*, *ch. de l'espr. des lois*, *p.* 127.
Néanmoins M. Pigeau, *t.* 2. *p.* 688, prétend qu'il est nécessaire de faire une sommation pour paraître devant le juge, entr'autres, 1.º parce qu'il est possible que les parties aient des pièces à lui remettre; 2.º parce qu'il doit faire son rapport sur ces pièces, et que les parties ont le droit de présenter (*c-pr.* 111), des observations sur ce rapport... mais le texte précédent est trop positif pour qu'on puisse admettre une semblable décision.

les rapports que doivent y faire les cohéritiers avantagés ou débiteurs, et les prélèvemens auxquels ont droit leurs cohéritiers (19), on s'occupe de former autant de lots qu'il y a de copartageans. — *V. C-pr.* 978, *in pr.; C-N.* 829-831.

Cette opération est confiée par les cohéritiers à l'un d'entr'eux (20), sinon par le juge-commissaire à un expert. Elle est établie (21) dans un rapport que le notaire rédige. Si elle donne lieu à des difficultés (22), on y statue comme ci-devant. — *V. C-pr.* 978-980; *C-N.* 834, 835; *MM. Siméon et Gillet.*

4. Le poursuivant interpelle (23) les parties d'assister chez le notaire à la lecture et clôture du procès-verbal, et de signer. — *V. C-pr.* 980 *in f.*

5. Le procès-verbal est homologué (24) d'après la poursuite de la partie la plus diligente, par un jugement rendu sur rapport (25), et en présence des parties. — *V. C-pr.* 981.

6. En vertu de ce jugement les lots sont tirés au

---

(19) Dans le cas où les rapports ne sont pas faits en nature. — **V.** *C-Nap.* 830.

(20) S'ils sont tous présens, majeurs et d'accord sur le choix, et si le cohéritier choisi accepte; dans le cas contraire, le notaire, **sans autre** procédure, les renvoie devant le juge. — *C-pr.* 978.

(21) Par le cohéritier choisi ou l'expert. — *C-pr.* 979. — On y suit les règles du code civil, art. 832, 833, 836. — **V.** *M. Siméon.*

(22) Si par exemple l'on prétend qu'on a compris dans un lot, des objets qui auraient dû faire partie d'un autre... Mais les **réclamations doivent** être proposées avant le tirage. — **V.** *C-N.* 835.

(23) Par une sommation à jour fixe. — *C-pr.* 980; *tarif* 29.

(24) M. Pigeau, *t.* 2, *p.* 694, observe avec raison que cela n'est pas nécessaire lorsque les cohéritiers sont tous présens, majeurs, etc., puisqu'ils sont libres d'abandonner les voies judiciaires. — **V.** *ci-dev. note* 5, *p.* 618.
Dr. int. Sous la loi du 17 niv. an 2, il n'était besoin ni d'homologation du rapport, ni d'audition du ministère public, ni d'avis de parens. — **V.** *M. Merlin, rec. alph., mot partage,* §. 3 *et* 4.

(25) Du commissaire, et sur les conclusions du ministère public, lorsque la qualité des parties l'exige... les parties sont appelées si toutes n'ont

sort, soit devant le commissaire, soit devant le notaire, et celui-ci les délivre aussitôt (26). — *V. C-N.* 834, *in f.* ; *C-pr.* 982 ; *tarif* 92.

§. 3. *De la licitation.*

Lorsque le tribunal a ordonné la licitation des immeubles, le poursuivant demande l'entérinement du rapport estimatif des experts (27). La vente se fait ensuite devant un juge ou un notaire commis par le premier jugement (28). On y observe les formes indiquées au tit. 3, §. 2 (*p.* 614), excepté 1. qu'on ajoute au cahier des charges la désignation du poursuivant, de son avoué et des colicitans (29) ; 2. que ce cahier est signifié aux avoués de ces derniers (30). — *V. C-pr.* 970, *in f.*, 972 ; *C-N.* 839 ; *tarif* 155.

Les difficultés relatives au même cahier sont vidées à l'audience (31). — *V. C-pr.* 973.

---

pas comparu à la clôture du procès-verbal... l'homologation est donnée, s'il y a lieu. — **V.** *c-pr.* 981.

Tribunal... *V.* ci-dev. p. 614, note 11, n. 2 ; p. 619, note 8.

(26) On doit aussi remettre aux parties les titres relatifs aux objets compris dans leurs lots, et si elles le requièrent, des extraits du procès-verbal. — V. *à ce sujet*, *C-N.* 842 ; *c-pr.* 983.
Quant aux règles de détail relatives au partage, à ses effets, à sa rescision, etc., v. *C-N.* 815 *et suiv.* ; *et le cours de dr. civ.*

(27) Par la requête indiquée ci-dev., note 12, p. 620. — Il n'a pas besoin de faire un commandement au tiers détenteur et au débiteur, comme *ci-dev.*, p. 504, *note* 14... V. *arr.* 1 oct., *cité ib.*

(28) Le jugement qui a ordonné la licitation. — *C-pr.* 970. — Quand doit-on l'ordonner !... V. *ci-dev.* p. 619, *et note* 9, *ibid.*

(29) Leurs noms, demeure et profession. — *C-pr.* 972.

(30) Par un simple acte, dans la huitaine du dépôt de ce cahier au greffe ou chez le notaire. — V. *c-pr.* 972 ; *tarif* 70 ; *d.* §. 2. — Quant à ce dépôt et à la surenchère, v. *ci-dev.*, p. 526, *note* 95, *n.* 4.

(31) Sur un simple acte d'avoué à avoué, sans aucune requête. — *C-pr.* 973. — S'il y a des mineurs ou interdits, les étrangers sont toujours admis à la licitation. — *C-N.* 839, *in f.*

TITRE V.

Du bénéfice d'inventaire (1).

Le bénéfice d'inventaire est une prérogative accordée à un héritier et à une femme commune en biens (2), de suspendre leur acceptation ou renonciation de succession ou de communauté (3), et de ne pouvoir être actionnés pendant deux délais déterminés. — *V. C-N.* 793-810, 1456-1462 (4).

Le premier de ces délais, connu sous le nom de délai *d'inventaire*, est fixé à trois mois (5), sauf prorogation en cas d'insuffisance justifiée ; et le deuxième (6) qu'on nomme délai de *délibérer*, à quarante

---

(1) Ce titre correspond au tit. 8 , liv. 2, part. 2 du code, et à quelques articles du tit. 9, liv. 2, part 1.

(2) On assignée comme telle ; soit veuve, soit divorcée, soit séparée de biens. — V. *c-pr.* 174.
Le bénéfice est-il accordé aux légataires universels, ou à titre universel ?.. Oui, *suiv. M. Merlin* , rép. , *h. v.* , §. 7 , *art.* 1.

(3) Ainsi, la femme séparée de corps, ne peut être tenue de prendre qualité, tant qu'il n'a pas été fait d'inventaire régulier, lorsque ce n'est pas par sa faute... V. *arr. d'Angers*, 15 *juill.* 1808, *J-c-pr.*, *ij*, 321. — V. aussi *C-N.* 797 ; *arr. Bruxelles*, 1811, *J-C-N. xvij*, 311.

(4) *V.* aussi L. scimus 22, c. jure deliber. ; ord. 1667, tit. 7 ; etc.
Cette prérogative leur procure, 1.° une exception dilatoire pendant les mêmes délais ; 2.° le droit de ne proposer leurs autres exceptions dilatoires qu'après celle-là... et elle suspend les délais d'arbitrage, de garantie, de reprise et d'appel (non la prescription). — V. *c-pr.* 177, 187 , 447 , 1013 ; *C-N.* 2259 ; *ci-dev. p.* 40, 141, 210, 213 , 316 , 377 , *notes* 13 , 14 (*n.* 2), 40 , 56 , 41 *et* 54.
Mais elle n'empêche pas que l'assignation donnée à l'héritier bénéficiaire pendant ces délais , ne soit valable, sauf à lui à proposer l'exception dilatoire qui en ajourne l'effet. — V. *arr. cass.* 10 *juin* 1807 ; *M. Merlin* , rép. , *mots protêt* , §. 6 , *et héritier, sect.* 2 , §. 1.

(5 et 6) Ils courent du jour de l'ouverture de la succession ou dissolution de communauté... Si l'inventaire est fini avant les trois mois, le délai de délibérer court du jour de la clôture. — V. *c-pr.* 174.
La prorogation du délai *d'inventaire* est accordée ou refusée *sommairement* , suivant les circonstances... Elle est demandée par une requête (on peut y répondre). — V. *c-pr.* 174 ; *tarif* 75 ; *C-N.* 798. — A quel tribunal ?... V. *arr. d'Angers*, à p. 117, *note* 13 , *n.* 4.

jours. Si l'héritier n'a pas fait acte d'héritier, ou n'a pas été condamné irrévocablement comme tel (7), il peut encore user du même bénéfice... *V. C-N.* 795, 1458; *C-pr.* 174; *arr. cass.* 1 *août* 1809.

Mais pour obtenir ce bénéfice, et pour en profiter lorsqu'il l'a obtenu, l'héritier est assujetti à de certaines règles que nous allons exposer sommairement.

I. *Formes préalables.* Il faut qu'il déclare au greffe (8) du tribunal de la succession, qu'il entend n'accepter que sous bénéfice d'inventaire, et qu'il fasse (9) un inventaire exact et fidèle de la succession dans les délais précédens, et en observant les formes indiquées ci-devant, tit. 2, p. 609. — *V. C-N.* 793, 794; *la note du C-pr.* 986, *in f.* (10).

II. *Ventes.* S'il veut vendre des meubles et rentes de la succession, il doit observer les formes prescrites pour l'aliénation de ces sortes de biens (11).

S'il s'agit d'immeubles, il faut obtenir deux jugemens, dont l'un nomme un expert pour (12) les

---

(7) Comme *héritier pur et simple*, par un jugement passé en force de chose jugée. — V. *C-N.* 800; *c-pr.* 174 (C-N. 800 est en contradiction avec C-N. 1351. — v. *M. de Malleville, analyse, ij*, 261).

(8) Il le peut faire avec assistance d'avoué. V. *tarif* 91. — *Quid juris* s'il est mineur!. V. *arr. d'Angers*, 11 *août* 1809, *J-C-N. xiv*, 357.

(9) Soit avant, soit après la déclaration. — *C-N.* 794.

(10) A la phrase, *dans les formes réglées par les lois sur la procédure de C-N.* 794, cette note substitue la suivante, *dans les délais déterminés par le code civil, et dans les formes ci-dessus prescrites.* Ces formes sont par conséquent celles de l'inventaire (*d. tit.* 2). — Il n'est pas besoin d'être autorisé ni d'appeler les créanciers, *suiv. Amiens*, 25 *fév.* 1809, *J-C-N. xiv*, 354. — Autre question... V. *ci-dev. p.* 153, *note* 8.

(11) V. *c-pr.* 989, *in pr.*; *C-N.* 805; *ci-dev.*, *p.* 613 *et* 487.
Idem, pour l'héritier présomptif qui, avant d'avoir pris qualité, et seulement comme habile à la prendre, veut vendre le mobilier.... et il doit en outre obtenir (sur requête) la permission du président civil de la succession. — V. *c-pr.* 986; *tarif* 77. — D'après C-N. 796, on ne doit la lui accorder que pour les objets dispendieux ou difficiles à conserver. M. Pigeau, ij, 609, 610, pense que cette restriction n'a plus lieu, parce que c-proc. (986) ne fait aucune distinction.

(12) On présente auparavant au président civil, une requête où l'on désigne les biens, et qui est communiquée au ministère public. Le juge-

estimer, et l'autre entérine le rapport de l'expert, et autorise la vente (13). Cette vente est passée suivant les formes indiquées au titre des partages (14). — *V. C-pr.* 987, 988, *in pr.; C-Nap.* 806; *tarif* 78, 128; *M. Siméon.*

Si l'héritier bénéficiaire ne suit pas ces règles, il est réputé héritier pur et simple. — *C-pr.* 988, 989 (15).

Le prix des ventes de meubles est distribué par contribution entre les créanciers opposans (16), et celui des ventes d'immeubles, d'après l'ordre des privilèges et hypothèques (17). — *V. C-pr.* 990, 991; *C-N.* 808, 809, 806.

III. *Caution.* Tout intéressé a le droit de contraindre l'héritier bénéficiaire à donner caution. Si l'on veut en user, on fait une sommation à l'héritier (18):

---

ment est ensuite rendu sur ses conclusions et sur le rapport d'un juge; on y nomme d'office l'expert. — *V. c-pr.* 987.

(13) Sur une requête, et sur les conclusions du même ministère. — *V. c-pr.* 988; *tarif* 78 (cet art. parle *des experts*, au pluriel).

(14) C-à-d., les formes des ventes judiciaires d'immeubles, *ci-dev. p.* 614, avec les modifications indiquées *au §. de la licitation*, *p.* 623, seules formes tracées pour les ventes, par le titre des partages.
L'héritier bénéficiaire peut s'y rendre adjudicataire en son propre nom, parce qu'il ne confond pas son patrimoine. — *V. M. Merlin, rec. alph., mot propre, §.* 2; *et ci-apr., n.* 4, *p.* 627. — Il peut y avoir une surenchère... V. *ci-dev., p.* 526, *note* 95, *n.* 4.

(15) Comme la loi ne prononce pas d'autres peines, il est clair que la vente des immeubles, faite contre ces règles, est valable pour l'acquéreur. — *V. M. Siméon; arr. de Paris,* 3 *juin* 1808, *J-C-N., xij,* 104.

(16) En suivant les formes de la *distribution* par contribution. — *V. en le tit., p.* 493, *et c-pr.* 990, *in f.*

(17) Ce qui toutefois n'oblige pas à faire une procédure d'ordre, *selon M. Gillet.* — M. Pigeau, *t.* 2, *p.* 637, est d'un avis contraire. On peut dire pour celui de M. Gillet, que l'art. 991 n'exige point cette procédure longue et dispendieuse; que d'après les principes du droit (v. *C-N.* 806, 808), l'héritier bénéficiaire n'est même obligé de payer qu'aux seuls créanciers connus; qu'enfin, pourvu qu'il paye les privilégiés et hypothécaires, suivant leur ordre réel, il est inutile de régler cet ordre d'après le mode prescrit pour une expropriation forcée.

(18) Par un acte extrajudiciaire signifié à personne ou domicile. — V. *c-pr.* 692; *tarif* 29.

trois jours après (19), celui-ci doit présenter la caution suivant les formes ordinaires (20). — *V. C-Nap.* 807 ; *C-pr.* 992 , 993.

IV. *Actions de l'héritier.* Un des avantages principaux du bénéfice d'inventaire, est la séparation des patrimoines du défunt et de l'héritier, qui par-là conserve ses actions envers la succession (21). Il exerce ces actions contre les autres héritiers, sinon (22) contre un curateur au bénéfice d'inventaire (23). — *V. C-N.* 802 ; *C-pr.* 996.

V. *Compte.* L'héritier bénéficiaire étant chargé de l'administration de la succession, il est juste qu'il en rende compte (24) aux intéressés. Il suit encore alors les formes ordinaires (25). *V. C-N.* 803 ; *C-pr.* 995.

---

(19) Avec augmentation... V. *tit. des cautions*, note 6 , *p.* 437.

(20) *Celles du tit. des cautions*, *p.* 437 *et notes ib...* Si la réception donne lieu à des difficultés les créanciers provoquans sont représentés par l'avoué le plus ancien... V. *c-pr.* 993 , 994... V. *aussi note* 38 , *p.* 607.

(21) *V.* arr. cass. 1 déc. 1812, Nevers, 1813, 92. — *Autres conséquences de cet avantage... V.* ci-dev. note 14, p. 626, et note 9, p. 398. — V. *aussi C-N.* 802, 2258.

(22) C-à-d., s'il n'y a pas d'autres héritiers, ou si tous exercent les mêmes actions. — V. *c-pr.* 996.

(23) Nommé de la même manière que le curateur à une succession vacante. — V. *c-pr.* 996 , *et ci-apr.*, *tit.* 7 , *p.* 629.

(24) Il ne faut pas en conclure qu'il soit entièrement assimilé pour son administration, aux curateurs vacans. Il peut faire seul , sans formalités et sans le concours des créanciers , tous les actes d'administration , toucher les revenus , faire les comptes des fermiers ; enfin , compromettre sur ces comptes. — V. *arr. de Paris*, ci-dev. , *note* 15 , *p.* 626.

(25) Celles indiquées pour les redditions de comptes. — V. *en le tit.*, *p.* 444, *et c-pr.* 995. — S'il est en retard de rendre compte , il peut y être contraint sur ses biens personnels. — V. *C-N.* 803.
* *Observations.* 1. Après avoir accepté bénéficiairement on ne peut renoncer , *suiv. Paris*, 10 *août* 1809, *J-C-N.* xv , 322. — Mais bien demander la division des dettes de la succession. V. arr. cass. 22 *juill.* 1811, *ib.*, xix , 242.
2. A l'égard , 1.° des dépens obtenus pour ou contre l'héritier bénéficiaire , et des autres règles qui le concernent, v. *C-N.* 793-810 ; ci-dev. *ch. des dépens*, *note* 2 , *n.* 4, *p.* 147 ; *le cours de dr. civ.* ; — 2.° De l'origine du bénéfice d'inventaire, v. *Loiseau*, *liv.* 2 , *ch.* 3.

TITRE VI.

Des renonciations à communauté et à succession (1).

CES renonciations se font par une simple déclaration (2), au greffe (3) du tribunal de la succession (4) ou de la dissolution de la communauté (5). — *V. C-N.* 784, 1457; *C-pr.* 997; *M. Gillet.*

---

(1) Ce titre correspond au tit. 9, liv. 2, part. 2 du code.

(2) Sans aucune autre formalité. — *C-pr.* 997 (le tarif, *art.* 91, passe une vacation pour une assistance d'avoué). — Quant au mode ancien de renonciation, v. *Loiseau, sup., liv.* 4, *ch.* 2.
Mais il faut une déclaration positive, parce que la renonciation ne se présume pas, et qu'elle doit par conséquent être expresse. — V. *C-N.* 784. — Il est pourtant deux circonstances où cette règle reçoit exception. 1.° Lorsque la femme n'a point accepté la communauté pendant les délais d'inventaire et de délibérer, car elle est alors censée de droit y avoir renoncé. — V. *C-N.* 1463; *M. Pigeau, t.* 2, *p.* 625. — 2.° Lorsque le juge a fixé un délai pour consentir au rapport des donations et renoncer, et que le cohéritier donataire laisse écouler ce délai. — V. *M. Merlin, rép., mot renonciation à succession échue, n.* 5.

(3) Sur un registre particulier consacré à ces renonciations. — V. *d. art.* 997, *et C-N.* 784., 1457.

(4) C'est-à-dire, celui dans le ressort duquel la succession s'est ouverte. — V. *d. art.* 997.

(5) C'est-à-dire, celui du domicile du mari (*d. art.* 1457); même en cas de dissolution opérée par séparation de biens (v. *C-N.* 1441, v. 5), parce que la loi exige dans ce cas (v. *c-pr.* 784), que la renonciation soit faite au greffe du tribunal saisi de la demande en séparation, et que ce tribunal doit toujours être celui du domicile du mari. — V. *tit. de la sép. de biens, note* 4, *p.* 586; *part.* 1, *p.* 121, *note* 27. — Autre question... V. *arr. cass.* 26 *juill.* 1808, *Nevers,* 471.
Observations. 1. La renonciation faite dans ce dernier cas, c'est-à-dire après une séparation de biens, doit-elle être absolue? Ou bien la femme est-elle libre de demander le partage de la communauté pour le passé, en n'y renonçant que pour l'avenir?. Les auteurs étaient jadis très-divisés sur cette question. M. Mouricaut pense que l'art. 784, en ordonnant, sans autre observation, que la renonciation sera faite, a par-là même adopté le premier système.
2. La femme est-elle tenue de s'expliquer après un inventaire quelconque? — V. *ci-dev.*, *tit.* 5, *note* 3, *p.* 624.

TITRE VII.

Des curateurs aux successions vacantes (1).

Le curateur à une succession vacante (2) est nommé (3) par le tribunal de la succession, sur la demande des intéressés ou du ministère public. En cas de concours entre plusieurs curateurs, le premier nommé est préféré (4). — *V. C-Nap.* 811, 812; *C-pr.* 998, *in f.*, 999.

---

(1) Ce titre correspond au tit. 10, liv. 2, part. 2 du code.

(2) *Observat.* **1.** Elle est réputée *vacante*, et par conséquent il faut nommer le curateur, lorsqu'après l'expiration des délais d'inventaire et de délibérer, il ne se présente aucun réclamant, qu'il n'y a pas d'héritier connu, ou que les héritiers connus ont renoncé. — V. *c-pr.* 998, *in pr*; *C-N.* 811. — V. aussi *arr. Paris*, 10 *août* 1809, *J-C-N. xv*, 322; *instruction du* 6 *mai*, *infrà.*

2. Mais il ne faut pas confondre les successions vacantes avec les successions déférées à l'état par *déshérence*, ou quand il n'y a ni parens successibles, ni enfans naturels, ni époux survivans, ou quand il s'agit de biens acquis par un mort civilement. — V. *C-N.* 767, 768 *et* 33; *avis cons. d'état,* 3 *nov.* 1809 *et* 26 *sept.* 1811; *le cours de dr. civil.* — Quant aux règles propres à ces espèces de successions, *voyez* circulaires du Grand-Juge, 8 *juill.* 1808, J-C-N. *vij*, 302; du minist. des finances, 26 flor. *vj*, au code administratif, t. 1, p. 587; et du directeur génér. de l'enregistrement, des 6 mai et 3 déc. 1811, avoués, t. 3, p. 122 et 127.

(3) Sur une requète, et il en est de même du curateur au bénéfice d'inventaire. — V. *tarif* 77, *et ci-dev.*, *tit.* 5, *note* 23, p. 627.

(4) « Sans qu'il soit besoin de jugement », *dit l'art.* 999. Mais on suppose évidemment qu'il n'y a pas de contestation, car s'il s'en élève il faut bien que le juge intervienne pour les terminer; aussi a-t-on pris les décisions suivantes :

1. Le jugement qui nomme un curateur, quand des héritiers naturels demandent la saisine, est interlocutoire et sujet à appel. — V. *arr. de Turin et cassat.*, 13 *avr.* 1807 *et* 7 *fév.* 1809, *J-C-N. x*, 206, *J-c-pr.*, *iij*, 244; *ci-dev. tit. de l'appel*, *note* 20, p. 370.

2. La Cour impériale peut dans ce cas nommer un curateur autre que celui du premier jugement. — V. *d. arr. cass.* 7 *fév.*; *et d. tit. de l'appel*, *note* 111, p. 390.

Observation. Ni le code Napoléon, ni le code de procédure n'exigent comme les lois romaines, que ce curateur prête serment avant d'entrer en fonctions. — V. *arr. de Bordeaux*, 4 *avr.* 1809, *Nevers, sup.*, 227; *L.* 7, §. 5, *v. ita, c. curat. furios.*

Le curateur est tenu, avant tout, de faire un inventaire (5), et ensuite de vendre les meubles — *V. C-pr.* 1000, *in pr. ; C-N.* 813.

Cette vente est passée suivant les formes indiquées aux titres de l'inventaire et des ventes des meubles ; celle des immeubles et rentes, suivant les formes du titre du bénéfice d'inventaire (6). — *V. d. art.* 813 ; *C-pr.* 1000 *in f.*, 1001 ; *tar.* 123 ; *ci-dev., tit.* 2, *p.* 609 ; *tit.* 5, *n.* 2, *p.* 625, *sur-tout note* 14, *p.* 626.

Quant à son administration et à son compte, le curateur est également sujet aux règles propres à l'héritier bénéficiaire. — *V. C-Nap.* 814 ; *C-proc.* 1002 (7).

---

(5) S'il n'y en a point eu de fait. — **V.** *c-pr.* 1000.

(6) Le droit ancien ne prescrivait aucun mode pour ces deux dernières ventes ; c'était une source de fraudes et de contestations. — **V.** *M. Gillet.*

(7) Excepté toutefois, 1.° qu'il n'est pas tenu de donner caution. — *M. Siméon.* — 2.° Que les sommes provenant de la succession sont consignées à la caisse d'amortissement. — **V.** *avis cons. d'état,* 23 *oct.* 1809 ; *instruct. du direct. génér. de la caisse, du* 24 *mai* 1810 (jadis à la régie d'enregistrement. — v. *arr. cass.* 6 *juin* 1809).

Observations. 1. Le curateur qui conteste personnellement sur sa nomination, peut être condamné en son nom propre, aux dépens. — **V.** *d. arr.* 7 *fév.* 1809 ; *et ci-dev. ch. des dépens, note* 2, *n.* 4, *p.* 147.

2. La régie d'enregistrement a, pour les droits de succession, une action contre le curateur, sauf à lui de rendre compte et justifier de l'inutilité de ses diligences. — **V.** *arr. cass.* 4 *août* 1807.

3. Il représente la succession. — **V.** *à ce sujet, M. Merlin, rec. alph., mot succession vacante,* §. 2 ; *arr. cass.* 9 *prair.* xij, *ib.* — Par conséquent il ne peut attaquer les aliénations du défunt. — **V.** *arr. de Turin,* 22 *juin* 1810, *J-C-N.,* xvij, 161.

4. Quant aux autres règles relatives au même curateur, *voyez* le cours de dr. civil, et d. instruct. du 24 mai 1810.

APPENDIX au Cours de procédure.

§. 1. *TABLE alphabétique et explicative des citations abré-
gées les plus usitées dans ce cours.*

AD. — *Sur.* — Observation, commentaire, etc. sur quelque loi,
titre, etc.. Exemple : *Cujas, ad tit. 4, lib. 1, ff.*, signifie Cujas, observations sur le tit. 4, liv. 1.er du digeste.

ARG. — *Argument*, tiré de telle loi, telle autorité.

ARR. — Arrêt de telle cour, etc... On y joint l'indication de la cour
qui a rendu l'arrêt, sa date, et l'ouvrage où il est rapporté. *Exemple :*
arr. Riom ou de Riom, etc., arr. de la cour impériale de Riom.

ARR. CASS. ou *CASSAT.* — Arrêt de la cour de cassation.

Lorsqu'il n'y a que cette abréviation, l'arrêt est tiré du bulletin civil
(le signe *crim.* désigne un arrêt tiré du bulletin criminel); si elle est suivie
d'une virgule, l'arrêt est tiré de l'ouvrage indiqué après la virgule.

ART. — Article.

B. ou *BULL.* — Bulletin. — *B. C.* Bulletin de cassation.

C. ou *CAP.*; *CH.* ou *CHAP.*, *chapitre.* — Dans tel chapitre.

C. ou *COD.* — Code de Justinien.

C-BR. ou *C-BRUM.* — Code de brumaire, ou code des délits et des
peines, du 3 brumaire an iv.

C-COM. — Code de commerce.

C-CR. — Code criminel, ou d'instruction criminelle.

C-D. ou *C-A-D.* — C'est-à-dire.

C-N. ou *C-NAP.* — Code Napoléon.

C-P. ou *C-PÉN.* — Code pénal de 1810.

C-PR. ou *C-PROC.* — Code de procédure.

C-RUR. — Code rural.

CI-AP. ou *CI-APR.* — Ci-après, dans la suite du cours.

CI-D. ou *CI-DEV.* — Ci-devant, à une page précédente.

CONST. — Acte des constitutions de l'Empire.

D., *dit, dite.* — *DD.*, *dits, dites.* — Au chapitre, à la loi, etc.,
cités auparavant.

DÉCR. — Décret impérial.

DERN. — Dernier, dernière.

DIV. — Divers, ou diverses.

DR. ACT. — Droit actuel, ou droit résultant des codes nouveaux et des
lois postérieures.

DR. ANC. — Droit ancien, ou droit antérieur à la révolution.

DR. INT. ou *INTERM.* — Droit intermédiaire. C'est le droit résultant
des lois rendues depuis la révolution et avant les codes.

EOD., *eodem.* — Au même titre, au même lieu, etc.

FF., *digestis.* — Au digeste de Justinien.

H., *hoc.* — Exemples: *H. L.*, *hoc loco*; *H. T.*, *hoc titulo*; *H. V.*, *hoc*
verbo. — Au même lieu, au même titre, au même mot.

IB., *IBID.* — Au lieu déjà cité.

IN. — *Dans*, ou *Sur.* — Voyez ci-dessus, *AD.*

IN F., *in fine.* — A la fin.

IN PR., *in principio.* — Au commencement.

INST., *INSTIT.* — Instituts de Justinien.

L., *LL.*, *lege, legibus.* — Loi, lois.

LIB. ou *LIV.* — Livre.

Loc. cit., *loco citato*. — Au lieu déjà cité précédemment.
Nov. — Novelle de Justinien.
N. ou *n.°* — Numéro.
Obs. ou *observ.* — Observation.
Ord. — Ordonnance.
P. — Page. — Id. avec un nom de ville. — Parlement. — Lorsqu'un chiffre est précédé de l'indication de celui d'un tome, ou d'un ouvrage, il indique alors la page du tome, etc.
Pand. — Pandectes ou digeste.
Pen. ou *Penult.* — Pénultième.
Pl. ou *plaid.* — Plaidoyer.
Qu. ou *quest.* — Question.
S-c. — Sénatus-consulte.
Sec. ou *Sect.* — Section.
Suiv. — Suivant.. Selon tel auteur, tel arrêt, etc.
Sup., *suprà*. — Ci-devant, dans le passage ou l'ouvrage cité précédemment. — Lorsque *sup.* est précédé du nom de MM. Denevers et Sirey, il indique le *supplément* de leurs journaux.
Sur. — Observation, etc. — *V.* ci-dev., *ad*, *p.* 631.
T. ou *tit.* — Titre. — *T.* ou *tom.* — Tome. — Lorsqu'un nom d'auteur ou un titre d'ouvrage est suivi d'un chiffre romain, ce chiffre indique le numéro du volume, et le chiffre arabe suivant, la page.
Tar. ou *Tarif.* — Tarif des dépens, ou décret du 16 février 1807.
Ult., *ultimo*, *ultimá*. — Dernier, dernière.
v. — Verset, ou alinéa d'un paragraphe, d'un article.
V., *voyez*. — Les citations précédées de ce signe ne contiennent pas en toutes lettres la décision qu'elles suivent, mais l'établissent, soit directement, soit indirectement, à l'aide de l'interprétation.

§. 2. *Remarques sur les citations.*

1. On désigne les lois romaines par leur numéro dans le titre du corps de droit où elle sont placées, ou par leur premier mot, ou même tout-à-la-fois par le numéro et le premier mot.

2. On désigne les lois françaises par leur date, c'est-à-dire par le jour de la sanction, s'il s'agit des lois rendues sous l'empire de l'acte constitutionnel de 1791, et par le jour de l'émission, s'il s'agit des autres (1). Quelques auteurs indiquent tout-à-la-fois ces deux jours en les séparant par un tiret —. C'est le premier de ces modes que nous avons suivi; et afin d'empêcher qu'on ne confonde deux lois, arrêtés, décrets, etc., qui ont la même date et le même objet, nous les avons distingués de plus, par le numéro qu'ils ont dans le bulletin.

3. Les décisions des codes nouveaux sont désignées par le numéro des articles qui les contiennent.

4. Le tiret — placé entre deux chiffres, indique qu'il faut consulter non-seulement les articles, pages, etc., que désignent ces chiffres, mais encore les articles, pages, etc., intermédiaires.

5. Les titres, dates, etc., des ouvrages et des lois, se citent le plus souvent par abréviations, en rapportant les premières lettres des premiers mots.

---

(1) *V.* avis du cons. d'état, du 5 pluviôse an 8.
C'est mal à-propos que beaucoup d'auteurs modernes citent les lois de la première espèce par la seule date des décrets.

§. 3. *TABLE chronologique des auteurs ou ouvrages cités souvent dans le cours.*

N. B. Ils y sont cités par le nom de l'auteur ou par les premiers mots des titres, abrégés, comme on va le voir au commencement de chacun des articles suivans.

MAZUER : pratique, avec les observations de Fontanon et Guenois; édition de 1609, 1 vol. in-4.

IMBERT : pratique judiciaire, avec les notes de Guenois et Automne; 1610, in-4.

REBUFFE : *commentaria in constitutiones Regias*; 1599 et 1613, 3 v. in-f.

BRISSON : *de verborum quæ ad jus pertinent significatione, cùm additionibus Ottonis Taboris et Iteri*; 1721, in-f.

CUJAS : *opera*; 1614, 4 v. in-f.

GAILL : *observationum practicarum, etc., cum sententiis Mynsingerii*; 1609, in-f.

LOISEAU : œuvres; 1666, in-f. — (le traité du déguerpissement est cité par le seul nom de l'auteur; on indique le titre des autres).

FABER : *codex*; 1615, in-f.

VINNIUS : *in lib. institutionum commentarius, cùm notis Heineccii*, 1777, 2 v. in-4.

DESPEISSES : œuvres, et sur-tout le traité de l'ordre judiciaire; 1664, 3 v. in-f.

PR.-VERB. ou PROCÈS-VERBAL des conférences tenues pour l'examen de l'ordonnance de 1667, in-4.

ST.-ANDRÉ : arrêts et remontrances du parlement de Grenoble, sur l'ord. de 1667, recueillis quelques années après par M. Prunier-de-Saint-André, doyen des présidens; *manuscrit.*

BARBOSA (*August.*) : *de axiomatibus juris usu frequentioribus*; 1678, in-f.

LANGE : nouveau praticien français (avec les notes de Simon); 1702, in-4.

VOET : *commentarius ad pandectas*, 1731, 2 v. in-f.

BORNIER : conférences sur les ordonnances; 1694, 2 v. in-4.

JOUSSE : commentaire sur l'ord. de 1667; 1769, 2 v. in-12.

FERRIÈRE (Claude-Joseph) : dictionnaire de droit et de pratique; 1779, 2 v. in-4.

RODIER : questions sur l'ord. de 1667; 1784, in-4. (le meilleur des ouvrages publiés sur la procédure ancienne).

POTHIER : traité de la procédure civile; 1777, in-4.

IDEM, PAND. : *pandectæ Justinianeæ in novum ordinem digestæ*; 1782, 3 v. in-f.

ESPAGNE ou PROST-DE-ROYER : dictionnaire des arrêts, par Prost-de-Royer, Riols et Espagne; 1781-1788, 7 v. in-4.

ABR. CASS. ou B. C. : Bulletin des arrêts de la cour de cassation en matière civile (an 7), 1799 et suiv., 14 v. in-8.

REC. ALPH. : recueil alphabétique des principales questions, etc., par M. MERLIN, (an xj-xiij) 1803-1805, 9 vol. in-4. — *Idem*, 2.e édit.; 1810, 5 v. in-4.

J-C-N. : jurisprudence du code Napoléon; 1803 et suiv., 19 v. in-8.

M. HENRION : de la compétence des juges de paix, in-12, 1805.

OBS.-CASS. : observations préliminaires de la cour de cassation sur le projet du code de procédure (au journal de Sirey, 1809, p. 1.).

MM. TREILHARD, BIGOT-PRÉAMENEU, RÉAL, BERLIER, SIMÉON, GALLY, conseillers d'état : exposés des motifs du code de procédure.

MM. FAURE, PERRIN, ALBISSON, FAVARD, GRENIER, TARRIBLE,

Mouricaut, Gillet, Mallarmé, tribuns : rapports sur le code.
N. B. On a suivi pour ces exposés et rapports (faits au corps législatif, en avril 1806), l'édit. stéréotype d'Héran, in-12, 1806 ; mais sans indiquer leurs articles et pages, parce qu'étant disposés suivant l'ordre du code, il est très-aisé d'en trouver les citations (Les conférences du tribunat sur le projet du code sont citées ainsi : *obs. mss.*).

Prat. Fr. : praticien français par les rédacteurs de la jurisp. du code-Nap., 5 v. in-8., 1806, 1807. — Même observation : le n.º de l'art. du code, cité auparavant, suffit pour faire trouver le passage du *Praticien.*

Rép. : répertoire de jurisprudence, 3.º édition, 13 v. in-4., 1806-1809. L'édition de 1784 (17 v. in-4.) est citée ainsi, *anc. rép.* — Et la dernière dont il vient de paraître plusieurs volumes, ainsi : *rép.*, 4.º *éd.*

M. Desmasures : traité de la procédure civile, 1807, in-8.

M. Pigeau : la procédure civile des tribunaux de France, 2 v. in-4., 1807, 1808. — L'édition de 1787 est citée ainsi, 1.ʳᵉ *édit.*

J.-C.-pr. : Jurisprudence des cours de cassation et d'appel sur la procédure civile, etc., par MM. Bavoux et Loiseau; 1808, 1809, 3 v. in-8.

Nevers : Journal des audiences de la cour de cassation, par MM. Denevers et Duprat, 1808 et suiv., 6 v. in-4.

Avoués : Journ. des avoués, par M. Coffinières; 1810 et suiv., 7 v. in-8.

☞ On vient de recevoir le traité de M. Hautefeuille (1812, in-4), et l'analyse de M. Carré (1.ᵉʳ vol. et 2 cahiers du 2.º) : on notera aux *additions* ce que le tems permettra d'y puiser de plus remarquable.

§. 4. *Table alphabétique des principaux axiomes de droit et de procédure, cités dans le cours.*

A mal exploiter point de garant , *page* 77.
Accessoire suit le sort du principal , 386.
Actus consistere non potest sine substantiâ , 132.
Causa dominii multiplicari non potest , 98.
Causa judicati est individua , 405.
Causæ continentia dividi non debet , 242.
Complainte sur complainte n'a lieu , 111.
Dictum expertorum nusquàm transit in rem judicatam , 279.
Dies interpellat pro homine , 145.
Dies termini non computatur in termino , 137.
Domicile supplée la personne , 196.
Ei incumbit probatio qui dicit non qui negat , 243.
Entre deux voies il faut choisir la plus simple , 428.
Factum executoris, factum partis , 78.
Factum judicis, factum partis , 331.
Forme (la) emporte le fond , 131.
Frustrà probatur quod probatum non relevat , 264.
In toto jure generi per speciem derogatur , 125.
Juge d'appel peut faire ce que le premier juge aurait dû faire et n'a pas fait , 390.
Locus regit actum , 130.
Nemo tenetur edere contrà se , 216.
Non creditur referenti nisi constet de relato , 244.
Non debet actori licere quod reo non permittitur , 156, 236.
Non esse et non apparere sunt unum et idem , 169.
Non exemplis, sed legibus judicandum est (v. *avis aux élèves, note* 8, *p. viij*).
Nul, excepté le prince, ne plaide par procureur , 183.
Nul ne se forclot soi-même , 136.

Nullité sans griefs n'opère rien , 132.
Oblatio sine pecuniæ consignatione non valet , 565.
Odiosa sunt restringenda , 397 , 456.
On ne peut être jugé qu'après avoir été entendu ou appelé , 153.
On ne peut se faire justice à soi-même , 9 , 112.
Opposition sur opposition n'a lieu , 361.
Par in parem non habet imperium , 306.
Paria sunt non esse et non significari , 169 , 475 , 536 , 541.
Plus cautionis in re est quàm in personà , 491.
Point d'intérêt , point d'action , 160 , 182 , 416.
Possession des meubles vaut titre , 104.
Possessoire et pétitoire ne peuvent être cumulés , 107.
Possidentis melior est conditio , etiam in pari causà , 106.
Proprium factum nemo impugnare potest , 329.
Provision est accordée au titre et à la possession , 228.
Quem de evictione tenet actio eumdem agentem repellit exceptio , 212.
Qui agit certus esse debet , 184 , 529 , 582 , note 6.
Qui cadit à syllabà , cadit à toto , 131.
Qui tacet non utique fatetur , verum est tamen eum non negare , 561.
Quod nullum est nullum producere potest effectum , 133 , 476.
Quod produco non reprobo , 79 , 216 , 254.
Requête civile n'a lieu sur requête civile , 406.
Res judicata pro veritate accipitur , 357 , 21.
Rescindant et rescisoire ne peuvent être cumulés , 416.
Reus in excipiendo fit actor , 200.
Saisie sur saisie ne vaut , 456 , 512.
Sententia debet esse conformis libello , 408.
Spoliatus antè omnia restituendus , 112.
Tantum devolutum quantùm appellatum , 383.
Tantum permissum quantùm commissum , 155.
Tot capita , tot sententiæ , 328 , 405.
Ubi acceptùm est semel judicium , ibi et finem accipere debet , 33.
Vigilantibus non dormientibus jura subveniunt , 129.
Voies de nullité n'ont lieu en France , 368 , 132.

§. 5. *TABLE* alphabéthique *des arréts modernes cités dans le cours.*

293 , 304 , 306 , 328 , 345 , 346 , 362 (2) , 364 , 370 (2) , 372 , 393 , 398 , 434 , 435 , 439 , 454 , 467 , 522 , 529 , 532 , 550 (2) , 552 , 580 , 582 , 584 , 586 , 589 , 597 , 598 , 638 , n. 3 d. , 641 , n. 25 , 644 , n. 36 h (3).

Dijon , 643 , n. 36 d.

Douai , 82 (2) , 617 , 638 , n. 3 , 642 , n. 27 , 643 , n. 36 e , 644 , n. 39.

Florence , 52 , 78 , 107 , 293 , 549 , 643 , n. 32.

Gênes , 42 , 45 , 186 , 377 , 380 , 513 , 642 , n. 31.

Grenoble , 85 , 121 , 141 , 161 , 230 , 272 , 285 , 295 , 364 , 370 , 518 , 520 . 528 , 531.

Liège , 22 , 58 , 67 , 69 , 140 , 228 , 247 , 284 , 289 , 326 , 372 , 375 (2) , 380 (2) , 503 , 597 , 610 , 641 , n. 21 d , 642 , n. 31 a.

Limoges , 131 , 139 , 154 , 187 , 192 , 360 , 362 (2) , 363 , 372 , 374 , 435 , 467 , 539 , 589 (2) , 641 , n. 21 c , 642 , n. 31 b.

Lyon , 144 , 189 , 192 , 323 , 333 (2) , 362 , 496 , 513 , 640 , n. 17.

Metz , 641 , n. 25 , et 642 , n. 29.

Montpellier , 67 , 75 , 114 , 121 , 124 , 138 , 176 , 188 , 189 (2) , 193 , 237 , 265 (2) , 266 , 273 , 277 , 284 , 323 , 328 (2) , 347 , 358 , 362 (2) , 380 (2) , 387 , 392 , 451 (2) , 459 , 467 (2) , 504 , 529 , 549 , 552 , 555 , 582 , 637 , n. 8 , 638 , n. 3 c , et 3 e , 643 , n. 36 e.

Nancy , 376 , 439 , 573 , 639 , n. 7 , 640 , n. 15 a , 21 d , 643 , n. 31 g.

Nîmes , 34 , 39 , 41 , 116 , 124 , 125 , 128 , 130 , 132 , 144 (2) , 197 , 261 , 291 , 299 , 327 , 328 , 349 , 362 (2) , 364 (3) , 378 , 379 , 384 , 389 , 510 , 517 , 519 , 520 (3) , 529 , 531 (2) , 539 , 565 , 566 , 596 , 608 , 612 , 614 , 638 , n. 2 et 2 d (2) , 643 , n. 36 , 644 , n. 36 h (2).

Orléans , 270 , 640 à 644 , n.os 14 a , 21 e , 31 , 56 f et 36 g.

Pau , 139 , 192 , 318 , 377 , 380.

Poitiers , 125 , 161 , 343 , 397 , 512 , 517 , 529 , 532 , 582 , 588.

Rennes , 265 , 273 , 326 , 362 , 364 , 511 , 512 , 643 , n. 31 f , 36 b.

Riom , 75 , 82 , 84 , 104 , 135 , 362 , 374 , 375 , 380 , 399 , 500 , 510 , 511 , 512 , 517 , 518 , 531 , 532 , 537 , 539 , 554 (2) , 572 (2) , 637 , n. 2 , 638 , n. 2 c , 642 , n. 31 , 644 , n. 36 k.

Rome , 117 , 183 , 339 , 365.

Rouen , 19 , 43 , 78 , 82 , 125 , 147 , 189 , 216 , 222 , 244 , 266 , 284 , 365 , 467 , 504 , 510 , 537 , 539 , 545 , 573 , 591.

Toulouse , 43 , 133 , 134 , 140 , 179 , 363 , 380 , 416 , 552 , 554 , 598.

Trèves , 32 , 45 , 57 , 114 , 190 , 199 , 209 , 293 , 364 (2) , 374 , 380 , 381 , 529 , 532 (2) , 549 , 594 (2) , 596 (2) , 597 , 637 , n. 1 a , 641 , n. 21 b.

☞ Cette table sera utile pour la circonstance assez fréquente où l'on n'aura retenu d'un arrêt que le nom de la cour qui l'a rendu... On n'y a point compris les cours dont les arrêts sont cités en trop grand nombre pour que la recherche en fut facile. Telles sont celles de Turin , dont on a cité *cent quatorze* arrêts ; de Bruxelles , *cent trente-six* ; de Paris , *cent quatre-vingt-un* ; de Cassation , *onze cent quatre-vingt.*

Le chiffre placé entre deux parenthèses indique le nombre d'arrêts cités dans la page précédente.

§. 6. *ERRATA.*

1. Page 24 , note 31 , ligne 5 (*Ministère public*) ; *après* il ne suffit pas , *lisez* qu'on énonce qu'ils ont été présens , il faut que le jugement constate qu'ils ont pris ou refusé de prendre la parole...

2. P. 44 , note 28 , lig. 1 (*Arbitrage*) ; *après* ceux-ci , *lisez* (c-à-d. les tribunaux où l'appel du jugement de 1.re instance eût dû être porté , *suiv.* M. Merlin , *rép.* , *h. v.* , 4.e éd. , i , 340).

3. P. 50 , note 55 ; *ajoutez* : la jurisdiction du *juge de paix* sur les *Douanes* a été transférée jusques à la paix aux tribun. de douanes , pour

les lieux où l'on en a établi. V. *M. Merlin*, d. 4.e *éd.*, *iij*, 64, *iv*, 319, *mots contrainte* (*n.* 10) *et douanes*, §. 5, *par arg. de décr.* 18 oct. 1810.

N. B. 1.° C'est aussi dans ce sens qu'il faut entendre ce que nous disons p. 353 (note 24) et 355 in pr. — 2.° Le juge de paix dans les mêmes lieux n'a plus qu'une espèce de jurisdiction gracieuse. V. *décr.* 18 *sept.* 1811.

3 a. P. 90, note, lig. 1 ; *lisez* ci-ap. p. 639, au lieu de ci-devant, etc.

4. P. 324, note 14, n. 3 ; *lisez* avoués, ij, 117, *au lieu de* 107.

5. P. 332, note 4, lig. 3 ; *lisez* se désister, *au lieu de* décider.

6. P. 335, note 10, n. 3 in f. (*Désistement*) ; *lisez* notes 36, 82 et 116, n. 1, pages 374, 383, 392, *au lieu de* note 24.

7. P. 339, note 7, n. 5 ; *lisez* c-pr. 805, *au lieu de* 825.

8. P. 342, note 7, lig. 3 ; p. 348, note 1, lig. 2 ; *lisez* Montpellier, *au lieu de* Toulouse.

9. P. 352, note 17 ; p. 353, note 23, n. 2 (*Patentes*). — N. B. Les décisions de ces deux passages concernent les contestations élevées au tems où les patentes étaient recouvrées par la régie de l'enregistrement. Quant aux contestations postérieures, d'après le mode établi par la loi (23 flor. x, art. 25) et développé dans l'instruction du ministre des finances (30 fruct. xj), il est difficile qu'il y ait lieu à quelque recours aux tribunaux.

10. P. 407, note 21, lig. 4 ; *lisez* 20 brum., *au lieu de* 10 brum.

11. P. 408, note 24 in f. ; *lisez* p. 428, *au lieu de* 422.

12. P. 511, note 28, in f. ; *lisez* p. 504, *au lieu de* 450, qui est dans plusieurs exemplaires.

§. 7. *ADDITIONS.*

Décisions recueillies pendant l'impression.

N. B. Ces décisions sont indiquées dans la table suivante, de sorte qu'il sera facile de les trouver et placer.

1. ACTES. — *Langue.* P. 131, note 4 ; *ajoutez :* dans plusieurs pays réunis il est permis de rédiger les actes, soit en langue française, soit en langue de la contrée. V. *décr.* 29 *nov.* et 26 *déc.* 1810, *art.* 50 ; 4 *juill.* (*art.* 143), 30 *sept.* (*art.* 52) et 28 *déc.* 1811 ; 22 *déc.* 1812.

1 a. ACTES EXTRAJUDICIAIRES. P. 563, note 4, in f. ; *ajoutez :* au surplus, indépendamment des actes indiqués ci-après à la table des matières, en voici plusieurs pour lesquels on pourra recourir aux autorités notées à la suite. 1.° *Avertissement* ou *dénonciation* de quelque fait ; C-N. 1768, 1911, 1938, 2051. — 2.° *Aveu* ; id. 1555 ; arr. de Trèves à J-C-N. xviij, 451. — 3.° *Congé* ou *contremand de locataire* ; C-N. 1736, 1739. — 4.° *Désaveu* d'enfant ; id. 318. — 5.° *Émancipation* ; id. 476 ; ci-d. p. 562, note 33. — 6.° *Interpellation* ou *sommation* ; p. 561, note 2 ; C-N. 1264, 1656, 1657, 1661. — 7.° *Notification* de naissance ; id. 962. — 8.° *Notoriété* (v. p. 261, note 5) ; sur l'âge d'un époux ; C-N. 70... L'héritier d'un absent ; arr. cass. 24 nov. 1811, J-C-N. xviij, 269... La coutume d'un pays ; M. Merlin, rec. alph., 2.e éd., iij, 368 et arr. cass. 8 juin 1809, ib. — 9.° *Respect* (acte de) pour mariage ; ci-dev. p. 72, note 32 ; p. 81, note 64 ; plusieurs arr. à J-C-N. xiv, 504, xviij, 409, avoués, iv, 240.

2. APPEL. — *Jugement nul.* P. 368, note 11, n. 2, lig. 6 ; après 3 flor. xiij, ib., *mettez :* ainsi une femme ne peut demander la nullité d'un jugement qui l'a condamnée quoique non autorisée, si elle n'en a pas appelé dans le délai légal... V. *arr. de Riom*, 22 déc. 1810, *J-C-N. xix*, 115,

et cass. 7 *oct.* 1812, *B. C.* — V. encore *arr. de Nîmes*, 30 *déc.* 1812, avoués, *vij*, 184.

2 a. *Id.* — *Jugemens appellables.* P. 372 , lig. 1 ; après qualifiés, *mettez en note* : (26a) Tant qu'on a la voie de l'appel, on ne peut recourir d'un jugement mal-à-propos qualifié en dernier ressort. **V.** *arr. cass.* 9 *juill.* 1812, avoués, *vj*, 274.

2 b. *Id.* — *Incompétence.* Ib. , note 27 , n. 3 ; après 200, 509, *mettez* : V. aussi *arr. cass.* 10 *fév.* et 22 *juin* 1812. Mais le tribunal saisi de l'appel pour incompétence , d'un jugement rendu en dernier ressort, ne peut retenir et juger le fond; il ne peut connaître que des moyens d'incompétence puisque l'appel n'est recevable que sous ce rapport. D'ailleurs dans le système inverse il n'y aurait pas de jugement en dernier ressort qui ne pût être réformé par un tribunal d'appel. V. *d. arr.* 22 *juin.*

2 c. *Id.* — *Délai.* — *Jugem. de défaut.* P. 376 , note 43 , lig. 4; après et 15 , *mettez* : décision contraire de Riom , 22 *déc.* 1812 , avoués, *vij*, 41.

2 d. *Id.* — *Incident.* P. 378 , note 57 , n. 1 in f.; après projet, *mettez* : idem , arr. de Nîmes, 7 janvier 1812 , avoués , vj, 532 , où l'on déclare admissible l'appel incident, même d'un autre jugement que l'intimé opposait dans la cause, et qui n'avait pas été signifié à l'appelant. — *Autres questions.* V. arr. d'Angers et Nîmes, 11 mai et 11 août 1812, J-C-N. xix , 139, avoués, *vij*, 44.

2 e. *Id.* — *Signification.* P. 380 , note 68 , lig. 4; après note 115 , *mettez* : exceptez aussi le domicile élu par contrat... V. *ci-dev. p.* 198 , note 13 , et arr. de Paris , 27 août 1812 , avoués , vj, 154.

2 f. *Id.* — *Retenue* (ou *Évocation*) *du fond.* P. 391 , note 112 in f.; *ajoutez* : ainsi , lorsque le premier jugement a rejeté la demande introductive comme nulle , le juge d'appel ne peut , en l'infirmant, retenir le fond , *suiv. arr. de Bruxelles et Paris*, 3 *fév.* et 19 *déc.* 1812 , avoués, vj, 366, vij, 97. — V. aussi *arr. cass.* 30 *vent. xij.*

2 g. *Id.* — *Id.* P. 391 , note 113 , lig. 15; après derniers principes , *mettez* : V. aussi l'*arr. du* 22 *juin ci-dessus*, n. 2 b.

2 h. *Appel comme d'ABUS.* P. 91 , note 1 , lig. 4; *ajoutez* : on se pourvoit à présent aux cours impériales. V. *décr.* 25 *mars* 1813.

3. ASSIGNATION. — *Incapacité d'ester.* P. 184 , note 17; après civil , *mettez* : 1.° idem , les faillis. V. *arr. Paris* 18 *juin* 1812, avoués, vj, 31. — 2.° Le contumax simplement accusé ne peut actionner , mais peut être actionné. V. *Douai et Cass.* 27 *mess. xij* et 10 *niv. xiv* , rép., 4.ᵉ éd. , mot *contumace* , §. 1 ; M. Merlin , ib. , par arg. de c-pr. 124.

3 a. *Id.* — *Parlant à.* P. 188 , note 32 in f. ; *ajoutez* : V. aussi *Bruxelles* , 11 *nov.* 1811 , avoués , vj, 99 , et sur-tout *arr. cass.* 24 *déc.* 1811.

3 b. *Id.* — *Id.* P. 189 , note 34 , lig. 2; après d. art. 68 , *mettez* : il faut faire mention , sous peine de nullité , qu'on n'a trouvé au domicile , ni la partie , ni aucun de ses proches ou serviteurs. V. *arr. cass.* 25 *mars* 1812 , *Nevers*, 326.

3 c. *Id.* — *Étranger.* P. 190 , note 36 in f.; *ajoutez* : V. aussi arr. cass. 3 juin 1812 , Nevers, 455 , et Colmar , ci-dessous n. 5 d.

Communes. Mode , copie et visa de leurs assignations. V. *arr. de Montpellier et cass.* , 19 *juin* 1809 *et* 10 *juin* 1812 , *Nevers*, 448.

3 d. *Id.* — *Délais.* — *Domiciliés hors de France.* P. 191 , note 43 in f.; *ajoutez* : Ces délais ne sont pas augmentés à raison des distances , *suiv. arr. de Colmar*, 1 *août* 1812 , avoués , vj, 358.

3 e. *Id.* — *Délai trop court.* P. 192 , note 46 , n. 3 in f. ; après C-pr. 456, *mettez* : Idem , *Montpellier*, 17 *déc.* 1811 , avoués , vj, 103.

4. AUTORISATION. — *Femme.* P. 582 , note 4 , n. 1 , lig. 5; après note 15 a , *mettez* : Il suffit d'une copie lorsqu'ils sont communs. *D. arr.*

(639)

2 avr. — Quant à la cause jugée par l'arr. cass. 12 mars 1810 (d. n. 1 , lig. 4), v. arr. de Paris 18 janv. 1812 , J-C-N. xix , 287 , où l'on adopte la décision de l'arr. de Caen, réprouvé par celui du 12 mars.

4 a. Id. — Id. D. p., note 6 in f. ; ajoutez : La procédure n'est pas nulle si le mari a été appelé ultérieurement dans la cause (comme par une seconde assignation) pour donner l'autorisation... V. arr. cass. 5 août 1812 , Nevers , 567.

4 b. Id. — Id. P. 584, note 12, n. 3, lig. 3 ; après Nevers, 441 , mettez : Idem , arr. cass. 26 août 1808 , au rép. , 4.e éd. , mot autorisation , sect. 3 , §. 1 , t. 1 , p. 492.

4 c. Id. — Communes. P. 585, note 15, n. 2 in f. ; ajoutez : Mais d'après la jurisprudence de la cour de cassation , le défaut d'autorisation est toujours considéré comme une nullité absolue. V. arr. cass. 24 avr. 1809 et 16 mai 1810 ; M. Merlin , rec. alph. , 2.e éd. , mot usage , §. 2 , t. 5 , p. 467 ; rép. , 4.e éd. , ij , 589 à 591.

5. AVIS DE PARENS. P. 592, note 3, lig. 5 ; après délibérations , mettez : Mais non pas contre le juge de paix. — V. arr. cass. 29 juill. 1812 , Nevers , 583.

6. AVOCATS. P. 90 , note 94 in f. ; après p. xv , mettez : N. B. Ce règlement , qui est contenu dans le décret du 2 juillet 1812 , dispose entr'autres , que les avocats (et les avoués reçus anciennement licentiés) plaident toutes les causes, à l'exception des demandes sommaires ou incidentes , devant les cours et les tribunaux civils séans aux mêmes lieux que les cours.. V. au surplus , d. décr.

7. AVOUÉS. — Constitution. P. 67, note 16, n. 3 , lig. 3 ; après 80 et 156 , mettez : Idem , Bruxelles , 20 mars 1809 et 2 janv. 1810 , Nevers , 1812 , sup. , §. 32 , p. 19. — Contra , Nanci , 16 août 1811 , avoués , v , 361.

7 a. Id. — Distraction des dépens. P. 69 , note 22 , n. 2 in f. ; après id. 137 , ajoutez : N. B. Pothier (du mariage , appendix) a changé d'avis d'après un arrêt du P. de Paris. Ainsi lors même que le jugement condamne chaque partie sur divers chefs , s'il prononce la distraction , elle empêche la compensation. V. aussi M. Merlin , rép. , h. v. , 4.e éd. , iij , 729. — Questions diverses. V. arr. de Paris , 14 juill. et 17 août 1812 , avoués , vj , 146 , 153.

8. CASSATION. — Jugemens de paix. P. 425, note 13 a in f. ; ajoutez : Bien plus la voie de la cassation « est implicitement interdite par C-pr. » 454 , qui soumet les jugemens rendus en dernier ressort , à l'appel » comme de juge incompétent ; et c'est qu'ont jugé plusieurs arrêts de » cassation ». M. Merlin , rép. , 4.e éd. , mot cassation , §. 3 , n. 3.

8 a. Id. — Cas. P. 428 , note 23 , lig. 1 ; après 51 et 606 , mettez : C'est un moyen de cassation lorsque la fausse interprétation d'un acte en dénature l'essence , et maintient une disposition prohibée par la loi , suiv. B. C. 22 juin 1812. V. aussi id. 12 août 1812.

8 b. Id. — Id. D. note, n. 2 , lig. 19 ; après conclu , mettez : 3.º La contrariété entre deux arrêts de la même cour devient moyen de cassation , quand l'exception de chose jugée tirée du premier arrêt , a été proposée et rejetée lors du second , suiv. arr. cass. 8 avr. 1812.

8 c. Id. — Jugemens postérieurs. P. 452 , note 40, n. 1 in f. ; après §. 7 in f. , mettez : V. sur-tout arr. cass. 13 oct. 1812 , B. C. , et 18 nov. 1812 , Nevers , 1813 , 89.

9. COMMERCE. — Procédure. — Appel. P. 366. n. 4 , lig. 3 ; après toujours , mettez : (sens de ce mot ; v. arr. cass. 25 fév. 1812).

9 a. *Id. — Tribunal. — Justiciable.* P. 57 , note 76 in f. ; *ajoutez* : On a néanmoins jugé qu'un serrurier qui achète du fer et le revend après l'avoir travaillé fait un acte de commerce et est justiciable de ce tribunal. V. *arr. cass. cr.* 5 *mars* 1812 , *Nevers* , 1813 , 73.

10. CONTRAINTE *par corps. — Écrou.* P. 555. note 29. lig. 14; après au geolier, *mettez* : Id., M. Merlin (*rép.* , 4.ᵉ *éd.* , *iv* , 477 , *h. v.*). Il observe que le mot *écrouer* de C-pr. 790 , signifie sans doute l'action de faire passer le particulier arrêté , de l'espace qui est entre les 2 guichets , dans l'intérieur de la prison.

11. COUR *impériale.* P. 59 , note 83 , n. 2 in f. ; *ajoutez* : pour les affaires civiles sommaires renvoyées a la chambre correctionnelle, il suffit de cinq juges. *Avis du cons. d'état* , 10 *janvier* 1813.

12. DATE. — *Lieu.* P. 144 , note 27 , n. 1 in f. ; après xv , 312 , *ajoutez* : (Pour les actes privés , car la mention du lieu est nécessaire dans les actes de notaires. V. *ci-dev.* p. 8., *et note* 78 , *ibid.* ; *M. Merlin* , *rép.* , 4.ᵉ *éd.* , *mot date* , n.º *xj* , t. 3 , p. 307).
12 a. *Id.* D. note 27 , in f. ; *ajoutez* : N. B. L'arrêt du 30 nov. est aussi au rép. , 4.ᵉ éd. , *h. v.* , n. 13 , où l'on décide qu'une *date incomplète* est rectifiée par celle des actes qui précèdent et suivent, lorsque ces actes sont connexes. — V. *encore arrêt de cass. cr.* 11 *sept.* 1812.

13. DÉCLINATOIRE. — *Jugement.* P. 209 , note 35 , n. 2 in f. ; après note 27 , *mettez* : (M. Carré , *i* , 348-354 , soutient le contraire).

14. DÉFAUT. (*Jugem. de*) — *Demandeur.* P. 236 , note 11 ; *ajoutez* : Mais v. ci-après, p. 642 , n. 31.
14 a. *Id. — Id. — Congé de l'action.* Ib. , note 14. lig. 4; après l'action , *mettez* : (Idem , *Orléans* , 30 *août* 1809 , *Hautefeuille* , 115 , 118).

15. DÉLAIS. — *Jour férié.* P. 138 , note 8 a in f. ; après note 96 , *mettez* : V. toutefois l'arr. du 6 juill. , n. 15 a (ci-dessous).
15 a. *Id — Id.* P. 140 , note 11 . lig. 3 ; après note 12 , *mettez* : Alors le 8.ᵉ jour quoique férié est le dernier du terme , sauf à l'opposant à demander la permission (d'après C-pr. 1037) de signifier son opposition ce jour-là. V. *arr. cass.* 6 *juill.* 1812 , *Nevers* , 469 , *et de Bruxelles* , 13 *mars* 1812 , *avoués* , *vj* , 368 (Contra , Nanci , 23 juill. 1812 , ib. , vij , 166).
15 b. *Id. — Suspension.* P. 141 , note 14 , n. 2 , lig. 8 ; après et 487 , *mettez* : autres cas, v. p. 363 , note 17 ; p. 265 , note 27 ; p. 641 , n. 21 a.
15 c. *Id. — Prorogation.* P. 143 , note 23 , n. 1 , lig. 6 ; après , i , 255 , *mettez* : Idem , Paris et Bruxelles , 10 juin 1812 et 10 déc. 1811 , avoués , vj , 87 et 100.
15 d. *Id. — Option.* D. note 23 in f. , *mettez* : On doit faire l'option dans le délai prescrit. V. *arr. cass.* 1 *avr.* 1812.

16. DÉLIBÉRÉ. P. 225 , note 12 , *ajoutez* : (Contra , M. Carré , i , 173).

17. DÉPENS. — *Solidarité.* P. 147 , note , lig. 5 ; après 15 mai 1811 , *ajoutez* : Id. , *arr. cass.* 21 *mess. iv.* — Et lig. 8 , après ij , 214 , *ajoutez* : Quoiqu'il en soit, on peut prononcer la solidarité lorsqu'on adjuge les dépens pour plus ample réparation , *suiv. arr. de Lyon et cassat.* , 22 *août* 1810 *et* 6 *juin* 1811 . *au rép.* , 4.ᵉ *éd.* , *mot dépens* , n. 7.
17 a. *Id. — Copies.* P. 150 in f. ; *ajoutez* : 7. Quand le droit de copie est-il dû ?. V. *arr. cass.* 12 *mai* 1812.

18. Désaveu. P. 318, note 7; *ajoutez :* M. Carré , *i* , 672, 675 , soutient que le désaveu n'est pas nécessaire pour ces actes.

19. Désistement. P. 333 , note 8 in f. ; *ajoutez :* Mais le désistement de l'appel n'a pas besoin d'être accepté.. **V.** *à ce sujet M. Merlin* , rép. , 4.ᵉ éd. , *iij* , 621, *h. v.* , §. 1 ; arr. cass. 18 *mars* 1811 , *ib.*

20. Droits réunis. P. 354 , note 27 in f. ; *ajoutez :* 3.º Les contestations sur le fond du droit sont de la compétence des tribun. civils.. **V.** *arr. cass.* 16 *juin* 1808 ; *M. Merlin* , d. 4.ᵉ éd. , *mots contravention* (*n.* 3) *et droits réunis, n.* 1 ; d. *L.* 5 *vent. xij* , art. 88.

21. Enquêtes. — *Faits.* **P. 263** , note 18 in f. ; *ajoutez :* Quid , si l'on n'a pas articulé les faits ? **V.** *arr. cass.* 8 *juill.* 1812 . *Nevers,* 568.

21 a. Id. — *Délais.* **P. 265** , note 25 , lig. 4; après iij , 109 , *mettez :* Le premier délai n'est pas suspendu pendant les vacations , et la mort de l'avoué n'en autorise pas la prorogation , *suiv. arr. cass.* 21 *avr.* 1812 , *n.* 44.

21 b. Id. — Id. — *Signification à avoué.* **D. p.** 265 , note 27 , lig. 5 ; après i , 330 , *mettez :* Idem , *Trèves.* 16 *déc.* 1811 , *avoués* , *vj* , 53.

21 c. Id. — Id. — *Augmentation.* **D. p.** 265 , note 29 , lig. 3 ; après 1811 , 27 , *mettez :* **V.** aussi *arr. de Bruxelles* , 23 *fév.* 1809 (*Nevers,* 1813 , *sup.* 29 , §. 5) , 10 *déc.* 1811 *et* 1 *mars* 1812 ; *et Limoges* , 11 *avr.* 1812 , *avoués* , *vj* . 100 , 342.

21 d. Id. — *Assignation à avoué.* **D. p.** 265 , note 30 ; 1.º , *lig.* 5 ; après Saint-André , *mettez :* **V.** aussi *arr. de Nancy et Liège,* 10 *janv.* et 20 *fév.* 1812 , *avoués* , *vj* , 109 , 296; —2.º , *lig.* 8 , après 202 , *mettez :* v. aussi arr. cass. 4 *janv.* 1813 , ib. , *vij* , 193.

21 e. Id. — *Reproches.* **P. 269** , note 45 ; *ajoutez :* 3. Les notaire et témoins des actes dont les faits sont contestés , ayant eu un caractère légal et exercé un ministère obligé , ne peuvent être assimilés *à ceux qui ont donné des certificats sur des faits relatifs au procès* (c-pr. 283) , ni par conséquent reprochés , *suiv. arr. cass.* 23 *nov.* 1812... **V.** aussi *rec. alph.* , 2.ᵉ éd. , *v* , 184; arr. d'Orléans , 22 *fév.* 1811 , *Hautefeuille* , 157.

21 f. Id. — Id. — *Preuve.* **P.** 270 , note 50 in f. ; après ij , 376 , *mettez :* M. Carré , *i* , 535-537 , soutient le contraire.

21 g. Id. — *Procès-verbal.* **P.** 272 , lig. 14.. *Voir* d. arr. 4 *janv.*

22. Expertise. — *Jour.* **P. 278** , note 21 ; *ajoutez :* Mais cela n'est pas exigé sous peine de nullité , *suiv.* M. Carré , *i* , 610.

23. Garantie. — *Disjonction.* **P.** 215 , note 66 , lig. 6; après p. 166 , *mettez :* M. Carré , *i* , 381 , combat cette décision de Rodier.

24. Greffiers. P. 62 , note 2 , lig. 5 ; après c-pr. 139 , *mettez :* Eux seuls ont le droit d'expédier les actes du juge. *V. au reste,* arr. cass. 23 *déc.* 1811 , *au B. C.* , *et* 13 *juin* 1812 , *Nevers,* 577.

25. Huissiers. — *Pouvoir.* **P.** 75 , note 41 , lig. 4; après 1812 , 177 , *mettez :* Idem , *Colmar et Rouen,* 3 *et* 1 *juin* 1812 , *avoués* , *vj* , 178 , *vij* , 106 (contrà , *Metz,* 2 *sept.* 1812 , id. , *vij* , 178).

25 a. Id. — *Copie. —* *Irrégularités.* **P.** 79 , note 61 , *n.* 1 ; après v , 80 , *mettez :* Cette règle s'applique aux exploits ou autres actes des officiers ministériels , mais non point aux copies mises en tête de ces actes , *suiv. arr. cass. cr.* 11 *sept.* 1812.

26. Jugemens. P. 228 , note 9 ; après arr. d'Aix , *mettez :* Le provisoire peut être rétracté par le même juge , sur-tout lorsque le motif en a cessé. *V.* arr. cass. 25 *fév.* 1812 , *Nevers,* 365.

26 a. Id. — *Exécution en appel.* **P.** 116 , note 13 , *n.* 1 ; après M. Albisson , *mettez :* Idem , arr. cass. 8 *juillet* 1812 , Nevers , 568.

27. JUGES. — *Rectification de jugement.* P. 22, note 21 in f.; *ajoutez:*
3.° Id. d'erreurs dans les qualités et dans les dates des actes de procédure.
V. arr. de Douai et cass., 6 déc. 1810 et 24 avr. 1812, *Nevers*, 1812, 607.

28. JUGES DE PAIX. — *Compétence.* P. 48, note 43, n. 2, lig. 9; après
Nevers, 1812, 81, *ajoutez* : 22 *juin et* 1 *juill.* 1812, *id.*, 450 *et* 475. —
Même lorsqu'il s'agit d'une action possessoire indéterminée dans le principe, et dont les dommages (50 fr.) n'ont été fixés que pendant l'instruction... *D. arr.* 1 *juill.* (*est aussi au B. C.*).

28 a. *Id.* — *Id.* D. note 43, lig. 15; après V. en ci-apr. l'art., *mettez:*
— 4. Un juge de paix compétent dès le principe, par la nature de la demande, ne cesse pas de l'être par les conclusions incidentes et reconven-
tionnelles du défendeur. *D. arr.* 13 *nov.* (*à d. note* 43).

29. MINISTÈRE PUBLIC. — *Fonctions.* P. 25, note 31, in f., *ajoutez:*
— 3.° Il ne peut appeler d'un jugement incompétent. — *V. arr. de Metz*,
21 *janv.* 1812, *avoués*, vj, 291.

30. NOTAIRES. P. 80, note 63, lig. 2; après intérêts, *mettez* : (C'est
ce qu'on nomme les *actes* délivrés *en brevet*, actes qui sont authentiques
mais non pas exécutoires... *V. p.* 87, *note* 86, n. 2; *d. L.*, art. 20 *et*
25; *arr. de Paris*, 1 *févr.* 1812, *J-C-N. xviij*, 414).

30 a. *Id.* — *Responsabilité.* P. 82, note 71, lig. 28; après t. 13, p. 178,
mettez : V. aussi *arr. de Bordeaux*, 13 *janv.* 1812, *Nevers, sup.*, 103.

30 b. *Id.* — *Surcharge.* P. 85, note 80, lig. 2; *ajoutez* : (ainsi la
surcharge de la *date* annulle... v. arr. cass. 27 août 1812, *Nevers*, 585).

30 c. *Id.* — *Acte nul.* — *Doubles.* P. 88, note 90, lig. 3; après cour
(ibid), *mettez* : et Bruxelles, 17 juin 1812, J-C-N. xix, 332.

30 d. *Id.* — *Mention de signature* : v. p. 644, n. 36 k.

31. OPPOSITION. — *Demandeur.* P. 361, note 10 in f.; *ajoutez* : 4 et
5. L'opposition du demandeur originaire qui a fait défaut après la jonction, n'est pas recevable, *suiv. Gênes*, 12 *déc.* 1811 (contrà, M. Coffinières), *avoués*, vj, 159. — Idem, celle du défendeur qui s'était présenté dans l'origine et a fait défaut sur la jonction, *suiv. Riom*, 21 *juill.*
1812, *ib.*, vij, 37, *et Orléans*, 30 *août* 1809, *Hautefeuille*, 113.

31 a. *Id.* — *Délai.* P. 362, note 12, n. 1; après ad quem, *mettez* (v.
arr. Liége, 27 avr. 1812, avoués, vij, 162; autres à p. 640, n. 15 a).

31 b. *Id.* — *Partie ayant avoué.* P. 362, note 14 in f.; après 310,
mettez : et de cassat. et Limoges, 4 mai et 31 août 1812, ib., vj, 79, 310.

31 c. *Id.* — *Exécution du jugement.* P. 362, note 15, n. 1, lig. 4;
après sup. 12, *mettez* : Idem, arr. cass. 30 juin 1812; d'après lequel le
débiteur qui constitue avoué sur l'assignation en validité d'une saisie-
arrêt où l'on a énoncé le jugement de défaut, est réputé avoir connu l'exécution... Par conséquent il aurait dû s'opposer dans la huitaine de la
constitution.

31 d. — *Opposition d'exécution.* P. 365, lig. 8; après excès de pouvoir, *mettez en note* : (28 b) V. arr. cass. 1 juin 1812, *Nevers*, 471.

31 e. ORDRE. — *Tribunal.* P. 536, note 6, lig. 4; après adjudication,
mettez : (C-à-d., le tribunal de la situation des biens. *V. arr. cass.* 3 *sept.*
1812, *Nevers*, 1813, 101).

31 f. *Id.* — *Appel.* P. 539, note 19, lig. 3; après i, 580, *mettez*:
Mais l'omission des griefs ne l'annulle pas, *suiv.* Bruxelles, 3 *déc.* 1812,
ib., *sup.*, 44; et Rennes, 4 *mai* 1812, *Carré, ij*, 482.

31 g. *Id.* — *Id.* — *Signification à avoué.* D. note, n. 1, lig. 2; après
avoués, iij, *mettez* : 218 (et non 318); idem, Besançon, à d. n. 1; Bordeaux, à p. 155, note 11, n. 2; et Nancy, 23 juill. 1812, avoués, vij, 366.

3ɪ. Péremption. — *Interruption.* P. 322, note 8, lig. 3 ; après 417, *mettez :* Id. M. Carré, i , 736 ; Florence , 28 juin 1812 , avoués, vij , 110.

32 a. *Id.* — *Id.* — Ib. , note 10 ; *ajoutez :* L'augmentation du terme n'a lieu qu'une fois, *suiv. Paris* , 1 juill. 1812 , *avoués* , *vj* , 89. — Autres questions : v. id. et Trèves et Bruxelles , ib. vij , 239.

32 b. *Id.* — *Demande.* P. 325 , note 11 in f. ; *ajoutez :* 3. Il résulte des règles du texte, que la péremption, lorsqu'elle ne concourt pas avec la prescription de l'action , ne peut être proposée par voie d'exception. *V. arr. cass.* 27 oct. 1812 , *avoués* , *vij* , 146.

33. Récusation. — *Causes.* P. 298 , note 21 , n. 1 in f. ; après 14 , *mettez :* et M. Merlin , rép. , h. v. , §. 2 ; arr. cass. 2 févr. 1809 , ib.

34. Requête civile. P. 406 , 412 , etc. *Délais* et cas pour les jugemens relatifs (le ministère public y est entendu) aux *majorats* , quant au fonds et à la propriété.... *V. décr.* 22 déc. 1812.

34 a. *Id.* — *Contrariété.* P. 406 , note 27 ; *ajoutez :* V. l'arr. cass. du 8 avr. 1812 , ci-dev. p. 639 , n. 8 b.

35. Saisie-exécution. — *Commandement.* — *Domicile.* P. 467 , note 6 , lig. 11 ; après iv , 19 , *mettez :* et cass. 3 juin 1812 , vj , 143.

35 a. *Id.* — *Séquestre.* P. 474 , note 36 ; *ajoutez :* Comme il n'est établi que par un simple huissier et pour un intérêt privé , il ne doit point être assimilé aux *dépositaires publics* dont parle le code pénal (art. 254 , 255) , et par conséquent il n'est point passible des mêmes peines qu'eux , en cas de soustraction , *suiv. arr. cass. cr.* 29 oct. 1812 , *Nevers* 1813 , 49.

36. Saisie-immobilière. — *Commandement.* — *Domicile.* P. 504 , note 14 , n. 1 in f. ; après 197 , *mettez :* Id, Nîmes, 6 juill. 1812 , J-C-N. xix , 425.

36 a. *Id.* — *Mineurs.* — *Mobilier.* P. 509 , note 25 , lig. 4 ; après xviij , 514 , *mettez :* et toutes sortes de meubles... *V. arr. de Bordeaux* , 20 janv. 1812 , *Nevers* , *sup.* , 105.

36 b. *Id.* — *Formes.* — *Désignation de l'arrondissement.* P. 510 , note 27 , n. 1 , in f. ; *ajoutez :* N. B. La cour de Rennes a adopté un système opposé à celui d'Aix... *V. arr.* 17 mai 1809. , *Carré* , *ij* , 310.

Id. — *Id.* — *Désignation des pièces.* D. note 27 , n. 2 , alin. 4 , lig. 3 ; après mot saisie , §. 6 , art. 1 , *mettez :* La cour de cassation semble adopter un système différent... *V. B. C.* 5 août 1812.

36 c. *Id.* — *Formes.* — *Matrice.* P. 511 , note 28 in f. ; *ajoutez :* 4 et 5. Quoique signé simplement de l'adjoint et indiquant seulement en masse le revenu... *V. arr. de Bordeaux* , *à n.* 36 a.

36 d. *Id.* — *Dénonciation.* P. 513 , note 36 in f. ; après Nevers , 428 , *mettez :* Idem , arr. de Dijon et cassat. 28 fev. et 10 sept. 1812 , ib. 622.

Mettez ensuite : Observation. La dénonciation doit contenir une copie entière de la saisie... *D. arr. cass.* 5 août 1812.

36 e. *Id.* — *Annonces.* P. 517 , note 63 in f. ; *ajoutez :* Il suffit d'afficher au *lieu* (quoique ce ne soit pas le *jour* même) du marché... *V. arr. de Paris et Montpellier* , 5 févr. et 10 mars 1812 , avoués , c , 93 , vj , 255 ; *Douai et cassat.* , 9 déc. 1811 et 19 nov. 1812 , *Nevers* , 1813 , 119.

36 f. *Id.* — *Incidens.* — *Appel.* P. 527 , note 101 , n. 1 in f. ; après 375 , *mettez :* V. aussi arr. d'Orléans , 19 avr. 1809 (Hautefeuille , 371) , et Turin et Amiens , 2 avr. et 17 déc. 1812 , avoués , vj , 307 , vij , 124.

36 g. *Id.* — *Id.* — *Id.* — *Intimation.* P. 531 , note 113 , n. 1 , in f. ; après 115 , n. 3 , *mettez :* Un arrêt de cassation (8 août 1809 , *Nevers* , 293) paraît adopter un système différent.

Id. — *Id.* — *Id.* — *Délai.* D. note 113 , n. 2 in f. ; après 116 , n. 2 , *mettez :* Contra , Orléans , 23 déc. 1808 , Hautefeuille , 395.

36 h. *Id.* — *Id.* — *Tiers détenteur.* P. 534 . note 125 , n. 3 ; *ajoutez :* V. aussi arr. de Colmar , 1 déc. 1810 et 22 juill. 1812 , et cassat. 6 mai 1811 , J-C-N. xix , 106 et 65 ; sur-tout arr. cass. 27 avr. 1812 , B. C... On y décide que *l'action en déclaration d'hypothèque* n'est plus utile que lorsqu'il s'agit d'interrompre la prescription a l'égard du tiers détenteur ; que quand ce tiers ne paye ni ne délaisse , on doit faire vendre l'immeuble conformément à C-N. 2169 (V. d. p. 534). — *Autres questions.* V. arr. Colmar et Nîmes , juillet et août 1812 , J-C-N. xix , 280 , 425.

36 i. Séparation *de corps.* — *Scellé.* P. 591 , note 7 , n. 1 , lig. 5 ; après sup. 34 . *mettez :* Idem , Bruxelles , 13 août 1812 , avoués , vij , 170.

36 j. Servitude. *Action possessoire* ; p. 106 . note 16 , lig. 23 ; après Nevers , 244 . *mettez :* idem , arr. cass. 17 fév. 1813 , avoués , vij , 209.

36 k. Signature *de témoins.* — *Acte de Notaire.* P. 86 , note 83 in f. ; *ajoutez :* on a néanmoins jugé qu'il est nécessaire de *mentionner à la fin* de l'acte , la signature des témoins... V. *arr. de Riom* , 26 *mars* 1810 , *Nevers* , 1813 , *sup.* , 52.

37. Signification. — *Formes.* P. 155 , note 11 , n. 2 , lig. 5 ; après iv , 102 , *mettez :* V. aussi arr. cass. 24 déc. 1811 (B. C.) ; arr. de Besançon , 29 août 1811 , avoués , v , 295.

37 a. *Id.* — *Effets.* D. note 11 , n. 3 ; après note 41 , *mettez :* et 43 , p. 375 , 376. — Autres questions : *V. arr. de Turin et Bruxelles,* 4 *et* 14 *janv.* 1812 , *J-C-N.* xviij , 474 , *avoués ,* vj , 163.

37 b. Sommaires (*matières*). — *Dépens.* P. 339 , note 7 in f. ; *mettez :* les appels pour incompétence (de commerce) , sont jugés , et leurs dépens sont liquidés , comme en matière sommaire , *suiv. arr. cass.* 9 *fév.* 1813 , *avoués ,* vij , 206.

38. Suppléans. Quand doivent être appelés? P. 51 , note 58 , n. 4 ; après 1812 , 51 , *mettez :* Idem , arr. cass. 23 déc. 1812 , B. C.

38 a. Tierce-opposition. — *Partie dénommée ne peut user de cette voie.* P. 397 , note 8 in f. ; *ajoutez :* idem , Nancy , 23 nov. 1812 , avoués , vij , 245.

39. Ventes judiciaires. — *Biens de faillis.* P. 615 . note 13 , lig. 3 ; après 370 , *mettez :* V. aussi arr. de Douai , 13 oct. 1812 , avoués , vij , 120 ; et ci-dev. p. 614 , note 11 , n. 3.

40. Vérification. — *Testament olographe.* P. 250 , note 34 in f. ; *mettez :* Décis. contraire de *Caen* , 4 *avr.* 1812 , *J-C-N. xix* , 263.

☞ *Errata. Liquidation de dépens.* P. 443 , note 19 , lig. 3 ; *lisez* de premier ressort , *au lieu de* premier et dernier ressort.

FIN.

Table *alphabétique des matières.*

N. B. *Déf.* ou *défin.* signifie définition. — *Qu.* ou *quest. div.*, questions diverses. —Les chiffres précédés d'une virgule, indiquent les pages communes à tous les mots antérieurs ; ceux qui sont entre deux parenthèses ne concernent que le mot auquel ils sont joints.

Abréviations de citations, 631 ; d'actes, 84 ; de procédures, 127, 117.

Absent. Administration et possession des biens; procédure; intéressés, 580. — Quest. div., 39, 685, 600, 604. — Notaire, 608, 609.

Abus (appel comme d'), 91 et sur-tout 638, n. 2 h.

Accès de lieux. Cas, mode, frais, plan, résultats, 281, 282.

ACQUIESCEMENT, 326 a 530. — *Espèces* et *mode*, 326; partiel, 328, 404 ; forcé, 330; à un moyen, 328 ; à une demande, 329 ; fait sous protestation ou réserve, 328, 329. — *Effets* et principe, 329, 330. — Qui peut le faire, 329, 330; procureur, avoué, 326. — Signification de jugement, 327, 328. — *Quest. div.*, v. p. 203, 205, 229, 423, 429, 526, 592, et contrat judiciaire.

ACTE. Défin., 95. — *Espèces* : exprès et tacites, 165; publics et privés, 245, 574, 246, 253; authentique et exécutoire, et non exécutoire, 87, 455, 613, 642, n. 30; valable et frustratoire, 323, 149; en brevet, 642, n. 30; imparfait, 576; faits en personne, 152. — *Règles* : dresse et rédaction, 130; langue, 131 et 637, n. 1 ; tems, 135; délais, 136 ; dates, 143 ; lecture et signature, 151 ; visa, 152. — *Effets* : foi, 155; énonciations et dispositions, 79; preuve contre les tiers, 574. — Significations et réponses, 154, 153. — *Quest. div.*; donner acte, 229; passer id., 584. V. aussi 1, 2, 55, et exécution, expédition, extrajudiciaire, et *sur-tout* notaire.

ACTION *en général.* Nature, 95 ; qui l'a et contre qui, 161 ; droit lui est antérieur, 96. — Extinction et son effet, 308, 315. — Choix d'action, 112, 161, 172 ; voie d'action, 25, 643, n. 32 b.

ACTIONS PERSONNELLE et RÉELLE : définit., 97 ; différences, origine, sujet, réclamation ou conclusions, 98 à 100; prescription, 100; tribunal 118, 119; premier et dernier ressort, 51 à 53. — *Personnelle* ; quest. div. 211, 338, 524, 534. — *Réelle* : espèces, 102, 119; conciliation, 119, 176; quest. div., 187, 211, 213.

ACTION MIXTE. Nature et espèces, 101 à 103 ; tribunal, 118, 120. — Quest. div. 187, 338.

ACTION MOBILIÈRE et IMMOBILIÈRE. Nature et tribunal, 47, 102 à 104; exercice et prescription, 104; universalité de meubles, 104, 587: droit réel, 104.

ACTION PÉTITOIRE et POSSESSOIRE, 105 à 112. — *Nature*, règles communes, différences, 105 à 108 (v. complainte et réintégrande). — *Objet* ou immeubles, 104; exceptions ; servitudes, biens imprescriptibles, etc., 105, et d. mot complainte. — *Tribunal*, 47, 118, 642, n. 28. — *Espèces*, 47, 48.

ACTIONS (AUTRES ESPÈCES). Civile et criminelle et sursis réciproque, 96, 30, 112, 161, 172. — Communi dividundo et familiæ erciscundæ, 102, 103, 618; confessoire et négatoire, 119, 243; judicati, 116, 234; paulienne, 529, 183 (note 11); de revendication, 98, 104, 119, 506, 567, 569; en déclaration d'hypothèque, 644, n. 36 h.

ACTIONS (*Tribunaux* qui jugent les), 113 à 120. Principe 113. — Espèces, savoir : accessoires, 117, 35 ; cession, commerce, 114, 597, 118 ; comptes, 115, 444; désaveu, 115, 319; douanes, v. h. v.; élargisse-

ment, 115, 555, 559; enregistrement, 116; exécution d'acte et de jugement, 115, 116, 593, 641, n. 26 a; expropriation, 118; faillite, 114,
35; faux incident, 117, 254; frais d'instance, 117; garantie, 117, 212;
hypothécaire, 118, 121; incidentes, 117; intervention, 117, 291; judicati, 116; mixte, 118, 103; ordre, 118, 536 et 642 (n. 31 e); partage,
120, 619; personnelle, 118; possessoire, 119, 47; purgement, radiation,
réduction, 118; reconvention, 35, 53; requête civile, 415; saisies diverses, 119, 482, 505; salaires, 119; société, 120, 45; successoriales;
120; surenchère, 571; tierce-opposition, 396.

Administration; défin., 91. — Fonctionnaires, maires, sous-préfets,
préfets, conseils, 91; leur police, 29. — Contentieux, causes div., 91,
92; conflits d'attribution, mode et jugement, 93, 94, 51. — Actes exécutoires, 451. — Qu. div., v. 46, 47, et conseil de préfecture.

Affaire, différend, procès, instance, 2, 296, 313.

Affiches imprimées, 455, 519, 587 et suiv., 616, etc., 643, n. 36 e.

Agir pour autrui (on ne peut), 183.

Ajournement, v. assignation.

Alimens. Défin. 39; qu. div. 39, 408, 459, 554, 557 à 560.

Ambassadeurs et leur suite, 182.

Amende est de rigueur 132; cas divers, 46, 62, 77, 84, 86, 152,
177, 217, 250, 259, 267, 287, 294, 353, 355, 358, 394, 397, 413,
417, 422, 429, 431.

Ampliation. Définition, 576.

Anticipation. Acte, 193, 379; paiement, 567.

Apostilles, v. notaires, et p. 441.

APPEL 366 à 394. — 1. *Définit.,* objet, espèces, parties, 366, 367.
— 2. *De quoi* l'on peut ou doit appeler : jugemens; id. nuls (637, n. 2),
ordonnances; appel est nécessaire; doute, 367, 368, 295, 328, 537, 539,
593, 629... Exceptions : chose jugée (v. ce mot) et renonciation, 369;
jug. préparatoires ou interlocutoires, 370; jug. non ou mal qualifiés et
d'incompétence, 371, 638, n. 2 a, 2 b, 639, n. 9, 642, n. 29; jug. de
défaut; jug. convenu, 372, 593, 638, n. 2 c.; appel partiel, 373, 383,
528. — 3. *Qui peut appeler* et contre qui : tuteur, consorts, créanciers,
maire, 373, 374, 398 (note 11), 527, 589, 594, 595. — 4. *Délai :*
général et signification du jug., 375, 376, 467, 541. 585, 638, n. 2 c
et e; augmentation, suspension, déchéance, appel incident, réitération,
1.re huitaine, 377, 378, 540, 637, n. 2; délais particuliers, 379, 516,
523, 531; id. de la loi, 579, 192. — 5. *Procédure :* acte d'appel; assignation, point de griefs, signification, 379 à 381, 642, n. 31 f et g; instruction; griefs, réponses, audiences, règles communes, 381, 382. — 6.
Effets : suspensif, dévolutif; exécution, non ou mal ordonnée; arrêt de
défenses, 383 à 385; l'appel saisit, 383, 592, 373. — 7. *Ce qu'on peut
proposer* en appel : nouvelle demande, 385, 386; exceptions; accessoires,
moyens, compensation, défenses, nouvelle partie, etc., 386 à 389, 516,
463, 532; mode, 389. — 8. *Ce que peut faire le juge;* retenue du fond;
incompétence, interlocutoire, etc., 389 à 392, 399 (note 16), 629, 117,
638, n. 2 b, 2 f, 2 g. — 9. *Jugement :* prononciation, examen, formule,
lois à suivre, demande connexe, 392, 593; effets, exécution et qui l'ordonne, 393, 394, 115, 116, note 13, 641, n. 26 a; amende, 394. — 10.
Quest. div., 199, 204, 208, 212, 216, 218, 253, 284, 320, 325 (péremption), 327, 533 et 641, n. 19 (désistement), 350, 363, 365,
539 (ordre), 549 (contrainte); appel de cause, 72; d'incompétence de
commerce, v. ce mot, p. 649; à facie judicis, 378.

Appel incident. Défin., 367; qui peut le faire, et quand ! 327 (note
10), 377, 378; de quoi ! 378, 638, n. 2 d; signification, 380. — Quest.
div., 52, 341.

Appointement; espèces anciennes, 225.

tribution , 625 , 626 ; caution , actions , droits et compte , curateur ; renonciation , 626 , 627 ; quest. div. , 624 (note 4) , 398 , 607 , 628 , 121.

Billet à ordre. Quest. div. , 57 , 118 , 459.

Blanc des actes , v. notaire.

Brevet, d'invention, qui en connaît ! 50 ; acte , 642 , n. 30.

Cahier des charges; définition, 487. V. aussi 519.

Carence, 473 ; 600 , 508.

Cassation (cour de); organisation, 61 ; jurisdiction , 60 , 61 ; quest.
div. 306 , 307 , 415.

Id., Procédure, 423 à 432. — 1. *Qui peut agir*; parties, procureur
général , 423 . 424. — 2. *Contre* quels jugemens et exceptions, 425 , 358 ,
404 , 405 , 638 , n. 2 a , 639 , n. 8. — 3. *Cas*; contravention à la loi, excès de pouvoir, contrariété; moyens proposables, 426 à 428 , 300 , 532 ,
639 , n. 8 a et b; violation de contrat, 427 , 639 . n. 8 a; id. de formes ,
428 ; examen du fond et des faits. 428. — 4. *Procédure*; pourvoi , délai ,
effet , rejet , consignation , moyens , 428 à 430 ; instruction , admission ,
signification , restitution , etc. , 430 , 431. — 5. *Arrêt*; rejet, cassation ,
effet , renvoi ou non , 431 . 432 , 639 , n. 8 c. — 6. *Quest. div.* : cause en
état, 314 ; autorisation , 585 ; autres, 20 , 23 , 44 , 45 , 104 , 176 , 197 ,
199 , 208 , 328 , 387 , 407 , 417.

Cause : en état, 313 . 222; quest. div. , 259 , 291 , 300 , 386 , 578 ; —
en tout état de cause . 284 , 290 ; — au même état, 292 . 293 , 515.

Caution. Espèces ; conventionnelle , légale . judiciaire , juratoire , de
commerce , de surenchère , d'héritier bénéficiaire. , d'officier ministériel ,
436 à 438 , 571 , 572 . 62; du *jugé* (cas et mode), 210 , 211 , 531 ; —
présentation, acceptation, contestation, soumission , contrainte , 437 ,
438 , 549 ; certificateur , 438 ; tribunal , 118 , 438 ; acquiescement . 328 ;
exécution sous caution , 50 , 54 , 58. — Quest. div. , 430 , 449 . 163.

Célérité et urgence. Caractères , et quand elles nécessitent les procédures sommaires , ou de vacations , ou de référés , ou de bref délai , 338 ,
339. — V. aussi 27 , 56.

Certificat. Privé , 151 , 261 , 269; d'appel ou opposition , 453.

Cession de biens. Cas , procédure , tribunal , bilan , sursis , liberté provisoire , jugement et effets , publication , réitération . bonnet verd , 597 ,
598 ; affranchit de la contrainte par corps , et doit être prouvée , ibid. et
558. — Quest. div. , 100 . 118 , 327.

Cessionnaire de titre. Exécution . 454; saisie-arrêt , 463.

Chambres du conseil , 28 , 295 , 350 , 536 , 583 ; — quand sont réunies ,
59 , 382 , 591.

Change (lettres de), 57 , 114 , 115 , 117 , 143 , 199 , 459 (saisie).

Chiffres des actes , 84.

Chose jugée. Qui l'a , et effets , 369 , 370 , 401 , 425 (note 10), 625 ,
639 , n. 8 b. ; est une exception , 369 , 399; quest. div. , 110 , 119 , 325 ,
333 , 399.

Citation ou assignation , v. ce mot. — De lois et auteurs , abréviations
et mode , 631 et suiv.

Code de procédure, citation , 3 ; analyse , 4 ; commentaires , 297;
erreurs , 407 , 590 , 616. — Napoléon et de commerce, analyse, 4.

Colons. Assignation , visa , 24 , 191 . 485 ; tribunal , 61.

Commandement. Nécessaire avant l'exécution , 455 ; exception , 459;
quest. div. , 452 , 454 , 504.

Commencement de preuve , 88 , 260 , 289.

Commerce. 1. *Tribunaux* : organisation, jurisdiction, exécution provisoire , 56 à 59 , 114 , 115 , 118 , 640 , n. 9 a. — 2. *Procédure*, 344 à
347 ; demande et délai , 344 ; comparution et élection de domicile, 345 ;
défaut , 346 ; déclinatoire, appel (639 , n. 9) , arbitres , experts , livres ,
346 ,

565 , 640 , n. 14 a, 642 , n. 31 c. ; procédure ancienne, 7 , 123 , 201 ; de commerce, 346 , 361 ; de cassation, 425 , 431 ; du conseil d'état, 91 ; contre avoué , 362 ; quest. div. 177 , 236 , 315 , 452 , 503 , 527 , 532 , 582. V. aussi appel et opposition.

Défense. Défin. , 200 ; où et par qui proposable , 218 ; injurieuse , 29 ; non valable, 410 , 411 ; naturelle, 581.

Défenses. Caractères et espèces, 200 ; mode de les proposer , 201 , 202 ; id. , arbitrage, 42 ; quest. div. , 204, 205.

Degré de jurisdiction. Défin. 11 , 12 ; nombre ancien, 13 , 17 ; actuel ; règle générale et conséquence de id. , 16 , 17 , 368 , 386 , 389 ; sa violation donne lieu à cassation , 407 ; quest. div. 391 , 396 , 407.

Déguerpissement , 100.

DÉLAI. 136 à 143. — 1. *Espèces* : général, 141 , 142 ; franc , 138, 139 , 461 , 531 ; trop court, 192 , 638 , n. 3 c ; trop long, 195 ; de mois, 141 ; de quinzaine , 520 ; de comparution aux tribunaux, 190 , 191 , 638 , n. 3 d ; de grâce, 143 , 217 ; de la loi, 191 , 379. — 2. *Règles* : commencement et jour à quo, 136 , 322 , 362, 377, 531 , 541 , 641 , n. 21 b ; milieu , 140 ; fin et jour ad quem, 138 , 362 , 377 , 640, n. 15 a ; heures, 140 , 137 ; jour bissextile, 141 ; id. férié, 138 , 640 , n. 15 et 15 a ; calcul , 198 , 114 ; augmentation et distance, 141 , 142 , 213 , 265, 507 , 362 , 363 , 461 , 512 , 531 , 641 , n. 21 c. , 638 , n. 3 d ; abréviation, 143 , 191 ; suspension, 141 , 143 , 265 , 335 , 383 , 429 , 640 , n. 15 b , 641 , n. 21 a ; prorogation, 143 , 624 , 640 , n. 15 c. ; indication, 191 ; mise en demeure, 132. — 3. *Quest. div.* 179 , 186 ; v. aussi appel, enquête , inventaire, terme, etc.

Délaissement. Effets, 100 ; quest. div. 388 , 415 , 499, 534.

Délibéré. Espèces, cas, procédure, 223 à 225, 640 , n. 16 ; quest. div. 313.

Demande. 1.er Acte du procès , 2 , 174. — Espèces : principale et introductive, 175 ; additionnelle , 175 , 177 ; nouvelle , 175 , 385 à 389 , 393 ; accessoire , juge et cause d'appel , 35 , 386. — Se forme par assignation ou requête, 164 ; résulte d'appel, 123 , 164 , 381 ; de saisie , 123 ; 456 , 461 ; de distribution, 123 ; d'ordre , 123 , 536 ; d'expropriation, 123, de contrainte, 164. — Nullités, 204. — Effets, 165 , 457 ; règle la jurisdiction, 32 , 192.

Demandeur, 201 , 219.

Demeure : à indiquer, 185 , 189 , 266... V. aussi délai. — Mise en demeure , 132 (note 7 in f.), 561 , note 2.

Déni de justice, 420 ; quest. div. 367 , 21.

Dénonciation, 637 , n. 1 a ; de nouvel œuvre, 111.

DÉPENS, 145 à 150. — *Qui les doit* , 145 à 148 ; demandeur, défendeur , 145 ; intimé , 146 ; administrateurs , 147. — *Incidens* , demande, solidarité, 146 , 640, n. 17 ; division par têtes , 147 ; compensation et offres , 148 ; s'adjugent pour dommages, 55 , 640 , n. 17 ; mais sans contrainte, 150 ; sont une créance distincte, 150 ; distraction , 69, 639 , n. 7 a ; tarif, 125 ; refusion , 364 , 431 ; leur paiement est un acquiescement, 528. — *Dépens d'actes inutiles* , frustratoires , etc. , 148 , 149 , 323 ; de quittance , 150 ; de reconnaissance, 246 ; du défaut , 365 ; d'appel , 373 , 385 , 394 , 644 , n. 37 b ; de contrainte par corps , 549 ; de copies, 640 , n. 17 a. — *Liquidation* , v. ce mot et commerce. — *Quest. div.* , 25 , 55 , 202 , 218 , 226 , 241 , 273 , 325 , 355 , 463 , 480 , 520 , 630... V. aussi saisie immobilière, ordre, etc.

Dépenses communes, 445 , 446.

Désaveu. Définit. et cas, 317 , 66 ; espèces, procédure, tribunal, 318, 319 , 641 , n. 18 ; effets, 320 ; quest. div. , 67 , 74, 79, 411, 637, n. 12.

Désertion d'appel, 379 , 385.

Désistement. Objet , personnes , mode, 332, 641, n. 19; effets , 333 et 637 (*errata* , *n.* 6); quest. div. , 22.

Dette certaine , liquide, pour l'exécution, 453.

Dictum de jugement, 233.

Différend. Définit., 2 , 296; quest. div. 321; v. affaire.

Diligente (partie), 129, 42, 136 , 226, 274, 282, 493, 515, 516, 536.

Discipline , 28, 54, 59, 60.

Discussion ; du débiteur , 455; du mobilier , 508, 509.

Disjonction, 214, 641, n. 23.

Dispositif, disposition ; de jugement, 232 , 328, 22 ; d'acte, 87.

Distance ; augmentations pour la..., 141 , 142, 191, 198.

DISTRIBUTION *par contribution*, 490 à 498. — 1. *Principes* généraux ; exceptions, motifs et objet, 490 à 492. — 2. *Mode amiable*, 492. — 3. *Mode judiciaire* : marche ordinaire, poursuivant, commissaire, tribunal, procès-verbal, sommation, production, contradiction, forclusion, clôture, mandemens, 493 à 495; difficultés, jugement et appel, 495, 496. — 4. *Créanciers distribués* ; privilégiés, propriétaire, 496 à 498 ; résultat , cessation d'intérêts, main-levée, 498; concours sur meubles et immeubles, 498. — Quest. div. 382; v. privilège.

Divorce. Espèces, procédure et appel, 349 à 351; quest. div. 259, 273, 296, 390, 430, 582, 591, 599, 609, 624.

Dol. Définit. , 419; quest. div. 406, 407, 421.

Domaniales (causes). Tribunal, 52, 356 et 92 (note 2, n. 2); exercice, procédure, préfet, etc. , 355, 356, 413; assignation, 190.

DOMICILE en mat. de procédure, 196 à 199. — *Effets*, jurisdiction, 196, 116, 121, 468. — *Espèces* : réel, 504; élu, 197 à 199; id. pour appel, ibid. et 375, 638, n. 2 e; id. pour signification, 453; id. exécution, 455; id., saisie-arrêt, 460; id., id., exécution, 467, 468; id., immobilière, 504, 505, 511; id., ordre, 537, 539. — *Quest. div.*, 34, 67, 70, 75, 77, 78, 187 et suiv., 265, 307, 345, 380, 592 (du mineur); différence avec la demeure, 185; quand il la comprend, 266; son omission dans l'assignation en cassation, 430.

Dommages. Définit. et depuis quand accordés , 440; jurisdiction, 47, 48, 53, 54, 55, 117, 119, 642, n. 28; quest. div. et cas, 62, 66, 73, 75, 77, 215, 255, 273, 277, 279, 294, 387, 396, 486, 552, 555 (pour nullité d'emprisonnement), 591, 604; liquidation, v. ce mot... V. aussi dépens.

Douanes. Tribunal, 636 (*errata*, *n.* 3), 116; procédure et exécution, 353, 355 et d. n. 3; 126; quest. div. , 136, 156, 198, 243, 375.

Dresse d'un acte, 130; formules, v. rédaction.

Droit. 1. Réel, 97, 105, 109, 510. — 2. De plein droit, défin. 132; nullité n'a pas lieu de id. , 132; id. , péremption, 323. — 3. Droit à réclamer, 160, 161. — 4. Extinction du droit; effet, 308.

Droits réunis. Procéd. et tribunal, 554, 641, n. 20; qu. div. , 156.

Ecriture ; publique et privée, 245, 253, 574, et v. notaire; faite à double , 88, 642, n. 30 c; reconnaissance de id. et procédure, 246.

Ejection de meubles, espèce d'exécution, 435.

Election. De command ou ami , 525; de domicile, v. ce mot.

Empêchemens. D'arbitres, 40, 42; huissier, 73; recors, 75; notaire, 81.

Empiétement des tribunaux ou administrations, 18, 94.

Enonciations, 280; et v. notaires.

ENQUÊTE, 260 à 274. — *Définit.* et conditions, 260. — *Faits* (v. ce mot) à prouver; caractères et proposition, 262, 641, n. 21. — *Tems* et délais , 264, 641, n. 21 a, b, c, d. — *Témoins*, 266, et v. ce mot; reproches de id. , mode, preuve, jugement, 268, 641, n. 21 e et f. — *Dépositions*, formes, procès-verbal (641, n. 21 g) et nullités, 271. —

Résultats des enquêtes, 274. — *Espèces* ; sommaires , 340 ; possessoires , 108 ; de séparation , 586. — *Quest. div.* 325 , 527 , 571.

ENREGISTREMENT. 1. *D'actes :* tems et fête , 135 ; délai , 77 , 139 ; procédure , 354 , 355 ; péremption , 322 ; requête civile , 405 , 415 ; quest. div. 78 , 79 , 86 , 104 , 246 , 354 (note 29), 530 , 533 , 575 , 577 , 630. — 2. *De saisie immobilière* , 511 , 512 (note 53), 515.

Erremens (derniers), 316 , 305.

Erreur de calcul. Jugement et appel , 372 ; comptes , 449.

Ester en jugement , 2 , 584 ; capacité , 184 ; autorisation , 583.

ETAT. — 1. *Civil* ; rectification d'acte (procédure de), 578 , 579. — 2. Question d'état , 34 , 39 , 252 , 396 , 399. — 3. *Changement* , 310 , 34. — 4. État ou *Empire* ; assignation , 190 ; saisie , 458. — 5. *Cause* en état , en tout état , etc. V. cause.

Étranger. Devant qui cité , 33 , et comment , et visa , et délai , 24 , 190 , 638 , n. 3 c et d ; jugement et exécution , 451 ; contrainte par corps , 549 ; cession de biens , 597 ; quest. div. 34 , 118 , 190 , 198 , 210.

Évacuation d'instance , nécessaire , 310 , 193.

Éviction. Quest. div. 525 , 570 , 573 , 212.

Évocation. Défin. 15 ; est défendue , 18 ; du fond , 638 , n. 2 f.

EXCEPTIONS , 203 à 217. — *Caractères* , 200 , 201 ; espèces et mode , 203. — *Péremptoires* de fond et de forme , 203 à 207 , 208 ; de nullité , 204 ; d'ordre public , v. ce mot ; qu. div. 212. — *Dilatoires* ; espèces, 207 ; id. proprement dites , 209 à 217 ; règles sur leur proposition , 210 ; v. déclinatoire , délai , communication , garantie , bénéfice d'inventaire , nullité. — Quand sont *suppléées* par le juge , 179 , 207 , 231. — Quest. div. 643 , n. 32 b. (péremption).

Excès de pouvoir. Défin. et espèces , 427 ; quest. div. 425.

Exécuteur testamentaire. Scellé , 600 , 601 ; inventaire , 609.

EXÉCUTION *des actes et jugemens.* 1. *Principe* général , 87 , 450 ; tems , 155 , 550 ; espèces ; volontaire et forcée , leurs modes généraux , 433 à 435 ; on peut les cumuler , 434 , 547 , 549 ; contre un tiers , 155 , 361 ; de jugement de défaut , 362 , 363. — 2. *Juge* d'exécution , 116 , 393 , 394 , 432 , 115 (note 9), 641 , n. 26 a ; son droit , 117 ; id. de jugemens d'arbitres , commerce et criminel , 43 , 52 , 117. — 3. *Effet* de l'exécution , 329 , 330.

Exécution provisoire. Cas, 50 , 54 , 58 , 438 ; id. requête civile , 415 ; cassation , 430 ; au possessoire , 108 ; ordonnée ou omise , 384 , 22 ; quest. div. 43 , 45 , 125 , 364.

EXÉCUTION FORCÉE. Règles générales , 450 à 456. — 1. *Paréc* ; permission , visa , paréatis , préambule , mandement , expéditions , actes administratifs , 450 , 451 ; actes et jugemens étrangers , 451. — 2 et 3. *Signification* ; avoué , partie , tiers , certificat , 452 , 453. — 4. *Titre exécutoire* , choses liquides et certaines , héritier , cessionnaire , commune , 453 , 454 , 451 (note 3 , n. 4), 585. — 5. *Commandement* , élection de domicile , affiches , 454 , 455. — 6 et 7. *Prescription* , douceur d'exécution , 456 ; suspension et délai , 452 ; absence du créancier , 552. — 8. *Quest. div.* 74 in f. , 197 , 198 , 211 , 237 , 285 , 365 , 415.

EXPÉDITION *et grosse.* Définit. 574 , 62 , 80 , 81. — 1. Moyen pour l'obtenir , actes de registres publics et de notaires , seconde grosse , ampliation , procédure , tiers , compulsoire , collation , 574 à 578. — 2. Est délivrée par le greffier , 641 , n. 24 ; se produit en appel , 393 ; sert à l'exécution , 451 (¶¶ V. rép. , 4.e éd. , t. 5 , p. 22).

EXPERTISE *et expert* , 275 à 280. Définit. et cas , 275 , 281. — Fonctions , 275 , 278 , 279 ; nomination , récusation , serment , 275. — Mode de l'expertise , 277. — Rapport , mode , jour , résultats , suites et foi , 278 , 641 , n. 22 ; remise , 279 , 339 ; taxe et frais , 277 , 279 ; procéd. spéciales , 276. — Quest. div. , v. 247 , 401 , et scellé , inventaire et ventes.

Exploit, 72 ; formes, 76, 77, 187 ; par qui écrit, 79 ; présence des parties, 75 ; signifié à domicile, 76, 77, 188, et v. assignation ; effets et foi, original et copie, 78, 79, 641, n. 25 a, et v. copie.

Expropriation, v. saisie-immobilière ; pour utilité publique, 435.

Extrait, 574, 510, 511, 608 ; de saisie-immobilière, 517.

Extrajudiciaire (acte). Caractères, effets, formes, juge, 2, 561 à 563, 68 (note 19) ; espèces, 637, n. 1 a ; autorisation, 583 ; quest. div. 325, 363, 593.

Faillite. Vente et tribunal, 114, 614, 615, 617 ; assignation, 638, n. 3 ; quest. div., 35, 41, 58, 59, 154, 362, 374, 503, 536, 557, 599 ; après le jugement de la saisie-arrêt, 465.

Fait pertinent et concluant, 262, 256, 269, 284 ; positif et négatif, 263 ; précis et vague, 263 ; probatif, 264 ; secret, 287 ; à articuler, 641, n. 21 ; tenu pour avéré, 264, 287, 289 ; id. pour constant en cassation, 428 ; ne peut être suppléé par le juge, 231, 266.

Faute, grossière, légère, 82, 419.

FAUX. 1. *Définit.* et espèces, 251 ; principal, 251, 258, 527. — 2. *Incident*, 251 à 259 ; cas, actes et tems, 252, 253, 258 ; procédure, inscription, dépôt et examen de la pièce, 254 ; débats et preuves, 256 ; jugement et effets, 258 ; devant des arbitres, juges de paix et de commerce, sursis, 31 ; quest. div., 75, 79, 80, 81, 87, 376 ; inscription de faux n'a lieu qu'une fois, 357.

Femme. Qu. div. 41, 104, 118, 121, 268, 332 (désistement), 522 (enchère), 581 (commerçante), 587 et 591 (mineure). — V. autorisation, copie, inventaire, renonciation.

Férié (jour), observation, exception, 26, 27, 512 ; actes et permission, 135, 569 ; dernier jour, 138, 526, 640, n. 15 et 15 a. — V. justice.

Fermier. Qu. div. 213, 297 (récusation), 355, 468, 514, 525, 566.

Fins de non procéder, 207 (note 23), 200, 206 ; de non recevoir, 200 (note 7), 205 ; 206 ; id., témoin produit, 268.

Foi due aux actes, v. 155 et huissier, notaire.

Fonctionnaire. Foi due, 155, 318 ; pouvoir, 155 ; putatif, 156 ; saisie de traitement, 458.

Fond, v. principal, appel, n. 7, et évocation.

Formalités, formes. Définit., 2 ; espèces ; inutiles, 128 ; substantielles, 131, 132, 155, 428, et v. mention ; extrinsèques et intrinsèques, 231, 244, 368, 133 ; pour qui établies, 204 ; leur but, 436 ; sont constatées par les jugemens, 134, 636, errata, n. 1 ; ne se prouvent pas par témoins, 134 ; violation, 407, 428.

Français, égaux dans les procès, 16, 156.

Fruits. Tribunal, 53 ; depuis quand dûs, 440 ; privilèges sur id., 104, 497 ; saisie, 481, 513, 514, 534, 567, 591 ; liquidation, v. ce mot ; quest. div. 387.

Garantie (exception de), 211 à 215. — Espèces, simple, formelle, 211 ; nature, 212, 387 ; conditions, mode et délai d'exercice, 212, 387 ; effets, 213 ; jugement, 214 ; suites de id., 215, 641, n. 23 (disjonction) ; en appel, 389 ; en saisie immobilière, 525 ; tribunal, 53, 57, 117, 212 ; quest. div., 503, 452, 570, 573.

Gouvernement (causes du), conclusions, 25.

Greffiers. Fonctions et droits, 62, 63, 603, 608, 641, n. 24 ; v. officier ministériel.

Grosses. V. expéditions.

Héritier. Espèces : d'un marchand, 58 ; bénéficiaire, 624 à 627, 153.

Intérêts de capital. Tribunal, 53 ; quand courent, 179, 194, 545 ; et sont éteints, 194, 325 ; saisie, 194, 459 ; ordre, 538, 544, 545.

Interlocutoire (jugement). Caractères et appel, 227, 370, 391, 629 ; cassation, 425 ; quest. div., 124, 231, 314.

Interprétation de loi, 21, 61, 125... ; d'arrêt, 402.

INTERROGATOIRE, ou comparution, v. ce mot.

ID. SUR FAITS ET ARTICLES, 283 à 289. *Cas* ; parties, matières, en tout état de cause, faits, 283 à 285. — *Formes* ; juge, partie, agent, mineur, défaillant et refusant, 285 à 287 ; réponses de vive voix, questions d'office ou faits secrets, 287. — *Résultats*, signification, suites, aveux, preuves, 288, 289.

Interruption. V. reprise.

Intervention. Définit., cas, formes, règles, 290 à 292 ; passive, 292 ; sommaire, 340 ; en appel, 389, 399, 527, 540 et 546 (ordre) ; quest. div., 128, 129, 303, 408, 527, 587, 619.

Inventaire, 609 à 611. Amiable ou judiciaire, cas ; qui doit y assister, absens, créanciers, veuve, etc., 609, 610 ; mode, notaire, experts, crue, cote et autres opérations ; difficultés, 610, 611 ; quest. div., 117, 526 (vente)... V. bénéfice.

Jonction. Définit. 170 ; cas et règles, 242 ; quest. div., 53, 127, 193, 209, 236, 237, 256, 257, 349, 361, 391, 515, 527, 642, n. 31... V. provisoire et disjonction.

Journal (insertion dans un), 455, 517, 587.

Judiciaire (acte) ; caractères, effets, 562, 563.

JUGE. Définit., devoirs, droits, *fonctions* et leur fin, 20 à 22 ; nécessité, 9 ; on ne peut en être privé, 17 ; effet de sa présence, 561 ; espèces ; ordinaire, d'exception, ou attribution, 11, 30 ; ce qu'il peut suppléer, 231, 267, 587 ; est arbitre de droit, 279. — *Saisi*, reste juge de la cause, 33 à 36, 193, 383, 392. — *Peut* supprimer des écrits calomnieux, 29 ; être arbitre, 41 ; interroger les parties, 283 ; v. aussi office. — *Ne peut* se réformer, 22, 43, 449 (exception, 22, 642, n. 27) ; refuser de juger, 21, 420 ; se déclarer incompétent, 34 ; se récuser, 295 ; statuer malgré les plaideurs, 313 ; être condamné aux dépens, 149. — Voix des juges parens, 230. — *Qu. div.*, 218, 237, 303 ; v. prudence.

Juge-commissaire. Jurisdiction, 55 ; récusation, 300 ; appel, 367 ; police de séance, v. police.

JUGEMENT, 227 à 234. — Définit. 21 ; *espèces*, 227 à 229 ; de défaut ; commun, provisoire, interlocutoire et préparatoire, v. ces mots ; contradictoire, 229, 354, 432, et sur-tout 360 ; convenu et appel de id., 228, 372 ; nul, et appel de id., 368, 637, n. 2 ; mal ou non qualifié, appel, 371 ; d'adjudication, 523 ; incompétent, appel, 372, 639, n. 8 ; en quoi diffère du contrat, 328 ; sur quoi rendu et basé, 21 ; est présumé juste, 381. — *Délibération*, 28, 229, 230 ; formes, rédaction, qualités et formule, 251 à 253 ; prononciation, 28, 29, 54, 125, 231, 536 ; quand existe, 28, 29, 43, 125, 404 ; chefs divers, 328, 405. — *Effets*, 21, 228, 233, 323 ; omissions, rectifications et réparation, 22, 143, 233 (note 40), 228 (note 9), 641, n. 26, 642, n. 27 ; rétractation, mode, 357, 320, 403, 406, 410, 642, n. 26 ; désistement, 22, 332. — *Quest. div.*, 8, 321, 636, errata, n. 1, 638, n. 2 b.

Jurisdiction, 10 à 94. Définit. 10 ; espèces ; contentieuse, gracieuse ou volontaire, 10, 26, 63 ; administrative, v. administration ; — Ancienne, 13 à 15 ; actuelle, considérée en général, 16 à 32 ; règles générales de id., ib. — Degrés, v. ce mot ; délégation, 18 ; prorogation, 35, 36, 54 in pr., 331 (note 4), 420 ; lois, 12 ; privilèges anciens, 15, 16. — V. aussi compétence.

Justice.

Justice. On ne peut se la faire, 9, 112 ; quand et où se rend ; exception pour les jours fériés et vacances ; bâtimens, salle d'audience, police, prononciation publique, 26 à 29.

Lacune des actes. V. notaire. — *Langue* de id... V. actes.
Lecture des actes, 151, 86.
Légalisation. V. notaires.
Légataire. Actions, tribunal, 99, 121 ; scellé, inventaire et bénéfice de id., 601, 606, 609, 624.
Libellation d'assignation, 186, 193, 236 ; d'appel, 380.
Licitation. Définit. 618 ; quand a lieu, 619, 615, 616 ; peut s'abandonner, 612 ; mode, rapport, cahier des charges, difficultés, 623 ; quest. div. 508.
LIQUIDATION. 1. *Dommages* : évaluation, offres, dépens, 440, 441. — 2. *Fruits*, 442. — 3. *Dépens :* matières sommaires, 442 ; id. ordinaires ; exécutoire, opposition, dernier ressort, 442, 443 et 644 in f. (errata). — Quest. div. 549, 644, n. 37 b.
Litigieux (droit) ; cession défendue, 19.
Litispendance (exception de), 208, 209.
Locataire ; congé, 638, n. 1 a ; tribunal, 48. — V. fermier.
LOIS *de procédure*, 122 à 129. — *Générales*, histoire, ordonnances, code, tarif, 122 à 126 ; anciens procès, 124 ; effet rétroactif, 124 ; interprétation, 125. — *Spéciales*, 122, 125, 126 ; quand dérogent aux générales, 126. — Leur *esprit* ; rapidité dans la marche et économie dans les frais, 127 à 129. — Contravention, 425 ; application, 426. — Mode de citation et date, 632. — Quelles sont celles qui s'observent dans les actes et jugemens, 130, 393.

Maire, 585, 374, 189, 472, 511, 512, 517.
Maître, quest. div. 49, 58, 297.
Mandant, mandataire, mandat, 69, 79, 185. V. huissier.
Matrice de rôle, 510, 529.
Mention des formes, quand nécessaire, 134, 355, 555, 636, *err.* n. 1 ; des heure, lieu et jour, 144 ; des lecture et signature, 152, 153, 86 et 644, n. 36 k.
Meubles, 567 ; meubles-immeubles, 468, 525, 534 ; périssables, 625 ; hypothèque et expropriation, 506 à 508, 643, n. 36 a ; transport, 588 ; universalité, 104, 587. — V. saisie, privilège, vente.
Militaires. Privilèges jusqu'à la paix ; délais, saisie, expropriation, 141, 324, 509 ; scellé et succession, 605.
Mineur. Quest. div. ; bénéfice d'inventaire, 625 ; comptes, 448 ; femme, 587, 591 ; partage, 618 ; saisie, 508, 509, 614 (note 10), 643, n. 36 a ; scellé, 600, 601, 605 ; requête civile, 406, 410, 411, 412 ; autres, 38, 41, 45, 115, 175, 213, 286 à 288, 324, 374. — ¶ S'il est en tutelle, c'est son tuteur qui est assigné, 104 (note 15 a) et 184 ; s'il est hors de tutelle et cité à raison de droits immobiliers, il faut donner deux copies séparées, une pour lui et une pour son curateur. — V. *M. Merlin*, *rép.*, 4.ᵉ *édit.*, vj, 364 *et suiv.*, *mot institution d'héritier*, *sect.* 1, n. 8 ; *arr. cass.*, 26 *juin* 1809, *ibid.*
Ministère public, 22 à 26. — Où établi, 23, 44 ; causes à lui communiquer, 23, 259, 355, 409, 414, 583, 587, 591, 597, 643, n. 34 ; agit comme partie jointe ou principale, par voie de réquisition ou d'action, 24, 578 ; quid, en causes de contributions, 353 à 355, de cassation, 424, d'hypothèque légale, 518 ; récusation, conclusions ou réquisitoires, visa, présence (636, *errata*, *n.* 1), accès de lieux, droit d'appel, dépens, 24, 25, 642, n. 29 ; partie ne peut parler après lui, 25, 253 ; requiert la

285 ; reconnaissance, 248, 361 ; reprise, 316 ; péremption, 323 ; commerce, 346 ; divorce, 350. — 2. *Délais*, modes, requête, 361 à 364, 140, 141, 640, n. 15 a, 642, n. 31 a ; réitération, 364. — *Effets*, jugement et formule, 364, 365 ; exclut l'appel, 358, 372. — *Quest. div.*, 432, 503.

Opposition à un acte quelconque, 359 ; à mariage, 62, 118 ; à contrainte, 354 ; à liquidation, 443 ; à scellé, v. ce mot ; à un ordre, faite par un créancier pour son débiteur, ou opposition *en sous ordre*, 545, 540, et v. ordre, n. 3.

Opposition d'exécution. Tribunal, 44 ; cas, formes, etc., 365, 642, n. 31 d.

Ordonnance. Défin. 21 ; quest. div., 549… ; des Rois en matière de procédure, 122.

ORDRE, 535 à 547. Définit., voie amiable et judiciaire, délai, 535. — 1. *Procédure ordinaire*, tribunal (642, n. 31 e), poursuivant, subrogation, sommation, production, forclusion et effets, frais, intérêts, clôture, créanciers non contestés, 536 à 538. — 2. *Contestations* : procédure, parties et avoués appelés ; appel, délai, griefs (642, n. 31 f) et signification (642, n. 31 g) ; clôture, intérêts, dépens, radiation, 539 à 541, 547 ; aliénation simple, 541. — 3. *Collocation* : rangs, privilèges, hypothèques inscrites ou non, 542, 543 ; avoué des contestans, huissier, contesté, intérêts, 544 ; opposition en sous ordre, 545, 540 ; créances éventuelles, hypothèques légales, interventions, 546. — 4. *Bordereaux* ; paiement, contrainte, radiation, 546, 547 ; frais de radiation, 538 ; nature de la collocation, 539. — 5. *Quest. div.*, 526, 388 ; inscription d'office, 547, note 46. ¶¶ *V. aussi* M. Carré, ij, 497.

Ordre public ; causes, 23 ; nullités et exceptions de id., espèces et peuvent être suppléées par le juge, 207.

Original d'un acte ; foi, 79, 216.

Outre (passer), 40, 476.

Ouvriers, journaliers ; tribunal, 49 ; privilèges, 104.

PAIX (justice de). 1. *Jurisdiction* et organisation, 46 à 50, 119, 630 (errata, n. 3), 642, n. 28 et 28 a ; prorogation de id., 36 ; ministère public, 23 ; jours fériés, 26 ; bàtimens, 27 ; présence à saisie et contrainte, 475, 551 ; scellé, 601, 608. — 2. *Procédure*, 355 à 357. Principes, 335, 337 ; différences avec la procéd. ordinaire, 336 ; voies de recours contre ses jugemens, 536, note 5 ; la *cassation* en est-elle encore admissible ! 425, note 13 a, conférée avec 639, n. 8. — Quest. div., 52, 237, 639, n. 5. — ¶¶ Les *injures* verbales et simples *voies de fait* sont encore de sa compétence, 49, note 32… *V. aussi* M. Merlin, rép., 4.e édit., mots juge de paix, §. 12 in f., et injures, §. 4, n. 2, t. 6, p. 590 et 121.

Paraphe. Quand exigé ! 247, 258, 610, 85 ; mention, 152.

Parens, v. conseil de famille, empêchement, 188, 300, 601.

Parlant à, 188, 554. V. assignation.

Partage d'opinions : arbitres, 42, 45 ; cassation, 60 ; autres tribunaux, 230, et sur-tout 298 (note 20) ; jugement de id., 284 ; quest. div. 303.

PARTAGE *de biens*, 618 à 623. — *Quand* peut se demander ou s'abandonner et doit être judiciaire, 618, 619, 612. — *Tribunal*, 614 (note 11), 619 (note 8). — *Procédure* : poursuivant, jugement, commissaire, experts, estimation, 619, 620 ; mode simple ; id. compliqué, notaire, commissaire, observations, difficultés ; lots, rapports, tirage, clôture du verbal, homologation, délivrance ; remise de titres, 620 à 623. Quest. div. 187, 508.

Parties. Définition , 403 (note 6) , 461 (note 21), 360 (note 6) , 397 (note 8) et 644 , n. 38 a ; Principale et jointe, 24 , 25 ; leur condition est égale , 156 ; changement de id. , 34 ; doivent être appelées, 153 , 166 , 360 , 397 , 537 , 576 , 595 , 598. — Quest. div. 284.

Patente ; mention , exploit, 77 ; procédure, 637 , n. 9.

Paiement. Tribunal , 114 , 115 , 197.. V. offres.

Péremption , 321 à 325. — Définit., principe, cas et tems, 321 ; interruption et prorogation, 322 , 643 , n. 32 et 32 a. — Mode , demande, et comment se couvre , 323 , 643 , n. 32 b. — Effets divers, 324 , 325 , 194. — De jugement de défaut et opposition , 323 ; d'appel , 325 ; de jugement de paix, 325 ; de saisie-immobilière, 505 , 511 , 534 ; de contrainte , 552 , 559. — Quest. div. 124 , 140 , 194 , 237 , 420 (qui vient du fait du juge).

Péremptoire. V. exception. — Quest. div. 212.

Personne. 1. Civile , 184 , 584. — 2. Agir en personne , 152 , 286 , 439 , 590 , 598.

Pièces. 1. Remise, restitution, etc. , v. 67, 69, 70 , 255 , et communication , copie , production. — 2. Fausse ou recouvrée, appel et requête civile, 376 , 410 , 412. — 3. Quest. div. 225 , 226.

Plaidoirie. Lieu et durée , 218 ; objet , 219 ; qui la fait, 218 , 639 , n. 6 ; effet , 329 ; quest. div. 221 , 224 , 355.

Plumitif.. V. registre.

Police. Tribunal, 28 , 37 ; de l'audience et du lieu ou siègent les juges-commissaires et le ministère public , 29.

Possession. Avantages, 106 , 108 ; cumulation , 109 , 111 ; preuves , 110 ; pendant l'instance en nullité, 133 ; de mauvaise foi , 194.

Postulation , 164 , et v. avoué.

Poursuite et poursuivant , 95 , 514 , 519, 521 , 539 ; subrogation, 129 , 515 , 536 ; à qui accordée, 129 , 515 (saisie-immobilière) ; ce que c'est en matière de séparation, 588 , 589.

Précaire (titre non) ; complainte, 109.

Préfet. Arrêtés , 21 , 451 ; dépens, 25 ; quest. div. , 190 , 356.

Préjudicielle (question) , 242 , 168 , 391.

Préparatoire (jugement). Caractères et appel de id. , 22 , 227 , 370 , 392 ; id., requête civile, 405 ; id., cassation , 425 ; est réparable en définitive , 233 , 370 , 371 , 392 , 405 ; quid, s'il est aussi définitif ! 371 ; quest. div. 128 , 214.

Prescription, 178 , 193 , 194, 203 , 205 , 284 , 321 , 400 , 456 (d'exécution) , 643 , n. 32 b.

Présentation est supprimée , 201 , 128.

Président de tribun. civil ; jurisdiction, 43 , 55 , 56 , 218 ; id. de commerce , 45 , 59 ; id. de cour impériale , 43 , 60 , 218.

Preuve. Qui doit la faire , 243 , 110 ; espèces, 243 , 244 ; littérale , comment se fait , 243 ; vocale , cas et conditions, 260 , 261 ; en matière de commerce, 347 ; contraire, 261 ; offre de id. , 264 , 270 ; péremption de id. , 325.. V. enquêtes.

Princes français.. Leurs causes, 16.

Principal ou *fond*. Définit. , 2 , 166 , 168 , 201 ; comment se compte pour le dernier ressort, 55 ; quand plaidé , 591 ; quest. div. 53 , 60 , 209, 257 , 259 , 428 ; v. évocation.

Prise à partie, 418 à 422 ; définit. et but ; juges, procureurs impériaux, 418 ; qui la juge, 60 , 422 ; cas ; dol, responsabilité , déni de justice, 418 à 421 ; procédure, 421 , 422 ; jugement, 422 ; quest. div. , 149 , note 8 (dépens).

Prison, 554 ; prisonniers , 188.

Privilège. 1. En jurisdiction, v. ce mot , et procès et committimus quest. div., 291. — 2. Sur meubles; motifs, 491; espèces, 496, 497, 104, 542; id., de commerce, frais de justice, meubles et immeubles, 497, 498; quest. div. 114, 477.

Procédure. Définit., acceptions div., espèces, 1 et 2; judiciaire, 2, 157 et suiv.; extrajudiciaire, 2, 325, 561 et suiv., 637, n. 1 a; préparatoire, 174; ordinaire, 180; incidente, 238; interrompue et anéantie, 308; sommaire ou abrégée, 534; spéciale, 349; nécessité, 4 à 9; lois à suivre, 122 à 129; principes fondamentaux et but, 127; règles générales, 151 à 156.

Procès. Définit., 2, 296; de quoi composé, 53; anciens, privilège et reprise, 17; lois, 124.

Procès-verbal. Définit. 72; forestier, 140, 73.. V. enquête.

Procureur impérial, 22; v. ministère public; spécial, 152.

Productions. Jurisdiction, 54; mode et délai, 225, 42, 45; inventaire de id., 225; preuve par id., 243, 244.

Proposition d'erreur est supprimée, 412.

Propriétaire. Privilège, 496, 566; quest. div., 48, 57, 355, 468; v. fermier et locataire.

Prorogation de jurisdiction, v. ce mot.

Protestation; effet, 328, 526.

Protêt. Formes, 345; quest. div., 53, 136.

Provision, provisoire. A qui accordé, 228, 591; il faut y statuer en même-tems que sur le fond, 129, 227, 228; autres règles, ibid.; jugement est réparable, 405, 641, n. 26; appel, 387; dépens, 150; action possessoire, 106, 108.

Prudence (s'en rapporter à la), 222, 255, 317, 328.

Prudhommes, jurisdiction, etc., 37, 58, 23.

Qualité. Il faut avoir id., 182, 312, 355; changement de id., 314; prendre id., 624, 625; poser id., 221; d'héritier, 58, 232; de jugement, 231 à 233, 393, 582, 642, n. 27.

Question de droit, de fait, 169.

Quittance. De vente judiciaire, 455; quest. div. 81; 150, 524.

Rapport de juge, définit., cas, procédure, 223 à 226; preuves de id., 134; quest. div. 315; d'experts, v. expertise.

Récollement d'effets... V. saisie-exécution.

Reconnaissance d'écriture; procédure et dépens, 246.

Reconvention, 35, 241; compétence, 35, 642, n. 28 a; dernier ressort, 53; instruction, 67; conciliation, 175; incidens, 241.

Record; qualités, 75; quest. div., 471, 505, 509, 553.

Recours. Définition, espèces, 172. V. cassation.

Recréance; action possessoire, 106, 108.

Récusation, 295 à 302. Définit., 195. — Règles générales, 294, 295. — Causes; parenté, alliance, procès, présens, etc., 296 à 299, 301; 302; juge qui a connu du procès, 298 et 643, n. 33. — Qui peut récuser; procédure, jugement, effets et appel, 299 à 302. — Péremptoire, 305; d'experts, 276; d'arbitres, 41; de greffiers, 64. — Quest. div. 52, 64, 154, 231, 347, 421.

Rédaction d'un acte, et formules, 130, 80, 272.

Référés. Définit., 342; juge, 55, 602; cas, procédure, exécution, appel, etc., 542, 343, 582; quest. div. 143, 266, 460, 553, 555, 602, 611.. V. célérité.

Registres publics, 575; divers, 63, 70, 361, 345 (plumitif).

Règles répétées, 4; générales, 151 à 156.

Règlement de juges. Cas, tribunal, 506; permission, signification, 506; sursis, jugement, 307.

Scellé, 599 à 608. — 1. *Apposition :* cas divers et exceptions ; meubles, défaut d'inventaire, mineurs, etc., 599 et 600, 601, 605, 608, notes 2, 6, 27 et 44 ; tems, obstacles, référé, croisement, 601, 602 ; mode ; testament, papiers cachetés d'étrangers, autres effets, description, sceau, verbal, 602 à 604. — 2. *Levée :* époque et inventaire ; *oppositions* et formes et titre, 604, 605 ; mode de levée ; requérans, assistans et droits et avoué commun ; notaires, experts, inventaire ; levée simple ; verbal, 605 à 608 ; frais, expédition, héritier, maison étrangère, 608 ; tribunal, 602, 608 ; carence de meubles, 600. — 3. *Quest. div.*, 591, 644, n. 36 i, 609.

Sentence, 21.

Séparations. 1. De *biens :* cas ; est forcée ; tribunal, ministère public ; procédure, publications, jugement, exécution, tierce-opposition, 586 à 589 ; commerce, 589 ; quest. div., 39, 582, 591, 624. — 2. De *corps :* procédure ; comparution, tribunal, conciliation, mesures provisoires ; jugement, publications, effets, créanciers, 590 à 592, quest. div., 39, 582, 587, 624, 644, n. 36 i. — 3. De *patrimoines*, 529, 626.

Septuagénaire... V. ci-après, page 666, à la fin.

Sequestre : qualités, droits et devoirs ; salaire, décharge, etc., 473, 474, 643, n. 35 a ; qu. div., 513, 534, 568, 591, 603.

Serment. Faits, jugement, mode de prestation, 439 ; purgatif, 289 ; en scellé et inventaire, 603, 611 ; qu. div., 87, 177, 284, 288, 326, 328, 446, 462, 629 ; assistance est acquiescement, 327.

Signature. Règles générales, 151, 152 ; mention, 153, 86 et 644, n. 36 k ; quest. div., 278, 431, 534.

Signification ou *notification*, 72 ; formes, 154, 155, 452, 539, 644, n. 37 ; de jugement et appel, 375, 376, 531, 532, 638, n. 2 e ; tems, 135 ; faite à partie et avoué, 65, 451, 531, 532, 642, n. 31 g ; à héritier, 454 ; effets et nécessité, 154, 169, 323, 327, 555, 644, n. 37 a ; régulière, fait courir le délai, 136, 265, 375, 376, 383, 429, 452, 535, 541, 641, n. 21 b, c, d ; quest. div., 189, 190, 197, 237, 313, 519, 552, 637, n. 1 a, 7.° — V. aussi cassation.

Simple acte. Définit. et règles générales, 128, 202, 219.

Société ; arbitrage et tribunal, 45, 120 ; qu. div., 186, 190, 347, 617.

Sollicitations. Quid ! quand défendues, 298.

Solidarité, solidaires. Jugem. de défaut, 362 ; copies, 472 ; saisie ; 508 ; dépens, 146 ; quest. div., 118, 161.

Solvabilité (justification de), 59, 345.

Sommaires. 1. *Matières :* définit., espèces, procédure, 338 à 340, 639, n. 6, 644, n. 37 b ; appel, 381, 540, et d. n. 37 b ; dépens, 442 ; id., en matière de commerce, d. n. 37 b. — 2. *Jugemens :* cas et règles, 340, 341.

Sommation. Définit. 219 ; au tiers détenteur, 504, 534 ; au mari, 583, quand inutile, 129, 621 ; qu. div., 128, 152, 202, 323, 355, 637, n. 1 a.

Spoliation, 111, 112, et v. réintégrande.

Stipulation d'un acte ; définition, 130.

Subhastation ; exécution ancienne, 500.

Subrogation, à un droit, 161 ; à des poursuites, 129, 494, 515, 516.

Subsidiaires. Conclusions et exceptions, 205, 206, 220.

Succession. 1. Vacante ; quand, 629 ; curateur ; nomination, jugement, fonctions, droits, inventaire, vente, etc., 629, 630. — 2. En déshérence ; cas, règles, 629. — 3. Quest. div., 390, 121.

Suppléant. Où établi ; quand doit être appelé, 19, 51, 644, n. 38.

Surannation d'exécution, 456.

Surarbitre de commerce, 45.

Surcharge. V. notaire, et 642, n. 30 b.

Surenchère

¶¶ *Septuagénaires...* L'opinion de M. Merlin , d'après laquelle (*ci-dev.* , p. 559 , *note* 46 , *n.* 1) le septuagénaire est soumis à la *contrainte par corps* en matière de commerce , vient d'être consacrée de nouveau... *V. arr. cass.* 3 *fév.* 1813 , **B. C.** 65 , et *Nevers* , 209 *et suiv.*

¶¶ ASSIGNATION à DÉLAI *trop court est-elle nulle ?...* V. ci-dev. , p. 192 (note 46 , n. 3) et 638 , n. 3 e ; plus , trois arrêts (dont deux contraires) de Trèves , 22 octobre 1812 , et Nîmes , 15 mai 1811 et 17 nov. 1812 , J-C-N. xx , 5 , 9 et 10.

ID. — *Délai pour l'étranger* (ci-dev. , p. 192 , note 44)... *V. d. arr.* 22 *octobre.*

ID. D'APPEL. — *Délais à y noter* (ci-dev. , p. 379 , note 64 , n. 4 , et p. 191 , note 46 , n. 2)... *V. d. arr.* 15 *mai et* 17 *nov.* ; *Montpellier* , à *d. p.* 638 , *n.* 3 *e* ; *Limoges* , 10 *déc.* 1812 , *avoués* , *vij* , 253 ; *arr. cass.* 6 *mai* , 24 *juin et* 28 *déc.* 1812 , *au B. C.*

¶¶ OPPOSITION (*réitération d'*)... Son *délai* est franc et augmenté à raison des *distances.* V. ci-dev. , *p.* 363 , *note* 23 , *n.* 2 ; *et arr. cass.* 16 *mars* 1813 , *au B. C.*

TABLE DES MATIÈRES DANS L'ORDRE DU COURS.

Troisième Partie.

De la procédure extrajudiciaire.

F I N.

IMPRIMÉ A GRENOBLE, CHEZ J. ALLIER. 1813.